I0641725

ATALA

RENÉ

LE DERNIER DES ABENCERAGES

Υ^2

22529

LAGNY. — IMPRIMERIE DE GIROUX ET VIALAT.

MON SANG TEINT LES BANNIERES DE FRANCE

DE CHATEAUBRIAND.

ATALA

RENÉ

LE DERNIER DES ABENCERAGES

LES QUATRE STUARTS

VOYAGES, ETC.

PAR

M. LE VICOMTE DE CHATEAUBRIAND

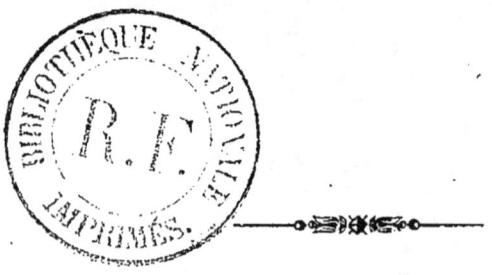

PARIS

VIALAT ET Cⁱᵉ, ÉDITEURS

12, RUE DE SAVOIE

—

1849

PRÉFACES

PRÉFACE DE LA PREMIÈRE ÉDITION D'ATALA.

On voit par la lettre précédente[1] ce qui a donné lieu à la publication d'*Atala* avant mon ouvrage sur le *Génie du Christianisme*, dont elle fait partie. Il ne me reste plus qu'à rendre compte de la manière dont cette histoire a été composée.

J'étais encore très jeune lorsque je conçus l'idée de faire l'*épopée de l'homme de la nature,* ou de peindre les mœurs des Sauvages, en les liant à quelque événement connu. Après la découverte de l'Amérique, je ne vis pas de sujet plus intéressant, surtout pour les Français, que le massacre de la colonie des Natchez à la Louisiane en 1727. Toutes les tribus indiennes conspirant après deux siècles d'oppression, pour rendre la liberté au Nouveau-Monde, me parurent offrir un sujet presque aussi heureux que la conquête du Mexique. Je jetai quelques fragments de cet ouvrage sur le papier; mais je m'aperçus bientôt que je manquais des vraies couleurs, et que, si je voulais faire une image semblable, il fallait, à l'exemple d'Homère, visiter les peuples que je voulais peindre.

En 1789, je fis part à M. de Malesherbes du dessein que j'avais de passer en Amérique. Mais désirant en même temps donner un but utile à

---

[1] La lettre dont il s'agit ici avait été publiée dans le *Journal des Débats* et dans le *Publiciste* (1800) ; la voici :

« CITOYEN,

« Dans mon ouvrage sur le *Génie du Christianisme,* ou *les Beautés de la religion chrétienne,* il se trouve une partie entière consacrée à la *poétique du Christianisme.* Cette partie se divise en quatre livres : poésie, beaux-arts, littérature, harmonies de la religion avec les scènes de la nature et les passions du cœur humain. Dans ce livre, j'examine plusieurs sujets qui n'ont pu entrer dans les précédents, tels que les effets des ruines gothiques comparées aux autres sortes de ruines, les sites des monastères dans la solitude, etc. Ce livre est terminé par une anecdote extraite de mes *Voyages en Amérique* et écrite sous les huttes mêmes des Sauvages; elle est intitulée *Atala, etc.* Quelques épreuves de cette petite histoire s'étant trouvées égarées, pour prévenir un accident qui me causerait un tort infini, je me vois obligé de l'imprimer à part, avant mon grand ouvrage.

« Si vous vouliez, citoyen, me faire le plaisir de publier ma lettre, vous me rendriez un important service.

« J'ai l'honneur d'être, etc. »

mon voyage, je formai le dessein de découvrir par terre le *passage* tant
recherché, et sur lequel Cook même avait laissé des doutes. Je partis, je
vis les solitudes américaines, et je revins avec des plans pour un second
voyage, qui devait durer neuf ans. Je me proposais de traverser tout le
continent de l'Amérique septentrionale, de remonter ensuite le long des
côtes, au nord de la Californie, et de revenir par la baie d'Hudson, en
tournant sur le pôle [1]. M. de Malesherbes se chargea de présenter mes
plans au gouvernement, et ce fut alors qu'il entendit les premiers fragments du petit ouvrage que je donne aujourd'hui au public. La révolution
mit fin à tous mes projets. Couvert du sang de mon frère unique, de ma
belle-sœur, de celui de l'illustre vieillard leur père; ayant vu ma mère et
une autre sœur pleine de talents mourir des suites du traitement qu'elles
avaient éprouvé dans les cachots, j'ai erré sur les terres étrangères, où le
seul ami que j'eusse conservé s'est poignardé dans mes bras [2].

De tous mes manuscrits sur l'Amérique, je n'ai sauvé que quelques
fragments, en particulier *Atala*, qui n'était elle-même qu'un épisode des
Natchez [3]. *Atala* a été écrite dans le désert, et sous les huttes des Sauvages. Je ne sais si le public goûtera cette histoire, qui sort de toutes les
routes connues, et qui présente une nature et des mœurs tout à fait étrangères à l'Europe. Il n'y a point d'aventures dans *Atala*. C'est une sorte de
poème [4], moitié descriptif, moitié dramatique : tout consiste dans la peinture de deux amants qui marchent et causent dans la solitude, et dans le
tableau des troubles de l'amour au milieu du calme des déserts. J'ai essayé de donner à cet ouvrage les formes les plus antiques; il est divisé en
prologue, *récit* et *épilogue*. Les principales parties du récit prennent une

---

[1] M. Mackenzie a depuis exécuté une partie de ce plan.

[2] Nous avions été tous deux cinq jours sans nourriture.
Tandis que ma famille était ainsi massacrée, emprisonnée et bannie, une de mes
sœurs, qui devait sa liberté à la mort de son mari, se trouvait à Fougères, petite ville
de Bretagne. L'armée royaliste arrive; huit cents hommes de l'armée républicaine
sont pris et condamnés à être fusillés. Ma sœur se jette aux pieds de M. de la Ro-
chejaquelein, et obtient la grâce des prisonniers. Aussitôt elle vole à Rennes, se présente au tribunal révolutionnaire avec les certificats qui prouvent qu'elle a sauvé la
vie à huit cents hommes, et demande pour seule récompense qu'on mette ses sœurs
en liberté. Le président du tribunal lui répond : *Il faut que tu sois une coquine de
royaliste que je ferai guillotiner, puisque les brigands ont tant de déférence
pour toi. D'ailleurs, la République ne te sait aucun gré de ce que tu as fait !
elle n'a que trop de défenseurs, et elle manque de pain.* Voilà les hommes dont
Buonaparte a délivré la France !

[3] Voyez la préface des *Natchez*.

[4] Je suis obligé d'avertir que si je me sers ici du mot de *poème*, c'est faute de savoir comment me faire entendre autrement. Je ne suis point de ceux qui confondent
la prose et les vers. Le poète, quoi qu'on en dise, est toujours l'homme par excellence, et des volumes entiers de prose descriptive ne valent pas cinquante beaux vers
d'Homère, de Virgile ou de Racine.

dénomination comme *les chasseurs, les laboureurs, etc.* ; et c'était ainsi que dans les premiers siècles de la Grèce les Rhapsodes chantaient sous divers titres les fragments de *l'Iliade* et de *l'Odyssée*.

Je dirai aussi que mon but n'a pas été d'arracher beaucoup de larmes : il me semble que c'est une dangereuse erreur avancée, comme tant d'autres, par Voltaire, que *les bons ouvrages sont ceux qui font le plus pleurer*. Il y a tel drame dont personne ne voudrait être l'auteur, et qui déchire le cœur bien autrement que *l'Énéide*. On n'est point un grand écrivain parce qu'on met l'âme à la torture. Les vraies larmes sont celles que fait couler une belle poésie ; il faut qu'il s'y mêle autant d'admiration que de douleur.

C'est Priam, disant à Achille :

Ἀνδρὸς παιδοφόνοιο ποτὶ στόμα χεῖρ' ὀρέγεσθαι.

Juge de l'excès de mon malheur, puisque je baise la main qui a tué mon fils.

C'est Joseph s'écriant :

Ego sum Joseph, frater vester, quem vendidistis in Ægyptum.
Je suis Joseph, votre frère, que vous avez vendu en Égypte.

Voilà les seules larmes qui doivent mouiller les cordes de la lyre. Les Muses sont des femmes célestes qui ne défigurent point leurs traits par des grimaces ; quand elles pleurent, c'est avec un secret dessein de s'embellir.

Au reste, je ne suis point, comme Rousseau, un enthousiaste des Sauvages ; et, quoique j'aie peut-être autant à me plaindre de la société que ce philosophe avait à s'en louer, je ne crois point que la *pure nature* soit la plus belle chose du monde. Je l'ai toujours trouvée fort laide, partout où j'ai eu occasion de la voir. Bien loin d'être d'opinion que l'homme qui pense soit un *animal dépravé*, je crois que c'est la pensée qui fait l'homme. Avec ce mot de *nature*, on a tout perdu. Peignons la nature, mais la belle nature : l'art ne doit pas s'occuper de l'imitation des monstres.

Les moralités que j'ai voulu faire dans *Atala* sont faciles à découvrir ; et comme elles sont résumées dans l'épilogue, je n'en parlerai point ici ; je dirai seulement un mot de Chactas, l'amant d'Atala.

C'est un Sauvage qui est plus qu'à demi civilisé, puisque non seulement il sait les langues vivantes, mais encore les langues mortes de l'Europe. Il doit donc s'exprimer dans un style mêlé, convenable à la ligne sur laquelle il marche, entre la société et la nature. Cela m'a donné quelques avantages, en le faisant parler en Sauvage dans la peinture des mœurs, et en Européen dans le drame de la narration. Sans cela il eût fallu renoncer à l'ouvrage : si je m'étais toujours servi du style indien, *Atala* eût été de l'hébreu pour le lecteur.

Quant au missionnaire, c'est un simple prêtre qui parle sans rougir *de la croix, du sang de son divin Maître, de la chair corrompue, etc.* ; en un mot, c'est le prêtre tel qu'il est. Je sais qu'il est difficile de peindre un pareil caractère sans réveiller dans l'esprit de certains lecteurs des idées de ridicule. Si je n'attendris pas, je ferai rire : on en jugera.

Il me reste une chose à dire : je ne sais par quel hasard une lettre que j'avais adressée à M. de Fontanes a excité l'attention du public beaucoup plus que je ne m'y attendais. Je croyais que quelques lignes d'un auteur inconnu passeraient sans être aperçues ; cependant les papiers publics ont bien voulu parler de cette lettre [1]. En réfléchissant sur ce caprice du public, qui a fait attention à une chose de si peu de valeur, j'ai pensé que cela pouvait venir du titre de mon grand ouvrage : *Génie du Christianisme, etc.* On s'est peut-être figuré qu'il s'agissait d'une affaire de parti, et que je dirais dans ce livre beaucoup de mal de la révolution et des philosophes.

Il est sans doute permis à présent, sous un gouvernement qui ne proscrit aucune opinion paisible, de prendre la défense du christianisme. Il a été un temps où les adversaires de cette religion avaient seuls le droit de parler. Maintenant la lice est ouverte, et ceux qui pensent que le christianisme est poétique et moral peuvent le dire tout haut, comme les philosophes peuvent soutenir le contraire. J'ose croire que si le grand ouvrage que j'ai entrepris, et qui ne tardera pas à paraître, était traité par une main plus habile que la mienne, la question serait décidée.

Quoi qu'il en soit, je suis obligé de déclarer qu'il n'est pas question de la révolution dans le *Génie du Christianisme* : en général, j'y ai gardé une mesure que, selon toutes les apparences, on ne gardera pas envers moi.

On m'a dit que la femme célèbre [2] dont l'ouvrage formait le sujet de ma lettre, s'est plainte d'un passage de cette lettre. Je prendrai la liberté de faire observer que ce n'est pas moi qui ai employé le premier l'arme que l'on me reproche, et qui m'est odieuse ; je n'ai fait que repousser le coup qu'on portait à un homme dont je fais profession d'admirer les talents, et d'aimer tendrement la personne. Mais dès lors que j'ai offensé, j'ai été trop loin : qu'il soit donc tenu pour effacé, ce passage. Au reste, quand on a l'existence brillante et les talents de madame de Staël, on doit oublier facilement les petites blessures que nous peut faire un solitaire, et un homme aussi ignoré que je le suis.

Je dirai un dernier mot sur *Atala* : le sujet n'est pas entièrement de mon invention ; il est certain qu'il y a eu un Sauvage aux galères et à la cour de Louis XIV ; il est certain qu'un missionnaire français a fait les

[1] Voyez cette lettre à la fin du *Génie du Christianisme*.
[2] Madame de Staël.

choses que j'ai rapportées ; il est certain que j'ai trouvé dans les forêts de l'Amérique des Sauvages emportant les os de leurs aïeux, et une jeune mère exposant le corps de son enfant sur les branches d'un arbre. Quelques autres circonstances aussi sont véritables ; mais comme elles ne sont pas d'un intérêt général, je suis dispensé d'en parler.

AVIS

SUR LA TROISIÈME ÉDITION D'ATALA.

J'ai profité de toutes les critiques pour rendre ce petit ouvrage plus digne des succès qu'il a obtenus. J'ai eu le bonheur de voir que la vraie philosophie et la vraie religion sont une même chose ; car des personnes fort distinguées, qui ne pensent pas comme moi sur le christianisme, ont été les premières à faire la fortune d'*Atala*. Ce seul fait répond à ceux qui voudraient faire croire que la *vogue* de cette anecdote indienne est une affaire de parti. Cependant j'ai été amèrement, pour ne pas dire grossièrement censuré ; on a été jusqu'à tourner en ridicule cette apostrophe aux Indiens [1] :

« Indiens infortunés, que j'ai vu errer dans les déserts du Nouveau-Monde avec les cendres de vos aïeux ; vous qui m'aviez donné l'hospitalité, malgré votre misère, je ne pourrais vous l'offrir aujourd'hui, car j'erre ainsi que vous à la merci des hommes ; et, moins heureux dans mon exil, je n'ai point emporté les os de mes pères. »

Les cendres de ma famille confondues avec celles de M. de Malesherbes, six ans d'exil et d'infortunes, n'ont donc paru qu'un sujet de plaisanterie ! Puisse le critique n'avoir jamais à regretter les tombeaux de ses pères.

Au reste, il est facile de concilier les divers jugements qu'on a portés d'*Atala* : ceux qui m'ont blâmé n'ont songé qu'à mes talents ; ceux qui m'ont loué n'ont pensé qu'à mes malheurs.

AVIS

SUR LA CINQUIÈME ÉDITION D'ATALA.

Depuis quelque temps il a paru de nouvelles critiques d'*Atala*. Je n'ai pu en profiter dans cette cinquième édition. Les conseils qu'on m'a fait l'honneur de m'adresser auraient exigé trop de changements, et le public semble maintenant accoutumé à ce petit ouvrage avec tous ses défauts. Cette nouvelle édition est donc parfaitement semblable à la quatrième ; j'ai seulement rétabli dans quelques endroits le texte des trois premières.

[1] *Décade philosophique*, nº 22, dans une note.

PRÉFACE

D'ATALA ET DE RENÉ.

(Édition in-12 de 1805.)

————

L'indulgence avec laquelle on a bien voulu accueillir mes ouvrages m'a imposé la loi d'obéir au goût du public, et de céder au conseil de la critique.

Quant au premier, j'ai mis tous mes soins à le satisfaire. Des personnes chargées de l'instruction de la jeunesse ont désiré avoir une édition du *Génie du Christianisme* qui fût dépouillée de cette partie de l'Apologie, uniquement destinée aux gens du monde : malgré la répugnance naturelle que j'avais à mutiler mon ouvrage, et ne considérant que l'utilité publique, j'ai publié l'abrégé que l'on attendait de moi.

Une autre classe de lecteurs demandait une édition séparée des deux épisodes de l'ouvrage : je donne aujourd'hui cette édition.

Je dirai maintenant ce que j'ai fait relativement à la critique.

Je me suis arrêté, pour le *Génie du Christianisme*, à des idées différentes de celles que j'ai adoptées pour ses épisodes.

Il m'a semblé d'abord que par égard pour les personnes qui ont acheté les premières éditions, je ne devais faire, du moins à présent, aucun changement notable à un livre qui se vend aussi cher que le *Génie du Chrisiianisme*. L'amour-propre et l'intérêt ne m'ont pas paru des raisons assez bonnes, même dans ce siècle, pour manquer à la délicatesse.

En second lieu, il ne s'est pas écoulé assez de temps depuis la publication du *Génie du Christianisme*, pour que je sois parfaitement éclairé sur les défauts d'un ouvrage de cette étendue. Où trouverais-je la vérité parmi une foule d'opinions contradictoires? L'un vante mon sujet aux dépens de mon style; l'autre approuve mon style et désapprouve mon sujet. Si l'on m'assure, d'une part, que le *Génie du Christianisme* est un monument à jamais mémorable pour la main qui l'éleva, et pour le commencement du dix-neuvième siècle [1]; de l'autre on a pris soin de m'avertir, un mois ou deux après la publication de l'ouvrage, que les critiques venaient trop tard, puisque cet ouvrage était déjà oublié [2].

Je sais qu'un amour-propre plus affermi que le mien trouverait peut-être quelque motif d'espérance pour se rassurer contre cette dernière assertion. Les éditions du *Génie du Christianisme* se multiplient, malgré

[1] M. de Fontanes.
[2] M. Ginguené. (*Décad. philosoph.*)

les circonstances qui ont ôté à la cause que j'ai défendue le puissant intérêt du malheur. L'ouvrage, si je ne m'abuse, paraît même augmenter d'estime dans l'opinion publique à mesure qu'il vieillit, et il semble que l'on commence à y voir autre chose qu'un ouvrage de *pure imagination*. Mais à Dieu ne plaise que je prétende persuader de mon faible mérite ceux qui ont sans doute de bonnes raisons pour ne pas y croire! Hors la religion et l'honneur, j'estime trop peu de choses dans le monde pour ne pas souscrire aux arrêts de la critique la plus rigoureuse. Je suis si peu aveuglé par quelques succès, et si loin de regarder quelques éloges comme un jugement définitif en ma faveur, que je n'ai pas cru devoir mettre la dernière main à mon ouvrage. J'attendrai encore, afin de laisser le temps aux préjugés de se calmer, à l'esprit de parti de s'éteindre; alors l'opinion qui se sera formée sur mon livre sera sans doute la véritable opinion : je saurai ce qu'il faudra changer au *Génie du Christianisme*, pour le rendre tel que je désire le laisser après moi, s'il me survit[1].

Mais si j'ai résisté à la censure dirigée contre l'ouvrage entier par les raisons que je viens de déduire, j'ai suivi pour *Atala*, prise séparément, un système absolument opposé. Je n'ai pu être arrêté dans les corrections ni par la considération du prix du livre, ni par celle de la longueur de l'ouvrage. Quelques années ont été plus que suffisantes pour me faire connaître les endroits faibles ou vicieux de cet épisode. Docile sur ce point à la critique, jusqu'à me faire reprocher mon trop de facilité, j'ai prouvé à ceux qui m'attaquaient que je ne suis jamais volontairement dans l'erreur, et que, dans tous les temps et sur tous les sujets, je suis prêt à céder à des lumières supérieures aux miennes. *Atala* a été réimprimé onze fois; cinq fois séparément, et six fois dans le *Génie du Christianisme*; si l'on confrontait ces onze éditions, à peine en trouverait-on deux tout à fait semblables.

La douzième, que je publie aujourd'hui, a été revue avec le plus grand soin. J'ai consulté des *amis prompts à me censurer*; j'ai pesé chaque phrase, examiné chaque mot. Le style, dégagé des épithètes qui l'embarrassaient, marche peut-être avec plus de naturel et de simplicité. J'ai mis plus d'ordre et de suite dans quelques idées; j'ai fait disparaître jusqu'aux moindres incorrections de langage. M. de la Harpe me disait au sujet d'*Atala* : « Si vous voulez vous renfermer avec moi seulement « quelques heures, ce temps nous suffira pour effacer les taches qui font « crier si haut vos censeurs. » J'ai passé quatre ans à revoir cet épisode, « mais aussi il est tel qu'il doit rester. C'est la seule *Atala* que je reconnaîtrai à l'avenir.

---

[1] C'est ce qui a été fait dans l'édition des OEuvres complètes de l'auteur; Paris, 1828.

Cependant il y a des points sur lesquels je n'ai pas cédé entièrement à la critique. On a prétendu que quelques sentiments exprimés par le père Aubry renfermaient une doctrine désolante. On a, par exemple, été révolté de ce passage : (nous avons aujourd'hui tant de sensibilité !)

« Que dis-je ! ô vanité des vanités ! Que parlé-je de la puissance des « amitiés de la terre ! Voulez-vous, ma chère fille, en connaître l'étendue? « Si un homme revenait à la lumière quelques années après sa mort, je « doute qu'il fût revu avec joie par ceux-là mêmes qui ont donné le plus « de larmes à sa mémoire, tant on forme vite d'autres liaisons, tant on « prend facilement d'autres habitudes, tant l'inconstance est naturelle à « l'homme, tant notre vie est peu de chose, même dans le cœur de nos « amis ! »

Il ne s'agit pas de savoir si ce sentiment est pénible à avouer, mais s'il est vrai et fondé sur la commune expérience. Il serait difficile de ne pas en convenir. Ce n'est pas surtout chez les Français que l'on peut avoir la prétention de ne rien oublier. Sans parler des morts dont on ne se souvient guère, que de vivants sont revenus dans leurs familles et n'y ont trouvé que l'oubli, l'humeur et le dégoût ! D'ailleurs quel est ici le but du père Aubry? N'est-ce pas d'ôter à Atala tout regret d'une existence qu'elle vient de s'arracher volontairement, et à laquelle elle voudrait en vain revenir? Dans cette intention, le missionnaire, en exagérant même à cette infortunée les maux de la vie, ne ferait encore qu'un acte d'humanité. Mais il n'est pas nécessaire de recourir à cette explication. Le père Aubry exprime une chose malheureusement trop vraie. S'il ne faut pas calomnier la nature humaine, il est aussi très inutile de la voir meilleure qu'elle ne l'est en effet.

Le même critique, M. l'abbé Morellet, s'est encore élevé contre cette autre pensée, comme fausse et paradoxale :

« Croyez-moi, mon fils, les douleurs ne sont point éternelles; il faut « tôt ou tard qu'elles finissent, parce que le cœur de l'homme est fini. « C'est une de nos grandes misères : nous ne sommes pas même capables « d'être longtemps malheureux. »

Le critique prétend que cette sorte d'incapacité de l'homme pour la douleur est au contraire un des grands biens de la vie. Je ne lui répondrai pas que, si cette réflexion est vraie, elle détruit l'observation qu'il a faite sur le premier passage du discours du père Aubry. En effet, ce serait soutenir, d'un côté, que l'on n'oublie jamais ses amis : et de l'autre, qu'on est très heureux de n'y plus penser. Je remarquerai seulement que l'habile grammairien me semble ici confondre les mots. Je n'ai pas dit : « C'est une de nos grandes *infortunes*, » ce qui serait faux, sans doute ; mais : « C'est une de nos grandes *misères*, » ce qui est très vrai. Eh ! qui ne sent que cette impuissance où est le cœur de l'homme de nourrir longtemps un sentiment, même celui de la douleur, est la preuve la plus complète de sa stérilité, de son indigence, de sa *misère?* M. l'abbé Morellet paraît faire avec beaucoup de raison, un cas infini du bon sens, du jugement, du naturel; mais suit-il toujours dans la pratique la théorie qu'il professe? Il serait assez singulier que ses idées riantes sur l'homme et sur la vie me donnassent le droit de le soupçonner, à mon tour, de porter dans ces sentiments l'exaltation et les illusions de la jeunesse.

La nature nouvelle et les mœurs nouvelles que j'ai peintes m'ont attiré encore un autre reproche peu réfléchi. On m'a cru l'inventeur de quelques détails extraordinaires, lorsque je rappelais seulement des choses connues de tous les voyageurs. Des notes ajoutées à cette édition d'*Atala* m'auraient aisément justifié; mais s'il en avait fallu mettre dans tous les endroits où chaque lecteur pouvait en avoir besoin, elles auraient bientôt surpassé la longueur de l'ouvrage. J'ai donc renoncé à faire des notes. Je me contenterai de transcrire ici un passage de la *Défense du Génie du Christianisme.* Il s'agit des ours enivrés de raisins, que les doctes censeurs avaient pris pour une gaieté de mon imagination. Après avoir cité des autorités respectables et le témoignage de Carver, Bartram, Imley, Charlevoix, j'ajoute : « Quand on trouve dans un auteur une circon- « stance qui ne fait pas beauté en elle-même, et qui ne sert qu'à donner « de la ressemblance au tableau, si cet auteur a d'ailleurs montré quel- « que sens commun, il serait assez naturel de supposer qu'il n'a pas in- « venté cette circonstance, et qu'il n'a fait que rapporter une chose réelle, « bien qu'elle ne soit pas très connue. Rien n'empêche qu'on ne trouve « *Atala* une méchante production; mais j'ose dire que la nature améri- « caine y est peinte avec la plus scrupuleuse exactitude. C'est une jus- « tice que lui rendent tous les voyageurs qui ont visité la Louisiane et les « Florides. Les deux traductions anglaises d'*Atala* sont parvenues en « Amérique, les papiers publics ont annoncé, en outre, une troisième « traduction publiée à Philadelphie avec succès. Si les tableaux de cette « histoire eussent manqué de vérité, auraient-ils réussi chez un peuple « qui pouvait dire à chaque pas : ce ne sont pas là nos fleuves, nos mon- « tagnes, nos forêts? Atala est retournée au désert, et il semble que sa « patrie l'ait reconnue pour véritable enfant de la solitude[1]. »

René, qui accompagne *Atala* dans la présente édition, n'avait point encore été imprimé à part. Je ne sais s'il continuera d'obtenir la préfé- rence que plusieurs personnes lui donnent sur *Atala.* Il fait suite natu- relle à cet épisode, dont il diffère néanmoins par le style et par le ton. Ce sont à la vérité les mêmes lieux et les mêmes personnages; mais ce sont d'autres mœurs et un autre ordre de sentiments et d'idées Pour

---

[1] *Défense du Génie du Christianisme.*

toute préface, je citerai encore les passages du *Génie du Christianisme* et de la *Défense* qui se rapportent à *René*.

EXTRAIT

DU GÉNIE DU CHRISTIANISME,

IIᵉ PARTIE, LIVRE III, CHAP. IX,

INTITULÉ : *DU VAGUE DES PASSIONS.*

« Il reste à parler d'un état de l'âme qui, ce nous semble, n'a pas en- « core été bien observé : c'est celui qui précède le développement des « grandes passions, lorsque toutes les facultés, jeunes, actives, entières, « mais renfermées, ne se sont exercées que sur elles-mêmes, sans but et « sans objet. Plus les peuples avancent en civilisation, plus cet état de « vague des passions augmente : car il arrive alors une chose fort triste : « le grand nombre d'exemples qu'on a sous les yeux, la multitude de « livres qui traitent de l'homme et de ses sentiments, rendent habile « sans expérience. On est détrompé sans avoir joui ; il reste encore des « désirs, et l'on n'a plus d'illusions. L'imagination est riche, abondante « et merveilleuse : l'existence, pauvre, sèche et désenchantée. On habite, « avec un cœur plein, un monde vide, et sans avoir usé de rien, on est « désabusé de tout.

« L'amertume que cet état de l'âme répand sur la vie est incroyable ; « le cœur se retourne et se replie en cent manières, pour employer des « forces qu'il sent lui être inutiles. Les anciens ont peu connu cette in- « quiétude secrète, cette aigreur des passions étouffées qui fermentent « toutes ensemble : une grande existence politique, les jeux du Gymnase « et du champ de Mars, les affaires du forum et de la place publique, « remplissaient tous leurs moments, et ne laissaient aucune place aux « ennuis du cœur.

« D'une autre part, ils n'étaient pas enclins aux exagérations, aux « espérances, aux craintes sans objet, à la mobilité des idées et des sen- « timents, à la perpétuelle inconstance, qui n'est qu'un dégoût constant, « dispositions que nous acquérons dans la société intime des femmes. « Les femmes, chez les peuples modernes, indépendamment de la pas- « sion qu'elles inspirent, influent encore sur tous les autres sentiments. « Elles ont dans leur existence un certain abandon qu'elles font passer « dans la nôtre ; elles rendent notre caractère d'homme moins décidé ; « et nos passions, amollies par le mélange des leurs, prennent à la fois « quelque chose d'incertain et de tendre....

« Il suffirait de joindre quelques infortunes à cet état indéterminé des

« passions, pour qu'il pût servir de fond à un drame admirable. Il est
« étonnant que les écrivains modernes n'aient pas encore songé à peindre
« cette singulière position de l'âme. Puisque nous manquons d'exemples,
« nous serait-il permis de donner aux lecteurs un épisode extrait, comme
« Atala, de nos anciens Natchez? C'est la vie de ce jeune René, à qui
« Chactas a raconté son histoire, etc., etc. »

EXTRAIT

DE LA

DÉFENSE DU GÉNIE DU CHRISTIANISME.

« On a déjà fait remarquer la tendre sollicitude des critiques[1] pour la
« pureté de la religion; on devait donc s'attendre qu'ils se formaliseraient
« des deux épisodes que l'auteur a introduits dans son livre. Cette ob-
« jection particulière rentre dans la grande objection qu'ils ont opposée
« à tout l'ouvrage, et elle se détruit par la réponse générale qu'on y a
« faite plus haut. Encore une fois, l'auteur a dû combattre des poèmes
« et des romans impies, avec des poèmes et des romans pieux; il s'est
« couvert des mêmes armes dont il voyait l'ennemi revêtu : c'était une
« conséquence naturelle et nécessaire du genre d'apologie qu'il avait
« choisi. Il a cherché à donner l'exemple avec le précepte. Dans la partie
« théorique de son ouvrage, il avait dit que la religion embellit notre
« existence, corrige les passions sans les éteindre, jette un intérêt singu-
« lier sur tous les sujets où elle est employée; il avait dit que sa doctrine
« et son culte se mêlent merveilleusement aux émotions du cœur et aux
« scènes de la nature; qu'elle est enfin la seule ressource dans les
« grands malheurs de la vie : il ne suffisait pas d'avancer tout cela, il
« fallait encore le prouver. C'est ce que l'auteur a essayé de faire dans
« les deux épisodes de son livre. Ces épisodes étaient en outre une amorce
« préparée à l'espèce de lecteurs pour qui l'ouvrage est spécialement
« écrit. L'auteur avait-il donc si mal connu le cœur humain, lorsqu'il a
« tendu ce piége innocent aux incrédules? Et n'est-il pas probable que
« tel lecteur n'eût jamais ouvert le *Génie du Christianisme*, s'il n'y avait
« cherché René et Atala?

Sai che là corre il mondo dove più versi
Delle sue dolcezze il lusinger parnasso,
E che 'l verso, condito in molli versi,
I più schivi allettando, ha persuaso.

[1] Il s'agit ici des Philosophes uniquement.

« Tout ce qu'un critique impartial qui veut entrer dans l'esprit de
« l'ouvrage était en droit d'exiger de l'auteur, c'est que les épisodes de
« cet ouvrage eussent une tendance visible à faire aimer la religion et à
« en démontrer l'utilité. Or, la nécessité des cloîtres pour certains
« malheurs de la vie, et pour ceux-là même qui sont les plus grands, la
« puissance d'une religion qui peut seule fermer des plaies que tous les
« baumes de la terre ne sauraient guérir, ne sont-elles pas invincible-
« ment prouvées dans l'histoire de René ? L'auteur y combat en outre le
« travers particulier des jeunes gens du siècle, le travers qui mène di-
« rectement au suicide. C'est J.-J. Rousseau qui introduisit le premier
« parmi nous ces rêveries si désastreuses et si coupables. En s'isolant
« des hommes, en s'abandonnant à ses songes, il a fait croire à une foule
« de jeunes gens qu'il est beau de se jeter ainsi dans le vague de la vie.
« Le roman de Werther a développé depuis ce germe de poison. L'auteur
« du *Génie du Christianisme*, obligé de faire entrer dans le cadre de son
« Apologie quelques tableaux pour l'imagination, a voulu dénoncer cette
« espèce de vice nouveau, et peindre les funestes conséquences de l'a-
« mour outré de la solitude. Les couvents offraient autrefois des retraites
« à ces âmes contemplatives que la nature appelle impérieusement aux
« méditations. Elles y trouvaient auprès de Dieu de quoi remplir le vide
« qu'elles sentent en elles-mêmes, et souvent l'occasion d'exercer de
« rares et sublimes vertus. Mais, depuis la destruction des monastères et
« les progrès de l'incrédulité, on doit s'attendre à voir se multiplier au
« milieu de la société (comme il est arrivé en Angleterre), des espèces
« de solitaires tout à la fois passionnés et philosophes, qui, ne pouvant
« ni renoncer aux vices du siècle, ni aimer ce siècle, prendront la haine
« des hommes pour l'élévation du génie, renonceront à tout devoir divin
« et humain, se nourriront à l'écart des plus vaines chimères, et se plon-
« geront de plus en plus dans une misanthropie orgueilleuse, qui les
« conduira à la folie où à la mort.

« Afin d'inspirer plus d'éloignement pour ces rêveries criminelles,
« l'auteur a pensé qu'il devait prendre la punition de René dans le cercle
« de ces malheurs épouvantables qui appartiennent moins à l'individu
« qu'à la famille de l'homme, et que les anciens attribuaient à la fatalité.
« L'auteur eût choisi le sujet de Phèdre s'il n'eût été traité par Racine.
« Il ne restait que celui d'Érope et de Thyeste[1] chez les Grecs, ou d'Am-
« non et de Thamar chez les Hébreux[2] ; et bien qu'il ait été aussi trans-

---

[1] SEN., *in Atr. et Th.* Voyez aussi *Canace et Macareus*, et *Caune et Bybis*
dans les *Métamorphoses* et dans les *Héroïdes* d'Ovide. J'ai rejeté comme trop abominable le sujet de Myrrha, qu'on retrouve encore dans celui de Loth et ses filles.

[2] *Reg.* 13, 14.

« porté sur notre scène [1], il est toutefois moins connu que celui de
« Phèdre. Peut-être aussi s'applique-t-il mieux aux caractères que l'auteur
« a voulu peindre. En effet les folles rêveries de René commencent le mal,
« et ses extravagances l'achèvent : par les premières il égare l'imagina-
« tion d'une faible femme : par les dernières en voulant attenter à ses
« jours, il oblige cette infortunée à se réunir à lui ; ainsi le malheur naît
« du sujet, et la punition sort de la faute.

« Il ne restait qu'à sanctifier, par le Christianisme, cette catastrophe
« empruntée à la fois de l'antiquité païenne et de l'antiquité sacrée. L'au-
« teur, même alors, n'eut pas tout à faire ; car il trouva cette histoire
« presque naturalisée chrétienne dans une vieille ballade de pèlerin, que
« les paysans chantent encore dans plusieurs provinces [2]. Ce n'est pas
« par les maximes répandues dans un ouvrage, mais par l'impression que
« cet ouvrage laisse au fond de l'âme, que l'on doit juger de sa moralité.
« Or, la sorte d'épouvante et de mystère qui règne dans l'épisode de
« René serre et contriste le cœur sans y exciter d'émotion criminelle. Il
« ne faut pas perdre de vue qu'Amélie meurt heureuse et guérie, et que
« René finit misérablement. Ainsi le vrai coupable est puni, tandis que
« sa trop faible victime, remettant son âme blessée entre les mains de
« *celui qui retourne le malade sur sa couche*, sent renaître une joie inef-
« fable du fond même des tristesses de son cœur. Au reste, le discours
« du père Souël ne laisse aucun doute sur le but et les moralités reli-
« gieuses de l'histoire de René. »

On voit, par le chapitre cité du *Génie de Christianisme*, quelle espèce
de passion nouvelle j'ai essayé de peindre ; et, par l'extrait de la *Défense*,
quel vice non encore attaqué j'ai voulu combattre. J'ajouterai que, quant
au style, *René* a été revu avec autant de soin qu'*Atala*, et qu'il a reçu
le degré de perfection que je suis capable de lui donner.

[1] Dans l'*Aboufar* de M. Ducis.
[2] C'est le Chevalier des Landes :

Malheureux chevalier, etc.

ATALA

PROLOGUE

La France possédait autrefois dans l'Amérique septentrionale un vaste empire qui s'étendait depuis le Labrador jusqu'aux Florides, et depuis les rivages de l'Atlantique jusqu'aux lacs les plus reculés du haut Canada.

Quatre grands fleuves, ayant leurs sources dans les mêmes montagnes, divisaient ces régions immenses : le fleuve Saint-Laurent, qui se perd à l'est dans le golfe de son nom ; la rivière de l'Ouest, qui porte ses eaux à des mers inconnues ; le fleuve Bourbon, qui se précipite du midi au nord dans la baie d'Hudson ; et le Meschacebé[1], qui tombe du nord au midi dans le golfe du Mexique.

Ce dernier fleuve, dans un cours de plus de mille lieues, arrose une délicieuse contrée que les habitants des États-Unis appellent le *nouvel Éden*, et à laquelle les Français ont laissé le doux nom de *Louisiane*. Mille autres fleuves, tributaires du Meschacebé, le Missouri, l'Illinois, l'Akanza, l'Ohio, le Wabache, le Tenase, l'engraissent de leur limon et la fertilisent de leurs eaux. Quand tous ces fleuves se sont gonflés des déluges de l'hiver, quand les tempêtes ont abattu des pans entiers de forêts, les arbres déracinés s'assemblent sur les sources. Bientôt la vase les cimente, les lianes les enchaînent, et des plantes, y prenant racine de toutes parts, achèvent de consolider ces débris. Charriés par les vagues écumantes, ils descendent au Meschacebé : le fleuve s'en empare, les pousse au golfe Mexicain, les échoue sur des bancs de sable, et accroît ainsi le nombre de ses embouchures. Par intervalle, il élève

[1] Vrai nom du Mississipi ou Meschassipi.

sa voix en passant sur les monts, et répand ses eaux débordées autour des colonnades des forêts et des pyramides des tombeaux indiens; c'est le Nil des déserts, Mais la grâce est toujours unie à la
magnificence dans les scènes de la nature : tandis que le courant du
milieu entraîne vers la mer les cadavres des pins et des chênes, on
voit sur les deux courants latéraux remonter, le long des rivages,
des îles flottantes de pistia et de nénuphar, dont les roses jaunes
s'élèvent comme de petits pavillons. Des serpents verts, des hérons
bleus, des flammants roses, de jeunes crocodiles, s'embarquent passagers sur ces vaisseaux de fleurs, et la colonie, déployant au vent
ses voiles d'or, va aborder endormie dans quelque anse retirée du
fleuve.

Les deux rives de Meschacebé présentent le tableau le plus
extraordinaire. Sur le bord occidental, des savanes se déroulent à
perte de vue; leurs flots de verdures, en s'éloignant, semblent
monter dans l'azur du ciel où ils s'évanouissent. On voit dans ces
prairies sans bornes errer à l'aventure des troupeaux de trois ou
quatre mille buffles sauvages. Quelquefois un bison chargé d'années,
fendant les flots à la nage, se vient coucher, parmi de hautes
herbes, dans une île du Meschacebé. A son front orné de deux
croissants, à sa barbe antique et limoneuse, vous le prendriez pour
le dieu du fleuve, qui jette un œil satisfait sur la grandeur de ses
ondes et la sauvage abondance de ses rives.

Telle est la scène sur le bord occidental; mais elle change sur
le bord opposé, et forme avec la première un admirable contraste.
Suspendus sur le cours des eaux, groupés sur les rochers et sur les
montagnes, dispersés dans les vallées, des arbres de toutes les
formes, de toutes les couleurs, de tous les parfums, se mêlent,
croissent ensemble, montent dans les airs à des hauteurs qui fa-
tiguent les regards. Les vignes sauvages, les bignonias, les colo-
quintes, s'entrelacent au pied de ces arbres, escaladent leurs rameaux, grimpent à l'extrémité des branches, s'élancent de l'érable au
tulipier, du tulipier à l'alcée, en formant mille grottes, mille voûtes,

mille portiques. Souvent, égarées d'arbre en arbre, ces lianes traversent des bras de rivière, sur lesquels elles jettent des ponts de
fleurs. Du sein de ces massifs, le magnolia élève son cône immobile;
surmonté de ses larges roses blanches, il domine toute la forêt, et
n'a d'autre rival que le palmier, qui balance légèrement auprès de
lui ses éventails de verdure.

Une multitude d'animaux placés dans ces retraites par la main
du Créateur y répandent l'enchantement et la vie. De l'extrémité
des avenues on aperçoit des ours, enivrés de raisins, qui chan-
cellent sur les branches des ormeaux; des cariboux se baignent
dans un lac; des écureuils noirs se jouent dans l'épaisseur des feuillages; des oiseaux-moqueurs, des colombes de Virginie, de la
grosseur d'un passereau, descendent sur les gazons rougis par les
fraises; des perroquets verts à tête jaune, des piverts empourprés,
des cardinaux de feu, grimpent en circulant au haut des cyprès;
des colibris étincellent sur le jasmin des Florides, et des serpents-
oiseleurs sifflent suspendus aux dômes des bois, en s'y balançant
comme des lianes.

Si tout est silence et repos dans les savanes de l'autre côté du
fleuve, tout ici, au contraire, est mouvement et murmure: les
coups de bec contre le tronc des chênes, des froissements d'animaux qui marchent, broutent ou broient entre leurs dents les noyaux
des fruits; des bruissements d'ondes, de faibles gémissements, de
sourds mugissements, de doux roucoulements, remplissent ces déserts d'une tendre et sauvage harmonie. Mais quand une brise vient
à animer ces solitudes, à balancer ces corps flottants, à confondre
ces masses de blanc, d'azur, de vert, de rose; à mêler toutes les
couleurs, à réunir tous les murmures: alors il sort de tels bruits du
fond des forêts, il se passe de telles choses aux yeux, que j'essaye-
rais en vain de les décrire à ceux qui n'ont point parcouru ces
champs primitifs de la nature.

Après la découverte du Meschacebé par le père Marquette et l'infortuné la Salle, les premiers Français qui s'établirent à Biloxi et

à la Nouvelle-Orléans firent alliance avec les Natchez, nation indienne dont la puissance était redoutable dans ces contrées. Des
querelles et des jalousies ensanglantèrent dans la suite la terre de
l'hospitalité. Il y avait parmi ces Sauvages un vieillard nommé
Chactas[1], qui, par son âge, sa sagesse, et sa science dans les
choses de la vie, était le patriarche et l'amour des déserts. Comme
tous les hommes, il avait acheté la vertu par l'infortune. Non
seulement les forêts du Nouveau-Monde furent remplies de ses malheurs, mais il les porta jusque sur les rivages de la France. Retenu
aux galères à Marseille par une cruelle injustice, rendu à la liberté,
présenté à Louis XIV, il avait conversé avec les grands hommes de
ce siècle et assisté aux fêtes de Versailles, aux tragédies de Racine,
aux oraisons funèbres de Bossuet; en un mot le Sauvage avait con-
templé la société à son plus haut point de splendeur.

Depuis plusieurs années, rentré dans le sein de sa patrie, Chactas
jouissait du repos. Toutefois le ciel lui vendait encore cher cette
faveur; le vieillard était devenu aveugle. Une jeune fille l'accompagnait sur les coteaux du Meschacebé, comme Antigone guidait
les pas d'OEdipe sur le Cythéron, ou comme Malvina conduisait
Ossian sur les rochers de Morven.

Malgré les nombreuses injustices que Chactas avait éprouvées de
la part des Français, il les aimait. Il se souvenait toujours de
Fénelon, dont il avait été l'hôte, et désirait pouvoir rendre quelque
service aux compatriotes de cet homme vertueux. Il s'en présenta
une occasion favorable. En 1725, un Français nommé *René*, poussé
par des passions et des malheurs, arriva à la Louisiane. Il remonta
le Meschacebé jusqu'aux Natchez, et demanda à être reçu guerrier
de cette nation. Chactas l'ayant interrogé, et le trouvant inébran-
lable dans sa résolution, l'adopta pour fils, et lui donna pour épouse
une Indienne appelée *Céluta*. Peu de temps après ce mariage, les
Sauvages se préparèrent à la chasse du castor.

---

[1] La voix harmonieuse.

Chactas, quoique aveugle, est désigné par le conseil des sachems[1]
pour commander l'expédition, à cause du respect que les tribus indiennes lui portaient. Les prières et les jeûnes commencent; les
jongleurs interprètent les songes, on consulte les manitous; on
fait des sacrifices de petun; ou brûle des filets de langues d'orignal;
on examine s'ils pétillent dans la flamme, afin de découvrir la volonté des génies; on part enfin, après avoir mangé le chien sacré.
René est de la troupe. A l'aide des contre-courants, les pirogues
remontent le Meschacebé, et entrent dans le lit de l'Ohio. C'est en
automne. Les magnifiques trésors du Kentucky se déploient aux yeux
étonnés du jeune Français. Une nuit, à la clarté de la lune, tandis
que tous les Natchez dorment au fond de leurs pirogues, et que la
flotte indienne, élevant ses voiles de peaux de bêtes, fuit devant une
légère brise, René, demeuré seul avec Chactas, lui demande le
récit de ses aventures. Le vieillard consent à le satisfaire, et assis
avec lui sur la poupe de la pirogue, il commence en ces mots.

LE RÉCIT.

LES CHASSEURS.

« C'est une singulière destinée, mon cher fils, que celle qui
nous réunit. Je vois en toi l'homme civilisé qui s'est fait sauvage; tu
vois en moi l'homme sauvage que le Grand-Esprit (j'ignore pour
quel dessein) a voulu civiliser. Entrés l'un et l'autre dans la carrière
de la vie par les deux bouts opposés, tu es venu te reposer à ma
place, et j'ai été m'asseoir à la tienne : ainsi nous avons dû avoir
des objets une vue totalement différente. Qui, de toi ou de moi, a
le plus gagné ou le plus perdu à ce changement de position? C'est
ce que savent les génies, dont le moins savant a plus de sagesse
que tous les hommes ensemble.

[1] Vieillards ou conseillers.

« A la prochaine lune des fleurs[1], il y aura sept fois dix neiges,
et trois neiges de plus[2], que ma mère me mit au monde sur le bord du
Meschacebé. Les Espagnols s'étaient depuis peu établis dans la baie
de Pensacola ; mais aucun blanc n'habitait encore la Louisiane. Je
comptais à peine dix-sept chutes de feuilles lorsque je marchai avec
mon père, le guerrier Outalissi, contre les Muscogulges, nation
puissante des Florides. Nous nous joignîmes aux Espagnols, nos
alliés, et le combat se donna sur une des branches de la Maubile.
Areskoui[3] et les manitous ne nous furent pas favorables. Les ennemis triomphèrent ; mon père perdit la vie ; je fus blessé deux fois
en le défendant. Oh ! que ne descendis-je alors dans le pays des
âmes[4] ! j'aurais évité les malheurs qui m'attendaient sur la terre. Les
esprits en ordonnèrent autrement : je fus entraîné par les fuyards à
Saint-Augustin.

« Dans cette ville, nouvellement bâtie par les Espagnols, je courais le risque d'être enlevé pour les mines de Mexico, lorsqu'un
vieux Castillan nommé *Lopez,* touché de ma jeunesse et de ma
simplicité, m'offrit un asile et me présenta à une sœur avec laquelle
il vivait sans épouse.

« Tous les deux prirent pour moi les sentiments les plus tendres.
On m'éleva avec beaucoup de soin ; on me donna toute sortes de
maîtres. Mais après avoir passé trente lunes à Saint-Augustin, je
fus saisi du dégoût de la vie des cités. Je dépérissais à vue d'œil :
tantôt je demeurais immobile pendant des heures à contempler la
cime des lointaines forêts ; tantôt on me trouvait assis au bord d'un
fleuve, que je regardais tristement couler. Je me peignais les bois à
travers lesquels cette onde avait passé, et mon âme était tout entière à la solitude.

« Ne pouvant plus résister à l'envie de retourner au désert, un
matin je me présentai à Lopez, vêtu de mes habits de Sauvage, te-

[1] Mois de mai.
[2] Neige pour année ; 73 ans.
[3] Dieu de la guerre.
[4] Les enfers.

nant d'une main mon arc et mes flèches, et de l'autre mes vêtements européens. Je les remis à mon généreux protecteur, au pied
duquel je tombai en versant des torrents de larmes. Je me donnai
des noms odieux ; je m'accusai d'ingratitude : « Mais enfin, lui
« dis-je, ô mon père! tu le vois toi-même : je meurs si je ne re-
« prends la vie de l'Indien. »

Lopez, frappé d'étonnement, voulut me détourner de mon dessein. Il me représenta les dangers que j'allais courir, en m'exposant à tomber de nouveau entre les mains des Muscogulges. Mais
voyant que j'étais résolu à tout entreprendre, fondant en pleurs, et
me serrant dans ses bras : « Va, s'écria-t-il, enfant de la nature!
« reprends cette indépendance de l'homme que Lopez ne te veut
« point ravir. Si j'étais plus jeune moi-même, je t'accompagnerais
« au désert (où j'ai aussi de doux souvenirs !), et je te remettrais
« dans les bras de ta mère. Quand tu seras dans tes forêts, songe
« quelquefois à ce vieil Espagnol qui te donna l'hospitalité, et rap-
« pelle-toi, pour te porter à l'amour de tes semblables, que la pre-
« mière expérience que tu as faite du cœur humain a été toute en
« sa faveur. » Lopez finit par une prière au Dieu des chrétiens,
dont j'avais refusé d'embrasser le culte, et nous nous quittâmes
avec des sanglots.

« Je ne tardai pas à être puni de mon ingratitude. Mon inex-
périence m'égara dans les bois, et je fus pris par un parti de Muscogulges et de Siminoles, conme Lopez me l'avait prédit. Je fus
reconnu pour Natchez à mon vêtement et aux plumes qui ornaient
ma tête. On m'enchaîna, mais légèrement, à cause de ma jeunesse.
Simaghan, le chef de la troupe, voulut savoir mon nom ; je répondis : « Je m'appelle *Chactas*, fils d'Outalissi, fils de Miscou, qui ont
« enlevé plus de cent chevelures aux héros Muscogulges. » Simaghan me dit : « Chactas, fils d'Outalissi, fils de Miscou, réjouis-
« toi ; tu seras brûlé au grand village. » Je repartis : « Voilà qui
« va bien ; » et j'entonnai ma chanson de mort.

« Tout prisonnier que j'étais, je ne pouvais, durant les premiers jours, m'empêcher d'admirer mes ennemis. Le Muscogulge, et surtout son allié, le Siminole, respire la gaieté, l'amour, le contentement. Sa démarche est légère, son abord ouvert et serein. Il parle beaucoup et avec volubilité; son langage est harmonieux et facile. L'âge même ne peut ravir aux sachems cette simplicité joyeuse : comme les vieux oiseaux de nos bois, ils mêlent encore leurs vieilles chansons aux airs nouveaux de leur jeune postérité.

« Les femmes qui accompagnaient la troupe témoignaient pour ma jeunesse une pitié tendre et une curiosité aimable. Elles me questionnaient sur ma mère, sur les premiers jours de ma vie; elles voulaient savoir si l'on suspendait mon berceau de mousse aux branches fleuries des érables, si les brises m'y balançaient auprès du nid des petits oiseaux. C'était ensuite mille autres questions sur l'état de mon cœur : elles me demandaient si j'avais vu une biche blanche dans mes songes, et si les arbres de la vallée secrète m'avaient conseillé d'aimer. Je répondais avec naïveté aux mères, aux filles et aux épouses des hommes. Je leur disais : « Vous êtes les grâ- « ces du jour, et la nuit vous aime comme la rosée. L'homme sort « de votre sein pour se suspendre à votre mamelle et à votre bou- « che; vous savez des paroles magiques qui endorment toutes les « douleurs. Voilà ce que m'a dit celle qui m'a mis au monde, et qui « ne me reverra plus ! Elle m'a dit encore que les vierges étaient « des fleurs mystérieuses qu'on trouve dans les lieux solitaires. »

« Ces louanges faisaient beaucoup de plaisir aux femmes ; elles me comblaient de toute sorte de dons; elles m'apportaient de la crème de noix, du sucre d'érable, de la sagamité[1], des jambons d'ours, des peaux de castors, des coquillages pour me parer, et des mousses pour ma couche. Elles chantaient, elles riaient avec moi, et puis elles se prenaient à verser des larmes en songeant que je serais brûlé.

« Une nuit que les Muscogulges avaient placé leur camp sur le

---

[1] Sorte de pâte de maïs.

bord d'une forêt, j'étais assis auprès du *feu de la guerre*, avec le chasseur commis à ma garde. Tout à coup j'entendis le murmure d'un vêtement sur l'herbe, et une femme à demi voilée vint s'asseoir à mes côtés. Des pleurs roulaient sous sa paupière; à la lueur du feu, un petit crucifix d'or brillait sur son sein. Elle était régulièrement belle; l'on remarquait sur son visage je ne sais quoi de vertueux et de passionné, dont l'attrait était irrésistible. Elle joignait à cela des grâces plus tendres; une extrême sensibilité, unie à une mélancolie profonde, respirait dans ses regards; son sourire était céleste.

« Je crus que c'était la *Vierge des dernières amours*, cette vierge qu'on envoie au prisonnier de guerre pour enchanter sa tombe. Dans cette persuasion, je lui dis en balbutiant, et avec un trouble qui pourtant ne venait pas de la crainte du bûcher : Vierge, vous « êtes digne des premiers amours, et vous n'êtes pas faite pour les « dernières. Les mouvements d'un cœur qui va bientôt cesser de « battre répondraient mal aux mouvements du vôtre. Comment « mêler la mort et la vie? Vous me feriez trop regretter le jour. « Qu'un autre soit plus heureux que moi, et que de longs em- « brassements unissent la liane et le chêne! »

« La jeune fille me dit alors : « Je ne suis point la *Vierge des* « *dernières amours*. Es-tu chrétien? » Je répondis que je n'avais point trahi les génies de ma cabane. A ces mots, l'Indienne fit un mouvement involontaire. Elle me dit : « Je te plains de n'être qu'un « méchant idolâtre. Ma mère m'a faite chrétienne; je me nomme « *Atala*, fille de Simaghan aux bracelets d'or, et chef des guerriers « de cette troupe. Nous nous rendons à Apalachucla où tu seras « brûlé. » En prononçant ces mots, Atala se lève et s'éloigne. »

Ici Chactas fut contraint d'interrompre son récit. Les souvenirs se pressèrent en foule dans son âme; ses yeux éteints inondèrent de larmes ses joues flétries : telles deux sources cachées dans la profonde nuit de la terre se décèlent par les eaux qu'elles laissent filtrer entre les rochers.

« O mon fils, reprit-il enfin, tu vois que Chactas est bien peu sage, malgré sa renommée de sagesse! Hélas! mon cher enfant, les hommes ne peuvent déjà plus voir, qu'ils peuvent encore pleurer! Plusieurs jours s'écoulèrent, la fille du sachem revenait chaque soir me parler. Le sommeil avait fui de mes yeux, et Atala était dans mon cœur comme le souvenir de la couche de mes pères.

« Le dix-septième jour de marche, vers le temps où l'éphémère sort des eaux, nous entrâmes sur la grande savane Alachua. Elle est environnée de coteaux qui, fuyant les uns derrière les autres, portent, en s'élevant jusqu'aux nues, des forêts étagées de copalmes, de citronniers, de magnolias et de chênes-verts. Le chef poussa le cri d'arrivée, et la troupe campa au pied des des collines. On me relégua à quelque distance, au bord d'un de ces *puits naturels*, si fameux dans les Florides. J'étais attaché au pied d'un arbre; un guerrier veillait impatiemment auprès de moi. J'avais à peine passé quelques instants dans ce lieu, qu'Atala parut sous les liquidambars de la fontaine. « Chasseur, dit-elle au héros muscogulge, si « tu veux poursuivre le chevreuil, je garderai le prisonnier. » Le guerrier bondit de joie à cette parole de la fille du chef; il s'élance du sommet de la colline et allonge ses pas dans la plaine.

« Étrange contradiction du cœur de l'homme! Moi qui avais tant désiré de dire les choses du mystère à celle que j'aimais déjà comme le soleil, maintenant interdit et confus, je crois que j'eusse préféré d'être jeté aux crocodiles de la fontaine, à me trouver seul ainsi avec Atala. La fille du désert était aussi troublée que son prisonnier; nous gardions un profond silence; les génies de l'amour avaient dérobé nos paroles. Enfin Atala, faisant un effort, dit ceci : « Guer- « rier, vous êtes retenu faiblement, vous pouvez aisément vous « échapper. » A ces mots, la hardiesse revint sur ma langue; je répondis : « Faiblement retenu, ô femme!... » Je ne sus comment achever. Atala hésita quelques moments; puis elle dit : « Sauvez- vous. » Et elle me détacha du tronc de l'arbre. Je saisis la corde; je la remis dans la main de la fille étrangère, en forçant ses beaux

doigts à se fermer sur ma chaîne. « Reprenez-la! reprenez-la! »
m'écriai-je. — « Vous êtes un insensé, » dit Atala d'une voix
émue. « Malheureux! ne sais-tu pas que tu seras brûlé? Que pré-
« tends-tu? Songes-tu bien que je suis la fille d'un redoutable sa-
« chem? — Il fut un temps, répliquai-je avec des larmes, que j'étais
« aussi porté dans une peau de castor aux épaules d'une mère. Mon
« père avait aussi une belle hutte, et ses chevreuils buvaient les
« eaux de mille torrents; mais j'erre maintenant sans patrie. Quand
« je ne serai plus, aucun ami ne mettra un peu d'herbe sur mon
« corps pour le garantir des mouches. Le corps d'un étranger mal-
« heureux n'intéresse personne. »

« Ces mots attendrirent Atala. Ses larmes tombèrent dans la
fontaine. « Ah! repris-je avec vivacité, si votre cœur parlait comme
« le mien! Le désert n'est-il pas libre? Les forêts n'ont-elles point
« de replis où nous cacher? Faut-il donc, pour être heureux, tant
« de choses aux enfants des cabanes? O fille plus belle que le pre-
« mier songe de l'époux! ô ma bien-aimée! ose suivre mes pas. »
Telles furent mes paroles. Atala me répondit d'une voix tendre :
« Mon jeune ami, vous avez appris le langage des blancs; il est
« aisé de tromper une Indienne. — Quoi! m'écriai-je, vous m'ap-
« pelez votre jeune ami! Ah! si un pauvre esclave... — Eh bien! »
dit-elle en se penchant sur moi, « un pauvre esclave... » Je repris
avec ardeur : « Qu'un baiser l'assure de ta foi! » Atala écouta ma
prière. Comme un faon semble pendre aux fleurs de lianes roses,
qu'il saisit de sa langue délicate dans l'escarpement de la montagne, ainsi je restai suspendu aux lèvres de ma bien-aimée.

« Hélas! mon cher fils, la douleur touche de près au plaisir!
Qui eût ou croire que le moment où Atala me donnait le premier
gage de son amour serait celui-là même où elle détruirait mes espérances? Cheveux blanchis du vieux Chactas, quel fut votre étonnement lorsque la fille du sachem prononça ces paroles : « Beau
« prisonnier, j'ai follement cédé à ton désir; mais où nous con-
« duira cette passion? Ma religion me sépare de toi pour tou-

« jours... O ma mère! qu'as-tu fait?... » Atala se tut tout à coup,
et retint je ne sus quel fatal secret près d'échapper à ses lèvres. Ses
paroles me plongèrent dans le désespoir. « Eh bien ! m'écriai-je,
« je serai aussi cruel que vous ; je ne fuirai point. Vous me verrez
« dans le cadre de feu ; vous entendrez les gémissements de ma
« chair, et vous serez pleine de joie. Atala saisit mes mains entre
les deux siennes. « Pauvre jeune idolâtre, s'écria-t-elle, tu me fais
« réellement pitié ! Tu veux donc que je pleure tout mon cœur ?
« Quel dommage que je ne puisse fuir avec toi ! Malheureux a été
« le ventre de ta mère, ô Atala ! Que ne te jettes-tu au crocodile de
« la fontaine ! »

  « Dans ce moment même, les crocodiles, aux approches du coucher du soleil, commençaient à faire entendre leurs rugissements.
Atala me dit : « Quittons ces lieux. » J'entraînai la fille de Simaghan au pied de ces coteaux qui formaient des golfes de verdure,
en avançant leurs promontoires dans la savane. Tout était calme
et superbe au désert. La cigogne criait sur son nid ; les bois retentissaient du chant monotone des cailles, du sifflement des perruches, du mugissement des bisons et du hennissement des cavales
siminoles.

  « Notre promenade fut presque muette. Je marchais à côté d'A-
tala; elle tenait le bout de la corde, que je l'avais forcée de reprendre. Quelquefois nous versions des pleurs, quelquefois nous
essayions de sourire. Un regard tantôt levé vers le ciel, tantôt
attaché à la terre, une oreille attentive au chant de l'oiseau, un geste
vers le soleil couchant, une main tendrement serrée, un sein tour à
tour palpitant, tour à tour tranquille, les noms de Chactas et d'Atala
doucement répétés par intervalle... O première promenade de l'a-
mour, il faut que votre souvenir soit bien puissant, puisqu'après
tant d'années d'infortune vous remuez encore le cœur du vieux
Chactas !

  « Qu'ils sont incompréhensibles, les mortels agités par des passions ! Je venais d'abandonner le généreux Lopez, je venais de

m'exposer à tous les dangers pour être libre; dans un instant le regard d'une femme avait changé mes goûts, mes résolutions, mes pensées ! Oubliant mon pays, ma mère, ma cabane, et la mort affreuse qui m'attendait, j'étais devenu indifférent à tout ce qui n'était pas Atala. Sans force pour m'élever à la raison de l'homme, j'étais retombé tout à coup dans une espèce d'enfance; et, loin de pouvoir rien faire pour me soustraire aux maux qui m'attendaient, j'aurais eu presque besoin qu'on s'occupât de mon sommeil et de ma nourriture.

« Ce fut donc vainement qu'après nos courses dans la savane Atala, se jetant à mes genoux, m'invita de nouveau à la quitter. Je lui protestai que je retournerais seul au camp, si elle refusait de me rattacher au pied de mon arbre. Elle fut obligée de me satisfaire, espérant me convaincre une autre fois.

« Le lendemain de cette journée, qui décida du destin de ma vie, on s'arrêta dans une vallée, non loin de Cuscowilla, capitale des Siminoles. Ces Indiens, unis aux Muscogulges, forment avec eux la confédération des Creeks. La fille du pays des palmiers vint me trouver au milieu de la nuit. Elle me conduisit dans une grande forêt de pins, et renouvela ses prières pour m'engager à la fuite. Sans lui répondre, je pris sa main dans ma main, et je forçai cette biche altérée d'errer avec moi dans la forêt. La nuit était délicieuse. Le génie des airs secouait sa chevelure bleue, embaumée de la senteur des pins, et l'on respirait la faible odeur d'ambre qu'exhalaient les crocodiles couchés sous les tamarins des fleuves. La lune brillait au milieu d'un azur sans tache, et sa lumière gris de perle descendait sur la cime indéterminée des forêts. Aucun bruit ne se faisait entendre, hors je ne sais quelle harmonie lointaine qui régnait dans la profondeur des bois : on eût dit que l'âme de la solitude soupirait dans toute l'étendue du désert.

« Nous aperçûmes à travers les arbres un jeune homme, qui, tenant à la main un flambeau, ressemblait au génie du printemps parcourant les forêts pour ranimer la nature. C'était un amant qui allait s'instruire de son sort à la cabane de sa maîtresse.

« Si la vierge éteint le flambeau, elle accepte les vœux offerts ; si elle se voile sans l'éteindre, elle rejette un époux.

« Le guerrier, en se glissant dans les ombres, chantait à demi-voix ces paroles :

« Je devancerai les pas du jour sur le sommet des montagnes « pour chercher ma colombe solitaire parmi les chênes de la forêt.

« J'ai attaché à son cou un collier de porcelaines[1]; on y voit trois « grains rouges pour mon amour, trois violets pour mes craintes, « trois bleus pour mes espérances.

« Mila a les yeux d'une hermine et la chevelure légère d'un « champ de riz ; sa bouche est un coquillage rose garni de perles ; « ses deux seins sont comme deux petits chevreaux sans tache, nés « au même jour, d'une seule mère.

« Puisse Mila éteindre ce flambeau! Puisse sa bouche verser sur « lui une ombre voluptueuse ! Je fertiliserai son sein. L'espoir de « la patrie pendra à sa mamelle féconde, et je fumerai mon calu- « met de paix sur le berceau de mon fils.

« Ah! laissez-moi devancer les pas du jour sur le sommet des « montagnes pour chercher ma colombe solitaire parmi les chênes « de la forêt! »

« Ainsi chantait ce jeune homme, dont les accents portèrent le trouble jusqu'au fond de mon âme, et firent changer de visage à Atala. Nos mains unies frémirent l'une dans l'autre. Mais nous fûmes distraits de cette scène par une scène non moins dangereuse pour nous.

« Nous passâmes auprès du tombeau d'un enfant, qui servait de limites à deux nations. On l'avait placé au bord du chemin, selon l'usage, afin que les jeunes femmes, en allant à la fontaine, pussent attirer dans leur sein l'âme de l'innocente créature, et la rendre à la patrie. On y voyait dans ce moment des épouses nouvelles qui,

---

[1] Sorte de coquillage.

désirant les douceurs de la maternité, cherchaient, en entr'ouvrant leurs lèvres, à recueillir l'âme du petit enfant, qu'elles croyaient voir errer sur les fleurs. La véritable mère vint ensuite déposer une gerbe de maïs et des fleurs de lis blanc sur le tombeau. Elle arrosa la terre de son lait, s'assit sur le gazon humide, et parla à son enfant d'une voix attendrie :

« Pourquoi te pleuré-je dans ton berceau de terre, ô mon nou-
« veau-né! Quand le petit oiseau devient grand, il faut qu'il
« cherche sa nourriture, et il trouve dans le désert bien des graines
« amères. Du moins tu as ignoré les pleurs; du moins ton cœur
« n'a point été exposé au souffle dévorant des hommes. Le bouton
« qui sèche dans son enveloppe passe avec tous ses parfums, comme
« toi, ô mon fils! avec toute ton innocence. Heureux ceux qui
« meurent au berceau; il n'ont connu que les baisers et les souris
« d'une mère! »

« Déjà subjugués par notre propre cœur, nous fûmes accablés par ces images d'amour et de maternité, qui semblaient nous poursuivre dans ces solitudes enchantées. J'emportai Atala dans mes bras au fond de la forêt, et je lui dis des choses qu'aujourd'hui je chercherais en vain sur mes lèvres. Le vent du midi, mon cher fils, perd sa chaleur en passant sur des montagnes de glace. Les souvenirs de l'amour dans le cœur d'un vieillard sont comme les feux du jour réfléchis par l'orbe paisible de la lune, lorsque le soleil est couché et que le silence plane sur la hutte des Sauvages.

« Qui pouvait sauver Atala? qui pouvait l'empêcher de succomber à la nature? Rien qu'un miracle, sans doute; et ce miracle fut fait! La fille de Simaghan eut recours au Dieu des chrétiens; elle se précipita sur la terre, et prononça une fervente oraison, adressée à sa mère et à la reine des vierges. C'est de ce moment, ô René, que j'ai conçu une merveilleuse idée de cette religion qui, dans les forêts, au milieu de toutes les privations de la vie, peut remplir de mille dons les infortunés; de cette religion qui, opposant sa puissance au torrent des passions, suffit seule pour les vaincre, lors-

que tout les favorise, et le secret des bois, et l'absence des hommes,
et la fidélité des ombres. Ah! qu'elle me parut divine la simple Sauvage, l'ignorante Atala, qui, à genoux devant un vieux pin tombé,
comme au pied d'un autel, offrait à son Dieu des vœux pour un
amant idolâtre! Ses yeux levés vers l'astre de la nuit, ses joues
brillantes des pleurs de la religion et de l'amour, étaient d'une
beauté immortelle. Plusieurs fois il me sembla qu'elle allait prendre
son vol vers les cieux; plusieurs fois je crus voir descendre sur les
rayons de la lune et entendre dans les branches des arbres ces génies
que le Dieu des chrétiens envoie aux ermites des rochers, lorsqu'il
se dispose à les rappeler à lui. J'en fus affligé, car je craignis qu'A-
tala n'eût que peu de temps à passer sur la terre.

« Cependant elle versa tant de larmes, elle se montra si malheureuse, que j'allais peut-être consentir à m'éloigner, lorsque le
cri de mort retentit dans la forêt. Quatre hommes armés se précipitent sur moi : nous avions été découverts; le chef de guerre avait
donné l'ordre de nous poursuivre.

« Atala, qui ressemblait à une reine pour l'orgueil de la démarche, dédaigna de parler à ces guerriers. Elle leur lança un regard
superbe, et se rendit auprès de Simaghan.

« Elle ne put rien obtenir. On redoubla mes gardes, on multiplia
mes chaînes, on écarta mon amante. Cinq nuits s'écoulent, et nous
apercevons Apalachucla, situé au bord de la rivière Chata-Uche.
Aussitôt on me couronne de fleurs; on me peint le visage d'azur et
de vermillon, on m'attache des perles au nez et aux oreilles, et l'on
me met à la main un chichikoué[1].

« Ainsi paré pour le sacrifice, j'entre dans Apalachucla, aux
cris répétés de la foule. C'en était fait de ma vie, quand tout à coup
le bruit d'une conque se fait entendre, et le Mico, ou chef de la nation,
ordonne de s'assembler.

« Tu connais, mon fils, les tourments que les Sauvages font

---

[1] Instrument de musique des Sauvages.

subir aux prisonniers de guerre. Les missionnaires chrétiens, au péril de leurs jours, et avec une charité infatigable, étaient parvenus chez plusieurs nations à faire substituer un esclavage assez doux aux horreurs du bûcher. Les Muscogulges n'avaient point encore adopté cette coutume; mais un parti nombreux s'était déclaré en sa faveur. C'était pour prononcer sur cette importante affaire que le Mico convoquait les sachems. On me conduit au lieu des délibérations.

« Non loin d'Apalachucla s'élevait, sur un tertre isolé, le pavillon du conseil. Trois cercles de colonnes formaient l'élégante architecture de cette rotonde. Les colonnes étaient de cyprès poli et sculpté; elles augmentaient en hauteur et en épaisseur, et diminuaient en nombre, à mesure qu'elles se rapprochaient du centre, marqué par un pilier unique. Du sommet de ce pilier partaient des bandes d'écorce, qui, passant sur le sommet des autres colonnes, couvraient le pavillon en forme d'éventail à jour.

« Le conseil s'assemble. Cinquante vieillards, en manteau de castor, se rangent sur des espèces de gradins faisant face à la porte du pavillon. Le grand chef est assis au milieu d'eux, tenant à la main le calumet de paix à demi coloré pour la guerre. A la droite des vieillards se placent cinquante femmes couvertes d'une robe de plumes de cygne. Les chefs de guerre, le tomahawk[1] à la main, le pennage en tête, les bras et la poitrine teints de sang, prennent la gauche.

« Au pied de la colonne centrale brûle le feu du conseil. Le premier jongleur, environné des huit gardiens du temple, vêtu de longs habits, et portant un hibou empaillé sur la tête, verse du baume de copalme sur la flamme et offre un sacrifice au soleil. Ce triple rang de vieillards, de matrones, de guerriers; ces prêtres, ces nuages d'encens, ce sacrifice, tout sert à donner à ce conseil un appareil imposant.

[1] La hache.

« J'étais. debout enchaîné au milieu de l'assemblée. Le sacrifice
achevé, le Mico prend la parole, et expose avec simplicité l'affaire
qui rassemble le conseil. Il jette un collier bleu dans la salle, en
témoignage de ce qu'il vient de dire.

.« Alors un sachem de la tribu de l'Aigle se lève, et parle ainsi :

« Mon père le Mico, sachems, matrones, guerriers des quatre tri-
« bus de l'Aigle, du Castor, du Serpent et de la Tortue, ne chan-
« geons rien aux mœurs de nos aïeux ; brûlons le prisonnier, et
« n'amollissons point nos courages. C'est une coutume des blancs
« qu'on vous propose ; elle ne peut être que pernicieuse. Donnez
« un collier rouge qui contienne mes paroles. J'ai dit. »

« Et il jette un collier rouge dans l'assemblée.

« Une matrone se lève, et dit : »

« Mon père l'Aigle, vous avez l'esprit d'un renard, et la prudente
« lenteur d'une tortue. Je veux polir avec vous la chaîne d'amitié,
« et nous planterons ensemble l'arbre de la paix. Mais changeons
« les coutumes de nos aïeux en ce qu'elles ont de funeste. Ayons
« des esclaves qui cultivent nos champs, et n'entendons plus les
« cris des prisonniers, qui troublent le sein des mères. J'ai dit. »

« Comme on voit les flots de la mer se briser pendant un orage,
comme en automne les feuilles séchées sont enlevées par un tourbillons, comme les roseaux du Meschacebé plient et se relèvent dans une
inondation subite, comme un grand troupeau de cerfs brame au fond
d'une forêt, ainsi s'agitait et murmurait le conseil. Des sachems, des
guerriers, des matrones, parlent tour à tour ou tous ensemble. Les
intérêts se choquent, les opinions se divisent, le conseil va se dissoudre ; mais enfin l'usage antique l'emporte, et je suis condamné
au bûcher.

« Une circonstance vint retarder mon supplice ; la *Fête des
morts* ou le *Festin des âmes* approchait. Il est d'usage de ne faire
mourir aucun captif pendant les jours consacrés à cette cérémonie.
On me confia à une garde sévère ; et sans doute les sachems éloi-
gnèrent la fille de Simaghan, car je ne la revis plus.

Cependant les nations de plus de trois cents lieues à la ronde arrivaient en foule pour célébrer le *Festin des âmes*. On avait bâti une longue hutte sur un site écarté. Au jour marqué, chaque cabane exhuma les restes de ses pères de leurs tombeaux particuliers, et l'on suspendit les squelettes, par ordre et par famille, aux murs de la *Salle commune des aïeux*. Les vents (une tempête s'était élevée), les forêts, les cataractes mugissaient au dehors, tandis que les vieillards des diverses nations concluaient entre eux des traités de paix et d'alliance sur les os de leurs pères.

« On célèbre les jeux funèbres, la course, la balle, les osselets. Deux vierges cherchent à s'arracher une baguette de saule. Les boutons de leurs seins viennent se toucher; leurs mains voltigent sur la baguette, qu'elles élèvent au-dessus de leurs têtes. Leurs beaux pieds nus s'entrelacent, leurs bouches se rencontrent, leurs douces haleines se confondent; elles se penchent et mêlent leurs chevelures; elles regardent leurs mères, rougissent : on applaudit[1]. Le jongleur invoque Michabou, génie des eaux. Il raconte les guerres du grand Lièvre contre Machimanitou, dieu du mal. Il dit le premier homme et Athaënsic, la première femme, précipités du ciel pour avoir perdu l'innocence, la terre rougie du sang fraternel, Jouskeka l'impie immolant le juste Tahouistsaron, le déluge descendant à la voix du Grand-Esprit, Massou sauvé seul dans son canot d'écorce, et le corbeau envoyé à la découverte de la terre : il dit encore la belle Endaé, retirée de la contrée des âmes par les douces chansons de son époux.

« Après ces jeux et ces cantiques, on se prépare à donner aux aïeux une éternelle sépulture.

« Sur les bords de la rivière Chata-Uche se voyait un figuier sauvage, que le culte des peuples avait consacré. Les vierges avaient accoutumé de laver leurs robes d'écorce dans ce lieu, et de les exposer au souffle du désert, sur les rameaux de l'arbre antique.

[1] La rougeur est sensible chez les jeunes Sauvages.

C'était là qu'on avait creusé un immense tombeau. On part de la salle funèbre en chantant l'hymne à la mort ; chaque famille porte quelques débris sacrés. On arrive à la tombe ; on y descend les reliques ; on les y étend par couches ; on les sépare avec des peaux d'ours et de castor ; le mont du tombeau s'élève, et l'on y plante l'*Arbre des pleurs et du sommeil*.

« Plaignons les hommes, mon cher fils ! Ces mêmes Indiens dont les coutumes sont si touchantes, ces mêmes femmes qui m'avaient témoigné un intérêt si tendre, demandaient maintenant mon supplice à grands cris, et des nations entières retardaient leur départ, pour avoir le plaisir de voir un jeune homme souffrir des tourments épouvantables.

« Dans une vallée au nord, à quelque distance du grand village, s'élevait un bois de cyprès et de sapins, appelé le *Bois du sang*. On y arrivait par les ruines d'un de ces monuments dont on ignore l'origine, et qui sont l'ouvrage d'un peuple maintenant inconnu. Au centre de ce bois s'étendait une arène où l'on sacrifiait les prisonniers de guerre. On m'y conduit en triomphe. Tout se prépare pour ma mort : on plante le poteau d'Areskoui ; les pins, les ormes, les cyprès, tombent sous la cognée ; le bûcher s'élève ; les spectateurs bâtissent des amphithéâtres avec des branches et des troncs d'arbres. Chacun invente un supplice : l'un se propose de m'arracher la peau du crâne, l'autre de me brûler les yeux avec des haches ardentes. Je commence ma chanson de mort :

« Je ne crains point les tourments : je suis brave, ô Musco-
« gulges ! je vous défie ; je vous méprise plus que des femmes.
« Mon père Outalissi, fils de Miscou, a bu dans le crâne de vos plus
« fameux guerriers ; vous n'arracherez pas un soupir de mon cœur. »

« Provoqué par ma chanson, un guerrier me perça le bras d'une flèche ; je dis : « Frère, je te remercie. »

Malgré l'activité des bourreaux, les préparatifs du supplice ne purent être achevés avant le coucher du soleil. On consulta le jongleur, qui défendit de troubler les génies des ombres, et ma mort fut encore suspendue jusqu'au lendemain. Mais, dans l'impatience de jouir du spectacle, et pour être plus tôt prêts au lever de l'aurore, les Indiens ne quittèrent point le *Bois du sang ;* ils allumèrent de grands feux, et commencèrent des festins et des danses.

« Cependant on m'avait étendu sur le dos. Des cordes partant de mon cou, de mes pieds, de mes bras, allaient s'attacher à des piquets enfoncés en terre. Des guerriers étaient couchés sur ces cordes, et je ne pouvais faire un mouvement sans qu'ils n'en fussent avertis. La nuit s'avance : les chants et les danses cessent par degrés ; les feux ne jettent plus que des lueurs rougeâtres, devant lesquelles on voit encore passer les ombres de quelques Sauvages ; tout s'endort : à mesure que le bruit des hommes s'affaiblit, celui du désert augmente, et au tumulte des voix succèdent les plaintes du vent dans la forêt.

« C'était l'heure où une jeune Indienne qui vient d'être mère se réveille en sursaut au milieu de la nuit, car elle a cru entendre les cris de son premier-né, qui lui demande la douce nourriture. Les yeux attachés au ciel, où le croissant de la lune errait dans les nuages, je réfléchissais sur ma destinée. Atala me semblait un monstre d'ingratitude. M'abandonner au moment du supplice, moi qui m'étais dévoué aux flammes plutôt que de la quitter ! et pourtant je sentais que je l'aimais toujours, et que je mourrais avec joie pour elle.

« Il est dans les extrêmes plaisirs un aiguillon qui nous éveille, comme pour nous avertir de profiter de ce moment rapide ; dans les grandes douleurs, au contraire, je ne sais quoi de pesant nous endort : des yeux fatigués par les larmes cherchent naturellement à se fermer, et la bonté de la Providence se fait ainsi remarquer jusque dans nos infortunes. Je cédai malgré moi à ce lourd sommeil que goûtent quelquefois les misérables. Je rêvais qu'on m'ôtait mes chaînes ; je croyais sentir ce soulagement qu'on éprouve lorsque, après avoir été fortement pressé, une main secourable relâche nos fers.

« Cette sensation devint si vive qu'elle me fit soulever les paupières. A la clarté de la lune, dont un rayon s'échappait entre deux nuages, j'entrevois une grande figure blanche penchée sur moi, et occupée à dénouer silencieusement mes liens. J'allais pousser un cri, lorsqu'une main, que je reconnus à l'instant, me ferma la bouche. Une seule corde restait; mais il paraissait impossible de la couper sans toucher un guerrier qui la couvrait tout entière de son corps. Atala y porte la main, le guerrier s'éveille à demi, et se dresse sur son séant. Atala reste immobile, et le regarde. L'Indien croit voir l'esprit des ruines; il se recouche en fermant les yeux et en invoquant son manitou. Le lien est brisé. Je me lève; je suis ma libératrice, qui me tend le bout d'un arc dont elle tient l'autre extrémité. Mais que de dangers nous environnent! Tantôt nous sommes près de heurter des Sauvages endormis; tantôt une garde nous interroge, et Atala répond en changeant sa voix. Des enfants poussent des cris, des dogues aboient. A peine sommes-nous sortis de l'enceinte funeste, que des hurlements ébranlent la forêt. Le camp se réveille, mille feux s'allument, on voit courir de tous côtés des Sauvages avec des flambeaux : nous précipitons notre course.

« Quand l'aurore se leva sur les Apalaches, nous étions déjà loin. Quelle fut ma félicité lorsque je me trouvai encore une fois dans la solitude avec Atala, avec Atala ma libératice, avec Atala qui se donnait à moi pour toujours! Les paroles manquèrent à ma langue; je tombai à genoux, et je dis à la fille de Simaghan : « Les « hommes sont bien peu de chose; mais quand les génies les visi- « tent, alors ils ne sont rien du tout. Vous êtes un génie, vous m'a- « vez visité, et je ne puis parler devant vous. » Atala me tendit la main avec un sourire : « Il faut bien, dit-elle, que je vous suive, « puisque vous ne voulez pas fuir sans moi. Cette nuit, j'ai séduit « le jongleur par des présents, j'ai enivré vos bourreaux avec de l'es- « sence de feu [1], et j'ai dû hasarder ma vie pour vous, puisque vous

---

[1] De l'eau-de-vie.

ATALA

« aviez donné la vôtre pour moi. Oui, jeune idolâtre, ajouta-t-elle
« avec un accent qui m'effraya, le sacrifice sera réciproque. »

« Atala me remit les armes qu'elle avait eu soin d'apporter ; ensuite elle pansa ma blessure. En l'essuyant avec une feuille de
papaya, elle la mouillait de ses larmes. « C'est un baume, lui dis-je,
que tu répands sur ma plaie. — Je crains plutôt que ce ne soit un
poison, » répondit-elle. Elle déchira un des voiles de son sein,
dont elle fit une première compresse, qu'elle attacha avec une boucle
de ses cheveux.

« L'ivresse, qui dure longtemps chez les Sauvages, et qui est pour
eux une espèce de maladie, les empêcha sans doute de nous poursuivre durant les premières journées. S'ils nous cherchèrent ensuite,
il est probable que ce fut du côté du couchant, persuadés que nous
aurions essayé de nous rendre au Meschacebé ; mais nous avions
pris notre route vers l'étoile immobile [1] en nous dirigeant sur la
mousse du tronc des arbres.

« Nous ne tardâmes pas à nous apercevoir que nous avions peu
gagné à ma délivrance. Le désert déroulait maintenant devant nous
ses solitudes démesurées. Sans expérience de la vie des forêts, dé-
tournés de notre vrai chemin, et marchant à l'aventure, qu'allions-
nous devenir ? Souvent en regardant Atala, je me rappelais cette
antique histoire d'Agar, que Lopez m'avait fait lire ; et qui est arrivée
dans le désert de Bersabée, il y a bien longtemps, alors que les hommes
vivaient trois âges de chêne.

« Atala me fit un manteau avec la seconde écorce du frêne, car
j'étais presque nu. Elle me broda des mocassines [2] de peau de rat
musqué, avec du poil de porc-épic. Je prenais soin à mon tour de
sa parure. Tantôt je lui mettais sur la tête une couronne de ces
mauves bleues, que nous trouvions sur notre route, dans des cime-
tières indiens abandonnés ; tantôt je lui faisais des colliers avec des

[1] Le nord.
[2] Chaussure indienne.

graines rouges d'azalea ; et puis je me prenais à sourire en contemplant sa merveilleuse beauté.

« Quand nous rencontrions un fleuve, nous le passions sur un
radeau ou à la nage. Atala appuyait une de ses mains sur mon
épaule ; et, comme deux cygnes voyageurs, nous traversions ces
ondes solitaires.

« Souvent, dans les grandes chaleurs du jour, nous cherchions
un abri sous les mousses des cèdres. Presque tous les arbres de la
Floride, en particulier le cèdre et le chêne-vert, sont couverts d'une
mousse blanche qui descend de leurs rameaux jusqu'à terre. Quand,
la nuit, au clair de la lune, vous apercevez sur la nudité d'une savane, une yeuse isolée revêtue de cette draperie, vous croiriez voir
un fantôme traînant après lui ses longs voiles. La scène n'est pas
moins pittoresque au grand jour ; car une foule de papillons, de
mouches brillantes, de colibris, de perruches vertes, de geais d'azur,
vient s'accrocher à ces mousses, qui produisent alors l'effet d'une
tapisserie en laine blanche, où l'ouvrier européen aurait brodé des
insectes et des oiseaux éclatants.

« C'était dans ces riantes hôtelleries, préparées par le Grand-
Esprit, que nous nous reposions à l'ombre. Lorsque les vents descendaient du ciel pour balancer ce grand cèdre, que le château
aérien bâti sur ses branches allait flottant avec les oiseaux et les
voyageurs endormis sous ses abris, que mille soupirs sortaient des
corridors et des voûtes du mobile édifice, jamais les merveilles de
l'ancien monde n'ont approché de ce monument du désert.

« Chaque soir nous allumions un grand feu, et nous bâtissions
la hutte du voyage, avec une écorce élevée sur quatre piquets. Si
j'avais tué une dinde sauvage, un ramier, un faisan des bois, nous le
suspendions, devant le chêne embrasé, au bout d'une gaule plantée
en terre, et nous abandonnions au vent le soin de tourner la proie
du chasseur. Nous mangions des mousses appelées *tripes de roches*,
des écorces sucrées de bouleau, et des pommes de mai, qui ont le
goût de la pêche et de la framboise Le noyer noir, l'érable, le sumac,

fournissaient le vin à notre table. Quelquefois j'allais chercher parmi
les roseaux une plante, dont la fleur allongée en cornet contenait
un verre de la plus pure rosée. Nous bénissions la Providence qui,
sur la faible tige d'une fleur, avait placé cette source limpide au
milieu des marais corrompus, comme elle a mis l'espérance au fond
des cœurs ulcérés par le chagrin, comme elle a fait jaillir la vertu
du sein des misères de la vie!

« Hélas! je découvris bientôt que je m'étais trompé sur le calme
apparent d'Atala. A mesure que nous avancions, elle devenait triste.
Souvent elle tressaillait sans cause, et tournait précipitamment la
tête. Je la surprenais attachant sur moi un regard passionné, qu'elle
reportait vers le ciel avec une profonde mélancolie. Ce qui m'ef-
frayait surtout, était un secret, une pensée cachée au fond de son
âme, que j'entrevoyais dans ses yeux. Toujours m'attirant et me
repoussant, ranimant et détruisant mes espérances quand je croyais
avoir fait un peu de chemin dans son cœur, je me retrouvais au
même point. Que de fois elle m'a dit: « O mon jeune amant! je
« t'aime comme l'ombre des bois au milieu du jour! Tu es beau
« comme le désert avec toutes ses fleurs et toutes ses brises. Si je
« me penche sur toi, je frémis; si ma main tombe sur la tienne, il
« me semble que je vais mourir. L'autre jour le vent jeta tes che-
« veux sur mon visage, tandis que tu te délassais sur mon sein; je
« crus sentir le léger toucher des esprits invisibles. Oui, j'ai vu les
« chevrettes de la montagne d'Occone; j'ai entendu les propos des
« hommes rassasiés de jours; mais la douceur des chevreaux et la
« sagesse des vieillards sont moins plaisantes et moins fortes que
« tes paroles. Hé bien! pauvre Chactas, je ne serai jamais ton
« épouse! »

« Les perpétuelles contradictions de l'amour et de la religion
d'Atala, l'abandon de sa tendresse et la chasteté de ses mœurs, la
fierté de son caractère et sa profonde sensibilité, l'élévation de son
âme dans les grandes choses, sa susceptibilité dans les petites, tout
en faisait pour moi un être incompréhensible. Atala ne pouvait

pas prendre sur un homme un faible empire : pleine de passions, elle était pleine de puissance; il fallait ou l'adorer ou la haïr.

« Après quinze nuits d'une marche précipitée, nous entrâmes dans la chaîne des monts Alléghanys, et nous atteignîmes une des branches du Tenase, fleuve qui se jette dans l'Ohio. Aidé des conseils d'Atala, je bâtis un canot, que j'enduisis de gomme de prunier, après en avoir recousu les écorces avec des racines de sapin. Ensuite je m'embarquai avec Atala, et nous nous abandonnâmes au cours du fleuve.

Le village indien de Sticoë, avec ses tombes pyramidales et ses huttes en ruines, se montrait à notre gauche, au détour d'un promontoire; nous laissions à droite la vallée Keow, terminée par la perspective des cabanes de Jore, suspendues au front de la montagne du même nom. Le fleuve, qui nous entraînait, coulait entre de hautes falaises, au bout desquelles on apercevait le soleil couchant. Ces profondes solitudes n'étaient point troublées par la présence de l'homme. Nous ne vîmes qu'un chasseur indien qui, appuyé sur son arc et immobile sur la pointe d'un rocher, ressemblait à une statue élevée dans la montagne au génie de ces déserts.

« Atala et moi nous joignions notre silence au silence de cette scène. Tout à coup la fille de l'exil fit éclater dans les airs une voix pleine d'émotion et de mélancolie; elle chantait la patrie absente :

« Heureux ceux qui n'ont point vu la fumée des fêtes de « l'étranger, et qui ne se sont assis qu'aux festins de leurs pères !

« Si le geai bleu du Meschacebé disait à la nonpareille des Flo-« rides : Pourquoi vous plaignez-vous si tristement ? n'avez-vous « pas ici de belles eaux, de beaux ombrages, et toutes sortes de « pâtures comme dans vos forêts? — Oui, répondrait la nonpa-« reille fugitive; mais mon nid est dans le jasmin, qui me l'appor-« tera? Et le soleil de ma savane, l'avez-vous ?

« Heureux ceux qui n'ont point vu la fumée des fêtes de l'étran-« ger, et qui ne se sont assis qu'aux festins de leurs pères !

« Après les heures d'une marche pénible, le voyageur s'assied

« tranquillement. Il contemple autour de lui les toits des hommes ;
« le voyageur n'a pas un lieu où reposer sa tête. Le voyageur
« frappe à la cabane, il met son arc derrière la porte, il demande
« l'hospitalité ; le maître fait un geste de la main ; le voyageur
« reprend son arc et retourne au désert !

« Heureux ceux qui n'ont point vu la fumée des fêtes de l'étran-
« ger, et qui ne se sont assis qu'aux festins de leurs pères !

« Merveilleuses histoires racontées autour du foyer, tendres
« épanchements du cœur, longues habitudes d'aimer si nécessaires
« à la vie, vous avez rempli les journées de ceux qui n'ont point
« quitté leur pays natal ! Leurs tombeaux sont dans leur patrie,
« avec le soleil couchant, les pleurs de leurs amis et les charmes de
« la religion.

« Heureux ceux qui n'ont point vu la fumée des fêtes de l'étran-
« ger, et qui ne se sont assis qu'aux festins de leurs pères ! »

« Ainsi chantait Atala. Rien n'interrompait ses plaintes, hors le
bruit insensible de notre canot sur les ondes. En deux ou trois endroits seulement elles furent recueillies par un faible écho, qui les
rédit à un second plus faible, et celui-ci à un troisième plus faible
encore : on eût cru que les âmes de deux amants, jadis infortunés
comme nous, attirés par cette mélodie touchante, se plaisaient à en
soupirer les derniers sons dans la montagne.

« Cependant la solitude, la présence continuelle de l'objet aimé,
nos malheurs même, redoublaient à chaque instant notre amour. Les
forces d'Atala commençaient à l'abandonner, et les passions, en
abattant son corps, allaient triompher de sa vertu. Elle priait continuellement sa mère, dont elle avait l'air de vouloir apaiser l'ombre
irritée. Quelquefois elle me demandait si je n'entendais pas une voix
plaintive, si je ne voyais pas des flammes sortir de la terre. Pour moi,
épuisé de fatigue, mais toujours brûlant de désir, songeant que j'é-
tais peut-être perdu sans retour au milieu de ces forêts, cent fois je
fus prêt à saisir mon épouse dans mes bras, cent fois je lui proposai
de bâtir une hutte sur ces rivages, et de nous y ensevelir ensemble.

Mais elle me résista toujours : « Songez, me disait-elle, mon jeune
« ami, qu'un guerrier se doit à sa patrie. Qu'est-ce qu'une femme
« auprès des devoirs que tu as à remplir ? Prends courage, fils
« d'Outalissi ; ne murmure point contre ta destinée. Le cœur de
« l'homme est comme l'éponge du fleuve, qui tantôt boit une onde
« pure dans les temps de sérénité, tantôt s'enfle d'une eau bour-
« beuse quand le ciel a troublé les eaux. L'éponge a-t-elle le droit
« de dire : Je croyais qu'il n'y aurait jamais d'orages, que le soleil
« ne serait jamais brûlant ? »

« O René, si tu crains les troubles du cœur, défie-toi de la solitude : les grandes passions sont solitaires, et les transporter au
désert, c'est les rendre à leur empire. Accablés de soucis et de
craintes, exposés à tomber entre les mains des Indiens ennemis, à
être engloutis dans les eaux, piqués des serpents, dévorés des bêtes,
trouvant difficilement une chétive nourriture, et ne sachant plus de
quel côté tourner nos pas, nos maux semblaient ne pouvoir plus
s'accroître, lorsqu'un accident y vint mettre le comble.

« C'était le vingt-septième soleil depuis notre départ des cabanes :
la *lune de feu* [1] avait commencé son cours, et tout annonçait un
orage. Vers l'heure où les matrones indiennes suspendent la crosse
du labour aux branches du savinier, et où les perruches se retirent
dans le creux des cyprès, le ciel commença à se couvrir. Les voix de
la solitude s'éteignirent, le désert fit silence, et les forêts demeurèrent dans un calme universel. Bientôt les roulements d'un tonnerre lointain, se prolongeant dans ces bois aussi vieux que le
monde, en firent sortir des bruits sublimes. Craignant d'être sub-
mergés, nous nous hâtâmes de gagner le bord du fleuve, et de nous
retirer dans une forêt.

« Ce lieu était un terrain marécageux. Nous avancions avec peine
sous une voûte de smilax, parmi des ceps de vigne, des indigos,
des faséoles, des lianes rampantes, qui entravaient nos pieds comme

[1] Mois de juillet.

des filets. Le sol spongieux tremblait autour de nous, et à chaque instant nous étions près d'être engloutis dans des fondrières. Des insectes sans nombre, d'énormes chauves-souris nous aveuglaient; les serpents à sonnettes bruissaient de toutes parts; et les loups, les ours, les carcajous, les petits tigres, qui venaient se cacher dans ces retraites, les remplissaient de leurs rugissements.

« Cependant l'obscurité redouble : les nuages abaissés entrent sous l'ombrage des bois. La nue se déchire, et l'éclair trace un rapide losange de feu. Un vent impétueux, sorti du couchant, roule les nuages sur les nuages; les forêts plient, le ciel s'ouvre coup sur coup, et, à travers ses crevasses, on aperçoit de nouveaux cieux et des campagnes ardentes. Quel affreux, quel magnifique spectacle! La foudre met le feu dans les bois; l'incendie s'étend comme une chevelure de flammes; des colonnes d'étincelles et de fumée assiégent les nues, qui vomissent leurs foudres dans le vaste embrasement. Alors le Grand-Esprit couvre les montagnes d'épaisses ténèbres; du milieu de ce vaste chaos s'élève un mugissement confus formé par le fracas des vents, le gémissement des arbres, le hurlement des bêtes féroces, le bourdonnement de l'incendie, et la chute répétée du tonnerre qui siffle en s'éteignant dans les eaux.

« Le Grand-Esprit le sait! Dans ce moment je ne vis qu'Atala, je ne pensai qu'à elle. Sous le tronc penché d'un bouleau, je parvins à la garantir des torrents de la pluie. Assis moi-même sous l'arbre, tenant ma bien-aimée sur mes genoux, et réchauffant ses pieds nus entre mes mains, j'étais plus heureux que la nouvelle épouse qui sent pour la première fois son fruit tressaillir dans son sein.

« Nous prêtions l'oreille au bruit de la tempête; tout à coup je sentis une larme d'Atala tomber sur mon sein : « Orage du cœur, « m'écriai-je, est-ce une goutte de votre pluie? » Puis embrassant étroitement celle que j'aimais : « Atala, lui dis-je, vous me « cachez quelque chose. Ouvre-moi ton cœur, ô ma beauté! cela « fait tant de bien quand un ami regarde dans notre âme! Raconte- « moi cet autre secret de la douleur que tu t'obstines à taire. Ah!

« je le vois, tu pleures ta patrie. » Elle repartit aussitôt : « Enfant
« des hommes, comment pleurerais-je ma patrie, puisque mon père
« n'était pas du pays des palmiers? — Quoi! répliquai-je avec un
« profond étonnement, votre père n'était point du pays des pal-
« miers! Quel est donc celui qui vous a mise sur cette terre?
« Répondez. » Atala dit ces paroles :

« Avant que ma mère eût apporté en mariage au guerrier
« Simaghan trente cavales, vingt buffles, cent mesures d'huile de
« glands, cinquante peaux de castor et beaucoup d'autres riches-
« ses, elle avait connu un homme de la chair blanche. Or, la mère
« de ma mère lui jeta de l'eau au visage, et la contraignit d'épou-
« ser le magnanime Simaghan, tout semblable à un roi, et honoré
« des peuples comme un génie. Mais ma mère dit à son nouvel
« époux : Mon ventre a conçu, tuez-moi. Simaghan lui répondit :
« Le Grand-Esprit me garde d'une si mauvaise action. Je ne vous
« mutilerai point, je ne vous couperai point le nez ni les oreilles,
« parce que vous avez été sincère, et que vous n'avez point trompé
« ma couche. Le fruit de vos entrailles sera mon fruit, et je ne
« vous visiterai qu'après le départ de l'oiseau de rizière, lorsque
« la treizième lune aura brillé. En ce temps-là, je brisai le sein de
« ma mère, et je commençai à croître, fière comme une Espagnole
« et comme une Sauvage. Ma mère me fit chrétienne, afin que son
« Dieu et le Dieu de mon père fût aussi mon Dieu. Ensuite le cha-
« grin d'amour vint la chercher, et elle descendit dans la petite
« cave garnie de peaux, d'où l'on ne sort jamais. »

« Telle fut l'histoire d'Atala. « Et quel était donc ton père,
« pauvre orpheline? lui dis-je; comment les hommes l'appelaient-
« ils sur la terre, et quel nom portait-il parmi les génies? — Je
« n'ai jamais lavé les pieds de mon père, dit Atala; je sais seule-
« ment qu'il vivait avec sa sœur à Saint-Augustin, et qu'il a tou-
« jours été fidèle à ma mère : *Philippe* était son nom parmi les
« anges, et les hommes le nommaient *Lopez.* »

« A ces mots je poussai un cri qui retentit dans toute la solitude;

le bruit de mes transports se mêla au bruit de l'orage. Serrant Atala sur mon cœur, je m'écriai avec des sanglots : « O ma sœur ! ô fille de « Lopez ! fille de mon bienfaiteur ! » Atala , effrayée, me demanda d'où venait mon trouble; mais quand elle sut que Lopez était cet hôte généreux qui m'avait adopté à Saint-Augustin, et que j'avais quitté pour être libre, elle fut saisie elle-même de confusion et de joie.

« C'en était trop pour nos cœurs que cette amitié fraternelle qui venait nous visiter, et joindre son amour à notre amour. Désormais les combats d'Atala allaient devenir inutiles : en vain je la sentis porter une main à son sein, et faire un mouvement extraordinaire; déjà je l'avais saisie; déjà je m'étais enivré de son souffle, déjà j'avais bu toute la magie de l'amour sur ses lèvres. Les yeux levés vers le ciel, à la lueur des éclairs, je tenais mon épouse dans mes bras, en présence de l'Éternel. Pompe nuptiale, digne de nos malheurs et de la grandeur de nos amours; superbes forêts qui agitiez vos lianes et vos dômes comme les rideaux et le ciel de notre couche; pins embrasés qui formiez les flambeaux de notre hymen, fleuve débordé, montagnes mugissantes, affreuse et sublime nature, n'étiez-vous donc qu'un appareil préparé pour nous tromper, et ne pûtes-vous cacher un moment dans vos mystérieuses horreurs la félicité d'un homme ?

« Atala n'offrait plus qu'une faible résistance; je touchais au moment du bonheur, quand tout à coup un impétueux éclair, suivi d'un éclat de la foudre, sillonne l'épaisseur des ombres, remplit la forêt de soufre et de lumière, et brise un arbre à nos pieds. Nous fuyons. O surprise !... dans le silence qui succède, nous entendons le son d'une cloche! Tous deux interdits, nous prêtons l'oreille à ce bruit, si étrange dans un désert. A l'instant un chien aboie dans le lointain; il approche, il redouble ses cris, il arrive, il hurle de joie à nos pieds; un vieux solitaire portant une petite lanterne le suit à travers les ténèbres de la forêt. « La Providence soit bénie ! » s'écria-t-il aussitôt qu'il nous aperçut. « Il y a bien longtemps que

« je vous cherche! Notre chien vous a sentis dès le commencement
« de l'orage, et il m'a conduit ici. Bon Dieu! comme ils sont
« jeunes! Pauvres enfants! comme ils ont dû souffrir! Allons!
« j'ai apporté une peau d'ours, ce sera pour cette jeune femme;
« voici un peu de vin dans notre calebasse. Que Dieu soit loué
« dans toutes ses œuvres! sa miséricorde est bien grande, et sa
« bonté est infinie. »

« Atala était aux pieds du religieux : « Chef de la prière, lui
« disait-elle, je suis chrétienne, c'est le ciel qui t'envoie pour me
« sauver. — Ma fille, dit l'ermite en la relevant, nous sonnons
« ordinairement la cloche de la mission pendant la nuit et pen-
« dant les tempêtes pour appeler les étrangers; et, à l'exemple de
« nos frères des Alpes et du Liban, nous avons appris à notre
« chien à découvrir les voyageurs égarés. » Pour moi, je comprenais à peine l'ermite; cette charité me semblait si fort au-dessus de
l'homme, que je croyais faire un songe. A la lueur de la petite lanterne que tenait le religieux, j'entrevoyais sa barbe et ses cheveux
tout trempés d'eau : ses pieds, ses mains et son visage étaient en-
sanglantés par les ronces. « Vieillard! » m'écriai-je enfin, « quel
« cœur as-tu donc, toi qui n'as pas craint d'être frappé par la
« foudre? — Craindre, repartit le père avec une sorte de chaleur;
« craindre lorsqu'il y a des hommes en péril, et que je leur puis
« être utile! je serais donc un bien indigne serviteur de Jésus-
« Christ! — Mais sais-tu, lui dis-je, que je ne suis pas chrétien?
« — Jeune homme, répondit l'ermite, vous ai-je demandé votre
« religion? Jésus-Christ n'a pas dit : Mon sang lavera celui-ci, et
« non celui-là. Il est mort pour le Juif et le Gentil, et il n'a vu
« dans tous les hommes que des frères et des infortunés. Ce que je
« fais ici pour vous est fort peu de chose, et vous trouveriez ail-
« leurs bien d'autres secours; mais la gloire n'en doit point re-
« tomber sur les prêtres. Que sommes-nous, faibles solitaires,
« sinon de grossiers instruments d'une œuvre céleste? Eh! quel
« serait le soldat assez lâche pour reculer lorsque son chef, la

« croix à la main, et le front couronné d'épines, marche devant
« lui au secours des hommes? »

« Ces paroles saisirent mon cœur ; des larmes d'admiration et
de tendresse tombèrent de mes yeux. « Mes chers enfants, dit le
« missionnaire, je gouverne dans ces forêts un petit troupeau de
« vos frères sauvages. Ma grotte est assez près d'ici dans la mon-
« tagne ; venez vous réchauffer chez moi ; vous n'y trouverez pas
« les commodités de la vie, mais vous y aurez un abri ; et il faut
« encore en remercier la bonté divine, car il y a bien des hommes
« qui en manquent. »

LES LABOUREURS.

« Il y a des justes dont la conscience est si tranquille, qu'on ne
peut approcher d'eux sans participer à la paix qui s'exhale, pour
ainsi dire, de leur cœur et de leurs discours. A mesure que le solitaire parlait, je sentais les passions s'apaiser dans mon sein, et
l'orage même du ciel semblait s'éloigner à sa voix. Les nuages
furent bientôt assez dispersés pour nous permettre de quitter notre
retraite. Nous sortîmes de la forêt, et nous commençâmes à gravir
le revers d'une haute montagne. Le chien marchait devant nous en
portant au bout d'un bâton la lanterne éteinte. Je tenais la main
d'Atala, et nous suivions le missionnaire. Il se détournait souvent
pour nous regarder, contemplant avec pitié nos malheurs et notre
jeunesse. Un livre était suspendu à son cou ; il s'appuyait sur un
bâton blanc. Sa taille était élevée ; sa figure, pâle et maigre ; sa physionomie, simple et sincère. Il n'avait pas les traits morts et effacés de l'homme né sans passions ; on voyait que ses jours avaient
été mauvais, et les rides de son front montraient les belles cicatrices
des passions guéries par la vertu et par l'amour de Dieu et des
hommes. Quand il nous parlait debout et immobile, sa longue
barbe, ses yeux modestement baissés, le son affectueux de sa voix,
tout en lui avait quelque chose de calme et de sublime. Quiconque

-a vu, comme moi, le père Aubry cheminant seul avec un bâton et son bréviaire dans le désert, a une véritable idée du voyageur chrétien sur la terre.

« Après une demi-heure d'une marche dangereuse par les sentiers de la montagne, nous arrivâmes à la grotte du missionnaire. Nous y entrâmes à travers les lierres et les giraumonts humides, que la pluie avait abattus des roches. Il n'y avait dans ce lieu qu'une natte de feuilles de papaya, une calebasse pour puiser de l'eau, quelques vases de bois, une bêche, un serpent familier, et sur une pierre qui servait de table, un crucifix et le livre des chrétiens.

« L'homme des anciens jours se hâta d'allumer du feu avec des lianes sèches; il brisa du maïs entre deux pierres, et en ayant fait un gâteau, il le mit cuire sous la cendre. Quand ce gâteau eut pris au feu une belle couleur dorée, il nous le servit tout brûlant, avec de la crème de noix dans un vase d'érable. Le soir ayant ramené la sérénité, le serviteur du Grand-Esprit nous proposa d'aller nous asseoir à l'entrée de la grotte. Nous le suivîmes dans ce lieu, qui commandait une vue immense. Les restes de l'orage étaient jetés en désordre vers l'orient : les feux de l'incendie allumé dans les forêts par la foudre brillaient encore dans le lointain : au pied de la montagne, un bois de pins tout entier était renversé dans la vase, et le fleuve roulait pêle-mêle les argiles détrempées, les troncs des arbres, les corps des animaux et les poissons morts, dont on voyait le ventre argenté flotter à la surface de eaux.

« Ce fut au milieu de cette scène qu'Atala raconta notre histoire au vieux génie de la montagne. Son cœur parut touché, et des larmes tombèrent sur sa barbe : « Mon enfant, dit-il à Atala, « il « faut offrir vos souffrances à Dieu pour la gloire de qui vous avez « déjà fait tant de choses ; il vous rendra le repos. Voyez fumer ces « forêts, sécher ces torrents, se dissiper ces nuages; croyez-vous « que celui qui peut calmer une pareille tempête ne pourra pas « apaiser les troubles du cœur de l'homme ? Si vous n'avez pas de « meilleure retraite, ma chère fille, je vous offre une place au

« milieu du troupeau que j'ai eu le bonheur d'appeler à Jésus-
« Christ. J'instruirai Chactas, et je vous le donnerai pour époux
« quand il sera digne de l'être. »

« A ces mots, je tombai aux genoux du solitaire, en versant des
pleurs de joie; mais Atala devint pâle comme la mort. Le vieillard
me releva avec bénignité, et je m'aperçus alors qu'il avait les deux
« mains mutilées. Atala comprit sur-le-champ ses malheurs. « Les
« barbares ! » s'écria-t-elle.

« Ma fille, reprit le père avec un doux sourire, qu'est-ce que cela
« auprès de ce qu'a enduré mon divin Maître ? Si les Indiens ido-
« lâtres m'ont affligé, ce sont de pauvres aveugles que Dieu éclai-
« rera un jour. Je les chéris même davantage, en proportion des
« maux qu'ils m'ont faits. Je n'ai pu rester dans ma patrie, où
« j'étais retourné, et où une illustre reine m'a fait l'honneur de vou-
« loir contempler ces faibles marques de mon apostolat. Et quelle
« récompense plus glorieuse pouvais-je recevoir de mes travaux,
« que d'avoir obtenu du chef de notre religion la permission de
« célébrer le divin sacrifice avec ces mains mutilées ? Il ne me res-
« tait plus, après un tel honneur, qu'à tâcher de m'en rendre digne :
« je suis revenu au Nouveau-Monde, consumer le reste de ma vie
« au service de mon Dieu. Il y a bientôt trente ans que j'habite
« cette solitude, et il y en aura demain vingt-deux que j'ai pris pos-
« session de ce rocher. Quand j'arrivai dans ces lieux, je n'y trou-
« vai que des familles vagabondes, dont les mœurs étaient féroces
« et la vie fort misérable. Je leur ai fait entendre la parole de paix,
« et leurs mœurs se sont graduellement adoucies. Ils vivent main-
« tenant rassemblés au bas de cette montagne. J'ai tâché, en leur
« enseignant les voies du salut, de leur apprendre les premiers arts
« de la vie, mais sans les porter trop loin, et en retenant ces hon-
« nêtes gens dans cette simplicité qui fait le bonheur. Pour moi,
« craignant de les gêner par ma présence, je me suis retiré sous
« cette grotte, où ils viennent me consulter. C'est ici que, loin des
« hommes, j'admire Dieu dans la grandeur de ces solitudes, et que

« je me prépare à la mort, que m'annoncent mes vieux jours. »

« En achevant ces mots, le solitaire se mit à genoux, et nous imitâmes son exemple. Il commença à haute voix une prière, à laquelle Atala répondait. De muets éclairs ouvraient encore les cieux dans l'orient, et sur les nuages du couchant trois soleils brillaient ensemble. Quelques renards dispersés par l'orage allongeaient leurs museaux noirs au bord des précipices, et l'on entendait le frémissement des plantes qui, séchant à la brise du soir, relevaient de toutes parts leurs tiges abattues.

« Nous rentrâmes dans la grotte, où l'ermite étendit un lit de mousse de cyprès pour Atala. Une profonde langueur se peignait dans les yeux et dans les mouvements de cette vierge ; elle regardait le père Aubry, comme si elle eût voulu lui communiquer un secret ; mais quelque chose semblait la retenir, soit ma présence, soit une certaine honte, soit l'inutilité de l'aveu. Je l'entendis se lever au milieu de la nuit ; elle cherchait le solitaire : mais, comme il lui avait donné sa couche, il était allé contempler la beauté du ciel et prier Dieu sur le sommet de la montagne. Il me dit le lendemain que c'était assez sa coutume, même pendant l'hiver, aimant à voir les forêts balancer leurs cimes dépouillées, les nuages voler dans les cieux, et à entendre les vents et les torrents gronder dans la solitude. Ma sœur fut donc obligée de retourner à sa couche, où elle s'assoupit. Hélas ! comblé d'espérance, je ne vis dans la faiblesse d'Atala que des marques passagères de lassitude !

« Le lendemain, je m'éveillai aux chants des cardinaux et des oiseaux-moqueurs, nichés dans les acacias et les lauriers qui environnaient la grotte. J'allai cueillir une rose de magniola, et je la déposai, humectée des larmes du matin, sur la tête d'Atala endormie. J'espérais, selon la religion de mon pays, que l'âme de quelque enfant mort à la mamelle serait descendue sur cette fleur dans une goutte de rosée, et qu'un heureux songe la porterait au sein de ma future épouse. Je cherchai ensuite mon hôte ; je le trouvai la robe relevée dans ses deux poches, un chapelet à la main, et m'attendant assis sur le tronc d'un pin tombé de vieillesse. Il me proposa d'aller avec lui à la Mission, tandis qu'Atala reposait encore; j'acceptai son offre, et nous nous mîmes en route à l'instant.

« En descendant de la montagne, j'aperçus des chênes où les génies semblaient avoir dessiné des caractères étrangers. L'ermite me dit qu'il les avait tracés lui-même, que c'était des vers d'un ancien poète appelé *Homère*, et quelques sentences d'un autre poète plus ancien encore, nommé *Salomon*. Il y avait je ne sais quelle mystérieuse harmonie entre cette sagesse des temps, ces vers rongés de mousse, ce vieux solitaire qui les avait gravés, et ces vieux chênes qui lui servaient de livres.

« Son nom, son âge, la date de sa mission, étaient aussi marqués sur un roseau de savane, au pied de ces arbres. Je m'étonnai de la fragilité du dernier monument : « Il durera encore plus que moi, « me répondit le père, et aura toujours plus de valeur que le peu de bien que j'ai fait. »

« De là nous arrivâmes à l'entrée d'une vallée, où je vis un ouvrage merveilleux : c'était un pont naturel, semblable à celui de la Virginie, dont tu as peut-être entendu parler. Les hommes, mon fils, surtout ceux de ton pays, imitent souvent la nature, et leurs copies sont toujours petites; il n'en est pas ainsi de la nature quand elle a l'air d'imiter les travaux des hommes, en leur offrant en effet des modèles. C'est alors qu'elle jette des ponts du sommet d'une montagne au sommet d'une autre montagne, suspend des chemins dans les nues, répand des fleuves pour canaux, sculpte des monts pour colonnes, et pour bassin creuse des mers.

« Nous passâmes sous l'arche unique de ce pont, et nous nous trouvâmes devant une autre merveille : c'était le cimetière des Indiens de la Mission ou *les Bocages de la mort*. Le père Aubry avait permis à ses néophytes d'ensevelir leurs morts à leur manière, et de conserver au lieu de leurs sépultures son nom sauvage; il avait seulement sanctifié ce lieu par une croix[1]. Le sol en était

[1] Le père Aubry avait fait comme les jésuites à la Chine, qui permettaient aux

divisé, comme le champ commun des moissons, en autant de lots
qu'il y avait de familles. Chaque lot faisait à lui seul un bois qui
variait selon le goût de ceux qui l'avaient planté. Un ruisseau serpentait sans bruit au milieu de ces bocages; on l'appelait *le Ruisseau
de la paix.* Ce riant asile des âmes était fermé à l'orient par le pont
sous lequel nous avions passé ; deux collines le bornaient au sep--
tentrion et au midi; il ne s'ouvrait qu'à l'occident, où s'élevait un
grand bois de sapins. Les troncs de ces arbres, rouges marbrés de
vert, montant sans branches jusqu'à leurs cimes, ressemblaient à
de hautes colonnes, et formaient le péristyle de ce temple de la mort;
il y régnait un bruit religieux, semblable au sourd mugissement de
l'orgue sous les voûtes d'une église ; mais lorsqu'on pénétrait au
fond du sanctuaire, on n'entendait plus que les hymnes des oiseaux
qui célébraient à la mémoire des morts une fête éternelle.

« En sortant de ce bois, nous découvrîmes le village de la Mission, situé au bord d'un lac, au milieu d'une savane semée de fleurs.
On y arrivait par une avenue de magnolias et de chênes-verts, qui
bordaient une de ces anciennes routes que l'on trouve vers les montagnes qui divisent le Kentucky des Florides. Aussitôt que les Indiens aperçurent leur pasteur dans la plaine, ils abandonnèrent leurs
travaux, et accoururent au-devant de lui. Les uns baisaient sa robe,
les autres aidaient ses pas; les mères élevaient dans leurs bras
leurs petits enfants pour leur faire voir l'homme de Jésus-Christ
qui répandait des larmes. Il s'informait en marchant de ce qui se
passait au village; il donnait un conseil à celui-ci, réprimandait
doucement celui-là; il parlait des moissons à recueillir, des enfants
à instruire, des peines à consoler, et il mêlait Dieu à tous ses discours.

« Ainsi escortés, nous arrivâmes au pied d'une grande croix qui
se trouvait sur le chemin. C'était là que le serviteur de Dieu avait
accoutumé de célébrer les mystères de sa religion : « Mes chers
« néophytes, dit-il en se tournant vers la foule, il vous est arrivé

Chinois d'enterrer leurs parents dans leurs jardins, selon leur ancienne coutume.

« un frère et une sœur; et pour surcroît de bonheur, je vois que
« la divine Providence a épargné hier vos moissons : voilà deux
« grandes raisons de la remercier. Offrons donc le saint sacrifice,
« et que chacun y apporte un recueillement profond, une foi vive,
« une reconnaissance infinie et un cœur humilié. »

« Aussitôt le prêtre divin revêt une tunique blanche d'écorce de
mûrier, les vases sacrés sont tirés d'un tabernacle au pied de la
croix, l'autel se prépare sur un quartier de roche, l'eau se puise
dans le torrent voisin, et une grappe de raisin sauvage fournit le
vin du sacrifice. Nous nous mettons tous à genoux dans les hautes
herbes; le mystère commence.

« L'aurore, paraissant derrière les montagnes, enflammait l'orient.
Tout était d'or ou de rose dans la solitude. L'astre annoncé par
tant de splendeur sortit enfin d'un abîme de lumière, et son premier
rayon rencontra l'hostie consacrée, que le prêtre en ce momemt
même élevait dans les airs. O charme de la religion ! O magnificence
du culte chrétien ! Pour sacrificateur un vieil ermite, pour autel un
rocher, pour église le désert, pour assistance d'innocents Sauvages !
Non, je ne doute point qu'au moment où nous nous prosternâmes,
le grand mystère ne s'accomplît, et que Dieu ne descendît sur la
terre, car je le sentis descendre dans mon cœur.

« Après le sacrifice, où il ne manqua pour moi que la fille de
Lopez, nous nous rendîmes au village. Là régnait le mélange le
plus touchant de la vie sociale et de la vie de la nature : au coin
d'une cyprière de l'antique désert on découvrait une culture nais-
sante; les épis roulaient à flots d'or sur le tronc du chêne abattu, et
la gerbe d'un été remplaçait l'arbre de trois siècles. Partout on
voyait les forêts livrées aux flammes pousser de grosses fumées dans
les airs, et la charrue se promener lentement entre les débris de
leurs racines. Des arpenteurs avec de longues chaînes allaient me-
surant le terrain; des arbitres établissaient les premières propriétés;
l'oiseau cédait son nid; le repaire de la bête féroce se changeait en
une cabane; on entendait gronder des forges, et les coups de la

cognée faisaient pour la dernière fois mugir des échos, expirant eux-mêmes avec les arbres qui leur servaient d'asile.

« J'errais avec ravissement au milieu de ces tableaux, rendus plus doux par l'image d'Atala et par les rêves de félicité dont je berçais mon cœur. J'admirais le triomphe du christianisme sur la vie sauvage ; je voyais l'Indien se civilisant à la voix de la religion ; j'assistais aux noces primitives de l'homme et de la terre : l'homme, par ce grand contrat, abandonnant à la terre l'héritage de ses sueurs ; et la terre s'engageant en retour à porter fidèlement les moissons, les fils et les cendres de l'homme.

« Cependant on présenta un enfant au missionnaire, qui le baptisa parmi des jasmins en fleurs, au bord d'une source, tandis qu'un cercueil, au milieu des jeux et des travaux, se rendait aux bocages de la mort. Deux époux reçurent la bénédiction nuptiale sous un chêne, et nous allâmes ensuite les établir dans un coin du désert. Le pasteur marchait devant nous, bénissant çà et là, et le rocher, et l'arbre, et la fontaine, comme autrefois, selon le livre des chrétiens, Dieu bénit la terre inculte, en la donnant en héritage à Adam. Cette procession, qui, pêle-mêle avec ses troupeaux, suivait de rocher en rocher son chef vénérable, représentait à mon cœur attendri ces migrations des premières familles, alors que Sem, avec ses enfants, s'avançait à travers le monde inconnu, en suivant le soleil qui marchait devant lui.

« Je voulus savoir du saint ermite comment il gouvernait ses enfants ; il me répondit avec une grande complaisance : « Je ne leur « ai donné aucune loi ; je leur ai seulement enseigné à s'aimer, à « prier Dieu, et espérer une meilleure vie : toutes les lois du monde « sont là-dedans. Vous voyez au milieu du village une cabane plus « grande que les autres : elle sert de chapelle dans la saison des « pluies. On s'y assemble soir et matin pour louer le Seigneur, et « quand je suis absent c'est un vieillard qui fait la prière ; car la « vieillesse est, comme la maternité, une espèce de sacerdoce. En- « suite on va travailler dans les champs ; et si les propriétés sont

« divisées, afin que chacun puisse apprendre l'économie sociale, les
« moissons sont déposées dans des greniers communs, pour main-
« tenir la charité fraternelle. Quatre vieillards distribuent avec
« égalité le produit du labeur. Ajoutez à cela des cérémonies reli-
« gieuses, beaucoup de cantiques; la croix où j'ai célébré les mys-
« tères, l'ormeau sous lequel je prêche dans les bons jours, nos
« tombeaux tout près de nos champs de blé, nos fleuves où je plonge
« les petits enfants et les saints Jean de cette nouvelle Béthanie,
« vous aurez une idée complète de ce royaume de Jésus-Christ. »

« Les paroles du solitaire me ravirent, et je sentis la supériorité
de cette vie stable et occupée, sur la vie errante et oisive du Sauvage.

« Ah! René, je ne murmure point contre la Providence, mais
j'avoue que je ne me rappelle jamais cette société évangélique sans
éprouver l'amertume des regrets. Qu'une hutte, avec Atala, sur ces
bords, eût rendu ma vie heureuse! Là finissaient toutes mes courses,
là, avec une épouse, inconnu des hommes, cachant mon bonheur au
fond des forêts, j'aurais passé comme ces fleuves, qui n'ont pas
même un nom dans le désert. Au lieu de cette paix que j'osais alors
me promettre, dans quel trouble n'ai-je point coulé mes jours! Jouet
continuel de la fortune, brisé sur tous les rivages, longtemps exilé
de mon pays, et n'y trouvant, à mon retour, qu'une cabane en
ruine et des amis dans la tombe : telle devait être la destinée de
Chactas. »

LE DRAME.

« Si mon songe de bonheur fut vif, il fut aussi d'une courte durée,
et le réveil m'attendait à la grotte du solitaire. Je fus surpris, en y
arrivant au milieu du jour, de ne pas voir Atala accourir au-devant
de nos pas. Je ne sais quelle soudaine horreur me saisit. En approchant de la grotte, je n'osais appeler la fille de Lopez : mon imagination était également épouvantée, ou du bruit, ou du silence qui
succéderait à mes cris. Encore plus effrayé de la nuit qui régnait à

l'entrée du rocher, je dis au missionnaire : « O vous que le ciel
« accompagne et fortifie, pénétrez dans ces ombres. »

« Qu'il est faible celui que les passions dominent ! Qu'il est fort
celui qui se repose en Dieu ! Il y avait plus de courage dans ce cœur
religieux, flétri par soixante-seize années, que dans toute l'ardeur
de ma jeunesse. L'homme de paix entra dans la grotte, et je restai
au dehors plein de terreur. Bientôt un faible murmure semblable à
des plaintes sortit du fond du rocher, et vint frapper mon oreille.
Poussant un cri, et retrouvant mes forces, je m'élançai dans la nuit
de la caverne... Esprits de mes pères, vous savez seuls le spectacle
qui frappa mes yeux !

« Le solitaire avait allumé un flambeau de pin ; il le tenait d'une
main tremblante au-dessus de la couche d'Atala. Cette belle et jeune
femme, à moitié soulevée sur le coude, se montrait pâle et échevelée.
Les gouttes d'une sueur pénible brillaient sur son front ; ses regards à demi éteints cherchaient encore à m'exprimer son amour,
et sa bouche essayait de sourire. Frappé comme d'un coup de foudre,
les yeux fixés, les bras étendus, les lèvres entr'ouvertes, je demeurai
immobile. Un profond silence règne un moment parmi les trois personnages de cette scène de douleur. Le solitaire le rompt le premier :
« Ceci, dit-il, ne sera qu'une fièvre occasionnée par la fatigue, et,
« si nous nous résignons à la volonté de Dieu, il aura pitié de nous.»

« A ces paroles, le sang suspendu reprit son cours dans mon
cœur, et, avec la mobilité du Sauvage, je passai subitement de
l'excès de la crainte à l'excès de la confiance. Mais Atala ne m'y
laissa pas longtemps. Balançant tristement la tête, elle nous fit signe
de nous approcher de sa couche.

« Mon père, » dit-elle d'une voix affaiblie en s'adressant au religieux, « je touche au moment de la mort. O Chactas ! écoute sans
« désespoir le funeste secret que je t'ai caché, pour ne pas te rendre
« trop misérable, et pour obéir à ma mère. Tâche de ne pas m'in-
« terrompre par des marques d'une douleur qui précipiterait le peu
« d'instants que j'ai à vivre. J'ai beaucoup de choses à raconter,

« et, aux battements de ce cœur, qui se ralentissent... à je ne sais
« quel fardeau glacé que mon sein soulève à peine... je sens que je
« ne me saurais trop hâter. »

« Après quelques moments de silence, Atala poursuivit ainsi :

« Ma triste destinée a commencé presque avant que j'eusse vu la
« lumière. Ma mère m'avait conçue dans le malheur; je fatiguais
« son sein, et elle me mit au monde avec de grands déchirements
« d'entrailles : on désespéra de ma vie. Pour sauver mes jours, ma
« mère fit un vœu : elle promit à la Reine des anges que je lui con-
« sacrerais ma viginité si j'échappais à la mort... Vœu fatal qui me
« précipite au tombeau!

« J'entrais dans ma seizième année lorsque je perdis ma mère.
« Quelques heures avant de mourir, elle m'appela au bord de sa
« couche. Ma fille, me dit-elle en présence d'un missionnaire qui
« consolait ses derniers instants, ma fille, tu sais le vœu que j'ai
« fait pour toi. Voudrais-tu démentir ta mère? O mon Atala! je te
« laisse dans un monde qui n'est pas digne de posséder une chré-
« tienne, au milieu d'idolâtres qui persécutent le Dieu de ton père
« et le mien, le Dieu qui, après t'avoir donné le jour, te l'a con-
« servé par un miracle. Eh! ma chère enfant, en acceptant le voile
« des vierges, tu ne fais que renoncer aux soucis de la cabane et aux
« funestes passions qui ont troublé le sein de ta mère! Viens donc,
« ma bien-aimée, viens, jure sur cette image de la Mère du Sau-
« veur, entre les mains de ce saint prêtre et de ta mère expirante,
« que tu ne me trahiras point à la face du ciel. Songe que je me
« suis engagée pour toi, afin de te sauver la vie, et que, si tu ne
« tiens ma promesse, tu plongeras l'âme de ta mère dans des tour-
« ments éternels. »

« O ma mère ! pourquoi parlâtes-vous ainsi ! O religion qui fais
« à la fois mes maux et ma félicité, qui me perds et qui me con-
« soles ! Et toi, cher et triste objet d'une passion qui me consume
« jusque dans les bras de la mort, tu vois maintenant, ô Chactas,
« ce qui a fait la rigueur de notre destinée !... Fondant en pleurs

« et me précipitant dans le sein maternel, je promis tout ce qu'on
« me voulut faire promettre. Le missionnaire prononça sur moi les
« paroles redoutables, et me donna le scapulaire qui me lie pour
« jamais. Ma mère me menaça de sa malédiction, si jamais je rom-
« pais mes vœux, et après m'avoir recommandé un secret invio-
« lable envers les païens, persécuteurs de ma religion, elle expira
« en me tenant embrassée.

« Je ne connus pas d'abord le danger de mes serments. Pleine
« d'ardeur, et chrétienne véritable, fière du sang espagnol qui coule
« dans mes veines, je n'aperçus autour de moi que des hommes
« indignes de recevoir ma main ; je m'applaudis de n'avoir d'autre
« époux que le Dieu de ma mère. Je te vis, jeune et beau prison-
« nier, je m'attendris sur ton sort, je t'osai parler au bûcher de la
« forêt ; alors je sentis tout le poids de mes vœux. »

« Comme Atala achevait de prononcer ces paroles, serrant les
poings, et regardant le missionnaire d'un air menaçant, je m'écriai :
« La voilà donc cette religion que vous m'avez tant vantée ! Périsse
« le serment qui m'enlève Atala ! Périsse le Dieu qui contrarie la
« nature ! Homme-prêtre, qu'es-tu venu faire dans ces forêts ?

« — Te sauver, dit le vieillard d'une voix terrible, dompter tes
« passions, et t'empêcher, blasphémateur, d'attirer sur toi la colère
« céleste. Il te sied bien, jeune homme, à peine entré dans la vie, de
« te plaindre de tes douleurs ! Où sont les marques de tes souf-
« frances ? Où sont les injustices que tu as supportées ? Où sont
« tes vertus, qui seules pourraient te donner quelques droits à la
« plainte ? Quel service as-tu rendu ? Quel bien as-tu fait ? Eh !
« malheureux, tu ne m'offres que des passions, et tu oses accuser
« le ciel ! Quand tu auras, comme le père Aubry, passé trente an-
« nées exilé sur les montagnes, tu seras moins prompt à juger des
« desseins de la Providence ; tu comprendras alors que tu ne sais
« rien, que tu n'es rien, et qu'il n'y a point de châtiments si rigou-
« reux, point de maux si terribles, que la chair corrompue ne mé-
« rite de souffrir. »

« Les éclairs qui sortaient des yeux du vieillard, sa barbe qui frappait sa poitrine, ses paroles foudroyantes, le rendaient semblable à un dieu. Accablé de sa majesté, je tombai à ses genoux, et lui demandai pardon de mes emportements. « Mon fils, » me répondit-il avec un accent si doux, que le remords entra dans mon âme ; « mon fils, ce n'est pas pour moi-même que je vous ai réprimandé. « Hélas ! vous avez raison, mon cher enfant : je suis venu faire bien « peu de chose dans ces forêts, et Dieu n'a pas de serviteur plus « indigne que moi. Mais, mon fils, le ciel, le ciel, voilà ce qu'il ne « faut jamais accuser ! Pardonnez-moi si je vous ai offensé ; mais « écoutons votre sœur. Il y a peut-être du remède, ne nous las- « sons point d'espérer. Chactas, c'est une religion bien divine que « celle-là qui a fait une vertu de l'espérance !

— « Mon jeune ami, reprit Atala, tu as été témoin de mes « combats, et cependant tu n'en as vu que la moindre partie ; je te « cachais le reste. Non, l'esclave noir qui arrose de ses sueurs les « sables ardents de la Floride est moins misérable que n'a été « Atala. Te sollicitant à la fuite, et pourtant certaine de mourir si « tu t'éloignais de moi ; craignant de fuir avec toi dans les déserts, « et cependant haletant après l'ombrage des bois…. Ah ! s'il « n'avait fallu que quitter parents, amis, patrie ; si même (chose « affreuse !) il n'y eût eu que la perte de mon âme ! Mais ton ombre, « ô ma mère, ton ombre était toujours là, me reprochant ses tour- « ments ! J'entendais tes plaintes, je voyais les flammes de l'enfer « te consumer. Mes nuits étaient arides et pleines de fantômes, « mes jours étaient désolés ; la rosée du soir séchait en tombant « sur ma peau brûlante ; j'entr'ouvrais mes lèvres aux brises, et « les brises, loin de m'apporter la fraîcheur, s'embrasaient du feu « de mon souffle. Quel tourment de te voir sans cesse auprès de « moi, loin de tous les hommes, dans de profondes solitudes, et « de sentir entre toi et moi une barrière invincible ! Passer ma « vie à tes pieds, te servir comme mon esclave, apprêter ton repas « et ta couche dans quelque coin ignoré de l'univers, eût été pour

« moi le bonheur suprême; ce bonheur, j'y touchais, et je ne pou-
« vais en jouir. Quel dessein n'ai-je point rêvé! Quel songe n'est
« point sorti de ce cœur si triste! Quelquefois, en attachant mes
« yeux sur toi, j'allais jusqu'à former des désirs aussi insensés que
« coupables : tantôt j'aurais voulu être avec toi la seule créature
« vivante sur la terre; tantôt sentant une divinité qui m'arrêtait
« dans mes horribles transports, j'aurais désiré que cette divinité
« se fût anéantie, pourvu que, serrée dans tes bras, j'eusse roulé
« d'abîme en abîme avec les débris de Dieu et du monde! A pré-
« sent même..... le dirai-je! à présent que l'éternité va m'engloutir,
« que je vais paraître devant le Juge inexorable; au moment où,
« pour obéir à ma mère, je vois avec joie ma virginité dévorer ma
« vie; eh bien! par une affreuse contradiction, j'emporte le regret
« de n'avoir pas été à toi!...

— « Ma fille, interrompit le missionnnaire, votre douleur vous
« égare. Cet excès de passion auquel vous vous livrez est rare-
« ment juste, il n'en est pas de même dans la nature; et en cela il
« est moins coupable aux yeux de Dieu, parce que c'est plutôt
« quelque chose de faux dans l'esprit que de vicieux dans le cœur.
« Il faut donc éloigner de vous ces emportements, qui ne sont pas
« dignes de votre innocence. Mais aussi, ma chère enfant, votre
« imagination impétueuse vous a trop alarmée sur vos vœux. La
« religion n'exige point de sacrifice plus qu'humain. Ses sentiments
« vrais, ses vertus tempérées, sont bien au-dessus des sentiments
« exaltés et des vertus forcées d'un prétendu héroïsme. Si vous
« aviez succombé, eh bien! pauvre brebis égarée, le bon Pasteur
« vous aurait cherchée pour vous ramener au troupeau. Les trésors
« du repentir vous étaient ouverts : il faut des torrents de sang
« pour effacer nos fautes aux yeux des hommes, une seule larme
« suffit à Dieu. Rassurez-vous donc, ma chère fille, votre situation
« exige du calme; adressons-nous à Dieu, qui guérit toutes les
« plaies de ses serviteurs. Si c'est sa volonté, comme je l'espère,
« que vous échappiez à cette maladie, j'écrirai à l'évêque de Québec :

« il a les pouvoirs nécessaires pour vous relever de vos vœux, qui
« ne sont que des vœux simples, et vous achèverez vos jours près
« de moi avec Chactas votre époux. »

« A ces paroles du vieillard, Atala fut saisie d'une longue con-
vulsion, dont elle ne sortit que pour donner des marques d'une
douleur effrayante. « Quoi! dit-elle en joignant les deux mains avec
« passion, il y avait du remède! Je pouvais être relevée de mes
« vœux! — Oui, ma fille, répondit le père ; et vous le pouvez en-
« core. — Il est trop tard! il est trop tard! s'écria-t-elle. Faut-il
« mourir, au moment où j'apprends que j'aurais pu être heu-
« reuse! Que n'ai-je connu plus tôt ce saint vieillard? Aujourd'hui,
« de quel bonheur je jouirais, avec toi, avec Chactas chrétien...
« consolée, rassurée par ce prêtre auguste... dans ce désert...
« pour toujours... oh! c'eût été trop de félicité ! — Calme-
« toi, lui dis-je en saisissant une des mains de l'infortunée; calme-
« toi, ce bonheur, nous allons le goûter. — Jamais! jamais!
« dit Atala. — Comment? repartis-je. — « Tu ne sais pas tout,
« s'écria la vierge : c'est hier... pendant l'orage... J'allais violer
« mes vœux ; j'allais plonger ma mère dans les flammes de l'abîme ;
« déjà sa malédiction était sur moi ; déjà je mentais au Dieu qui
« m'a sauvé la vie... Quand tu baisais mes lèvres tremblantes, tu
« ne savais pas que la mort! — O ciel ! » s'écria le missionnaire;
« chère enfant, qu'avez-vous fait? — Un crime, mon père, » dit
Atala les yeux égarés; « mais je ne perdais que moi, et je sauvais
« ma mère. — « Achève donc, » m'écriai-je plein d'épouvante. —
« Eh bien! dit-elle, j'avais prévu ma faiblesse; en quittant les
« cabanes, j'ai emporté avec moi... — Quoi? repris-je avec hor-
« reur. — « Un poison ! » dit le père. — « Il est dans mon sein, »
s'écria Atala.

« Le flambeau échappe de la main du solitaire, je tombe mourant
près de la fille de López; le vieillard nous saisit l'un et l'autre dans
ses bras, et tous trois, dans l'ombre, nous mêlons un moment nos
sanglots sur cette couche funèbre.

« Réveillons-nous, réveillons-nous ! » dit bientôt le courageux ermite en allumant une lampe. Nous perdons des moments précieux :
« intrépides chrétiens, bravons les assauts de l'adversité : la corde
« au cou, la cendre sur la tête, jetons-nous aux pieds du Très-Haut
« pour implorer sa clémence, pour nous soumettre à ses décrets.
« Peut-être est-il temps encore ! Ma fille, vous eussiez dû m'avertir
« hier au soir.

— « Hélas, mon père, dit Atala, je vous ai cherché la nuit der-
« nière ; mais le ciel, en punition de mes fautes, vous a éloigné de
« moi. Tout secours eût d'ailleurs été inutile car les Indiens même,
« si habiles dans ce qui regarde les poisons, ne connaissent point
« de remède à celui que j'ai pris. O Chactas ! juge de mon étonne-
« ment quand j'ai vu que le coup n'était pas aussi subit que je m'y
« attendais ! Mon amour a redoublé mes forces, mon âme n'a pu
« si vite se séparer de toi. »

« Ce ne fut plus ici par des sanglots que je troublai le récit d'Atala, ce fut par ces emportements qui ne sont connus que des Sauvages. Je me roulai furieux sur la terre en me tordant les bras, et en me dévorant les mains. Le vieux prêtre, avec une tendresse merveilleuse, courait du frère à la sœur, et nous prodiguait mille secours. Dans le calme de son cœur et sous le fardeau des ans, il savait se faire entendre à notre jeunesse, et sa religion lui fournis- sait des accents plus tendres et plus brûlants que nos passions mêmes. Ce prêtre, qui depuis quarante années s'immolait chaque jour au service de Dieu et des hommes dans ces montagnes, ne te rap- pelle-t-il pas ces holocaustes d'Israël, fumant perpétuellement, sur les hauts lieux, devant le Seigneur ?

« Hélas ! ce fut en vain qu'il essaya d'apporter quelque remède aux maux d'Atala. La fatigue, le chagrin, le poison, et une passion plus mortelle que tous les poisons ensemble se réunissaient pour ravir cette fleur à la solitude. Vers le soir, des symptômes effrayants se manifestèrent ; un engourdissement général saisit les membres d'Atala, et les extrémités de son corps commencèrent à refroidir :

« Touche mes doigts, me disait-elle; ne les trouves-tu pas bien
« glacés? » Je ne savais que répondre et mes cheveux se hérissaient d'horreur; ensuite elle ajoutait : « Hier encore, mon bien-
« aimé, ton seul toucher me faisait tressaillir, et voilà que je ne
« sens plus ta main, je n'entends presque plus ta voix; les objets de
« la grotte disparaissent tour à tour. Ne sont-ce pas les oiseaux
« qui chantent? Le soleil doit être près de se coucher maintenant;
« Chactas, ses rayons seront bien beaux au désert, sur ma tombe !»

« Atala, s'apercevant que ces paroles nous faisaient fondre en
pleurs, nous dit : « Pardonnez-moi, mes bons amis; je suis bien
« faible, mais peut-être que je vais devenir plus forte. Cependant
« mourir si jeune, tout à la fois, quand mon cœur était si plein de
« vie! Chef de la prière, aie pitié de moi; soutiens-moi. Crois-tu
« que ma mère soit contente, et que Dieu me pardonne ce que
« j'ai fait? »

— « Ma fille, » répondit le bon religieux en versant des larmes, et
les essuyant avec ses doigts tremblants et mutilés ; « Ma fille, tous vos
« malheurs viennent de votre ignorance; c'est votre éducation sau-
« vage et le manque d'instruction nécessaire qui vous ont perdue;
« vous ne saviez pas qu'une chrétienne ne peut disposer de sa vie.
« Consolez-vous donc, ma chère brebis; Dieu vous pardonnera à
« cause de la simplicité de votre cœur. Votre mère et l'imprudent
« missionnaire qui la dirigeait ont été plus coupables que vous; ils
« ont passé leurs pouvoirs en vous arrachant un vœu indiscret;
« mais que la paix du Seigneur soit avec eux! Vous offrez tous
« trois un terrible exemple des dangers de l'enthousiasme et du
« défaut de lumières en matière de religion. Rassurez-vous, mon
« enfant; celui qui sonde les reins et les cœurs vous jugera sur vos
« intentions, qui étaient pures, et non sur votre action, qui est
« condamnable.

« Quant à la vie, si le moment est arrivé de vous endormir dans
« le Seigneur, ah! ma chère enfant, que vous perdez peu de chose
« en perdant ce monde! Malgré la solitude où vous avez vécu, vous

« avez connu les chagrins : que penseriez-vous donc si vous eussiez
« été témoin des maux de la société? si en abordant sur les rivages
« de l'Europe, votre oreille eût été frappée de ce long cri de dou-
« leur qui s'élève de cette vieille terre? L'habitant de la cabane, et
« celui des palais, tout souffre, tout gémit ici-bas ; les reines ont été
« vues pleurant comme de simples femmes, et l'on s'est étonné de la
« quantité de larmes que contiennent les yeux des rois !

« Est-ce votre amour que vous regrettez? Ma fille, il faudrait
« autant pleurer un songe. Connaissez-vous le cœur de l'homme,
« et pourriez-vous compter les inconstances de son désir? Vous
« calculeriez plutôt le nombre de vagues que la mer roule dans une
« tempête. Atala, les sacrifices, les bienfaits, ne sont pas des liens
« éternels : un jour peut-être le dégoût fût venu avec la satiété, le
« le passé eût été compté pour rien, et l'on n'eût plus aperçu que les
« inconvénients d'une union pauvre et méprisée. Sans doute, ma
« fille, les plus belles amours furent celles de cet homme et de
« cette femme sortis de la main du Créateur. Un paradis avait été
« formé pour eux, ils étaient innocents et immortels. Parfaits de
« l'âme et du corps, ils se convenaient en tout : Ève avait été
« créée pour Adam, et Adam pour Ève. S'ils n'ont pu toutefois se
« maintenir dans cet état de bonheur, quels couples le pourront
« après eux? Je ne vous parlerai point des mariages des premiers
« nés des hommes, de ces unions ineffables, alors que la sœur était
« l'épouse du frère, que l'amour et l'amitié fraternelle se confon-
« daient dans le même cœur, et que la pureté de l'une augmentait
« les délices de l'autre. Toutes ces unions ont été troublées; la
« jalousie s'est glissée à l'autel de gazon où l'on immolait le che-
« vreau, elle a régné sous la tente d'Abraham, et dans ces couches
« mêmes où les patriarches goûtaient tant de joie qu'ils oubliaient
« la mort de leurs mères.

« Vous seriez-vous donc flattée, mon enfant, d'être plus inno-
« cente et plus heureuse dans vos liens que ces saintes familles dont
« Jésus-Christ a voulu descendre ? Je vous épargne les détails des

« soucis du ménage, les disputes, les reproches m utuels, les inquié-
« tudes, et toutes ces peines secrètes qui veillent sur l'oreiller du lit
« conjugal. La femme renouvelle ses douleurs chaque fois qu'elle
« est mère, et elle se marie en pleurant. Que de maux dans la seule
« perte d'un nouveau-né à qui l'on donnait le lait, et qui meurt sur
« votre sein ! la montagne a été pleine de gémissements ; rien ne pou-
« vait consoler Rachel, parce que ses fils n'étaient plus. Ces amer-
« tumes attachées aux tendresses humaines sont si fortes, que j'ai
« vu dans ma patrie de grandes dames, aimées par des rois, quit-
« ter la cour pour s'ensevelir dans des cloîtres, et mutiler cette
« chair révoltée, dont les plaisirs ne sont que des douleurs.

« Mais peut-être direz-vous que ces derniers exemples ne vous
« regardent pas ; que toute votre ambition se réduisait à vivre dans
« une obscure cabane, avec l'homme de votre choix ; que vous cher-
« chiez moins les douceurs du mariage que les charmes de cette folie
« que la jeunesse appelle *amour*? Illusion, chimère, vanité, rêve
« d'une imagination blessée ! Et moi aussi, ma fille, j'ai connu les
« troubles du cœur ; cette tête n'a pas toujours été chauve, ni ce
« sein aussi tranquille qu'il vous le paraît aujourd'hui. Croyez-en
« mon expérience : si l'homme, constant dans ses affections, pou-
« vait sans cesse fournir à un sentiment renouvelé sans cesse, sans
« doute la solitude et l'amour l'égaleraient à Dieu même ; car ce
« sont là les deux éternels plaisirs du grand Être. Mais l'âme de
« l'homme se fatigue, et jamais elle n'aime longtemps le même objet
« avec plénitude. Il y a toujours quelques points par où deux
« cœurs ne se touchent pas, et ces points suffisent à la longue pour
« rendre la vie insupportable.

« Enfin, ma chère fille, le grand tort des hommes, dans leur
« songe de bonheur, est d'oublier cette infirmité de la mort atta-
« chée à leur nature : il faut finir. Tôt ou tard, quelle qu'eût été
« votre félicité, ce beau visage se fût changé en cette figure uni-
« forme que le sépulcre donne à la famille d'Adam ; l'œil même de
« Chactas n'aurait pu vous reconnaître entre vos sœurs de la

« tombe. L'amour n'étend point son empire sur les vers du cer-
« cueil. Que dis-je ! (ô vanité des vanités !) que parlé-je de la puis-
« sance des amitiés de la terre ! Voulez-vous, ma chère fille, en
« connaître l'étendue? Si un homme revenait à la lumière quelques
« années après sa mort, je doute qu'il fût revu avec joie par ceux-là
« mêmes qui ont donné la plus de larmes à sa mémoire : tant on
« forme vite d'autres liaisons, tant on prend facilement d'autres
« habitudes, tant l'inconstance est naturelle à l'homme, tant notre
« vie est peu de chose, même dans le cœur de nos amis !

« Remerciez donc la bonté divine, ma chère fille, qui vous retire
« si vite de cette vallée de misère. Déjà le vêtement blanc et la cou-
« ronne éclatante des vierges se préparent pour vous dans les nuées ;
« déjà j'entends la Reine des anges qui vous crie : Venez, ma digne
« servante; venez, ma colombe; venez vous asseoir sur un trône
« de candeur, parmi toutes ces filles qui ont sacrifié leur beauté et
« leur jeunesse au service de l'humanité, à l'éducation des enfants
« et aux chefs-d'œuvre de la pénitence. Venez, rose mystique, vous
« reposer sur le sein de Jésus-Christ. Ce cercueil, lit nuptial que
« vous vous êtes choisi, ne sera point trompé ; et les embrasse-
« ments de votre céleste époux ne finiront jamais ! »

« Comme le dernier rayon du jour abat les vents et répand le
calme dans le ciel, ainsi la parole tranquille du vieillard apaisa les
passions dans le sein de mon amante. Elle ne parut plus occupée
que de ma douleur et des moyens de me faire supporter sa perte.
Tantôt elle me disait qu'elle mourrait heureuse si je lui promettais
de sécher mes pleurs; tantôt elle me parlait de ma mère, de ma
patrie; elle cherchait à me distraire de la douleur présente, en
réveillant en moi une douleur passée. Elle m'exhortait à la patience,
à la vertu. « Tu ne seras pas toujours malheureux, disait-elle : si le
« ciel t'éprouve aujourd'hui, c'est seulement pour te rendre plus
« compatissant aux maux des autres. Le cœur, ô Chactas ! est
« comme ces sortes d'arbres qui ne donnent leur baume pour les
« blessures des hommes que lorsque le fer les a blessés eux-
« mêmes. »

« Quand elle avait ainsi parlé, elle se tournait vers le missionnaire, cherchait auprès de lui le soulagement qu'elle m'avait fait
éprouver ; et, tour à tour consolante et consolée, elle donnait et
recevait la parole de vie sur la couche de la mort.

« Cependant l'ermite redoublait de zèle. Ses vieux os s'étaient
ranimés par l'ardeur de la charité, et toujours préparant des
remèdes, rallumant le feu, rafraîchissant la couche, il faisait d'admirables discours sur Dieu et sur le bonheur des justes. Le flambeau
de la religion à la main, il semblait précéder Atala dans la tombe,
pour lui en montrer les secrètes merveilles. L'humble grotte était
remplie de la grandeur de ce trépas chrétien, et les esprits célestes
étaient sans doute attentifs à cette scène où la religion luttait seule
contre l'amour, la jeunesse et la mort.

« Elle triomphait, cette religion divine, et l'on s'apercevait de sa
victoire à une sainte tristesse qui succédait dans nos cœurs aux
premiers transports des passions. Vers le milieu de la nuit, Atala
sembla se ranimer pour répéter des prières que le religieux prononçait au bord de sa couche. Peu de temps après, elle me tendit la
main, et avec une voix qu'on entendait à peine, elle me dit : « Fils
« d'Outalissi, te rappelles-tu cette première nuit où tu me pris
« pour la Vierge des dernières amours ? Singulier présage de notre
« destinée ! » Elle s'arrêta ; puis elle reprit : « Quand je songe que
« je te quitte pour toujours, mon cœur fait un tel effort pour
« revivre, que je me sens presque le pouvoir de me rendre immor-
« telle à force d'aimer. Mais, ô mon Dieu, que votre volonté soit
« faite ? ! Atala se tut pendant quelques instants ; elle ajouta : « Il
« ne me reste plus qu'à vous demander pardon des maux que je
« vous ai causés. Je vous ai beaucoup tourmenté par mon orgueil
« et mes caprices. Chactas, un peu de terre jeté sur mon corps va
« mettre tout un monde entre vous et moi, et vous délivrer pour
« toujours du poids de mes infortunes.

— « Vous pardonner ! » répondis-je noyé de larmes : « n'est-ce
« pas moi qui ai causé tous vos malheurs ? — Mon ami, » dit-elle

en m'interrompant, « vous m'avez rendue très heureuse, et si
« j'étais à recommencer la vie, je préfèrerais encore le bonheur de
« vous avoir aimé quelques instants dans un exil infortuné, à
« toute une vie de repos dans ma patrie. »

« Ici, la voix d'Atala s'éteignit; les ombres de la mort se répan-
dirent autour de ses yeux et de sa bouche; ses doigts errants cherchaient à toucher quelque chose; elle conversait tout bas avec des
esprits invisibles. Bientôt, faisant un effort, elle essaya, mais en
vain, de détacher de son cou le petit crucifix, elle me pria de le
dénouer moi-même, et elle me dit :

« Quand je te parlai pour la première fois, tu vis cette croix
« briller à la lueur du feu sur mon sein; c'est le seul bien que
« possède Atala. Lopez, ton père et le mien, l'envoya à ma mère
« peu de jours après ma naissance. Reçois donc de moi cet héritage, ô
« mon frère! conserve-le en mémoire de mes malheurs. Tu auras
« recours à ce Dieu des infortunés dans les chagrins de ta vie.
« Chactas, j'ai une dernière prière à te faire. Ami, notre union aurait
« été courte sur la terre, mais il est après cette vie une plus longue
« vie. Qu'il serait affreux d'être séparé de toi pour jamais! Je ne
« fais que te devancer aujourd'hui, et je te vais attendre dans
« l'empire céleste. Si tu m'as aimée, fais-toi instruire dans la
« religion chrétienne, qui préparera notre réunion. Elle fait sous
« tes yeux un grand miracle, cette religion, puisqu'elle me rend
« capable de te quitter sans mourir dans les angoisses du déses-
« poir. Cependant, Chactas, je ne veux de toi qu'une simple pro-
« messe, je sais trop ce qu'il en coûte pour te demander un
« serment. Peut-être ce vœu te séparerait-il de quelque femme
« plus heureuse que moi..... O ma mère! pardonne à ta fille. O
« Vierge! retenez votre courroux. Je retombe dans mes faiblesses,
« et je te dérobe, ô mon Dieu! des pensées qui ne devraient être
« que pour toi. »

« Navré de douleur, je promis à Atala d'embrasser un jour la
religion chrétienne. A ce spectacle, le solitaire se levant d'un air

inspiré, et étendant les bras vers la voûte de la grotte : « Il est
« temps, s'écria-t-il, il est temps d'appeler Dieu ici ! »

« A peine a-t-il prononcé ces mots qu'une force surnaturelle me
contraint de tomber à genoux, et m'incline la tête au pied du lit
d'Atala. Le prêtre ouvre un lieu secret où était renfermée une urne
d'or, couverte d'un voile de soie; il se prosterne, et adore profondément. La grotte parut soudain illuminée; on entendit dans les
airs les paroles des anges et les frémissements des harpes célestes;
et, lorsque le solitaire tira le vase sacré de son tabernacle, je crus
voir Dieu lui-même sortir du flanc de la montagne.

« Le prêtre ouvrit le calice; il prit entre ses deux doigts une
hostie blanche comme la neige, et s'approcha d'Atala en prononçant
des mots mystérieux. Cette sainte avait les yeux levés au ciel, en
extase. Toutes ses douleurs parurent suspendues, toute sa vie se
rassembla sur sa bouche; ses lèvres s'entr'ouvrirent, et vinrent
avec respect chercher le Dieu caché sous le pain mystique. Ensuite
le divin vieillard trempe un peu de coton dans une huile consacrée;
il en frotte les tempes d'Atala, il regarde un moment la fille mou-
rante, et tout à coup ces fortes paroles lui échappent : « Partez,
« âme chrétienne, allez rejoindre votre créateur! » Relevant alors
ma tête abattue, je m'écriai en regardant le vase où était l'huile
sainte : « Mon père, ce remède rendra-t-il la vie à Atala? — Oui,
« mon fils, » dit le vieillard en tombant dans mes bras, « la vie
« éternelle! » Atala venait d'expirer. »

Dans cet endroit, pour la seconde fois depuis le commencement
de son récit, Chactas fut obligé de s'interrompre. Ses pleurs l'inon-
daient, et sa voix ne laissait échapper que des mots entrecoupés.
Le sachem aveugle ouvrit son sein; il en tira le crucifix d'Atala.
« Le voilà, s'écria-t-il, ce gage de l'adversité! O René, ô mon fils!
« tu le vois; et moi, je ne le vois plus! Dis-moi, après tant
« d'années, l'or n'en est-il point altéré? n'y vois-tu point la trace
« de mes larmes? Pourrais-tu reconnaître l'endroit qu'une sainte
« a touché de ses lèvres? Comment Chactas n'est-il point encore

« chrétien ? Quelles frivoles raisons de politique et de patrie l'ont
« jusqu'à présent retenu dans les erreurs de ses pères ? Non, je ne
« veux pas tarder plus longtemps. La terre me crie : Quand donc
« descendras-tu dans la tombe, et qu'attends-tu pour embrasser
« une religion divine ?... O terre ! vous ne m'attendrez pas long-
« temps : aussitôt qu'un prêtre aura rajeuni dans l'onde cette tête
« blanchie par les chagrins, j'espère me réunir à Atala.... Mais
« achevons ce qui me reste à conter de mon histoire.

LES FUNÉRAILLES.

« Je n'entreprendrai point, ô René ! de te peindre aujourd'hui le
désespoir qui saisit mon âme lorsque Atala eut rendu le dernier
soupir. Il faudrait avoir plus de chaleur qu'il ne m'en reste ; il
faudrait que mes yeux fermés se pussent rouvrir au soleil pour lui
demander compte des pleurs qu'ils versèrent à sa lumière. Oui, cette
lune qui brille à présent sur nos têtes se lassera d'éclairer les solitudes du Kentucky ; oui, le fleuve qui porte maintenant nos pirogues
suspendra le cours de ses eaux avant que mes larmes cessent de
couler pour Atala ! Pendant deux jours entiers, je fus insensible
aux discours de l'ermite. En essayant de calmer mes peines, cet
excellent homme ne se servait point des vaines raisons de la terre ;
il se contentait de me dire : « Mon fils, c'est la volonté de Dieu ; »
et il me pressait dans ses bras. Je n'aurais jamais cru qu'il y eût
tant de consolation dans ce peu de mots du chrétien résigné, si je
ne l'avais éprouvé moi-même.

« La tendresse, l'onction, l'inaltérable patience du vieux serviteur de Dieu, vainquirent enfin l'obstination de ma douleur. J'eus
honte des larmes que je lui faisais répandre. « Mon père, lui dis-je,
« c'en est trop : que les passions d'un jeune homme ne troublent
« plus la paix de tes jours. Laisse-moi emporter les restes de mon
« épouse ; je les ensevelirai dans quelque coin du désert, et si je
« suis encore condamné à la vie, je tâcherai de me rendre digne

« de ces noces éternelles qui m'ont été promises par Atala. »

A ce retour inespéré de courage, le bon père tressaillit de joie ; il s'écria : « O sang de Jésus-Christ, sang de mon divin Maître, je « reconnais là tes mérites ! Tu sauveras sans doute ce jeune « homme. Mon Dieu, achève ton ouvrage ; rends la paix à cette « âme troublée, et ne lui laisse de ses malheurs que d'humbles et « utiles souvenirs !

« Le juste refusa de m'abandonner le corps de la fille de Lopez, mais il me proposa de faire venir ses néophytes, et de l'enterrer avec toute la pompe chrétienne ; je m'y refusai à mon tour. « Les « malheurs et les vertus d'Atala, lui dis-je, ont été inconnus des « hommes ; que sa tombe, creusée furtivement par nos mains, par- « tage cette obscurité. » Nous convînmes que nous partirions le lendemain, au lever du soleil, pour enterrer Atala sous l'arche du pont naturel, à l'entrée des bocages de la mort. Il fut aussi résolu que nous passerions la nuit en prière auprès du corps de cette sainte.

« Vers le soir, nous transportâmes ses précieux restes à une ou- verture de la grotte qui donnait vers le nord. L'ermite les avait roulés dans une pièce de lin d'Europe, filé par sa mère : c'était le seul bien qui lui restât de sa patrie, et depuis longtemps il le des- tinait à son propre tombeau. Atala était couchée sur un gazon de sensitives des montagnes ; ses pieds, sa tête, ses épaules et une par- tie de son sein étaient découverts. On voyait dans ses cheveux une fleur de magnolia fanée... celle-là même que j'avais déposée sur le lit de la vierge pour la rendre féconde. Ses lèvres, comme un bou- ton de rose cueilli depuis deux matins, semblaient languir et sourire. Dans ses joues d'une blancheur éclatante, on distinguait quelques veines bleues. Ses beaux yeux étaient fermés, ses pieds modestes étaient joints, et[1] ses mains d'albâtre pressaient sur son cœur un crucifix d'ébène ; le scapulaire de ses vœux était passé à son cou. Elle paraissait enchantée par l'ange de la mélancolie, et par le double sommeil de l'innocence et de la tombe : je n'ai rien vu de plus céleste. Quiconque eût ignoré que cette jeune fille avait joui de la lumière aurait pu la prendre pour la statue de la Virginité endormie.

« Le religieux ne cessa de prier toute la nuit. J'étais assis en silence au chevet du lit funèbre de mon Atala. Que de fois, durant son sommeil, j'avais supporté sur mes genoux cette tête charmante! Que de fois je m'étais penché sur elle pour entendre et pour respirer son souffle ! Mais à présent aucun bruit ne sortait de ce sein immobile, et c'était en vain que j'attendais le réveil de la beauté!

« La lune prêta son pâle flambeau à cette veillée funèbre. Elle se leva au milieu de la nuit, comme une blanche vestale qui vient pleurer sur le cercueil d'une compagne. Bientôt elle répandit dans les bois ce grand secret de mélancolie, qu'elle aime à raconter aux vieux chênes et aux rivages antiques des mers. De temps en temps, le religieux plongeait un rameau fleuri dans une eau consacrée; puis, secouant la branche humide, il parfumait la nuit des baumes du ciel. Parfois il répétait sur un air antique quelques vers d'un vieux poète nommé *Job ;* il disait :

« J'ai passé comme une fleur ; j'ai séché comme l'herbe des champs.

« Pourquoi la lumière a-t-elle été donnée à un misérable, et la « vie à ceux qui sont dans l'amertume du cœur ? »

« Ainsi chantait l'ancien des hommes. Sa voix grave et un peu cadencée allait roulant dans le silence des déserts. Le nom de Dieu et du tombeau sortait de tous les échos, de tous les torrents, de toutes les forêts. Les roucoulements de la colombe de Virginie, la chute d'un torrent dans la montagne, les tintements de la cloche qui appelait les voyageurs, se mêlaient à ces chants funèbres, et l'on croyait entendre dans les bocages de la mort le chœur lointain des décédés, qui répondait à la voix du solitaire.

« Cependant une barre d'or se forma dans l'orient. Les éperviers criaient sur les rochers, et les martres rentraient dans le creux des ormes : c'était le signal du convoi d'Atala. Je chargeai le corps sur mes épaules ; l'ermite marchait devant moi, une bêche à la main. Nous commençâmes à descendre de rochers en rochers; la vieillesse

et la mort ralentissaient également nos pas. A la vue du chien qui nous avait trouvés dans la forêt, et qui maintenant, bondisssant de joie, nous traçait une autre route, je me mis à fondre en larmes. Souvent, la longue chevelure d'Atala, jouet des brises matinales, étendait son voile d'or sur mes yeux ; souvent, pliant sous le fardeau, j'étais obligé de le déposer sur la mousse, et de m'asseoir auprès, pour reprendre des forces. Enfin, nous arrivâmes au lieu marqué par ma douleur ; nous descendîmes sous l'arche du pont. O mon fils ! il eût fallu voir un jeune Sauvage et un vieil ermite à genoux l'un vis-à-vis de l'autre dans un désert, creusant avec leurs mains un tombeau pour une pauvre fille dont le corps était étendu près de là, dans la ravine desséchée d'un torrent.

« Quand notre ouvrage fut achevé, nous transportâmes la beauté dans son lit d'argile. Hélas ! j'avais espéré de préparer une autre couche pour elle ! Prenant alors un peu de poussière dans ma main, et gardant un silence effroyable, j'attachai pour la dernière fois mes yeux sur le visage d'Atala. Ensuite je répandis la terre du sommeil sur un front de dix-huit printemps ; je vis graduellement disparaître les traits de ma sœur, et ses grâces se cacher sous le rideau de l'éternité ; son sein surmonta quelque temps le sol noirci, comme un lis blanc s'élève du milieu d'une sombre argile : « Lopez, m'é- « riai-je alors, vois ton fils inhumer ta fille ! » et j'achevai de cou- vrir Atala de la terre du sommeil.

« Nous retournâmes à la grotte, et je fis part au missionnaire du projet que j'avais formé de me fixer près de lui. Le saint, qui connaissait merveilleusement le cœur de l'homme, découvrit ma pensée et la ruse de ma douleur. Il me dit : « Chactas, fils d'Outalissi, tan- « dis qu'Atala a vécu, je vous ai sollicité moi-même de demeurer « auprès de moi ; mais à présent votre sort est changé, vous vous « devez à votre patrie. Croyez-moi, mon fils, les douleurs ne sont « point éternelles ; il faut tôt ou tard qu'elles finissent, parce que « le cœur de l'homme est fini ; c'est une de nos grandes misères : « nous ne sommes pas même capables d'être longtemps malheureux.

« Retournez au Meschacebé : allez consoler votre mère, qui vous
« pleure tous les jours, et qui a besoin de votre appui. Faites-vous
« instruire dans la religion de votre Atala, lorsque vous en trou-
« verez l'occasion, et souvenez-vous que vous lui avez promis
« d'être vertueux et chrétien. Moi, je veillerai ici sur son tombeau.
« Partez, mon fils. Dieu, l'âme de votre sœur et le cœur de votre
« vieil ami vous suivront. »

« Telles furent les paroles de l'homme du rocher; son autorité
était trop grande, sa sagesse trop profonde, pour ne lui obéir pas.
Dès le lendemain, je quittai mon vénérable hôte, qui, me pressant
sur son cœur, me donna ses derniers conseils, sa dernière bénédiction et ses dernières larmes. Je passai au tombeau; je fus surpris
d'y trouver une petite croix qui se montrait au-dessus de la mort,
comme on aperçoit encore le mât d'un vaisseau qui a fait naufrage.
Je jugeai que le solitaire était venu prier au tombeau pendant la
nuit; cette marque d'amitié et de religion fit couler mes pleurs en
abondance. Je fus tenté de rouvrir la fosse, et de voir encore une
fois ma bien-aimée; une crainte religieuse me retint. Je m'assis sur
la terre fraîchement remuée. Un coude appuyé sur mes genoux, et
la tête soutenue dans ma main, je demeurai enseveli dans la plus
amère rêverie. O René ! c'est là que je fis pour la première fois des
réflexions sérieuses sur la vanité de nos jours, et la plus grande
vanité de nos projets! Eh ! mon enfant, qui ne les a point faites, ces
réflexions ? Je ne suis plus qu'un vieux cerf blanchi par les hivers;
mes ans le disputent à ceux de la corneille : eh bien! malgré tant
de jours accumulés sur ma tête, malgré une si longue expérience de
la vie, je n'ai point encore rencontré d'homme qui n'eût été trompé
dans ses rêves de félicité, point de cœur qui n'entretînt une plaie
cachée. Le cœur le plus serein en apparence ressemble au puits naturel de la savane Alachua : la surface en paraît calme et pure;
mais, quand vous regardez au fond du bassin, vous apercevez un
large crocodile, que le puits nourrit dans ses eaux.

« Ayant ainsi vu le soleil se lever et se coucher sur ce lieu de douleur, le lendemain, au premier cri de la cigogne, je me préparai à quitter la sépulture sacrée. J'en partis comme de la borne d'où le voulais m'élancer dans la carrière de la vertu. Trois fois j'évoquai l'âme d'Atala ; trois fois le génie du désert répondit à mes cris sous l'arche funèbre. Je saluai ensuite l'orient, et je découvris au loin, dans les sentiers de la montagne, l'ermite qui se rendait à la cabane de quelque infortuné. Tombant à genoux, et embrassant étroitement la fosse, je m'écriai : « Dors en paix dans cette terre « étrangère, fille trop malheureuse ! Pour prix de ton amour, de ton « exil et de ta mort, tu vas être abandonnée, même de Chactas ! » Alors, versant des flots de larmes, je me séparai de la fille de Lopez ; alors je m'arrachai de ces lieux, laissant au pied du monument de la nature un monument plus auguste : l'humble tombeau de la vertu. »

ÉPILOGUE.

Chactas, fils d'Outalissi le Natchez, a fait cette histoire à René l'Européen. Les pères l'ont redite aux enfants, et moi, voyageur aux terres lointaines, j'ai fidèlement rapporté ce que des Indiens m'en ont appris. Je vis dans ce récit le tableau du peuple chasseur et du peuple laboureur, la religion, première législatrice des hommes, les dangers de l'ignorance et de l'enthousiasme religieux, opposés aux lumières, à la charité et au véritable esprit de l'Évangile, les combats des passions et des vertus dans un cœur simple, enfin le triomphe du christianisme sur le sentiment le plus fougueux et la crainte la plus terrible : l'amour et la mort.

Quand un Siminole me raconta cette histoire, je la trouvai fort instructive et parfaitement belle, parce qu'il y mit la fleur du désert, la grâce de la cabane, et une simplicité à conter la douleur, que je ne me flatte pas d'avoir conservées. Mais une chose me restait à savoir. Je demandais ce qu'était devenu le père Aubry, et personne ne me le pouvait dire. Je l'aurais toujours ignoré, si la Providence, qui conduit tout, ne m'avait découvert ce que je cherchais. Voici comme la chose se passa :

J'avais parcouru les rivages du Maschacebé, qui formaient autrefois la barrière méridionale de la Nouvelle-France, et j'étais curieux de voir, au nord, l'autre merveille de cet empire, la cataracte de Niagara. J'étais arrivé tout près de cette chute, dans l'ancien pays des Agannonsioni[1], lorsqu'un matin, en traversant une plaine, j'aperçus une femme assise sous un arbre, et tenant un enfant mort sur ses genoux. Je m'approchai doucement de la jeune mère, et je l'entendis qui disait :

« Si tu étais resté parmi nous, cher enfant, comme ta main eût « bandé l'arc avec grâce ! Ton bras eût dompté l'ours en fureur ; « et sur le sommet de la montagne, tes pas auraient défié le che- « vreuil à la course. Blanche hermine du rocher, si jeune être allé « dans le pays des âmes ! Comment feras-tu pour y vivre ? Ton « père n'y est point pour t'y nourrir de sa chasse. Tu auras froid, « et aucun Esprit ne te donnera des peaux pour te couvrir. Oh ! il « faut que je me hâte de t'aller rejoindre, pour te chanter des chan- « sons et te présenter mon sein. »

Et la jeune mère chantait d'une voix tremblante, balançait l'enfant sur ses genoux, humectait ses lèvres du lait maternel, et prodignait à la mort tous les soins qu'on donne à la vie.

Cette femme voulait faire sécher le corps de son fils sur les branches d'un arbre, selon la coutume indienne, afin de l'emporter ensuite aux tombeaux de ses pères. Elle dépouilla donc le nouveau-né, et, respirant quelques instants sur sa bouche, elle dit : « Ame de « mon fils, âme charmante, ton père t'a créée jadis sur mes lèvres « par un baiser ; hélas ! les miens n'ont pas le pouvoir de te donner

---

[1] Les Iroquois.

« une seconde naissance. » Ensuite elle découvrit son sein, et embrassa les restes glacés, qui se fussent ranimés au feu du cœur maternel, si Dieu ne s'était réservé le souffle qui donne la vie.

Elle se leva, et chercha des yeux un arbre sur les branches duquel elle pût exposer son enfant. Elle choisit un érable à fleurs rouges, festonné de guirlandes d'apios, et qui exhalait les parfums les plus suaves. D'une main elle en abaissa les rameaux inférieurs, de l'autre elle y plaça le corps ; laissant alors échapper la branche, la branche retourna à sa position naturelle, emportant la dépouille de l'innocence, cachée dans un feuillage odorant. Oh ! que cette coutume indienne est touchante ! Je vous ai vus dans vos campagnes désolées, pompeux monuments des Crassus et des Césars, et je vous préfère encore ces tombeaux aériens du Sauvage, ces mausolées de fleurs et de verdure que parfume l'abeille, que balance le zéphyr, et où le rossignol bâtit son nid et fait entendre sa plaintive mélodie. Si c'est la dépouille d'une jeune fille que la main d'un amant a suspendue à l'arbre de la mort ; si ce sont les restes d'un enfant chéri qu'une mère a placés dans la demeure des petits oiseaux, le charme redouble encore. Je m'approchai de celle qui gémissait au pied de l'érable ; je lui imposai les mains sur la tête, en poussant les trois cris de douleur. Ensuite, sans lui parler, prenant comme elle un rameau, j'écartai les insectes qui bourdonnaient autour du corps de l'enfant. Mais je me donnai de garde d'effrayer une colombe voisine. L'Indienne lui disait : «Colombe, si tu n'es pas l'âme de mon « fils qui s'est envolée, tu es sans doute une mère qui cherche « quelque chose pour faire un nid. Prends de ces cheveux, que je « ne laverai plus dans l'eau d'esquinc ; prends-en pour coucher tes « petits : puisse le Grand-Esprit te les conserver ! »

Cependant la mère pleurait de joie en voyant la politesse de l'étranger. Comme nous faisions ceci, un jeune homme approcha : « Fille de Céluta, retire notre enfant ; nous ne séjournerons pas « plus longtemps ici, et nous partirons au premier soleil. » Je dis alors : « Frère, je te souhaite un ciel bleu, beaucoup de chevreuils,

« un manteau de castor, et l'espérance. — Tu n'es donc pas de ce
« désert? — Non, répondit le jeune homme, « nous sommes des
« exilés, et nous allons chercher une patrie. » En disant cela, le
guerrier baissa la tête dans son sein, et avec le bout de son arc il
abattait la tête des fleurs. Je vis qu'il y avait des larmes au fond de
cette histoire, et je me tus. La femme retira son fils des branches de
l'arbre, et elle le donna à porter à son époux. Alors je dis : « Voulez-
« vous me permettre d'allumer votre feu cette nuit? — Nous n'a-
« vons point de cabane, reprit le guerrier; si voulez nous suivre,
« nous campons au bord de la chute. — Je le veux bien, répondis-je,
et nous partîmes ensemble.

Nous arrivâmes bientôt au bord de la cataracte qui s'annonçait
par d'affreux mugissements. Elle est formée par la rivière Niagara,
qui sort du lac Érié, et se jette dans le lac Ontario; sa hauteur
perpendiculaire est de cent quarante-quatre pieds. Depuis le lac
Érié jusqu'au saut, le fleuve accourt par une pente rapide, et au
moment de la chute, c'est moins un fleuve qu'une mer, dont les
torrents se pressent à la bouche béante d'un gouffre. La cataracte
se divise en deux branches, et se courbe en fer à cheval. Entre les
deux chutes s'avance une île creusée en dessous, qui pend avec tous
ses arbres sur le chaos des ondes. La masse du fleuve qui se précipite au midi, s'arrondit en un vaste cylindre, puis se déroule en
nappe de neige et brille au soleil de toutes les couleurs ; celle qui
tombe au levant descend dans une ombre effrayante; on dirait une
colonne d'eau du déluge. Mille arcs-en-ciel se courbent et se
croisent sur l'abîme. Frappant le roc ébranlé, l'eau rejaillit en tourbillons d'écume, qui s'élèvent au-dessus des forêts, comme les
fumées d'un vaste embrasement. Des pins, des noyers sauvages,
des rochers taillés en forme de fantômes décorent la scène. Des
aigles entraînés par le courant d'air descendent en tournoyant au
fond du gouffre, et des carcajous se suspendent par leurs queues
flexibles au bout d'une branche abaissée, pour saisir dans l'abîme
les cadavres brisés des élans et des ours.

Tandis qu'avec un plaisir mêlé de terreur je contemplais ce spectacle, l'Indienne et son époux me quittèrent. Je les cherchai en remontant le fleuve au-dessus de la chute, et bientôt je les trouvai dans un endroit convenable à leur deuil. Ils étaient couchés sur l'herbe, avec des vieillards, auprès de quelques ossements humains enveloppés dans des peaux de bêtes. Étonnés de tout ce que je voyais depuis quelques heures, je m'assis auprès de la jeune mère, et lui dis : « Qu'est-ce que tout ceci, ma sœur? » Elle me répondit : « Mon « frère, c'est la terre de la patrie, ce sont les cendres de nos aïeux, « qui nous suivent dans notre exil. — Et comment, m'écriai-je, « avez-vous été réduits à un tel malheur? » La fille de Céluta re-- partit : « Nous sommes les restes des Natchez. Après le massacre que « les Français firent de notre nation pour venger leurs frères, ceux « de nos frères qui échappèrent aux vainqueurs trouvèrent un asile « chez les Chikassas nos voisins. Nous y sommes demeurés assez « longtemps tranquilles; mais il y a sept lunes que les blancs de la « Virginie se sont emparés de nos terres, en disant qu'elles leur ont « été données par un roi d'Europe. Nous avons levé les yeux au « ciel, et, chargé des restes de nos aïeux, nous avons pris notre « route à travers le désert. Je suis accouchée pendant la marche; « et comme mon lait était mauvais, à cause de la douleur, il a fait « mourir mon enfant. » En disant cela, la jeune mère essuya ses yeux avec sa chevelure; je pleurais aussi.

Or, je dis bientôt : « Ma sœur, adorons le Grand-Esprit, tout « arrive par son ordre. Nous sommes tous voyageurs; nos pères « l'ont été comme nous; mais il y a un lieu où nous nous repose- « rons. Si je ne craignais d'avoir la langue aussi légère que celle « d'un blanc, je vous demanderais si vous avez entendu parler de « Chactas le Natchez? » A ces mots, l'Indienne me regarda, et me dit : « Qui est-ce qui vous a parlé de Chactas le Natchez? » Je répondis : « C'est la Sagesse. » L'Indienne reprit : « Je vous dirai « ce que je sais, parce que vous avez éloigné les mouches du corps « de mon fils, et que vous venez de dire de belles paroles sur le

« Grand-Esprit. Je suis la fille de la fille de René l'Européen, que
« Chactas avait adopté. Chactas, qui avait reçu le baptême, et René
« mon aïeul si malheureux, ont péri dans le massacre. —L'homme
« va toujours de douleur en douleur, répondis-je en m'inclinant.
« Vous pourriez donc aussi m'apprendre des nouvelles du père
« Aubry? —Il n'a pas été plus heureux que Chactas, dit l'Indienne.
« Les Chéroquois, ennemis des Français, pénétrèrent à sa Mission;
« ils y furent conduits par le son de la cloche qu'on sonnait pour
« secourir les voyageurs. Le père Aubry se pouvait sauver; mais
« il ne voulut pas abandonner ses enfants, et il demeura pour les
« encourager à mourir par son exemple. Il fut brûlé avec de grandes
« tortures; jamais on ne put tirer de lui un cri qui tournât à la
« honte de son Dieu, ou au déshonneur de sa patrie. Il ne cessa,
« durant le supplice, de prier pour ses bourreaux, et de compatir au
« sort des victimes. Pour lui arracher une marque de faiblesse, les
« Chéroquois amenèrent à ses pieds un Sauvage chrétien, qu'ils
« avaient horriblement mutilé. Mais il furent bien surpris quand ils
« virent le jeune homme se jeter à genoux, et baiser les plaies du
« vieil ermite, qui lui criait: Mon enfant, nous avons été mis en
« spectacle aux anges et aux hommes. Les Indiens, furieux, lui
« plongèrent un fer rouge dans la gorge pour l'empêcher de parler.
« Alors, ne pouvant plus consoler les hommes, il expira.

   « On dit que les Chéroquois, tout accoutumés qu'ils étaient à
« voir des Sauvages souffrir avec constance, ne purent s'empêcher
« d'avouer qu'il y avait dans l'humble courage du père Aubry
« quelque chose qui leur était inconnu, et qui surpassait tous les
« courages de la terre. Plusieurs d'entre eux, frappés de cette mort,
« se sont faits chrétiens.

   « Quelques années après, Chactas, à son retour de la terre des
« blancs, ayant appris les malheurs du chef de la prière, partit pour
« aller recueillir ses cendres et celles d'Atala. Il arriva à l'endroit où
« était située la Mission, mais il put à peine le reconnaître. Le lac
« s'était débordé, et la savane était changée en un marais; le pont

« naturel en s'écroulant, avait enseveli sous ses débris le tom-
« beau d'Atala et les bocages de la mort. Chactas erra longtemps
« dans ce lieu ; il visita la grotte du solitaire, qu'il trouva remplie
« de ronces et de framboisiers, et dans laquelle une biche allaitait
« son faon. Il s'assit sur le rocher de la Veillée de la mort, où il ne
« vit que quelques plumes tombées de l'aile de l'oiseau de passage.
« Tandis qu'il y pleurait, le serpent familier du missionnaire sortit
« des broussailles voisines, et vint s'entortiller à ses pieds. Chactas
« réchauffa dans son sein ce fidèle ami, resté seul au milieu de ces
« ruines. Le fils d'Outalissi a raconté que plusieurs fois, aux ap-
« proches de la nuit, il avait cru voir les ombres d'Atala et du
« père Aubry s'élever dans la vapeur du crépuscule. Ces visions le
« remplirent d'une religieuse frayeur et d'une joie triste.

« Après avoir cherché vainement le tombeau de sa sœur et celui
« de l'ermite, il était près d'abandonner ces lieux, lorsque la biche
« de la grotte se mit à bondir devant lui. Elle s'arrêta au pied de
« la croix de la Mission. Cette croix était alors à moitié entourée
« d'eau ; son bois était rongé de mousse, et le pélican du désert
« aimait à se percher sur ses bras vermoulus. Chactas jugea que la
« biche reconnaissante l'avait conduit au tombeau de son hôte. Il
« creusa sous la roche qui jadis servait d'autel, et il y trouva les
« restes d'un homme et d'une femme. Il ne douta point que ce ne
« fussent ceux du prêtre et de la vierge, que les anges avaient peut-
« être ensevelis dans ce lieu ; il les enveloppa dans des peaux d'ours,
« et reprit le chemin de son pays, emportant ces précieux restes,
« qui résonnaient sur ses épaules comme le carquois de la mort.
« La nuit, il les mettait sous sa tête, et il avait des songes d'amour
« et de vertu. O étranger ! tu peux contempler ici cette poussière
« avec celle de Chactas lui-même. »

Comme l'Indienne achevait de prononcer ces mots, je me levai ;
je m'approchai des cendres sacrées, et me prosternai devant elles
en silence. Puis m'éloignant à grands pas, je m'écriai : « Ainsi
« passe sur la terre tout ce qui fut bon, vertueux, sensible ! Homme,

« tu n'es qu'un songe rapide, un rêve douloureux ; tu n'existes que
« par le malheur ; tu n'es quelque chose que par la tristesse de
« ton âme et l'éternelle mélancolie de la pensée ! »

Ces réflexions m'occupèrent tout la nuit. Le lendemain, au point
du jour, mes hôtes me quittèrent. Les jeunes guerriers ouvraient
la marche et les épouses la fermaient ; les premiers étaient chargés
des saintes reliques ; les secondes portaient leurs nouveau-nés : les
vieillards cheminaient lentement au milieu, placés entre leurs aïeux
et leur postérité, entre les souvenirs et l'espérance, entre la patrie
perdue et la patrie à venir. Oh ! que de larmes sont répandues lorsqu'on abandonne ainsi la terre natale, lorsque du haut de la colline
de l'exil on découvre pour la dernière fois le toit où l'on fut nourri,
et le fleuve de la cabane qui continue de couler tristement à travers
les champs solitaires de la patrie !

Indiens infortunés que j'ai vus errer dans les déserts du Nouveau-Monde avec les cendres de vos aïeux ; vous qui m'aviez donné
l'hospitalité malgré votre misère ! je ne pourrais vous la rendre
aujourd'hui, car j'erre ainsi que vous à la merci des hommes ; et,
moins heureux dans mon exil, je n'ai point emporté les os de mes
pères.

FIN D'ATALA.

RENÉ

RENÉ

———o•o———

En arrivant chez les Natchez, René avait été obligé de prendre
une épouse, pour se conformer aux mœurs des Indiens ; mais il ne
vivait point avec elle. Un penchant mélancolique l'entraînait au fond
des bois ; il y passait seul des journées entières, et semblait sauvage
parmi les Sauvages. Hors Chactas, son père adoptif, et le père Souël,
missionnaire au fort Rosalie [1], il avait renoncé au commerce des
hommes. Ces deux vieillards avaient pris beaucoup d'empire sur
son cœur : le premier, par une indulgence aimable ; l'autre, au
contraire, par une extrême sévérité. Depuis la chasse du castor, où
le sachem aveugle raconta ses aventures à René, celui-ci n'avait
jamais voulu parler des siennes. Cependant Chactas et le missionnaire désiraient vivement connaître par quel malheur un Européen
bien né avait été conduit à l'étrange résolution de s'ensevelir dans
les déserts de la Louisiane. René avait toujours donné pour motif
de ses refus le peu d'intérêt de son histoire, qui se bornait, disait-il,
à celle de ses pensées et de ses sentiments. « Quant à l'événement
« qui m'a déterminé à passer en Amérique, ajoutait-il, je le dois
« ensevelir dans un éternel oubli. »

Quelques années s'écoulèrent de la sorte, sans que les deux
vieillards lui pussent arracher son secret. Une lettre qu'il reçut
d'Europe, par le bureau des Missions étrangères, redoubla tellement
sa tristesse, qu'il fuyait jusqu'à ses vieux amis. Ils n'en furent que
plus ardents à le presser de leur ouvrir son cœur ; ils y mirent tant

[1] Colonie française aux Natchez.

de discrétion, de douceur et d'autorité, qu'il fut enfin obligé de les satisfaire. Il prit donc jour avec eux pour leur raconter, non les aventures de sa vie, puisqu'il n'en avait point éprouvé, mais les sentiments secrets de son âme.

Le 21 de ce mois que les Sauvages appellent *la lune des fleurs*, René se rendit à la cabane de Chactas. Il donna le bras au sachem, et le conduisit sous un sasafras, au bord du Meschacebé. Le père Souël ne tarda pas à arriver au rendez-vous. L'aurore se levait : à quelque distance dans la plaine, on apercevait le village des Natchez, avec son bocage de mûrier, et ses cabanes qui ressemblent à des rûches d'abeilles. La colonie française et le fort Rosalie se montraient sur la droite, au bord du fleuve. Des tentes, des maisons à moitié bâties, des forteresses commencées, des défrichements couverts de nègres, des groupes de blancs et d'Indiens présentaient, dans ce petit espace, le contraste des mœurs sociales et des mœurs sauvages. Vers l'orient, au fond de la perspective, le soleil commençait à paraître entre les sommets brisés des Apalaches, qui se dessinaient comme des caractères d'azur dans les hauteurs dorées du ciel; à l'occident, le Meschacebé roulait ses ondes dans un silence magnifique, et formait la bordure du tableau avec une inconcevable grandeur.

Le jeune homme et le missionnaire admirèrent quelque temps cette belle scène, en plaignant le sachem qui ne pouvait plus en jouir; ensuite le père Souël et Chactas s'assirent sur le gazon, au pied de l'arbre; René prit sa place au milieu d'eux, et, après un moment de silence, il parla de la sorte à ses vieux amis :

« Je ne puis, en commençant mon récit, me défendre d'un mouvement de honte. La paix de vos cœurs, respectables vieillards, et le calme de la nature autour de moi, me font rougir du trouble et de l'agitation de mon âme.

« Combien vous aurez pitié de moi! Que mes éternelles inquiétudes vous paraîtront misérables! Vous qui avez épuisé tous les chagrins de la vie, que penserez-vous d'un jeune homme sans force

.et sans vertu, qui trouve en lui-même son tourment, et ne peut guère se plaindre que des maux qu'il se fait à lui-même? Hélas! ne le condamnez pas; il a été trop puni!

« J'ai coûté la vie à ma mère en venant au monde; j'ai été tiré de son sein avec le fer. J'avais un frère, que mon père bénit, parce qu'il voyait en lui son fils aîné. Pour moi, livré de bonne heure à des mains étrangères, je fus élevé loin du toit paternel.

« Mon humeur était impétueuse, mon caractère, inégal. Tour à tour bruyant et joyeux, silencieux et triste, je rassemblais autour de moi mes jeunes compagnons; puis, les abandonnant tout à coup, j'allais m'asseoir à l'écart pour contempler la nue fugitive ou entendre la pluie tomber sur le feuillage.

« Chaque automne, je revenais au château paternel, situé au milieu des forêts, près d'un lac, dans une province reculée.

« Timide et contraint devant mon père, je ne trouvais l'aise et le contentement qu'auprès de ma sœur Amélie. Une douce conformité d'humeur et de goûts m'unissait étroitement à cette sœur; elle était un peu plus âgée que moi. Nous aimions à gravir les côteaux ensemble, à voguer sur le lac, à parcourir les bois à la chute des feuilles : promenades dont le souvenir remplit encore mon âme de délices. O illusions de l'enfance et de la patrie, ne perdez-vous jamais vos douceurs! •

« Tantôt nous marchions en silence, prêtant l'oreille au sourd mugissement de l'automne, ou au bruit des feuilles séchées que nous traînions tristement dans nos pas; tantôt, dans nos jeux innocents, nous poursuivions l'hirondelle dans la prairie, l'arc-en-ciel sur les collines pluvieuses; quelquefois aussi nous murmurions des vers que nous inspirait le spectacle de la nature. Jeune, je cultivais les muses; il n'y a rien de plus poétique, dans la fraîcheur de ses passions, qu'un cœur de seize années. Le matin de la vie est comme le matin du jour, plein de pureté, d'images et d'harmonies.

« Les dimanches et les jours de fête, j'ai souvent entendu dans le grand bois, à travers les arbres, les sons de la cloche lointaine

qui appelait au temple l'homme des champs. Appuyé contre le tronc
d'un ormeau, j'écoutais en silence le pieux murmure. Chaque frémissement de l'airain portait à mon âme naïve l'innocence des
mœurs champêtres, le calme de la solitude, le charme de la religion,
et la délectable mélancolie des souvenirs de ma première enfance!
Oh! quel cœur si mal fait n'a tressailli au bruit des cloches de son
lieu natal, de ces cloches qui frémirent de joie sur son berceau, qui
annoncèrent son avènement à la vie, qui marquèrent le premier
battement de son cœur, qui publièrent dans tous les lieux d'alen-
tour la sainte allégresse de son père, les douleurs et les joies
encore plus ineffables de sa mère! Tout se trouve dans les rêveries
enchantées où nous plonge le bruit de la cloche natale : religion,
famille, patrie, et le berceau et la tombe, et le passé et l'avenir.

« Il est vrai qu'Amélie et moi nous jouissions plus que personne
de ces idées graves et tendres, car nous avions tous les deux un
peu de tristesse au fond du cœur : nous tenions cela de Dieu ou de
notre mère.

« Cependant mon père fut atteint d'une maladie qui le conduisit
en peu de jours au tombeau. Il expira dans mes bras. J'appris à
connaître la mort sur les lèvres de celui qui m'avait donné la vie.
Cette impression fut grande; elle dure encore. C'est la première
fois que l'immortalité de l'âme s'est présentée clairement à mes
yeux. Je ne pus croire que ce corps inanimé était en moi l'auteur de
la pensée; je sentis qu'elle me devait venir d'une autre source; et,
dans une sainte douleur qui approchait de la joie, j'espérai me
rejoindre un jour à l'esprit de mon père.

« Un autre phénomène me confirma dans cette haute idée. Les
traits paternels avaient pris au cercueil quelque chose de sublime.
Pourquoi cet étonnant mystère ne serait-il pas l'indice de notre
immortalité? Pourquoi la mort, qui sait tout, n'aurait-elle pas
gravé sur le front de sa victime les secrets d'un autre univers?
Pourquoi n'y aurait-il pas dans la tombe quelque grande vision de
l'éternité?

« Amélie, accablée de douleur, était retirée au fond d'une tour, d'où elle entendit retentir, sous les voûtes du château gothique, le chant des prêtres du convoi, et les sons de la cloche funèbre.

« J'accompagnai mon père à son dernier asile; la terre se referma sur sa dépouille; l'éternité et l'oubli le pressèrent de tout leur poids : le soir même l'indifférent passait sur sa tombe; hors pour sa fille et son fils, c'était déjà comme s'il n'avait jamais été.

« Il fallut quitter le toit paternel, devenu l'héritage de mon frère : je me retirai avec Amélie chez de vieux parents.

« Arrêté à l'entrée des voies trompeuses de la vie, je les considérais l'une après l'autre sans m'y oser engager. Amélie m'entretenait souvent du bonheur de la vie religieuse; elle me disait que j'étais le seul lien qui la retînt dans le monde, et ses yeux s'attachaient sur moi avec tristesse.

« Le cœur ému par ces conversations pieuses, je portais souvent mes pas vers un monastère voisin de mon nouveau séjour; un moment même j'eus la tentation d'y cacher ma vie. Heureux ceux qui ont fini leur voyage sans avoir quitté le port, et qui n'ont point, comme moi, traîné d'inutiles jours sur la terre !

« Les Européens, incessamment agités, sont obligés de se bâtir des solitudes. Plus notre cœur est tumultueux et bruyant, plus le calme et le silence nous attirent. Ces hospices de mon pays, ouverts aux malheureux et aux faibles, sont souvent cachés dans des vallons qui portent au cœur le vague sentiment de l'infortune et l'espérance d'un abri; quelquefois aussi on les découvre sur de hauts sites où l'âme religieuse, comme une plante des montagnes, semble s'élever vers le ciel pour lui offrir ses parfums.

« Je vois encore le mélange majestueux des eaux et des bois de cette antique abbaye où je pensai dérober ma vie aux caprices du sort; j'erre encore au déclin du jour dans ces cloîtres retentissants et solitaires. Lorsque la lune éclairait à demi les piliers des arcades, et dessinait leur ombre sur le mur opposé, je m'arrêtais à contempler la croix qui marquait le champ de la mort, et les longues herbes qui croissaient entre les pierres des tombes. O hommes qui, ayant vécu loin du monde, avez passé du silence de la vie au silence de la mort, de quel dégoût de la terre vos tombeaux ne remplissaient-ils point mon cœur !

« Soit inconstance naturelle, soit préjugé contre la vie monastique, je changeai mes desseins, je me résolus à voyager. Je dis adieu à ma sœur ; elle me serra dans ses bras avec un mouvement qui ressemblait à de la joie, comme si elle eût été heureuse de me quitter ; je ne pus me défendre d'une réflexion amère sur l'inconséquence des amitiés humaines.

« Cependant, plein d'ardeur, je m'élançai seul sur cet orageux océan du monde, dont je ne connaissais ni les ports, ni les écueils. Je visitai d'abord les peuples qui ne sont plus : je m'en allai, m'asseyant sur les débris de Rome et de la Grèce, pays de forte et d'ingénieuse mémoire, où les palais sont ensevelis dans la poudre et les mausolées des rois cachés sous les ronces. Force de la nature, et faiblesse de l'homme ! un brin d'herbe perce souvent le marbre le plus dur de ces tombeaux, que tous ces morts, si puissants, ne soulèveront jamais !

« Quelquefois une haute colonne se montrait seule debout dans un désert, comme une grande pensée s'élève, par intervalle, dans une âme que le temps et le malheur ont dévastée.

« Je méditai sur ces monuments dans tous les accidents et à toutes les heures de la journée. Tantôt ce même soleil qui avait vu jeter les fondements de ces cités se couchait majestueusement, à mes yeux, sur leurs ruines ; tantôt la lune se levant dans un ciel pur, entre deux urnes cinéraires à moitié brisées, me montrait les pâles tombeaux. Souvent, aux rayons de cet astre qui alimente les rêveries, j'ai cru voir le génie des souvenirs assis tout pensif à mes côtés.

« Mais je me lassais de fouiller dans des cercueils, où je ne remuais trop souvent qu'une poussière criminelle.

« Je voulus voir si les races vivantes m'offriraient plus de vertus, ou moins de malheurs que les races évanouies. Comme je me pro-

menais un jour dans une grande cité, en passant derrière un palais,
dans une cour retirée et déserte, j'aperçus une statue qui indiquait
du doigt un lieu fameux par un sacrifice[1]. Je fus frappé du silence
de ces lieux; le vent seul gémissait autour du marbre tragique. Des
manœuvres étaient couchés avec indifférence au pied de la statue,
ou taillaient des pierres en sifflant. Je leur demandai ce que signi-
fiait ce monument : les uns purent à peine me le dire, les autres
ignoraient la catastrophe qu'il retraçait. Rien ne m'a plus donné la
juste mesure des événements de la vie et du peu que nous sommes.
Que sont devenus ces personnages qui firent tant de bruit ! Le temps
a fait un pas, et la face de la terre a été renouvelée.

« Je recherchai surtout dans mes voyages les artistes et ces hommes divins qui chantent les dieux sur la lyre, et la félicité des peuples qui honorent les lois, la religion et les tombeaux.

« Ces chantres sont de race divine, ils possèdent le seul talent
incontestable dont le ciel ait fait présent à la terre. Leur vie est à la
fois naïve et sublime; ils célèbrent les dieux avec une bouche d'or, et
sont les plus simples des hommes; ils causent comme des immortels
ou comme de petits enfants; ils expliquent les lois de l'univers et
ne peuvent comprendre les affaires les plus innocentes de la vie; ils
ont des idées merveilleuses de la mort, et meurent sans s'en apercevoir, comme des nouveau-nés.

« Sur les monts de la Calédonie, le dernier barde qu'on ait ouï
dans ces déserts me chanta les poèmes dont un héros consolait jadis
sa vieillesse. Nous étions assis sur quatre pierres rongées de mousse;
un torrent coulait à nos pieds; le chevreuil paissait à quelque distance parmi les débris d'une tour, et le vent des mers sifflait sur la
bruyère de Cona. Maintenant la religion chrétienne, fille aussi des
hautes montagnes, a placé des croix sur les monuments des héros de
Morven, et touché la harpe de David au bord du même torrent où
Ossian fit gémir la sienne. Aussi pacifique que les divinités de Selma

[1] A Londres, derrière White-Hall, la statue de Charles II.

étaient guerrières, elle garde des troupeaux où Fingal livrait des combats, et elle a répandu des anges de paix dans les nuages qu'habi-
taient des fantômes homicides.

« L'ancienne et riante Italie m'offrit la foule de ses chefs-d'œuvre. Avec quelle sainte et poétique horreur j'errais dans ces vastes
édifices consacrés par les arts à la religion ! Quel labyrinthe de colonnes ! Quelle succession d'arches et de voûtes ! Qu'ils sont beaux
ces bruits qu'on entend autour des dômes, semblables aux rumeurs
des flots dans l'Océan, aux murmures des vents dans les forêts, ou
à la voix de Dieu dans son temple ! L'architecte bâtit, pour ainsi
dire, les idées du poète, et les fait toucher aux sens.

« Cependant qu'avais-je appris jusqu'alors avec tant de fatigue ?
Rien de certain parmi les anciens, rien de beau parmi les modernes.
Le passé et le présent sont deux statues incomplètes : l'une a été
retirée toute mutilée du débris des âges ; l'autre n'a pas encore reçu
sa perfection de l'avenir.

« Mais peut-être, mes vieux amis, vous surtout, habitants du désert, êtes-vous étonnés que, dans ce récit de mes voyages, je ne vous
aie pas une seule fois entretenus des monuments de la nature ?

« Un jour j'étais monté au sommet de l'Etna, volcan qui brûle
au milieu d'une île. Je vis le soleil se lever dans l'immensité de l'horizon au-dessous de moi, la Sicile resserrée comme un point à mes
pieds, et la mer déroulée au loin dans les espaces. Dans cette vue
perpendiculaire du tableau, les fleuves ne me semblaient plus que
des lignes géographiques tracées sur une carte ; mais, tandis que
d'un côté mon œil apercevait ces objets, de l'autre il plongeait dans
le cratère de l'Etna, dont je découvrais les entrailles brûlantes,
entre les bouffées d'une noire vapeur.

« Un jeune homme plein de passions, assis sur la bouche d'un
volcan, et pleurant sur les mortels dont à peine il voyait à ses pieds
les demeures, n'est sans doute, ô vieillards, qu'un objet digne
de votre pitié ; mais quoi que vous puissiez penser de René, ce
tableau vous offre l'image de son caractère et de son existence :

c'est ainsi que toute ma vie j'ai eu devant les yeux une création à la fois immense et imperceptible, et un abîme ouvert à mes côtés. »

En prononçant ces derniers mots, René se tut et tomba subitement dans la rêverie. Le père Souël le regardait avec étonnement, et le vieux sachem aveugle, qui n'entendait plus parler le jeune homme, ne savait que penser de ce silence.

René avait les yeux attachés sur un groupe d'Indiens qui passait gaiement dans la plaine. Tout à coup sa physionomie s'attendrit, des larmes coulent de ses yeux ; il s'écrie :

« Heureux Sauvages ! oh ! que ne puis-je jouir de la paix qui vous accompagne toujours ! Tandis qu'avec si peu de fruit je parcourais tant de contrées, vous, assis tranquillement sous vos chênes, vous laissiez couler les jours sans les compter. Votre raison n'était que vos besoins, et vous arriviez, mieux que moi, au résultat de la sagesse, comme l'enfant, entre les jeux et le sommeil. Si cette mélancolie qui s'engendre de l'excès du bonheur atteignait quelquefois votre âme, bientôt vous sortiez de cette tristesse passagère, et votre regard levé vers le ciel cherchait avec attendrissement ce je ne sais quoi inconnu qui prend pitié du pauvre Sauvage. »

Ici la voix de René expira de nouveau, et le jeune homme pencha la tête sur sa poitrine. Chactas, étendant le bras dans l'ombre, et prenant le bras de son fils, lui cria d'un ton ému : « Mon fils ! mon « cher fils ! » A ces accents, le frère d'Amélie revenant à lui, et rougissant de son trouble, pria son père de lui pardonner.

Alors le vieux Sauvage : « Mon jeune ami, les mouvements d'un « cœur comme le tien ne sauraient être égaux ; modère seulement « ce caractère qui t'a déjà fait tant de mal. Si tu souffres plus qu'un « autre des choses de la vie, il ne faut pas t'en étonner ; une grande « âme doit contenir plus de douleurs qu'une petite. Continue ton « récit. Tu nous as fait parcourir une partie de l'Europe, fais-nous « connaître ta patrie. Tu sais que j'ai vu la France, et quels liens « m'y ont attaché ; j'aimerai à entendre parler de ce grand chef[1],

[1] Louis XIV.

« qui n'est plus, et dont j'ai visité la superbe cabane. Mon enfant,
« je ne vis plus que par la mémoire. Un vieillard avec ses souve-
« nirs ressemble au chêne décrépit de nos bois : ce chêne ne se dé-
« core plus de son propre feuillage, mais il couvre quelquefois sa
« nudité des plantes étrangères qui ont végété sur ses antiques
« rameaux. »

Le frère d'Amélie, calmé par ces paroles, reprit ainsi l'histoire de
son cœur :

« Hélas ! mon père, je ne pourrai d'entretenir de ce grand siècle
dont je n'ai vu que la fin dans mon enfance, et qui n'était plus lorsque je rentrai dans ma patrie. Jamais un changement plus étonnant
et plus soudain ne s'est opéré chez un peuple. De la hauteur du
génie, du respect pour la religion, de la gravité des mœurs, tout
était subitement descendu à la souplesse de l'esprit, à l'impiété, à
la corruption.

« C'était donc bien vainement que j'avais espéré retrouver dans
mon pays de quoi calmer cette inquiétude, cette ardeur de désir qui
me suit partout. L'étude du monde ne m'avait rien appris, et pourtant je n'avais plus la douceur de l'ignorance.

« Ma sœur, par une conduite inexplicable, semblait se plaire à
augmenter mon ennui; elle avait quitté Paris quelques jours avant
mon arrivée. Je lui écrivis que je comptais l'aller rejoindre; elle se
hâta de me répondre pour me détourner de ce projet, sous prétexte
qu'elle était incertaine du lieu où l'appelleraient ses affaires. Quelles
tristes réflexions ne fis-je point alors sur l'amitié, que la présence
attiédit, que l'absence efface, qui ne résiste point au malheur, et
encore moins à la prospérité !

« Je me trouvai bientôt plus isolé dans ma patrie que je ne l'avais
été sur une terre étrangère. Je voulus me jeter pendant quelque
temps dans un monde qui ne me disait rien et qui ne m'entendait
pas. Mon âme, qu'aucune passion n'avait encore usée, cherchait un
objet qui pût m'attacher; mais je m'aperçus que je donnais plus que
je ne recevais. Ce n'était ni un langage élevé, ni un sentiment pro-

fond qu'on demandait de moi. Je n'étais occupé qu'à rapetisser ma vie, pour la mettre au niveau de la société. Traité partout d'esprit romanesque, honteux du rôle que je jouais, dégoûté de plus en plus des choses et des hommes, je pris le parti de me retirer dans un faubourg pour y vivre totalement ignoré.

« Je trouvai d'abord assez de plaisir dans cette vie obscure et indépendante. Inconnu, je me mêlais à la foule, vaste désert d'hommes !

« Souvent assis dans une église peu fréquentée, je passais des heures entières en méditation. Je voyais de pauvres femmes venir se prosterner devant le Très-Haut, ou des pécheurs s'agenouiller au tribunal de la pénitence. Nul ne sortait de ces lieux sans un visage plus serein, et les sourdes clameurs qu'on entendait au dehors semblaient être les flots des passions et des orages du monde, qui venaient expirer au pied du temple du Seigneur. Grand Dieu, qui vis en secret couler mes larmes dans ces retraites sacrées, tu sais combien de fois je me jetai à tes pieds pour te supplier de me décharger du poids de l'existence, ou de changer en moi le vieil homme ! Ah ! qui n'a senti quelquefois le besoin de se régénérer, de se rajeunir aux eaux du torrent, de retremper son âme à la fontaine de vie ? Qui ne se trouve quelquefois accablé du fardeau de sa propre corruption, et incapable de rien faire de grand, de noble, de juste ?

« Quand le soir était venu, reprenant le chemin de ma retraite, je m'arrêtais sur les ponts pour voir se coucher le soleil. L'astre enflammant les vapeurs de la cité, semblait osciller lentement dans un fluide d'or, comme le pendule de l'horloge des siècles. Je me retirais ensuite avec la nuit, à travers un labyrinthe de rues solitaires. En regardant les lumières qui brillaient dans la demeure des hommes, je me transportais par la pensée au milieu des scènes de douleur et de joie qu'elles éclairaient, et je songeais que sous tant de toits habités je n'avais pas un ami. Au milieu de mes réflexions, l'heure venait frapper à coups mesurés dans la tour de la cathédrale gothique ;

elle allait se répétant sur tous les tons et à toutes les distances,
d'église en église. Hélas! chaque heure dans la société ouvre un
tombeau, et fait couler des larmes.

Cette vie qui m'avait d'abord enchanté, ne tarda pas à me
devenir insupportable. Je me fatiguai de la répétition des mêmes
scènes et des mêmes idées. Je me mis à sonder mon cœur, à me
demander ce que je désirais. Je ne le savais pas; mais j'ai cru
tout à coup que les bois me seraient délicieux. Me voilà soudain
résolu d'achever dans un exil champêtre une carrière à peine commencée, et dans laquelle j'avais déjà dévoré des siècles.

« J'embrassai ce projet avec l'ardeur que je mets à tous mes
desseins; je partis précipitamment pour m'ensevelir dans une chaumière, comme j'étais parti autrefois pour faire le tour du monde.

« On m'accuse d'avoir des goûts inconstants, de ne pouvoir
jouir longtemps de la même chimère, d'être la proie d'une imagination qui se hâte d'arriver au fond de mes plaisirs, comme si elle
était accablée de leur durée; on m'accuse de passer toujours le but
que je puis atteindre : hélas! je cherche seulement un bien inconnu
dont l'instinct me poursuit. Est-ce ma faute si je trouve partout
des bornes, si ce qui est fini n'a pour moi aucune valeur? Cependant je sens que j'aime la monotonie des sentiments de la vie, et
si j'avais encore la folie de croire au bonheur, je le chercherais
dans l'habitude.

« La solitude absolue, le spectacle de la nature, me plongèrent
bientôt dans un état presque impossible à décrire. Sans parents,
sans amis, pour ainsi dire, sur la terre, n'ayant point encore aimé,
j'étais accablé d'une surabondance de vie. Quelquefois je rougissais
subitement, et je sentais couler dans mon cœur comme des ruisseaux d'une lave ardente; quelquefois je poussais des cris involontaires, et la nuit était également troublée de mes songes et de mes
veilles. Il me manquait quelque chose pour remplir l'abîme de mon
existence : je descendais dans la vallée, je m'élevais sur la montagne, appelant de toute la force de mes désirs l'idéal objet d'un

flamme future ; je l'embrassais dans les vents ; je croyais l'entendre
dans les gémissements du fleuve ; tout était ce fantôme imaginaire,
et les astres dans les cieux, et le principe même de vie dans l'univers.

« Toutefois cet état de calme et de trouble, d'indigence et de
richesse, n'était pas sans quelques charmes : un jour je m'étais
amusé à effeuiller une branche de saule sur un ruisseau, et à attacher une idée à chaque feuille que le courant entraînait. Un roi
qui craint de perdre sa couronne par une révolution subite, ne
ressent pas des angoisses plus vives que les miennes à chaque accident qui menaçait les débris de mon rameau. O faiblesse des mortels ! O enfance du cœur humain qui ne vieillit jamais ! Voilà donc
à quel degré de puérilité notre superbe raison peut descendre ! Et
encore est-il vrai que bien des hommes attachent leur destinée à des
choses d'aussi peu de valeur que mes feuilles de saule.

« Mais comment exprimer cette foule de sensations fugitives que
j'éprouvais dans mes promenades ? Les sons que rendent les passions dans le vide d'un cœur solitaire ressemblent au murmure que
les vents et les eaux font entendre dans le silence d'un désert : on
en jouit, mais on ne peut les peindre.

« L'automne me surprit au milieu de ces incertitudes : j'entrai
avec ravissement dans les mois des tempêtes. Tantôt j'aurais voulu
être un de ces guerriers errant au milieu des vents, des nuages et
des fantômes ; tantôt j'enviais jusqu'au sort du pâtre que je voyais
réchauffer ses mains à l'humble feu de broussailles qu'il avait allumé
au coin d'un bois. J'écoutais ses chants mélancoliques, qui me rap-
pelaient que dans tout pays le chant naturel de l'homme est triste,
lors même qu'il exprime le bonheur. Notre cœur est un instrument incomplet, une lyre où il manque des cordes, et où nous
sommes forcés de rendre les accents de la joie sur le ton consacré
aux soupirs.

« Le jour, je m'égarais sur de grandes bruyères terminées par
des forêts. Qu'il fallait peu de chose à ma rêverie ! une feuille séchée
que le vent chassait devant moi, une cabane dont la fumée s'éle-

vait dans la cime dépouillée des arbres, la mousse qui tremblait au
souffle du nord, sur le tronc d'une chêne, une roche écartée, un
étang désert où le jonc flétri murmurait! Le clocher solitaire s'élevant au loin dans la vallée a souvent attiré mes regards; souvent
j'ai suivi des yeux les oiseaux de passage qui volaient au-dessus de
ma tête. Je me figurais les bords ignorés, les climats lointains où
ils se rendent; j'aurais voulu être sur leurs ailes. Un secret instinct
me tourmentait, je sentais que je n'étais moi-même qu'un voyageur;
mais une voix du ciel semblait me dire : « Homme, la saison de ta
« migration n'est pas encore venue ; attends que le vent de la mort
« se lève, alors tu déploieras ton vol vers ces régions inconnues
« que ton cœur demande. »

« Levez-vous vite, orages désirés, qui devez emporter René dans
« les espaces d'une autre vie! » Ainsi disant, je marchais à grands
pas, le visage enflammé, le vent sifflant dans ma chevelure, ne sentant ni pluie ni frimas, enchanté, tourmenté, et comme possédé par
le démon de mon cœur.

« La nuit, lorsque l'aquilon ébranlait ma chaumière, que les
pluies tombaient en torrent sur mon toit, qu'à travers ma fenêtre je
voyais la lune sillonner les nuages amoncelés, comme un pâle vaisseau qui laboure les vagues, il me semblait que la vie redoublait au
fond de mon cœur, que j'aurais la puissance de créer des mondes.
Ah! si j'avais pu faire partager à un autre les transports que j'éprouvais! O Dieu! si tu m'avais donné une femme selon mes désirs;
si, comme à notre premier père, tu m'eusses amené par la main une
Ève tirée de moi-même... Beauté céleste! je me serais prosterné
devant toi ; puis, te prenant dans mes bras, j'aurais prié l'Éternel
de te donner le reste de ma vie !

« Hélas! j'étais seul, seul sur la terre! Une langueur secrète
s'emparait de mon corps. Ce dégoût de la vie que j'avais ressenti
dès mon enfance revenait avec une force nouvelle. Bientôt mon cœur
ne fournit plus d'aliments à ma pensée, et je ne m'apercevais de mon
existence que par un profond sentiment d'ennui.

« Je luttai quelque temps contre mon mal, mais avec indifférence et sans avoir la ferme résolution de le vaincre. Enfin, ne pouvant trouver de remède à cette étrange blessure de mon cœur, qui n'était nulle part et qui était partout, je resolus de quitter la vie.

« Prêtre du Très-Haut qui m'entendez, pardonnez à un malheureux que le ciel avait presque privé de la raison. J'étais plein de religion, et je raisonnais en impie; mon cœur aimait Dieu, et mon esprit le méconnaissait; ma conduite, mes discours, mes sentiments, mes pensées, n'étaient que contradiction, ténèbres, mensonges. Mais l'homme sait-il bien toujours ce qu'il veut, est-il toujours sûr de ce qu'il pense?

« Tout m'échappait à la fois, l'amitié, le monde, la retraite. J'avais essayé de tout, et tout m'avait été fatal. Repoussé par la société, abandonné d'Amélie quand la solitude vint à me manquer, que me restait-il? C'était la dernière planche sur laquelle j'avais espéré me sauver, et je la sentais encore s'enfoncer dans l'abîme!

« Décidé que j'étais à me débarrasser du poids de la vie, je ré-
« solus de mettre toute ma raison dans cet acte insensé. Rien ne me pressait, je ne fixai point le moment du départ, afin de savourer à longs traits les derniers moments de l'existence, et de recueillir toutes mes forces, à l'exemple d'un ancien, pour sentir mon âme s'échapper.

« Cependant je crus nécessaire de prendre des arrangements concernant ma fortune, et je fus obligé d'écrire à Amélie. Il m'échappa quelques plaintes sur son oubli, et je laissai sans doute percer l'attendrissement qui surmontait peu à peu mon cœur. Je m'imaginais pourtant avoir bien dissimulé mon secret; mais ma sœur, accoutumée à lire dans les replis de mon âme, le devina sans peine. Elle fut alarmée du ton de contrainte qui régnait dans ma lettre, et de mes questions sur des affaires dont je ne m'étais jamais occupé. Au lieu de me répondre, elle me vint tout à coup surprendre.

« Pour bien sentir quelle dut être dans la suite l'amertume de ma douleur, et quels furent mes premiers transports en revoyant

Amélie, il faut vous figurer que c'était la seule personne au monde
que j'eusse aimée, que tous mes sentiments se venaient confondre
en elle, avec la douceur des souvenirs de mon enfance. Je reçus
donc Amélie dans une sorte d'extase de cœur. Il y avait si longtemps
que je n'avais trouvé quelqu'un qui m'entendît, et devant qui je
pusse ouvrir mon âme !

« Amélie se jetant dans mes bras, me dit : « Ingrat, tu veux
« mourir, et ta sœur existe ! Tu soupçonnes son cœur ! Ne t'explique
« point, ne t'excuse point ; je sais tout ; j'ai tout compris comme si
« j'avais été avec toi. Est-ce moi que l'on trompe, moi, qui ai vu
« naître tes premiers sentiments ? Voilà ton malheureux caractère,
« tes dégoûts, tes injustices. Jure, tandis que je te presse sur mon
« cœur, jure que c'est la dernière fois que tu te livreras à tes folies ;
« fais le serment de ne jamais attenter à tes jours. »

« En prononçant ces mots, Amélie me regardait avec compassion
et tendresse, et couvrait mon front de ses baisers ; c'était presque
une mère, c'était quelque chose de plus tendre. Hélas ! mon cœur
se rouvrit à toutes les joies ; comme un enfant, je ne demandais
qu'à être consolé ; je cédai à l'empire d'Amélie ; elle exigea un serment solennel ; je le fis sans hésiter, ne soupçonnant même pas que
désormais je pusse être malheureux.

« Nous fûmes plus d'un mois à nous accoutumer à l'enchantement d'être ensemble. Quand, le matin, au lieu de me trouver seul,
j'entendais la voix de ma sœur, j'éprouvais un tressaillement de joie
et de bonheur. Amélie avait reçu de la nature quelque chose de
divin ; son âme avait les mêmes grâces innocentes que son corps, la
douceur de ses sentiments était infinie ; il n'y avait rien que de
suave et d'un peu rêveur dans son esprit ; on eût dit que son cœur,
sa pensée et sa voix soupiraient comme de concert ; elle tenait de la
femme la timidité et l'amour, et de l'ange, la pureté et la mélodie.

« Le moment était venu où j'allais expier toutes mes inconséquences. Dans mon délire, j'avais été jusqu'à désirer d'éprouver
un malheur, pour avoir du moins un objet réel de souffrance,

épouvantable souhait que Dieu, dans sa colère, a trop exaucé !

« Que vais-je vous révéler, ô mes amis ! voyez les pleurs qui coulent de mes yeux. Puis-je même... Il y a quelques jours, rien n'aurait pu m'arracher ce secret... A présent, tout est fini! . .

« Toutefois, ô vieillards ! que cette histoire soit à jamais ensevelie dans le silence : souvenez-vous qu'elle n'a été racontée que sous l'arbre du désert.

« L'hiver finissait lorsque je m'aperçus qu'Amélie perdait le repos et la santé, qu'elle commençait à me rendre. Elle maigrissait, ses yeux se creusaient, sa démarche était languissante, et sa voix troublée. Un jour, je la surpris tout en larmes au pied d'un crucifix. Le monde, la solitude, mon absence, ma présence, la nuit, le jour, tout l'alarmait. D'involontaires soupirs venaient expirer sur ses lèvres ; tantôt elle soutenait, sans se fatiguer, une longue course; tantôt elle se traînait à peine; elle prenait et laissait son ouvrage, ouvrait un livre sans pouvoir lire, commençait une phrase qu'elle n'achevait pas, fondait tout à coup en pleurs, et se retirait pour prier.

« En vain je cherchais à découvrir son secret. Quand je l'interrogeais en la pressant dans mes bras, elle me répondait, avec un sourire, qu'elle était comme moi, qu'elle ne savait pas ce qu'elle avait.

« Trois mois se passèrent de la sorte, et son état devenait pire chaque jour. Une correspondance mystérieuse me semblait être la cause de ses larmes ; car elle paraissait ou plus tranquille, ou plus émue, selon les lettres qu'elle recevait. Enfin, un matin, l'heure à à laquelle nous déjeunions ensemble étant passée, je monte à son appartement; je frappe : on ne me répond point; j'entr'ouvre la porte : il n'y avait personne dans la chambre. J'aperçois sur la cheminée un paquet à mon adresse. Je le saisis en tremblant, je l'ouvre, et je lis cette lettre, que je conserve pour m'ôter à l'avenir tout mouvement de joie.

A RENÉ.

« Le ciel m'est témoin, mon frère, que je donnerais mille fois ma
« vie pour vous épargner un moment de peine ; mais, infortunée
« que je suis, je ne puis rien pour votre bonheur. Vous me par-
« donnerez donc de m'être dérobée de chez vous comme une cou-
« pable ; je n'aurais jamais pu résister à vos prières, et cependant il
« fallait partir... Mon Dieu, ayez pitié de moi !

« Vous savez, René, que j'ai toujours eu du penchant pour la vie
« religieuse ; il est temps que je mette à profit les avertissements du
« ciel. Pourquoi ai-je attendu si tard ! Dieu m'en punit. J'étais res-
« tée pour vous dans le monde... Pardonnez, je suis toute troublée
« par le chagrin que j'ai de vous quitter.

« C'est à présent, mon cher frère, que je sens bien la nécessité
« de ces asiles, contre lesquels je vous ai vu souvent vous élever.
« Il est des malheurs qui nous séparent pour toujours des hommes ;
« que deviendraient alors de pauvres infortunées !... Je suis per-
« suadée que vous-même, mon frère, vous trouveriez le repos dans
« ces retraites de la religion : la terre n'offre rien qui soit digne de
« vous.

« Je ne vous rappellerai point votre serment : je connais la fidé-
« lité de votre parole. Vous l'avez juré, vous vivrez pour moi. Y a-
« t-il rien de plus misérable que de songer sans cesse à quitter la
« vie ? Pour un homme de votre caractère, il est si aisé de mourir !

« Croyez-en votre sœur, il est plus difficile de vivre.

« Mais, mon frère, sortez au plus vite de la solitude, qui ne vous
« est pas bonne ; cherchez quelque occupation. Je sais que vous riez
« amèrement de cette nécessité où l'on est en France de *prendre*
« *un état*. Ne méprisez pas tant l'expérience et la sagesse de nos
« pères. Il vaut mieux, mon cher René, ressembler un peu plus au
« commun des hommes, et avoir un peu moins de malheur.

« Peut-être trouveriez-vous dans le mariage un soulagement à

« vos ennuis. Une femme, des enfants, occuperaient vos jours. Et
« quelle est la femme qui ne chercherait pas à vous rendre heureux !
« L'ardeur de votre âme, la beauté de votre génie, votre air noble
« et passionné, ce regard fier et tendre, tout vous assurerait de son
« amour et de sa fidélité. Ah ! avec quelles délices ne te presserait-
« elle pas dans ses bras et sur son cœur ! Comme tous ses regards,
« toutes ses pensées seraient attachés sur toi pour prévenir tes
« moindres peines ! Elle serait tout amour, tout innocence devant
« toi ; tu croirais retrouver une sœur.

« Je pars pour le couvent de... Ce monastère, bâti au bord de la
« mer, convient à la situation de mon âme. La nuit, du fond de ma
« cellule, j'entendrai le murmure des flots qui baignent les murs du
« couvent ; je songerai à ces promenades que je faisais avec vous
« au milieu des bois, alors que nous croyions retrouver le bruit des
« mers dans la cime agitée des pins. Aimable compagnon de mon
« enfance, est-ce que je ne vous verrai plus ? A peine plus âgée que
« vous, je vous balançais dans votre berceau ; souvent nous avons
« dormi ensemble. Ah ! si un même tombeau nous réunissait un
« jour ! Mais non : je dois dormir seule sous les marbres glacés de
« ce sanctuaire, où reposent pour jamais ces filles qui n'ont
« point aimé.

« Je ne sais si vous pourrez lire ces lignes à demi effacées par
« mes larmes. Après tout, mon ami, un peu plus tôt, un peu plus
« tard, n'aurait-il pas fallu nous quitter ? Qu'ai-je besoin de vous
« entretenir de l'incertitude et du peu de valeur de la vie ? Vous
« vous rappelez le jeune M... qui fit naufrage à l'Ile de France.
« Quand vous reçûtes sa dernière lettre, quelques mois après sa
« mort, sa dépouille terrestre n'existait même plus, et l'instant où
« vous commenciez son deuil en Europe était celui où on le finissait
« aux Indes. Qu'est-ce donc que l'homme, dont la mémoire périt
« si vite ? Une partie de ses amis ne peut apprendre sa mort, que
« l'autre en est déjà consolée ! Quoi, cher et trop cher René, mon
« souvenir s'effacera-t-il si promptement de ton cœur ? O mon frère !

« si je m'arrache à vous dans le temps, c'est pour n'être pas sé-
« parée de vous dans l'éternité.

« AMÉLIE. »

« *P. S.* Je joins ici l'acte de la donation de mes biens ; j'espère
« que vous ne refuserez pas cette marque de mon amitié.

« La foudre qui fut tombée à mes pieds ne m'eût pas causé plus
d'effroi que cette lettre. Quel secret Amélie me cachait-elle? Qui la
forçait si subitement à embrasser la vie religieuse? Ne m'avait-elle
rattaché à l'existence par le charme de l'amitié, que pour me délaisser
tout à coup? Oh! pourquoi était-elle venue me détourner de mon
dessein! Un mouvement de pitié l'avait rappelée auprès de moi;
mais bientôt, fatiguée d'un pénible devoir, elle se hâte de quitter un
malheureux qui n'avait qu'elle sur la terre. On croit avoir tout fait
quand on a empêché un homme de mourir! Telles étaient mes
plaintes. Puis, faisant un retour sur moi-même : Ingrate Amélie,
disais-je, si tu avais été à ma place ; si, comme moi, tu avais été
perdue dans le vide de tes jours, ah! tu n'aurais pas été abandonnée
de ton frère !

« Cependant, quand je relisais la lettre, j'y trouvais je ne sais
quoi de si triste et de si tendre, que tout mon cœur se fondait.
Tout à coup il me vint une idée qui me donna quelque espérance :
je m'imaginai qu'Amélie avait peut-être conçu une passion pour un
homme qu'elle n'osait avouer. Ce soupçon sembla m'expliquer sa
mélancolie, sa correspondance mystérieuse, et le ton passionné qui
respirait dans sa lettre. Je lui écrivis aussitôt pour la supplier de
m'ouvrir son cœur.

« Elle ne tarda pas à me répondre, mais sans me découvrir son
secret : elle me mandait seulement qu'elle avait obtenu les dispenses
du noviciat, et qu'elle allait prononcer ses vœux.

« Je fus révolté de l'obstination d'Amélie, du mystère de ses paroles, et de son peu de confiance en mon amitié.

« Après avoir hésité un moment sur le parti que j'avais à prendre, je résolus d'aller à B... pour faire un dernier effort auprès de ma sœur. La terre où j'avais été élevé se trouvait sur la route. Quand j'aperçus les bois où j'avais passé les seuls moments heureux de ma vie, je ne pus retenir mes larmes, et il me fut impossible de résister à la tentation de leur dire un dernier adieu.

« Mon frère aîné avait vendu l'héritage paternel, et le nouveau propriétaire ne l'habitait pas. J'arrivai au château par la longue avenue de sapins ; je traversai à pied les cours désertes ; je m'arrêtai à regarder les fenêtres fermées ou demi brisées, le chardon qui croissait au pied des murs, les feuilles qui jonchaient le seuil des portes, et ce perron solitaire où j'avais vu si souvent mon père et ses fidèles serviteurs. Les marches étaient déjà couvertes de mousse ; le violier jaune croissait entre leurs pierres déjointes et tremblantes. Un gardien inconnu m'ouvrit brusquement les portes. J'hésitais à franchir le seuil ; cet homme s'écria : « Hé bien ! allez-« vous faire comme cette étrangère qui vint ici il y a quelques jours ? « Quand ce fut pour entrer, elle s'évanouit, et je fus obligé de la « reporter à sa voiture. » Il me fut aisé de reconnaître *l'étrangère* qui, comme moi, était venue chercher dans ces lieux des pleurs et des souvenirs.

« Couvrant un moment mes yeux de mon mouchoir, j'entrai sous le toit de mes ancêtres. Je parcourus les appartements sonores où l'on n'entendait que le bruit de mes pas. Les chambres étaient à peine éclairées par la faible lumière qui pénétrait entre les volets fermés : je visitai celle où ma mère avait perdu la vie en me mettant au monde, celle où se retirait mon père, celle où j'avais dormi dans mon berceau, celle enfin où l'amitié avait reçu mes premiers vœux dans le sein d'une sœur. Partout les salles étaient détendues, et l'araignée filait sa toile dans les couches abandonnées. Je sortis précipitamment de ces lieux, je m'en éloignai à grands pas, sans oser tourner la tête. Qu'ils sont doux, mais qu'ils sont rapides, les moments que les frères et les sœurs passent dans leurs jeunes années, réunis sous l'aile de leurs vieux parents ! La famille de l'homme n'est que d'un jour; le souffle de Dieu la disperse comme une fumée. A peine le fils connaît-il le père, le père le fils, le frère la sœur, la sœur le frère! Le chêne voit germer ses glands autour de lui ; il n'en est pas ainsi des enfants des hommes !

« En arrivant à B..., je me fis conduire ou couvent ; je demandai à parler à ma sœur. On me dit qu'elle ne recevait personne. Je lui écrivis : elle me répondit que sur le point de se consacrer à Dieu, il ne lui était pas permis de donner une pensée au monde ; que, si je l'aimais, j'éviterais de l'accabler de ma douleur. Elle ajoutait : « Cependant si votre projet est de paraître à l'autel le « jour de ma profession, daignez me servir de père; ce rôle est le « seul digne de votre courage, le seul qui convienne à notre amitié « et à mon repos. »

« Cette froide fermeté qu'on opposait à l'ardeur de mon amitié me jeta dans de violents transports. Tantôt j'étais près de retourner sur mes pas ; tantôt je voulais rester, uniquement pour troubler le sacrifice. L'enfer me suscitait jusqu'à la pensée de me poignarder dans l'église, et de mêler mes derniers soupirs aux vœux qui m'arrachaient ma sœur. La supérieure du couvent me fit prévenir qu'on avait préparé un banc dans le sanctuaire, et elle m'invitait à me rendre à la cérémonie, qui devait avoir lieu dès le lendemain.

« Au lever de l'aube, j'entendis le premier son des cloches. . . . Vers dix heures, dans une sorte d'agonie, je me traînai au monastère. Rien ne peut plus être tragique quand on a assisté à un pareil spectacle ; rien ne peut plus être douloureux quand on y a survécu.

« Un peuple immense remplissait l'église. On me conduit au banc du sanctuaire ; je me précipite à genoux sans presque savoir où j'étais, ni à quoi j'étais résolu. Déjà le prêtre attendait à l'autel ; tout à coup la grille mystérieuse s'ouvre, et Amélie s'avance, parée de toutes les pompes du monde. Elle était si belle, il y avait sur son visage quelque chose de si divin, qu'elle excita un mouvement de surprise et d'admiration. Vaincu par la glorieuse douleur de la sainte, abattu par les grandeurs de la religion, tous mes projets de violence s'évanouirent ; ma force m'abandonna ; je me sentis lié par une main toute-puissante, et, au lieu de blasphêmes et de menaces, je ne trouvai dans mon cœur que de profondes adorations et les gémissements de l'humilité.

« Amélie se place sous un dais. Le sacrifice commence à la lueur des flambeaux, au milieu des fleurs et des parfums, qui devaient rendre l'holocauste agréable. A l'offertoire, le prêtre se dépouilla de ses ornements, ne conserva qu'une tunique de lin, monta en chaire, et, dans un discours simple et pathétique, peignit le bonheur de la vierge qui se consacre au Seigneur. Quand il prononça ces mots : « Elle a paru comme l'encens qui se consume dans le « feu, » un grand calme et des odeurs célestes semblèrent se répandre dans l'auditoire ; on se sentit comme à l'abri sous les ailes de la colombe mystique, et l'on eût cru voir les anges descendre sur l'autel et remonter vers les cieux avec des parfums et des couronnes.

« Le prêtre achève son discours, reprend ses vêtements, continue le sacrifice, Amélie, soutenue de deux jeunes religieuses, se met à genoux sur la dernière marche de l'autel. On vient alors me chercher pour remplir les fonctions paternelles. Au bruit de mes pas chancelants dans le sanctuaire, Amélie est prête à défaillir. On me place à côté du prêtre, pour lui présenter les ciseaux. En ce moment, je sens renaître mes transports ; ma fureur va éclater, quand Amélie, rappelant son courage, me lance un regard où il y a tant de reproche et de douleur, que j'en suis attéré. La religion triomphe. Ma sœur profite de mon trouble, elle avance hardiment la tête. Sa superbe chevelure tombe de toutes parts sous le fer sacré ; une longue robe d'étamine remplace pour elle les ornements du siècle, sans la rendre moins touchante ; les ennuis de son front se cachent sous un bandeau de lin ; et le voile mystérieux, double symbole de la virginité et de la religion, accompagne sa tête dépouillée. Jamais elle n'avait paru si belle. L'œil de la pénitente était attaché sur la poussière du monde, et son âme était dans le ciel.

« Cependant Amélie n'avait point encore prononcé ses vœux; et pour mourir au monde il fallait qu'elle passât à travers le tombeau. Ma sœur se couche sur le marbre; on étend sur elle un drap mortuaire : quatre flambeaux en marquent les quatre coins. Le prêtre, l'étole au cou, le livre à la main, commence l'Office des morts; de jeunes vierges le continuent. O joies de la religion, que vous êtes grandes, mais que vous êtes terribles! On m'avait contraint de me placer à genoux près de ce lugubre appareil. Tout à coup un murmure confus sort de dessous le voile sépulcral; je m'incline, et ces paroles épouvantables (que je fus seul à entendre) viennent frapper mon oreille : « Dieu de miséricorde, fais que je ne me relève jamais « de cette couche funèbre, et comble de tes biens un frère qui « n'a point partagé ma criminelle passion! »

« A ces mots échappés du cercueil, l'affreuse vérité m'éclaire; ma raison s'égare; je me laisse tomber sur le linceul de la mort; je presse ma sœur dans mes bras; je m'écrie : « Chaste épouse de Jé- « sus-Christ, reçois mes derniers embrassements à travers les gla- « ces du trépas et les profondeurs de l'éternité, qui te séparent déjà « de ton frère! »

« Ce mouvement, ce cri, ces larmes, troublent la cérémonie : le prêtre s'interrompt, les religieuses ferment la grille, la foule s'agite et se presse vers l'autel; on m'emporte sans connaissance. Que je sus peu de gré à ceux qui me rappelèrent au jour! J'appris, en rouvrant les yeux, que le sacrifice était consommé, et que ma sœur avait été saisie d'une fièvre ardente. Elle me faisait prier de ne plus chercher à la voir. O misère de ma vie! une sœur craindre de parler à un frère, et un frère craindre de faire entendre sa voix à une sœur! Je sortis du monastère comme de ce lieu d'expiation où des flammes nous préparent pour la vie céleste, où l'on a tout perdu comme aux enfers, hors l'espérance.

« On peut trouver des forces dans son âme contre un malheur personnel; mais devenir la cause involontaire du malheur d'un autre, cela est tout à fait insupportable. Éclairé sur les maux de ma

sœur, je me figurais ce qu'elle avait dû souffrir. Alors s'expliquè-
rent pour moi plusieurs choses que je n'avais pu comprendre; ce
mélange de joie et de tristesse qu'Amélie avait fait paraître au moment de mon départ pour mes voyages, le soin qu'elle prit de m'é-
viter à mon retour, et cependant cette faiblesse qui l'empêcha si
longtemps d'entrer dans un monastère : sans doute la fille malheureuse s'était flattée de guérir! Ses projets de retraite, la dispense du
noviciat, la disposition de ses biens en ma faveur, avaient apparemment produit cette correspondance secrète qui servit à me tromper.

« O mes amis! je sus donc ce que c'était que de verser des larmes pour un mal qui n'était point imaginaire! Mes passions, si
longtemps indéterminées, se précipitèrent sur cette première proie
avec fureur. Je trouvai même une sorte de satisfaction inattendue
dans la plénitude de mon chagrin, et je m'aperçus, avec un secret
mouvement de joie, que la douleur n'est pas une affection qu'on
épuise comme le plaisir.

« J'avais voulu quitter la terre avant l'ordre du Tout-Puissant ;
c'était un grand crime : Dieu m'avait envoyé Amélie à la fois pour
me sauver et pour me punir. Ainsi, toute pensée coupable, toute
action criminelle entraîne après elle des désordres et des malheurs.
Amélie me priait de vivre, et je lui devais bien de ne pas aggraver
ses maux. D'ailleurs (chose étrange!) je n'avais plus envie de mourir depuis que j'étais réellement malheureux. Mon chagrin était
devenu une occupation qui remplissait tous mes moments : tant mon
cœur est naturellement pétri d'ennui et de misère!

« Je pris donc subitement une autre résolution ; je me déterminai
à quitter l'Europe, et à passer en Amérique.

« On équipait, dans ce moment même, au port de B...., une
flotte pour la Louisiane ; je m'arrangeai avec un des capitaines de
vaisseau ; je fis savoir mon projet à Amélie, et je m'occupai de mon
départ.

« Ma sœur avait touché aux portes de la mort; mais Dieu, qui lui
destinait la première palme des vierges, ne voulut pas la rappeler si

vite à lui ; son épreuve ici-bas fut prolongée. Descendue une seconde fois dans la pénible carrière de la vie, l'héroïne, courbée sous la croix, s'avança courageusement à l'encontre des douleurs, ne voyant plus que le triomphe dans le combat, et dans l'excès des souffrances, l'excès de la gloire.

« La vente du peu de bien qui me restait, et que je cédai à mon frère, les longs préparatifs d'un convoi, les vents contraires, me retinrent longtemps dans le port. J'allais chaque matin m'informer des nouvelles d'Amélie, et je revenais toujours avec de nouveaux motifs d'admiration et de larmes.

J'errais sans cesse autour du monastère, bâti au bord de la mer. J'apercevais souvent à une petite fenêtre grillée qui donnait sur une plage déserte, une religieuse assise dans une attitude pensive ; elle rêvait à l'aspect de l'Océan où apparaissait quelque vaisseau, cinglant aux extrémités de la terre. Plusieurs fois, à la clarté de la lune, j'ai revu la même religieuse aux barreaux de la même fenêtre : elle contemplait la mer, éclairée par l'astre de la nuit, et semblait prêter l'oreille au bruit des vagues qui se brisaient tristement sur des grèves solitaires.

« Je crois encore entendre la cloche qui, pendant la nuit, appelait les religieuses aux veilles et aux prières. Tandis qu'elle tintait avec lenteur et que les vierges s'avançaient en silence à l'autel du Tout-Puissant, je courais au monastère : là, seul au pied des murs, j'écoutais dans une sainte extase les derniers sons des cantiques, qui se mêlaient sous les voûtes du temple au faible bruissement des flots.

« Je ne sais comment toutes ces choses, qui auraient dû nourrir mes peines, en émoussaient au contraire l'aiguillon. Mes larmes avaient moins d'amertume, lorsque je les répandais sur les rochers et parmi les vents. Mon chagrin même, par sa nature extraordinaire, portait avec lui quelque remède : on jouit de ce qui n'est pas commun, même quand cette chose est un malheur. J'en conçus presque l'espérance que ma sœur deviendrait à son tour moins misérable.

» Une lettre que je reçus d'elle avant mon départ sembla me confirmer dans ces idées. Amélie se plaignait tendrement de ma douleur, et m'assurait que le temps diminuait la sienne. « Je ne déses-
« père pas de mon bonheur, me disait-elle. L'excès même du sacri-
« fice, à présent que le sacrifice est consommé, sert à me rendre
« quelque paix. La simplicité de mes compagnes, la pureté de leurs
« vœux, la régularité de leur vie, tout répand du baume sur mes
« jours. Quand j'entends gronder les orages, et que l'oiseau de
« mer vient battre des ailes à ma fenêtre, moi, pauvre colombe du
« ciel, je songe au bonheur que j'ai eu de trouver un abri contre la
« tempête. C'est ici la sainte montagne ; le sommet élevé d'où l'on
« entend les derniers bruits de la terre et les premiers concerts du
« ciel ; c'est ici que la religion trompe doucement une âme sensible :
« aux plus violentes amours elle substitue une sorte de chasteté
« brûlante où l'amante et la vierge sont unies ; elle épure les sou-
« pirs ; elle change en une flamme incorruptible une flamme péris-
« sable ; elle mêle divinement son calme et son innocence à ce reste
« de trouble et de volupté d'un cœur qui cherche à se reposer, et
« d'une vie qui se retire. »

« Je ne sais ce que le ciel me réserve, et s'il a voulu m'avertir
que les orages accompagneraient partout mes pas. L'ordre était
donné pour le départ de la flotte ; déjà plusieurs vaisseaux avaient
appareillé au baisser du soleil ; je m'étais arrangé pour passer la
dernière nuit à terre, afin d'écrire ma lettre d'adieux à Amélie. Vers
minuit, tandis que je m'occupe de ce soin, et que je mouille mon
papier de mes larmes, le bruit des vents vient frapper mon oreille.
J'écoute ; et au milieu de la tempête, je distingue les coups de canon
d'alarme, mêlés au glas de la cloche monastique. Je vole sur le rivage
où tout était désert, et où l'on n'entendait que le rugissement des
flots. Je m'assieds sur un rocher. D'un côté s'étendent les vagues étin-
celantes, de l'autre les murs sombres du monastère se perdent confusément dans les cieux. Une petite lumière paraissait à la fenêtre grillée.
Était-ce toi, ô mon Amélie, qui, prosternée au pied du crucifix,

priait le Dieu des orages d'épargner ton malheureux frère ? La tempête sur les flots, le calme dans ta retraite; des hommes brisés sur des écueils, au pied de l'asile que rien ne peut troubler; l'infini de l'autre côté du mur d'une cellule; les fanaux agités des vaisseaux, le phare immobile du couvent; l'incertitude des destinées du navigateur, la vestale connaissant dans un seul jour tous les jours futurs de sa vie; d'une autre part, une âme telle que la tienne, ô Amélie, orageuse comme l'océan; un naufrage plus affreux que celui du marinier : tout ce tableau est encore profondément gravé dans ma mémoire. Soleil de ce ciel nouveau, maintenant témoin de mes larmes, échos du rivage américain qui répétez les accents de René, ce fut le lendemain de cette nuit terrible qu'appuyé sur le gaillard de mon vaisseau, je vis s'éloigner pour jamais ma terre natale ! Je contemplai longtemps sur la côte les derniers balancements des arbres de la patrie, et les faîtes du monastère qui s'abaissaient à l'horizon. »

Comme René achevait de raconter son histoire, il tira un papier de son sein, et le donna au père Souël; puis, se jetant dans les bras de Chactas, et étouffant ses sanglots, il laissa le temps au missionnaire de parcourir la lettre qu'il venait de lui remettre.

Elle était de la supérieure de.... Elle contenait le récit des derniers moments de la sœur Amélie de la Miséricorde, morte victime de son zèle et de sa charité en soignant ses compagnes attaquées d'une maladie contagieuse. Toute la communauté était inconsolable, et l'on y regardait Amélie comme sainte. La supérieure ajoutait que depuis trente ans qu'elle était à la tête de la maison, elle n'avait jamais vu de religieuse d'une humeur aussi douce et aussi égale, ni qui fût plus contente d'avoir quitté les tribulations du monde.

Chactas pressait René dans ses bras, le vieillard pleurait. « Mon « enfant, dit-il à son fils, je voudrais que le père Aubry fût ici; il « tirait du fond de son cœur je ne sais quelle paix qui, en les cal- « mant, ne semblait cependant point étrangère aux tempêtes; c'était « la lune dans une nuit orageuse : les nuages errants ne peuvent « l'emporter dans leur course; pure et inaltérable, elle s'avance

« tranquille au-dessus d'eux. Hélas! pour moi, tout me trouble et
« m'entraîne! »

Jusqu'alors le père Souël, sans proférer une parole, avait écouté
d'un air austère l'histoire de René. Il portait en secret un cœur
compatissant, mais il montrait au dehors un caractère inflexible;
la sensibilité du sachem le fit sortir du silence :

« Rien, dit-il au frère d'Amélie, rien ne mérite, dans cette his-
« toire, la pitié qu'on vous montre ici. Je vois un jeune homme
« entêté de chimères, à qui tout déplaît, et qui s'est soustrait aux
« charges de la société pour se livrer à d'inutiles rêveries. On n'est
« point, Monsieur, un homme supérieur parce qu'on aperçoit le
« monde sous un jour odieux. On ne hait les hommes et la vie que
« faute de voir assez loin. Étendez un peu plus votre regard, et vous
« serez bientôt convaincu que tous ces maux dont vous vous plai-
« gnez sont de purs néants. Mais quelle honte de ne pouvoir songer
« au seul malheur réel de notre vie, sans être forcé de rougir!
« Toute la pureté, toute la vertu, toute la religion, toutes les cou-
« ronnes d'une sainte rendent à peine tolérable la seule idée de vos
« chagrins. Votre sœur a expié sa faute; mais, s'il faut ici dire ma
« pensée, je crains que, par une épouvantable justice, un aveu sorti
« du sein de la tombe n'ait troublé votre âme à son tour. Que faites-
« vous seul au fond des forêts où vous consumez vos jours, négli-
« geant tous vos devoirs? Des saints, me direz-vous, se sont ense-
« velis dans les désestr? Ils y étaient avec leurs larmes, et em-
« ployaient à éteindre leurs passions le temps que vous perdez peut-
« être à allumer les vôtres. Jeune présomptueux, qui avez cru que
« l'homme se peut suffire à lui-même! La solitude est mauvaise à
« celui qui n'y vit pas avec Dieu; elle redouble les puissances de
« l'âme, en même temps qu'elle leur ôte tout sujet pour s'exercer.
« Quiconque a reçu des forces doit les consacrer au service de ses
« semblables; s'il les laisse inutiles, il en est d'abord puni par une
« secrète misère, et tôt ou tard le ciel lui envoie un châtiment
« effroyable. »

Troublé par ces paroles, René releva du sein de Chactas sa tête humiliée. Le sachem aveugle se prit à sourire ; et ce sourire de la bouche, qui ne se mariait plus à celui des yeux, avait quelque chose de mystérieux et de céleste. « Mon fils, dit le vieil amant d'Atala, il « nous parle sévèrement ; il corrige et le vieillard et le jeune homme, « et il a raison. Oui, il faut que tu renonces à cette vie extraordi- « naire qui n'est pleine que de soucis ; il n'y a de bonheur que dans « les voies communes.

« Un jour le Meschacebé, encore assez près de sa source, se lassa « de n'être qu'un limpide ruisseau. Il demanda des neiges aux mon- « tagnes, des eaux aux torrents, des pluies aux tempêtes ; il fran- « chit ses rives, et désole ses bords charmants. L'orgueilleux ruis- « seau s'applaudit d'abord de sa puissance ; mais voyant que tout « devenait désert sur son passage ; qu'il coulait abandonné dans la « solitude ; que ses eaux étaient toujours troublées, il regretta « l'humble lit que lui avait creusé la nature, les oiseaux, les fleurs, « les arbres et les ruisseaux, jadis modestes compagnons de son « paisible cours. »

Chactas cessa de parler, et l'on entendit la voix du *flammant* qui, retiré dans les roseaux du Meschacebé, annonçait un orage pour le milieu du jour. Les trois amis reprirent la route de leurs cabanes : René marchait en silence entre le missionnaire qui priait Dieu, et le sachem aveugle qui cherchait sa route. On dit que, pressé par les deux vieillards, il retourna chez son épouse, mais sans y trouver le bonheur. Il périt peu de temps après avec Chactas et le père Souël, dans le massacre des Français et des Natchez à la Louisiane. On montre encore un rocher où il allait s'asseoir au soleil couchant.

FIN DE RENÉ.

LES AVENTURES

DU

DERNIER ABENCERAGE

AVERTISSEMENT

Les Aventures du dernier Abencerage sont écrites depuis à peu près une vingtaine d'années : le portrait que j'ai tracé des Espagnols explique assez pourquoi cette Nouvelle n'a pu être imprimée sous le gouvernement impérial. La résistance des Espagnols à Buonaparte, d'un peuple désarmé à ce conquérant qui avait vaincu les meilleurs soldats de l'Europe, excitait alors l'enthousiasme de tous les cœurs susceptibles d'être touchés par les grands dévouements et les nobles sacrifices. Les ruines de Saragosse fumaient encore, et la censure n'aurait pas permis des éloges où elle eût découvert, avec raison, un intérêt caché pour les victimes. La peinture des vieilles mœurs de l'Europe, les souvenirs de la gloire d'un autre temps, et ceux de la cour d'un de nos plus brillants monarques, n'auraient pas été plus agréables à la censure, qui d'ailleurs commençait à se repentir de m'avoir tant de fois laissé parler de l'ancienne monarchie et de la religion de nos pères; ces morts que j'invoquais sans cesse faisaient trop penser aux vivants.

On place souvent dans les tableaux quelque personnage difforme pour faire ressortir la beauté des autres : dans cette Nouvelle, j'ai voulu peindre trois hommes d'un caractère également élevé, mais ne sortant point de la nature, et conservant, avec des passions, les mœurs et les préjugés même de leurs pays. Le caractère de la femme est aussi dessiné dans les mêmes proportions. Il faut au moins que le monde chimérique, quand on s'y transporte, nous dédommage du monde réel.

On s'apercevra facilement que cette Nouvelle est l'ouvrage d'un homme qui a senti les chagrins de l'exil, et dont le cœur est tout à sa patrie.

C'est sur les lieux mêmes que j'ai pris, pour ainsi dire, les vues de Grenade, de l'Alhambra, et de cette mosquée transformée en église, qui n'est autre chose que la cathédrale de Cordoue. Ces descriptions sont donc une espèce d'addition à ce passage de l'*Itinéraire* :

« De Cadix, je me rendis à Cordoue : j'admirai la mosquée qui fait « aujourd'hui la cathédrale de cette ville. Je parcourus l'ancienne Bé- « tique, où les poètes avaient placé le bonheur. Je remontai jusqu'à Andu- « jar, et je revins sur mes pas pour voir Grenade. L'Alhambra me parut « digne d'être regardé, même après les temples de la Grèce. La vallée « de Grenade est délicieuse, et ressemble beaucoup à celle de Sparte : « on conçoit que les Maures regrettent un pareil pays. » (*Itinéraire,* viie et dernière partie.)

Il est souvent fait allusion dans cette Nouvelle à l'histoire des Zégris et des Abencerages ; cette histoire est si connue qu'il m'a semblé superflu d'en donner un précis dans cet Avertissment. La Nouvelle d'ailleurs contient les détails suffisants pour l'intelligence du texte.

———o◉o———

Lorsque Boabdil, dernier roi de Grenade, fut obligé d'abandonner le royaume de ses pères, il s'arrêta au sommet du mont Padul. De ce lieu élevé on découvrait la mer où l'infortuné monarque allait s'embarquer pour l'Afrique ; on apercevait aussi Grenade, la Véga et le Xénil, au bord duquel s'élevaient les tentes de Ferdinand et d'Isabelle. A la vue de ce beau pays et des cyprès qui marquaient encore çà et là les tombeaux des musulmans, Boabdil se prit à verser des larmes. La sultane Aïxa, sa mère, qui l'accompagnait dans son exil avec les grands qui composaient jadis sa cour, lui dit : « Pleure maintenant comme une femme un royaume que tu n'as pas « su défendre comme un homme. » Ils descendirent de la montagne, et Grenade disparut à leurs yeux pour toujours.

Les Maures d'Espagne, qui partagèrent le sort de leur roi, se dispersèrent en Afrique. Les tribus des Zégris et des Gomèles s'établirent dans le royaume de Fez, dont elles tiraient leur origine. Les Vanégas et les Alabés s'arrêtèrent sur la côte, depuis Oran jusqu'à

Alger ; enfin les Abencerages se fixèrent dans les environs de Tunis.
Ils formèrent, à la vue des ruines de Carthage, une colonie que l'on
distingue encore aujourd'hui des Maures d'Afrique par l'élégance
de ses mœurs et la douceur de ses lois.

Ces familles portèrent dans leur patrie nouvelle le souvenir de
leur ancienne patrie. Le *Paradis de Grenade* vivait toujours dans
leur mémoire ; les mères en redisaient le nom aux enfants qui su-
çaient encore la mamelle. Elles les berçaient avec les romances des
Zégris et des Abencerages. Tous les cinq jours on priait dans la
mosquée, en se tournant vers Grenade. On invoquait Allah, afin
qu'il rendît à ses élus cette terre de délices. En vain le pays des
Lotophages offrait aux exilés ses fruits, ses eaux, sa verdure, son
brillant soleil ; loin des *Tours vermeilles*[1], il n'y avait ni fruits
agréables, ni fontaines limpides, ni fraîche verdure, ni soleil digne
d'être regardé. Si l'on montrait à quelque banni les plaines de la
Bagrada, il secouait la tête, et s'écriait en soupirant : « Grenade ! »

Les Abencerages surtout conservaient le plus tendre et le plus
fidèle souvenir de la patrie. Ils avaient quitté avec un mortel regret
le théâtre de leur gloire, et les bords qu'ils firent si souvent retentir
de ce cri d'armes : « Honneur et Amour. » Ne pouvant plus lever
la lance dans les déserts, ni se couvrir du casque dans une colonie
de laboureurs, ils s'étaient consacrés à l'étude des simples, profession estimée, chez les Arabes, à l'égal du métier des armes. Ainsi
cette race de guerriers, qui jadis faisait des blessures, s'occupait
maintenant de l'art de les guérir. En cela elle avait retenu quelque
chose de son premier génie, car les chevaliers pansaient souvent
eux-mêmes les plaies de l'ennemi qu'ils avaient abattu.

La cabane de cette famille, qui jadis eut des palais, n'était point
placée dans le hameau des autres exilés, au pied de la montagne du
Mamelife : elle était bâtie parmi les débris mêmes de Carthage, au
bord de la mer, dans l'endroit où saint Louis mourut sur la cendre,

[1] Tour du palais de Grenade.

et où l'on voit aujourd'hui un ermitage mahométan. Aux murailles
de la cabane étaient attachés des boucliers de peau de lion, qui portaient empreintes sur un champ d'azur deux figures de Sauvages
brisant une ville avec une massue. Autour de cette devise on lisait
ces mots : « *C'est peu de chose!* » armes et devise des Abencerages.
Des lances ornées de pennons blancs et bleus, des alburnos, des casaques de satin taillade, étaient rangés auprès des boucliers, et brillaient au milieu des cimeterres et des poignards. On voyait encore
suspendus çà et là des gantelets, des mors enrichis de pierreries, de
larges étriers d'argent, de longues épées dont le fourreau avait été
brodé par les mains des princesses, et des éperons d'or que les
Yseult, les Genièvre, les Oriane, chaussèrent jadis à de vaillants
chevaliers.

Sur des tables, au pied de ces trophées de la gloire, étaient posés
des trophées d'une vie pacifique : c'étaient des plantes cueillies sur
les sommets de l'Atlas et dans le désert de Zaara ; plusieurs même
avaient été apportées de la plaine de Grenade. Les unes étaient
propres à soulager les maux du corps ; les autres devaient étendre
leur pouvoir jusque sur les chagrins de l'âme. Les Abencerages
estimaient surtout celles qui servaient à calmer les vains regrets, à
dissiper les folles illusions, et ces espérances de bonheur toujours
naissantes, toujours déçues. Malheureusement ces simples avaient
des vertus opposées, et souvent le parfum d'une fleur de la patrie
était comme une espèce de poison pour les illustres bannis.

Vingt-quatre ans s'étaient écoulés depuis la prise de Grenade.
Dans ce court espace de temps, quatorze Abencerages avaient péri
par l'influence d'un nouveau climat, par les accidents d'une vie errante, et surtout par le chagrin, qui mine sourdement les forces de
l'homme. Un seul rejeton était tout l'espoir de cette maison fameuse. Aben-Hamet portait le nom de cet Abencerage qui fut accusé par les Zégris d'avoir séduit la sultane Alfaïma. Il réunissait
en lui la beauté, la valeur, la courtoisie, la générosité de ses ancêtres, avec ce doux éclat et cette légère expression de tristesse que

donne le malheur noblement supporté. Il n'avait que vingt-deux ans lorsqu'il perdit son père ; il résolut alors de faire un pèlerinage au pays de ses aïeux, afin de satisfaire au besoin de son cœur, et d'accomplir un dessein qu'il cacha soigneusement à sa mère.

Il s'embarque à l'échelle de Tunis ; un vent favorable le conduit à Carthagène ; il descend du navire, et prend aussitôt la route de Grenade : il s'annonçait comme un médecin arabe qui venait herboriser parmi les rochers de la Sierra-Nevada. Une mule paisible le portait lentement dans le pays où les Abencerages volaient jadis sur de belliqueux coursiers : un guide marchait en avant, conduisant deux autres mules ornées de sonnettes et de touffes de laine de diverses couleurs. Aben-Hamet traversa les grandes bruyères et les bois de palmiers du royaume de Murcie : à la vieillesse de ces palmiers, il jugea qu'ils devaient avoir été plantés par ses pères, et son cœur fut pénétré de regrets. Là s'élevait une tour où veillait la sentinelle au temps de la guerre des Maures et des chrétiens ; ici se montrait une ruine dont l'architecture annonçait une origine mauresque ; autre sujet de douleur pour l'Abencerage ! Il descendait de sa mule, et, sous prétexte de chercher des plantes, il se cachait un moment dans ces débris pour donner un libre cours à ses larmes. Il reprenait ensuite sa route, en rêvant au bruit des sonnettes de la caravane et au chant monotone de son guide. Celui-ci n'interrompait sa longue romance que pour encourager ses mules, en leur donnant le nom de *belles* et de *valeureuses*, ou pour les gourmander, en les appelant *paresseuses* et *obstinées*.

Des troupeaux de moutons qu'un berger conduisait comme une armée dans les plaines jaunes et incultes, quelques voyageurs solitaires, loin de répandre la vie sur le chemin, ne servaient qu'à le faire paraître plus triste et plus désert. Ces voyageurs portaient tous une épée à la ceinture : ils étaient enveloppés dans un manteau, et un large chapeau rabattu leur couvrait à demi le visage. Ils saluaient en passant Aben-Hamet, qui ne distinguait dans ce noble salut que le nom de *Dieu*, de *Seigneur*, et de *Chevalier*. Le soir, à la *venta*, l'Abencerage prenait sa place au milieu des étrangers, sans être importuné de leur curiosité indiscrète. On ne lui parlait point, on ne le questionnait point; son turban, sa robe, ses armes, n'excitaient aucun mouvement. Puisque Allah avait voulu que les Maures d'Espagne perdissent leur belle patrie, Aben-Hamet ne pouvait s'empêcher d'en estimer les graves conquérants.

Des émotions encore plus vives attendaient l'Abencerage au terme de sa course. Grenade est bâtie au pied de la Sierra-Nevada, sur deux hautes collines que sépare une profonde vallée. Les maisons placées sur la pente des coteaux, dans l'enfoncement de la vallée, donnent à la ville l'air et la forme d'une grenade entr'ouverte, d'où lui est venu son nom. Deux rivières, le Xénil et le Douro, dont l'une roule des paillettes d'or, et l'autre, des sables d'argent, lavent le pied des collines, se réunissent et serpentent ensuite au milieu d'une plaine charmante, appelée la Véga. Cette plaine, que domine Grenade, est couverte de vignes, de grenadiers, de figuiers, de mûriers, d'orangers; elle est entourée par des montagnes d'une forme et d'une couleur admirables. Un ciel enchanté, un air pur et délicieux, portent dans l'âme une langueur secrète dont le voyageur qui ne fait que passer a même de la peine à se défendre. On sent que, dans ce pays, les tendres passions auraient promptement étouffé les passions héroïques, si l'amour, pour être véritable, n'avait pas toujours besoin d'être accompagné de la gloire.

Lorsque Aben-Hamet découvrit le faîte des premiers édifices de Grenade, le cœur lui battit avec tant de violence qu'il fut obligé d'arrêter sa mule. Il croisa les bras sur sa poitrine, et, les yeux attachés sur la ville sacrée, il resta muet et immobile. Le guide s'arrêta à son tour, et comme tous les sentiments élevés sont aisément compris d'un Espagnol, il parut touché et devina que le Maure revoyait son ancienne patrie. L'Abencerage rompit enfin le silence.

« Guide, s'écria-t-il, sois heureux! ne me cache point la vérité,
« car le calme régnait dans les flots le jour de ta naissance, et
« la lune entrait dans son croissant. Quelles sont ces tours qui

« brillent comme des étoiles au-dessus d'une verte forêt? »
— « C'est l'Alhambra, répondit le guide.

« Et cet autre château, sur cette autre colline? » dit Aben-Hamet.

« C'est le Généralife, répliqua l'Espagnol. Il y a dans ce château
« un jardin planté de myrtes où l'on prétend qu'Abencerage fut sur-
« pris avec la sultane Alfaïma. Plus loin vous voyez l'Albaïzyn,
« et plus près de nous, les Tours vermeilles. »

Chaque mot du guide perçait le cœur d'Aben-Hamet. Qu'il est
cruel d'avoir recours à des étrangers pour apprendre à connaître
les monuments de ses pères, et de se faire raconter par des indiffé-
rents l'histoire de sa famille et de ses amis! Le guide, mettant fin
aux réflexions d'Aben-Hamet, s'écria : « Marchons, seigneur Maure ;
« marchons, Dieu l'a voulu! Prenez courage. François Ier n'est-
« il pas aujourd'hui même prisonnier dans notre Madrid? Dieu
« l'a voulu ! » Il ôta son chapeau, fit un grand signe de croix, et
frappa ses mules. L'Abencerage, pressant la sienne à son tour,
s'écria : « C'était écrit[1] ; » et ils descendirent vers Grenade.

Ils passèrent près du gros frêne célèbre par le combat de Muça et
du grand maître de Calatrava, sous le dernier roi de Grenade. Ils
firent le tour de la promenade Alameïda, et pénétrèrent dans la cité
par la porte d'Elvire. Ils remontèrent le Rembla, et arrivèrent bientôt sur une place qu'environnaient de toutes parts des maisons
d'architecture mauresque. Un kan était ouvert sur cette place pour
les Maures d'Afrique, que le commerce de soies de la Véga attirait
en foule à Grenade. Ce fut là que le guide conduisit Aben-Hamet.

L'Abencerage était trop agité pour goûter un peu de repos dans
sa nouvelle demeure ; la patrie le tourmentait. Ne pouvant résister
aux sentiments qui troublaient son cœur, il sortit au milieu de la
nuit pour errer dans les rues de Grenade. Il essayait de reconnaître
avec ses yeux ou ses mains quelques-uns des monuments que les
vieillards lui avaient si souvent décrits. Peut-être que ce haut édi-

---

[1] Expression que les musulmans ont sans cesse à la bouche, et qu'ils appli-
quent à la plupart des événements de la vie.

fice dont il entrevoyait les murs à travers les ténèbres était autrefois
la demeure des Abencerages ; peut-être était-ce sur cette place solitaire que se donnaient ces fêtes qui portèrent la gloire de Grenade
jusqu'aux nues. Là passaient les quadrilles superbement vêtus de
brocards ; là s'avançaient les galères chargées d'armes et de fleurs,
les dragons qui lançaient des feux et qui recélaient dans leurs
flancs d'illustrés guerriers ; l'ingénieuse invention du plaisir et de
la galanterie.

Mais, hélas ! au lieu du son des anafins, du bruit des trompettes
et des chants d'amour, un silence profond régnait autour d'Aben-
Hamet. Cette ville muette avait changé d'habitants, et les vainqueurs
reposaient sur la couche des vaincus. « Ils dorment donc, ces fiers
Espagnols, » s'écriait le jeune Maure indigné, « sous ces toits dont
« ils ont exilé mes aïeux ! Et moi, Abencerage, je veille inconnu,
« solitaire, délaissé, à la porte du palais de mes pères ! »

Aben-Hamet réfléchissait alors sur les destinées humaines, sur
les vicissitudes de la fortune, sur la chute des empires, sur cette Grenade enfin, surprise par ses ennemis au milieu des plaisirs, et changeant tout à coup ses guirlandes de fleurs contre des chaînes ; il
lui semblait voir ses citoyens abandonnant leurs foyers en habits
de fête, comme des convives qui, dans le désordre de leur parure,
sont tout à coup chassés de la salle du festin par un incendie.

Toutes ces images, toutes ces pensées, se pressaient dans l'âme
d'Aben-Hamet ; plein de douleur et de regrets, il songeait surtout à
exécuter le projet qui l'avait amené à Grenade : le jour le surprit.
L'Abencerage s'était égaré : il se trouvait loin du kan, dans un faubourg écarté de la ville. Tout dormait ; aucun bruit ne troublait le
silence des rues ; les portes et les fenêtres des maisons étaient
fermées, seulement la voix du coq proclamait dans l'habitation du
pauvre le retour des peines et des travaux.

Après avoir erré longtemps sans pouvoir retrouver sa route, Aben-
Hamet entendit une porte s'ouvrir. Il vit sortir une jeune femme,
vêtue à peu près comme ces reines gothiques sculptées sur les

monuments de nos anciennes abbayes. Son corset noir, garni de
jais, serrait sa taille élégante; son jupon court, étroit et sans plis,
découvrait une jambe fine et un pied charmant; une mantille également
ment noire était jetée sur sa tête : elle tenait avec sa main gauche
cette mantille croisée et fermée comme une guimpe au-dessous de
son menton, de sorte que l'on n'apercevait de tout son visage que
ses grands yeux et sa bouche de rose. Une duègne accompagnait ses
pas; un page portait devant elle un livre d'église; deux varlets,
parés de ses couleurs, suivaient à quelque distance la belle inconnue : elle se rendait à la prière matinale, que les tintements
d'une cloche annonçaient dans un monastère voisin.

Aben-Hamet crut voir l'ange Israfil ou la plus jeune des houris.
L'Espagnole, non moins surprise, regardait l'Abencerage, dont le
turban, la robe et les armes, embellissaient encore la noble figure.
Revenue de son premier étonnement, elle fit signe à l'étranger de
s'approcher avec une grâce et une liberté particulières aux femmes
de ce pays. « Seigneur Maure, lui dit-elle, vous paraissez nouvel-
« lement arrivé à Grenade : vous seriez-vous égaré? »

« Sultane des fleurs, répondit Aben-Hamet, délices des yeux des
« hommes, ô esclave chrétienne, plus belle que les vierges de la
« Géorgie, tu l'as deviné ! je suis étranger dans cette ville : perdu
« au milieu de ces palais, je n'ai pu retrouver le kan des Maures. Que
« Mahomet touche ton cœur et récompense ton hospitalité ! »

« Les Maures sont renommés pour leur galanterie, » reprit l'Espagnole avec le plus doux sourire; « mais je ne suis ni sultane des
« fleurs, ni esclave, ni contente d'être recommandée à Mahomet.
« Suivez-moi, seigneur chevalier; je vais vous reconduire au kan
« des Maures. »

Elle marcha légèrement devant l'Abencerage, le mena jusqu'à la
porte du kan, le lui montra de la main, passa derrière un palais,
et disparut.

A quoi tient donc le repos de la vie ! La patrie n'occupe plus seule
et tout entière l'âme d'Aben-Hamet : Grenade a cessé d'être pour lui

déserte, abandonnée, veuve, solitaire ; elle est plus chère que jamais
à son cœur ; mais c'est un prestige nouveau qui embellit ses ruines :
au souvenir des aïeux se mêle à présent un autre charme. Aben-
Hamet a découvert le cimetière où reposent les cendres des Abencerages ; mais en priant, mais en se prosternant, mais en versant
des larmes filiales, il songe que la jeune Espagnole a passé quelquefois sur ces tombeaux, et il ne trouve plus ses ancêtres si malheureux.

C'est en vain qu'il ne veut s'occuper que de son pèlerinage au
pays de ses pères ; c'est en vain qu'il parcourt les coteaux du Douro
et du Xénil, pour y recueillir des plantes au lever de l'aurore : la
fleur qu'il cherche maintenant, c'est la belle chrétienne. Que d'inutiles efforts il a déjà tentés pour retrouver le palais de son enchanteresse ! Que de fois il a essayé de repasser par les chemins que lui
fit parcourir son divin guide ! Que de fois il a cru reconnaître le
son de cette cloche, le chant de ce coq qu'il entendit près de la demeure de l'Espagnole ! Trompé par des bruits pareils, il court aussitôt de ce côté, et le palais magique ne s'offre point à ses regards !
Souvent encore le vêtement uniforme des femmes de Grenade lui
donnait un moment d'espoir : de loin toutes les chrétiennes ressemblaient à la maîtresse de son cœur ; de près, pas une n'avait sa
beauté ou sa grâce. Aben-Hamet avait enfin parcouru les églises
pour découvrir l'étrangère ; il avait même pénétré jusqu'à la tombe
de Ferdinand et d'Isabelle ; mais c'était aussi le plus grand sacrifice
qu'il eût jusqu'alors fait à l'amour.

Un jour il herborisait dans la vallée du Douro. Le coteau du midi
soutenait sur sa pente fleurie les murailles de l'Alhambra et les jardins du Généralife ; la colline du nord était décorée par l'Albaïzyn,
par de riants vergers, et par des grottes qu'habitait un peuple nombreux. A l'extrémité occidentale de la vallée on découvrait les
clochers de Grenade qui s'élevaient en groupe du milieu des chênes-
verts et des cyprès. A l'autre extrémité, vers l'orient, l'œil rencontrait sur des pointes de rochers, des couvents, des ermitages,
quelques ruines de l'ancienne Illibérie, et dans le lointain les som-

mets de la Sierra-Nevada. Le Douro roulait au milieu du vallon, et présentait le long de son cours de frais moulins, de bruyantes cascades, les arches brisées d'un aqueduc romain, et les restes d'un pont du temps des Maures.

Aben-Hamet n'était plus ni assez infortuné, ni assez heureux pour bien goûter le charme de la solitude : il parcourait avec distraction et indifférence ces bords enchantés. En marchant à l'aventure, il suivit une allée d'arbres qui circulait sur la pente du côteau de l'Albaïzyn. Une maison de campagne, environnée d'un bocage d'orangers, s'offrit bientôt à ses yeux : en approchant du bocage, il entendit les sons d'une voix et d'une guitare. Entre la voix, les traits et les regards d'une femme, il y a des rapports qui ne trompent jamais un homme que l'amour possède. « C'est ma houri ! » dit Aben-Hamet; et il écoute, le cœur palpitant : au nom des Abencerages plusieurs fois répété, son cœur bat encore plus vite. L'inconnue chantait une romance castillane qui retraçait l'histoire des Abencerages et des Zégris. Aben-Hamet ne peut plus résister à son émotion; il s'élance à travers une haie de myrtes, et tombe au milieu d'une troupe de jeunes femmes effrayées qui fuient en poussant des cris. L'Espagnole, qui venait de chanter et qui tenait encore la guitare, s'écrie : « C'est le seigneur maure ! » Et elle rappelle ses compagnes : « Favorite des génies, dit l'Abencerage, « je te cherchais comme l'Arabe cherche une source dans l'ardeur « du midi; j'ai entendu les sons de ta guitare, tu célébrais les héros « de mon pays; je t'ai devinée à la beauté de tes accents, et j'ap- « porte à tes pieds le cœur d'Aben-Hamet. »

« Et moi, répondit dona Blanca, c'était en pensant à vous que je « redisais la romance des Abencerages. Depuis que je vous ai vu, « je me suis figuré que ces chevaliers maures vous ressemblaient. »

Une légère rougeur monta au front de Blanca en prononçant ces mots. Aben-Hamet se sentit prêt à tomber aux genoux de la jeune chrétienne, à lui déclarer qu'il était le dernier Abencerage; mais un reste de prudence le retint; il craignit que son nom, trop fameux à Grenade, ne donnât des inquiétudes au gouverneur. La guerre des Morisques était à peine terminée, et la présence d'un Abencerage dans ce moment pouvait inspirer aux Espagnols de justes craintes. Ce n'est pas qu'Aben-Hamet s'effrayât d'aucun péril; mais il frémissait à la pensée d'être obligé de s'éloigner pour jamais de la fille de don Rodrigue.

Dona Blanca descendait d'une famille qui tirait son origine du Cid de Bivar et de Chimène, fille du comte Gomez de Gormas. La postérité du vainqueur de Valence la Belle tomba, par l'ingratitude de la cour de Castille, dans une extrême pauvreté; on crut même pendant plusieurs siècles qu'elle s'était éteinte, tant elle devint obscure. Mais, vers le temps de la conquête de Grenade, un dernier rejeton de la race des Bivar, l'aïeul de Blanca, se fit reconnaître moins encore à ses titres qu'à l'éclat de sa valeur. Après l'expulsion des infidèles, Ferdinand donna au descendant du Cid les biens de plusieurs familles maures, et le créa duc de Santa-Fé. Le nouveau duc fixa sa demeure à Grenade, et mourut jeune encore, laissant un fils unique déjà marié, don Rodrigue, père de Blanca.

Dona Thérésa de Xérès, femme de don Rodrigue, mit au jour un fils qui reçut à sa naissance le nom de don Rodrigue, comme tous ses aïeux, mais que l'on appela don Carlos, pour le distinguer de son père. Les grands événements que don Carlos eut sous les yeux dès sa plus tendre jeunesse, les périls auxquels il fut exposé presque au sortir de l'enfance, ne firent que rendre plus grand et plus rigide un caractère naturellement porté à l'austérité. Don Carlos comptait à peine quatorze ans lorsqu'il suivit Cortez au Mexique : il avait supporté tous les dangers, il avait été témoin de toutes les horreurs de cette étonnante aventure; il avait assisté à la chute du dernier roi d'un monde jusqu'alors inconnu. Trois ans après cette catastrophe, don Carlos s'était trouvé en Europe à la bataille de Pavie, comme pour voir l'honneur et la vaillance couronnés succomber sous les coups de la fortune. L'aspect d'un nouvel univers, de longs voyages sur des mers non encore parcourues, le spectacle des révolutions et des vicissitudes du sort, avaient fortement ébranlé l'imagination religieuse et mélancolique de don Carlos : il était entré dans l'ordre chevaleresque de Calatrava, et, renonçant au mariage malgré les prières de don Rodrigue, il destinait tous ses biens à sa sœur.

Blanca de Bivar, sœur unique de don Carlos et beaucoup plus jeune que lui, était l'idole de son père : elle avait perdu sa mère, et elle entrait dans sa dix-huitième année lorsque Aben-Hamet parut à Grenade. Tout était séduction dans cette femme enchanteresse ; sa voix était ravissante, sa danse, plus légère que le zéphir : tantôt elle se plaisait à guider un char comme Armide, tantôt elle volait sur le dos du plus rapide coursier d'Andalousie, comme ces fées charmantes qui apparaissaient à Tristan et à Galaor dans les forêts. Athènes l'eût prise pour Aspasie, et Paris, pour Diane de Poitiers qui commençait à briller à la cour. Mais, avec les charmes d'une Française, elle avait les passions d'une Espagnole, et sa coquetterie naturelle n'ôtait rien à la sûreté, à la constance, à la force, à l'élévation des sentiments de son cœur.

Aux cris qu'avaient poussés les jeunes Espagnoles lorsque Aben-Hamet s'était élancé dans le bocage, don Rodrigue était accouru. « Mon père, dit Blanca, voilà le seigneur maure dont je vous ai « parlé. Il m'a entendu chanter, il m'a reconnue ; il est entré dans « le jardin pour me remercier de lui avoir enseigné sa route. »

Le duc de Santa-Fé reçut l'Abencerage avec la politesse grave et pourtant naïve des Espagnols. On ne remarque chez cette nation aucun de ces airs serviles, aucun de ces tours de phrase qui annoncent l'abjection des pensées et la dégradation de l'âme. La langue du grand seigneur et du paysan est la même ; le salut, le même ; les compliments, les habitudes, les usages, sont les mêmes. Autant la confiance et la générosité de ce peuple envers les étrangers sont sans bornes, autant sa vengeance est terrible quand on le trahit. D'un courage héroïque, d'une patience à toute épreuve, incapable de céder à la mauvaise fortune, il faut qu'il la dompte ou qu'il en soit écrasé. Il a peu de ce qu'on appelle esprit; mais les passions exaltées lui donnent lieu de cette lumière qui vient de la finesse et de l'abondance des idées. Un Espagnol qui passe le jour sans parler, qui n'a rien vu, qui ne se soucie de rien voir, qui n'a rien lu, rien étudié, rien comparé, trouvera dans la grandeur de ses résolutions les ressources nécessaires au moment de l'adversité.

C'était le jour de la naissance de don Rodrigue, et Blanca donnait à son père une *tertulliá*, ou petite fête, dans cette charmante solitude. Le duc de Santa-Fé invita Aben-Hamet à s'asseoir au milieu des jeunes femmes, qui s'amusaient du turban et de la robe de l'étranger. On apporta des carreaux de velours, et l'Abencerage se reposa sur ces carreaux à la façon des Maures. On lui fit des questions sur son pays et sur ses aventures : il y répondit avec esprit et gaieté. Il parlait le castillan le plus pur; on aurait pu le prendre pour un Espagnol, s'il n'eût presque toujours dit *toi* au lieu de *vous*. Ce mot avait quelque chose de si doux dans sa bouche, que Blanca ne pouvait se défendre d'un secret dépit lorsqu'il s'adressait à l'une de ses compagnes.

De nombreux serviteurs parurent : ils portaient le chocolat, les pâtes de fruits et les petits pains de sucre de Malaga, blancs comme la neige, poreux et légers comme des éponges. Après le *refresco*, on pria Blanca d'exécuter une de ces danses de caractère, où elle surpassait les plus habiles guitanas. Elle fut obligée de céder aux vœux de ses amies. Aben-Hamet avait gardé le silence; mais ses regards suppliants parlaient au défaut de sa bouche. Blanca choisit une zambra, danse expressive que les Espagnols ont empruntée des Maures.

Une des jeunes femmes commence à jouer sur la guitare l'air de la danse étrangère. La fille de don Rodrigue ôte son voile, et attache à ses mains blanches des castagnettes de bois d'ébène. Ses cheveux noirs tombent en boucles sur son cou d'albâtre; sa bouche et ses yeux sourient de concert; son teint est animé par le mouvement de son cœur. Tout à coup elle fait retentir le bruyant ébène, frappe trois fois la mesure, entonne le chant de la zambra, et, mêlant sa voix au son de la guitare, elle part comme un éclair.

Quelle variété dans ses pas ! quelle élégance dans ses attitudes ! Tantôt elle lève ses bras avec vivacité, tantôt elle les laisse retomber avec mollesse. Quelquefois elle s'élance comme enivrée de plaisir, et se retire comme accablée de douleur. Elle tourne la tête, semble appeler quelqu'un d'invisible, tend modestement une joue vermeille au baiser d'un nouvel époux, fuit honteuse, revient brillante et consolée, marche d'un pas noble et presque guerrier, puis voltige de nouveau sur le gazon. L'harmonie de ses pas, de ses chants, et des sons de sa guitare, était parfaite. La voix de Blanca, légèrement voilée, avait cette sorte d'accent qui remue les passions jusqu'au fond de l'âme. La musique espagnole, composée de soupirs et de mouvements vifs, de refrains tristes, de chants subitement arrêtés, offre un singulier mélange de gaieté et de mélancolie. Cette musique et cette danse fixèrent sans retour le destin du dernier Abencerage : elles auraient suffi pour troubler un cœur moins malade que le sien.

On retourna le soir à Grenade par la vallée du Douro. Don Rodrigue, charmé des manières nobles et polies d'Aben-Hamet, ne voulut point se séparer de lui qu'il ne lui eût promis de venir souvent amuser Blanca des merveilleux récits de l'Orient. Le Maure, au comble de ses vœux, accepta l'invitation du duc de Santa-Fé; et dès le lendemain il se rendit au palais où respirait celle qu'il aimait plus que la lumière du jour.

Blanca se trouva bientôt engagée dans une passion profonde par l'impossibilité même où elle crut être d'éprouver jamais cette passion. Aimer un infidèle, un Maure, un inconnu, lui paraissait une chose si étrange, qu'elle ne prit aucune précaution contre le mal qui commençait à se glisser dans ses veines; mais aussitôt qu'elle en reconnut les atteintes, elle accepta ce mal en véritable Espagnole. Les périls et les chagrins qu'elle prévit ne la firent point reculer au bord de l'abîme, ni délibérer longtemps avec son cœur. Elle se dit :

« Qu'Aben-Hamet soit chrétien, qu'il m'aime, et je le suis au bout
« de la terre. »

L'Abencerage ressentait de son côté toute la puissance d'une passion irrésistible : il ne vivait plus que pour Blanca. Il ne s'occupait
plus des projets qui l'avaient amené à Grenade ; il lui était facile
d'obtenir les éclaircissements qu'il était venu chercher ; mais tout
autre intérêt que celui de son amour s'était évanoui à ses yeux. Il
redoutait même des lumières qui auraient pu apporter des changements dans sa vie. Il ne demandait rien, il ne voulait rien connaître ; il se disait : « Que Blanca soit musulmane, qu'elle m'aime,
« et je la sers jusqu'à mon dernier soupir. »

Aben-Hamet et Blanca, ainsi fixés dans leur résolution, n'attendaient que le moment de se découvrir leurs sentiments. On était
alors dans les plus beaux jours de l'année. « Vous n'avez point
« encore vu l'Alhambra, » dit la fille du duc de Santa-Fé à l'Abencerage. « Si j'en crois quelques paroles qui vous sont échappées,
« votre famille est originaire de Grenade. Peut-être serez-vous bien
« aise de visiter le palais de vos anciens rois? Je veux moi-même
« ce soir vous servir de guide. »

Aben-Hamet jura par le prophète que jamais promenade ne pouvait lui être plus agréable.

L'heure fixée pour le pèlerinage de l'Alhambra étant arrivée, la
fille de don Rodrigue monta sur une haquenée blanche accoutumée
à gravir les rochers comme un chevreuil. Aben-Hamet accompagnait la brillante Espagnole sur un cheval andalou équipé à la
manière des Turcs. Dans la course rapide du jeune Maure, sa robe
de pourpre s'enflait derrière lui, son sabre recourbé retentissait sur
la selle élevée, et le vent agitait l'aigrette dont son turban était surmonté. Le peuple, charmé de sa bonne grâce, disait en le regardant
passer : « C'est un prince infidèle que dona Blanca va convertir. »

Ils suivirent d'abord une longue rue qui portait encore le nom
d'une illustre famille maure ; cette rue aboutissait à l'enceinte ex-
térieure de l'Alhambra. Ils traversèrent ensuite un bois d'ormeaux,

arrivèrent à une fontaine, et se trouvèrent bientôt devant l'enceinte intérieure du palais de Boabdil. Dans une muraille flanquée de tours et surmontée de créneaux, s'ouvrait une porte appelée *la Porte du Jugement.* Ils franchirent cette première porte, et s'avancèrent par un chemin étroit qui serpentait entre de hauts murs et des masures à demi ruinées. Ce chemin les conduisit à la place des Algibes, près de laquelle Charles-Quint faisait alors élever un palais. De là, tournant vers le nord, ils s'arrêtèrent dans une cour déserte, au pied d'un mur sans ornements et dégradé par les âges. Aben-Hamet, sautant légèrement à terre, offrit la main à Blanca pour descendre de sa mule. Les serviteurs frappèrent à une porte abandonnée, dont l'herbe cachait le seuil : la porte s'ouvrit, et laissa voir tout à coup les réduits secrets de l'Alhambra.

Tous les charmes, tous les regrets de la patrie, mêlés aux prestiges de l'amour, saisirent le cœur du dernier Abencerage. Immobile et muet, il plongeait des regards étonnés dans cette habitation des génies ; il croyait être transporté à l'entrée d'un de ces palais dont on lit la description dans les contes arabes. De légères galeries, des canaux de marbre blanc bordés de citronniers et d'orangers en fleur, des fontaines, des cours solitaires, s'offraient de toutes parts aux yeux d'Aben-Hamet, et, à travers les voûtes allongées des portiques, il apercevait d'autres labyrinthes et de nouveaux enchantements. L'azur du plus beau ciel se montrait entre des colonnes qui soutenaient une chaîne d'arceaux gothiques. Les murs, chargés d'arabesques, imitaient à la vue ces étoffes de l'Orient, que brode dans l'ennui du harem le caprice d'une femme esclave. Quelque chose de voluptueux, de religieux et de guerrier, semblait respirer dans ce magnifique édifice ; espèce de cloître de l'amour, retraite mystérieuse où les rois maures goûtaient tous les plaisirs, et oubliaient tous les devoirs de la vie.

Après quelques instants de surprise et de silence, les deux amants entrèrent dans ce séjour de la puissance évanouie et des félicités passées. Ils firent d'abord le tour de la salle des Mésucar, au milieu

du parfum des fleurs et de la fraîcheur des eaux. Ils pénétrèrent
ensuite dans la cour des Lions. L'émotion d'Aben-Hamet augmentait à chaque pas. « Si tu ne remplissais mon âme de délices, dit-il
« à Blanca, avec quel chagrin me verrais-je obligé de te demander,
« à toi Espagnole, l'histoire de ces demeures ! Ah ! ces lieux sont
« faits pour servir de retraite au bonheur, et moi !... »

Aben-Hamet aperçut le nom de Boabdil enchâssé dans des mosaïques. « O mon roi, s'écria-t-il, qu'es-tu devenu ? Où te trouverai-
« je dans ton Alhambra désert ! » Et les larmes de la fidélité, de la
loyauté et de l'honneur couvraient les yeux du jeune Maure. « Vos
« anciens maîtres, dit Blanca, ou plutôt les rois de vos pères, étaient
« des ingrats. — Qu'importe ? repartit l'Abencerage ; ils ont été
« malheureux ! »

Comme il prononçait ces mots, Blanca le conduisit dans un cabinet qui semblait être le sanctuaire même du temple de l'Amour.
Rien n'égalait l'élégance de cet asile : la voûte entière, peinte d'azur
et d'or, et composée d'arabesques découpées à jour, laissait passer
la lumière comme à travers un tissu de fleurs. Une fontaine jaillis-
sait au milieu de l'édifice, et ses eaux, retombant en rosée, étaient
recueillies dans une conque d'albâtre. « Aben-Hamet, dit la fille du
« duc de Santa-Fé, regardez bien cette fontaine : elle reçut les têtes
« défigurées des Abencerages. Vous voyez encore sur le marbre la
« tache du sang des infortunés que Boabdil sacrifia à ses soupçons.
« C'est ainsi qu'on traite dans votre pays les hommes qui séduisent
« les femmes crédules. »

Aben-Hamet n'écoutait plus Blanca ; il s'était prosterné, et baisait avec respect la trace du sang de ses ancêtres. Il se relève et
s'écrie : « O Blanca ! je jure, par le sang de ces chevaliers, de t'aimer
« avec la constance, la fidélité et l'ardeur d'un Abencerage. »

« Vous m'aimez donc ? » repartit Blanca en joignant ses deux
belles mains et levant ses regards au ciel. « Mais songez-vous que
« vous êtes un infidèle, un Maure, un ennemi, et que je suis chré-
« tienne et Espagnole ? »

« O saint prophète, dit Aben-Hamet, soyez témoin de mes ser-
« ments!... » Blanca l'interrompant : « Quelle foi voulez-vous que
« j'ajoute aux serments d'un persécuteur de mon Dieu ? Savez-vous
« si je vous aime? Qui vous a donné l'assurance de me tenir un
« pareil langage? »

Aben-Hamet consterné répondit : « Il est vrai, je ne suis que
« ton esclave ; tu ne m'as pas choisi pour ton chevalier. »

« Maure, dit Blanca, laisse là la ruse; tu as vu dans mes regards
« que je t'aimais ; ma folie pour toi passe toute mesure ; sois chré-
« tien, et rien ne pourra m'empêcher d'être à toi. Mais si la fille du
« duc de Santa-Fé ose te parler avec cette franchise, tu peux juger
« par cela même qu'elle saura se vaincre, et que jamais un ennemi
« des chrétiens n'aura aucun droit sur elle. »

Aben-Hamet, dans un transport de passion, saisit les mains de
Blanca, les posa sur son turban, et ensuite sur son cœur. « Allah
« est puissant, s'écria-t-il, et Aben-Hamet est heureux ! O Mahomet!
« que cette chrétienne connaisse ta loi et rien ne pourra.... — Tu
« blasphèmes, dit Blanca : sortons d'ici. »

Elle s'appuya sur le bras du Maure, et s'approcha de la fontaine
des Douze-Lions, qui donne son nom à l'une des cours de l'Alhambra : « Étranger, dit la naïve Espagnole, quand je regarde ta robe,
« ton turban, tes armes, et que je songe à nos amours, je crois
« voir l'ombre du bel Abencerage se promenant dans cette retraite
« abandonnée avec l'infortunée Alfaïma. Explique-moi l'inscription
« arabe gravée sur le marbre de cette fontaine. »

Aben-Hamet lut ces mots[1] :

*La belle princesse qui se promène couverte de perles dans son jar-
din, en augmente si prodigieusement la beauté...* Le reste de l'inscription était effacé.

« C'est pour toi qu'elle a été faite, cette inscription, dit Aben-
« Hamet. Sultane aimée, ces palais n'ont jamais été aussi beaux

---

[1] Cette inscription existe avec quelques autres. Il est inutile de répéter que
j'ai fait cette description de l'Alhambra sur les lieux mêmes.

« dans leur jeunesse, qu'ils le sont aujourd'hui dans leurs ruines.
« Écoute le bruit des fontaines dont la mousse a détourné les eaux;
« regarde les jardins qui se montrent à travers ces arcades à demi
« tombées; contemple l'astre du jour qui se couche par delà tous
« ces portiques : qu'il est doux d'errer avec toi dans ces lieux! Tes
« paroles embaument ces retraites, comme les roses de l'hymen.
« Avec quel charme je reconnais dans ton langage quelques accents
« de la langue de mes pères! le seul frémissement de ta robe sur
« ces marbres me fait tressaillir. L'air n'est parfumé que parce qu'il
« a touché ta chevelure. Tu es belle comme le génie de ma patrie
« au milieu de ces débris. Mais Aben-Hamet peut-il espérer de
« fixer ton cœur? Qu'est-il auprès de toi? Il a parcouru les mon-
« tagnes avec son père; il connaît les plantes du désert... hélas!
« il n'en est pas une seule qui pût le guérir de la blessure que tu
« lui as faite! il porte des armes, mais il n'est point chevalier. Je
« me disais autrefois : L'eau de la mer qui dort à l'abri dans le
« creux du rocher est tranquille et muette, tandis que tout auprès
« la grande mer est agitée et bruyante. Aben–Hamet! ainsi sera ta
« vie, silencieuse, paisible, ignorée dans un coin de terre inconnu,
« tandis que la cour du sultan est bouleversée par les orages.
« Je me disais cela, jeune chrétienne, et tu m'as prouvé que
« la tempête peut aussi troubler la goutte d'eau dans le creux du
« rocher. »

Blanca écoutait avec ravissement ce langage nouveau pour elle,
et dont le tour oriental semblait si bien convenir à la demeure des
fées, qu'elle parcourait avec son amant. L'amour pénétrait dans son
cœur de toutes parts; elle sentait chanceler ses genoux; elle était
obligée de s'appuyer plus fortement sur le bras de son guide. Aben-
Hamet soutenait le doux fardeau, et répétait en marchant : « Ah!
« que ne suis-je un brillant Abencerage! »

« Tu me plairais moins, dit Blanca, car je serais plus tour-
« mentée; reste obscur et vis pour moi. Souvent un chevalier célèbre
« oublie l'amour pour la renommée. »

« Tu n'aurais pas ce danger à craindre, » répliqua vivement Aben-Hamet.

« Et comment m'aimerais-tu donc, si tu étais un Abencerage? » dit la descendante de Chimène.

« Je t'aimerais, répondit le Maure, plus que la gloire et moins « que l'honneur. »

Le soleil était descendu sous l'horizon pendant la promenade des deux amants. Ils avaient parcouru tout l'Alhambra. Quels souvenirs offerts à la pensée d'Aben-Hamet! Ici, la sultane recevait par des soupiraux la fumée des parfums qu'on brûlait au-dessous d'elle. Là, dans cet asile écarté, elle se parait de tous les atours de l'Orient. Et c'était Blanca, c'était une femme adorée qui racontait ces détails au beau jeune homme qu'elle idolâtrait.

La lune, en se levant, répandit sa clarté douteuse dans les sanctuaires abandonnés, et dans les parvis déserts de l'Alhambra. Ses blancs rayons dessinaient sur le gazon des parterres, sur les murs des salles, la dentelle d'une architecture aérienne, les cintres des cloîtres, l'ombre mobile des eaux jaillissantes, et celle des arbustes balancés par le zéphir. Le rossignol chantait dans un cyprès qui perçait les dômes d'une mosquée en ruine, et les échos répétaient ses plaintes. Aben-Hamet écrivit, au clair de la lune, le nom de Blanca sur le marbre de la salle des Deux-Sœurs : il traça ce nom en caractères arabes, afin que le voyageur eût un mystère de plus à deviner dans ce palais des mystères.

« Maure, ces lieux sont cruels, dit Blanca; quittons ces lieux. Le « destin de ma vie est fixé pour jamais. Retiens bien ces mots : « Musulman, je suis ton amante sans espoir; chrétien, je suis ton « épouse fortunée. »

Aben-Hamet répondit : « Chrétienne, je suis ton esclave désolé; « musulmane, je suis ton époux glorieux. »

Et ces nobles amants sortirent de ce dangereux palais.

La passion de Blanca s'augmenta de jour en jour, et celle d'Aben-Hamet s'accrut avec la même violence. Il était si enchanté d'être

aimé pour lui seul, de ne devoir à aucune cause étrangère les sentiments qu'il inspirait, qu'il ne révéla point le secret de sa naissance à la fille du duc de Santa-Fé : il se faisait un plaisir délicat
de lui apprendre qu'il portait un nom illustre, le jour même où elle
consentirait à lui donner sa main. Mais il fut tout à coup rappelé à
Tunis : sa mère, atteinte d'un mal sans remède, voulait embrasser
son fils et le bénir avant d'abandonner la vie. Aben-Hamet se présenta au palais de Blanca. « Sultane, lui dit-il, ma mère va mourir.
« Elle me demande pour lui fermer les yeux. Me conserveras-tu
« ton amour? »

— « Tu me quittes, répondit Blanca pâlissante. Te reverrai-je
« jamais?

— « Viens, dit Aben-Hamet. Je veux exiger de toi un serment,
« et t'en faire un que la mort seule pourra briser. Suis-moi. »

Ils sortent; ils arrivent à un cimetière qui fut jadis celui des
Maures. On voyait encore çà et là de petites colonnes funèbres
autour desquelles le sculpteur figura jadis un turban; mais les
chrétiens avaient depuis remplacé ce turban par une croix. Aben-
Hamet conduisit Blanca au pied de ces colonnes.

« Blanca, dit-il, mes ancêtres reposent ici ; je jure par leurs cen-
« dres de t'aimer jusqu'au jour où l'ange du jugement m'appellera
« au tribunal d'Allah. Je te promets de ne jamais engager mon cœur
« à une autre femme, et de te prendre pour épouse, aussitôt que
« tu connaîtras la sainte lumière du prophète. Chaque année, à
« cette époque, je reviendrai à Grenade pour voir si tu m'as gardé
« ta foi et si tu veux renoncer à tes erreurs.

— « Et moi, dit Blanca en larmes, je t'attendrai tous les ans ;
« je te conserverai jusqu'à mon dernier soupir la foi que je t'ai
« jurée, et je te recevrai pour époux lorsque le Dieu des chrétiens,
« plus puissant que ton amante, aura touché ton cœur infidèle. »

Aben-Hamet part; les vents l'emportent aux bords africains : sa
mère venait d'expirer. Il la pleure, il embrasse son cercueil. Les
mois s'écoulent : tantôt errant parmi les ruines de Carthage, tantôt

assis sur le tombeau de saint Louis, l'Abencérage exilé appelle le
jour qui doit le ramener à Grenade. Ce jour se lève enfin : Aben-
Hamet monte sur un vaisseau et fait tourner la proue vers Malaga.
Avec quel transport, avec quelle joie mêlée de crainte il aperçut
les premiers promontoires de l'Espagne! Blanca l'attend-elle sur ces
bords? Se souvient-elle encore d'un pauvre Arabe qui ne cessa de
l'adorer sous le palmier du désert?

La fille du duc de Santa-Fé n'était point infidèle à ses serments.
Elle avait prié son père de la conduire à Malaga. Du haut des montagnes qui bordaient la côte inhabitée, elle suivait des yeux les
vaisseaux lointains et les voiles fugitives. Pendant la tempête, elle
contemplait avec effroi la mer soulevée par les vents : elle aimait
alors à se perdre dans les nuages, à s'exposer dans les passages
dangereux, à se sentir baignée par les mêmes vagues, enlevée par
le même tourbillon, qui menaçaient les jours d'Aben-Hamet. Quand
elle voyait la mouette plaintive raser les flots avec ses grandes ailes
recourbées, et voler vers les rivages de l'Afrique, elle la chargeait
de toutes ces paroles d'amour, de tous ces vœux insensés qui sortent d'un cœur que la passion dévore.

Un jour qu'elle errait sur les grèves, elle aperçut une longue
barque dont la proue élevée, le mât penché et la voile latine annonçaient l'élégant génie des Maures. Blanca court au port, et voit
bientôt entrer le vaisseau barbaresque qui faisait écumer l'onde sous
la rapidité de sa course. Un Maure, couvert de superbes habits, se
tenait debout sur la proue. Derrière lui deux esclaves noirs arrê-
taient par le frein un cheval arabe, dont les naseaux fumants et les
crins épars annonçaient à la fois son naturel ardent, et la frayeur que
lui inspirait le bruit des vagues. La barque arrive, abaisse ses voiles,
touche au môle, présente le flanc : le Maure s'élance sur la rive, qui
retentit du son de ses armes. Les esclaves font sortir le coursier
tigré comme un léopard, qui hennit et bondit de joie en retrouvant
la terre. D'autres esclaves descendent doucement une corbeille où
reposait une gazelle couchée parmi des feuilles de palmier. Ses

jambes fines étaient attachées et ployées sous elle, de peur qu'elles ne
se fussent brisées dans les mouvements du vaisseau ; elle portait un
collier de grains d'aloès ; et sur une plaque d'or qui servait à rejoindre les deux bouts du collier, étaient gravés en arabe un nom
et un talisman.

Blanca reconnaît Aben-Hamet : elle n'ose se trahir aux yeux de
la foule ; elle se retire, et envoie Dorothée, une de ses femmes,
avertir l'Abencerage qu'elle l'attend au palais des Maures. Aben-
Hamet présentait dans ce moment au gouverneur son firman écrit en
lettres d'azur, sur un vélin précieux et renfermé dans un fourreau
de soie. Dorothée s'approche et conduit l'heureux Abencerage aux
pieds de Blanca. Quels transports en se retrouvant tous deux fidèles !
Quel bonheur de se revoir, après avoir été si longtemps séparés !
Quels nouveaux serments de s'aimer toujours !

Les deux eslaves noirs amènent le cheval numide, qui, au lieu de
selle, n'avait sur le dos qu'une peau de lion, rattachée par une zone
de pourpre. On apporte ensuite la gazelle. « Sultane, dit Aben-
« Hamet, c'est un chevreuil de mon pays, presque aussi léger que
« toi. » Blanca détache elle-même l'animal charmant qui semblait
la remercier en jetant sur elle les regards les plus doux. Pendant
l'absence de l'Abencerage, la fille du duc de Santa-Fé avait étudié
l'arabe : elle lut avec des yeux attendris son propre nom sur le collier de la gazelle. Celle-ci, rendue à la liberté, se soutenait à peine
sur ses pieds si longtemps enchaînés ; elle se couchait à terre, et
appuyait sa tête sur les genoux de sa maîtresse. Blanca lui présentait des dattes nouvelles, et caressait cette chevrette du désert, dont
la peau fine avait retenu l'odeur du bois d'aloès et de la rose de
Tunis.

L'Abencerage, le duc de Santa-Fé et sa fille partirent ensemble
pour Grenade. Les jours du couple heureux s'écoulèrent comme
ceux de l'année précédente : mêmes promenades, même regret à
la vue de la patrie, même amour ou plutôt amour toujours
croissant, toujours partagé ; mais aussi même attachement dans les

deux amants à la religion de leurs pères. « Sois chrétien, » disait
Blanca ; « Sois musulmane, » disait Aben-Hamet, et ils se sépa-
rèrent encore une fois sans avoir succombé à la passion qui les entraînait l'un vers l'autre.

Aben-Hamet reparut la troisième année, comme ces oiseaux
voyageurs que l'amour ramène au printemps dans nos climats. Il
ne trouva point Blanca au rivage, mais une lettre de cette femme
adorée apprit au fidèle Arabe le départ du duc de Santa-Fé pour
Madrid, et l'arrivée de don Carlos à Grenade. Don Carlos était accompagné d'un prisonnier français, ami du frère de Blanca. Le
Maure sentit son cœur se serrer à la lecture de cette lettre. Il partit
de Malaga pour Grenade avec les plus tristes pressentiments. Les
montagnes lui parurent d'une solitude effrayante, et il tourna plusieurs fois la tête pour regarder la mer qu'il venait de traverser.

Blanca, pendant l'absence de son père, n'avait pu quitter un frère
qu'elle aimait, un frère qui voulait en sa faveur se dépouiller de tous
ses biens, et qu'elle revoyait après sept années d'absence. Don Carlos avait tout le courage et toute la fierté de sa nation : terrible
comme les conquérants du Nouveau-Monde, parmi lesquels il avait
fait ses premières armes, religieux comme les chevaliers espagnols
vainqueurs des Maures, il nourrissait dans son cœur contre les
infidèles la haine qu'il avait héritée du sang du Cid.

Thomas de Lautrec, de l'illustre maison de Foix, où la beauté
dans les femmes et la valeur dans les hommes passaient pour un
don héréditaire, était frère cadet de la comtesse de Foix, et du
brave et malheureux Odet de Foix, seigneur de Lautrec. A l'âge de
dix-huit ans, Thomas avait été armé chevalier par Bayard, dans
cette retraite qui coûta la vie au chevalier sans peur et sans reproche. Quelque temps après, Thomas fut percé de coups et fait prisonnier à Pavie, en défendant le roi-chevalier qui perdit tout alors,
fors l'honneur.

Don Carlos de Bivar, témoin de la vaillance de Lautrec, avait fait
prendre soin des blessures du jeune Français, et bientôt il s'établit

entre eux une de ces amitiés héroïques, dont l'estime et la vertu sont les fondements. François Ier était retourné en France ; mais Charles-Quint retint les autres prisonniers. Lautrec avait eu l'honneur de partager la captivité de son roi, et de coucher à ses pieds dans la prison. Resté en Espagne après le départ du monarque, il avait été remis sur sa parole à don Carlos, qui venait de l'amener à Grenade.

Lorsque Aben-Hamet se présenta au palais de don Rodrigue, et fut introduit dans la salle où se trouvait la fille du duc de Santa-Fé, il sentit des tourments jusqu'alors inconnus pour lui. Aux pieds de dona Blanca était assis un jeune homme qui la regardait en silence, dans une espèce de ravissement. Ce jeune homme portait un haut-de-chausses de buffle, et un pourpoint de même couleur, serré par un ceinturon d'où pendait une épée aux fleurs de lis. Un manteau de soie était jeté sur ses épaules, et sa tête était couverte d'un chapeau à petits bords, ombragé de plumes : une fraise de dentelle, rabattue sur sa poitrine, laissait voir son cou découvert. Deux moustaches noires comme l'ébène donnaient à son visage naturellement doux un air mâle et guerrier. De larges bottes, qui tombaient et se repliaient sur ses pieds, portaient l'éperon d'or, marque de la chevalerie.

A quelque distance, un autre chevalier se tenait debout appuyé sur la croix de fer de sa longue épée : il était vêtu comme l'autre chevalier, mais il paraissait plus âgé. Son air austère, bien qu'ardent et passionné, inspirait le respect et la crainte. La croix rouge de Calatrava était brodée sur son pourpoint, avec cette devise : *Pour elle et pour mon roi.*

Un cri involontaire s'échappa de la bouche de Blanca lorsqu'elle aperçut Aben-Hamet. « Chevaliers, dit-elle aussitôt, voici l'infidèle « dont je vous ai tant parlé ; craignez qu'il ne remporte la victoire. « Les Abencerages étaient faits comme lui, et nul ne les surpassait « en loyauté, courage et galanterie. »

Don Carlos s'avança au devant d'Aben-Hamet. « Seigneur Maure,

« dit-il, mon père et ma sœur m'ont appris votre nom ; on vous croit
« d'une race noble et brave ; vous-même, vous êtes distingué par
« votre courtoisie. Bientôt Charles-Quint, mon maître, doit por-
« ter la guerre à Tunis, et nous nous verrons, j'espère, au champ
« d'honneur. »

Aben-Hamet posa la main sur son sein, s'assit à terre sans répondre, et resta les yeux attachés sur Blanca et sur Lautrec. Celui-
ci admirait, avec la curiosité de son pays, la robe superbe, les armes
brillantes, la beauté du Maure ; Blanca ne paraissait point embar-
rassée ; toute son âme était dans ses yeux : la sincère Espagnole
n'essayait point de cacher le secret de son cœur. Après quelques
moments de silence, Aben-Hamet se leva, s'inclina devant la fille de
don Rodrigue, et se retira. Étonné du maintien du Maure et des regards de Blanca, Lautrec sortit avec un soupçon qui se changea
bientôt en certitude.

Don Carlos resta seul avec sa sœur. « Blanca, lui dit-il, expli-
« quez-vous. D'où naît le trouble que vous a causé la vue de cet
« étranger ? »

« Mon frère, répondit Blanca, j'aime Aben-Hamet ! et s'il veut
« se faire chrétien, ma main est à lui. »

« Quoi ! s'écria don Carlos, vous aimez Aben-Hamet ! la fille des
« Bivar aime un Maure, un infidèle, un ennemi que nous avons
« chassé de ces palais ! ».

« Don Carlos, répliqua Blanca, j'aime Aben-Hamet ; Aben-
« Hamet m'aime ; depuis trois ans il renonce à moi plutôt que de
« renoncer à la religion de ses pères. Noblesse, honneur, cheva-
« rie, sont en lui ; jusqu'à mon dernier soupir je l'adorerai. »

Don Carlos était digne de sentir ce que la résolution d'Aben-
Hamet avait de généreux, quoiqu'il déplorât l'aveuglement de cet
infidèle. « Infortunée Blanca, dit-il, où te conduira cet amour ?
« J'avais espéré que Lautrec, mon ami, deviendrait mon frère. »

« Tu t'étais trompé, répondit Blanca : je ne puis aimer cet étran-
« ger. Quant à mes sentiments pour Aben-Hamet, je n'en dois

« compte à personne. Garde tes serments de chevalerie comme je gar-
« derai mes serments d'amour. Sache seulement pour te consoler,
« que jamais Blanca ne sera l'épouse d'un infidèle. »

« Notre famille disparaîtra donc de la terre! » s'écria don Carlos.

« C'est à toi de la faire revivre, dit Blanca. Qu'importe d'ailleurs
« des fils que tu ne verras point, et qui dégénèreront de ta vertu ?
« Don Carlos, je sens que nous sommes les derniers de notre race ;
« nous sortons trop de l'ordre commun pour que notre sang fleu-
« risse après nous : le Cid fut notre aïeul, il sera notre postérité. »
Blanca sortit.

Don Carlos vole chez l'Abencerage. « Maure, lui dit-il, renonce
« à ma sœur ou accepte le combat. »

— « Es-tu chargé par ta sœur, répondit Aben-Hamet, de me
« redemander les serments qu'elle m'a faits ?

— « Non, répliqua don Carlos ; elle t'aime plus que jamais. »

— « Ah ! digne frère de Blanca ! » s'écria Aben-Hamet en l'interrompant, « je dois tenir tout mon bonheur de ton sang ! O for-
« tuné Aben-Hamet ! O heureux jour ! je croyais Blanca infidèle
« pour ce chevalier français...

— « Et c'est là ton malheur, » s'écria à son tour don Carlos
hors de lui ; « Lautrec est mon ami ; sans toi il serait mon frère.
« Rends-moi raison des larmes que tu fais verser à ma famille.

— « Je le veux bien, répondit Aben-Hamet ; mais né d'une race
« qui peût-être a combattu la tienne, je ne suis pourtant point
« chevalier. Je ne vois ici personne pour me conférer l'ordre qui te
« permettra de te mesurer avec moi sans descendre de ton rang. »

Don Carlos, frappé de la réflexion du Maure, le regarda avec un
mélange d'admiration et de fureur. Puis tout à coup : « C'est moi
« qui t'armerai chevalier ! tu en es digne. »

Aben-Hamet fléchit le genou devant don Carlos, qui lui donne
l'accolade, en lui frappant trois fois l'épaule du plat de son épée ;
ensuite don Carlos lui ceint cette même épée que l'Abencerage va
peut-être lui plonger dans la poitrine : tel était l'antique honneur.

Tous deux s'élancent sur leurs coursiers, sortent des murs de Grenade, et volent à la fontaine du Pin. Les duels des Maures et des chrétiens avaient depuis longtemps rendu cette source célèbre. C'était là que Malique Alabès s'était battu contre Ponce de Léon, et que le grand maître de Calatrava avait donné la mort au valeureux Abayados. On voyait encore les débris des armes de ce chevalier maure suspendus aux branches du pin, et l'on apercevait sur l'écorce de l'arbre quelques lettres d'une inscription funèbre. Don Carlos montra de la main la tombe d'Abayados à l'Abencerage : « Imite, lui cria-t-il, ce brave infidèle; et reçois le baptême et la « mort de ma main.

— « La mort peut-être, répondit Aben-Hamet : mais vive Allah « et le prophète ! »

Ils prirent aussitôt du champ, et coururent l'un sur l'autre avec furie. Ils n'avaient que leurs épées, Aben-Hamet était moins habile dans les combats que don Carlos, mais la bonté des armes, trempées à Damas, et la légèreté de son cheval arabe, lui donnaient encore l'avantage sur son ennemi. Il lança son coursier comme les Maures, et avec son large étrier tranchant il coupa la jambe droite du cheval de don Carlos au-dessous du genou. Le cheval blessé s'abattit, et don Carlos, démonté par ce coup heureux, marche sur Aben-Hamet l'épée haute. Aben-Hamet saute à terre et reçoit don Carlos avec intrépidité. Il pare les premiers coups de l'Espagnol, qui brise son épée sur le fer de Damas. Trompé deux fois par la fortune, don Carlos verse des pleurs de rage, et crie à son ennemi : « Frappe, Maure, frappe; don Carlos désarmé te défie, toi et toute ta race infidèle.

— « Tu pouvais me tuer, répond l'Abencerage, mais je n'ai « jamais songé à te faire la moindre blessure : j'ai voulu seule- « ment te prouver que j'étais digne d'être ton frère, et t'empêcher « de me mépriser. »

Dans cet instant on aperçoit un nuage de poussière : Lautrec et Blanca pressaient deux cavales de Fez plus légères que les vents.

Ils arrivent à la fontaine du Pin et voient le combat suspendu.

« Je suis vaincu, dit don Carlos; ce chevalier m'a donné la vie.

« Lautrec, vous serez peut-être plus heureux que moi.

— « Mes blessures, » dit Lautrec d'une voix noble et gracieuse, « me permettent de refuser le combat contre ce chevalier courtois. « Je ne veux point, ajouta-t-il en rougissant, connaître le sujet de « votre querelle, et pénétrer un secret qui porterait peut-être la « mort dans mon sein. Bientôt mon absence fera renaître la paix « parmi vous, à moins que Blanca ne m'ordonne de rester à ses pieds.

— « Chevalier, dit Blanca, vous demeurerez auprès de mon « frère, vous me regarderez comme votre sœur. Tous les cœurs « qui sont ici éprouvent des chagrins; vous apprendrez de nous à « supporter les maux de la vie. »

Blanca voulut contraindre les trois chevaliers à se donner la main ; tous les trois s'y refusèrent : Je hais Aben-Hamet! » s'écria « don Carlos. » Je l'envie, » dit Lautrec. « Et moi, dit l'Abence- « rage, j'estime don Carlos, et je plains Lautrec; mais je ne saurais « les aimer.

— « Voyons-nous toujours, dit Blanca, et tôt ou tard l'amitié « suivra l'estime. Que l'événement fatal qui nous rassemble ici soit « à jamais ignoré de Grenade. »

Aben-Hamet devint, dès ce moment, mille fois plus cher à la fille du duc de Santa-Fé : l'amour aime la vaillance ; il ne manquait plus rien à l'Abencerage, puisqu'il était brave, et que don Carlos lui devait la vie. Aben-Hamet, par le conseil de Blanca, s'abstint, pen- dant quelques jours, de se présenter au palais, afin de laisser se calmer la colère de don Carlos. Un mélange de sentiments doux et amers remplissait l'âme de l'Abencerage : si d'un côté l'assurance d'être aimé avec tant de fidélité et d'ardeur était pour lui une source inépuisable de délices, d'un autre côté la certitude de n'être jamais heureux sans renoncer à la religion de ses pères accablait le courage d'Aben-Hamet. Déjà plusieurs années s'étaient écoulées sans apporter de remède à ses maux : verrait-il ainsi s'écouler le reste de sa vie?

Il était plongé dans un abîme de réflexions les plus sérieuses et les plus tendres, lorsqu'un soir il entendit sonner cette prière chrétienne qui annonce la fin du jour. Il lui vint en pensée d'entrer dans le temple du Dieu de Blanca, et de demander des conseils au Maître de la nature.

Il sort, il arrive à la porte d'une ancienne mosquée convertie en église par les fidèles. Le cœur saisi de tristesse et de religion, il pénètre dans le temple qui fut autrefois celui de son Dieu et de sa patrie. La prière venait de finir : il n'y avait plus personne dans l'église. Une sainte obscurité régnait à travers une multitude de colonnes qui ressemblaient aux troncs des arbres d'une forêt régulièrement plantée. L'architecture légère des Arabes s'était mariée à l'architecture gothique, et sans rien perdre de son élégance, elle avait pris une gravité plus convenable aux méditations. Quelques lampes éclairaient à peine les enfoncements des voûtes; mais à la clarté de plusieurs cierges allumés, on voyait encore briller l'autel du sanctuaire : il étincelait d'or et de pierreries. Les Espagnols mettent toute leur gloire à se dépouiller de leurs richesses pour en parer les objets de leur culte, et l'image du Dieu vivant placée au milieu des voiles de dentelles, des couronnes de perles et des gerbes de rubis, est adorée par un peuple à demi nu.

On ne remarquait aucun siège au milieu de la vaste enceinte : un pavé de marbre qui recouvrait des cercueils servait aux grands comme aux petits, pour se prosterner devant le Seigneur. Aben-Hamet s'avançait lentement dans les nefs désertes qui retentissaient du seul bruit de ses pas. Son esprit était partagé entre les souvenirs que cet ancien édifice de la religion des Maures retraçait à sa mémoire, et les sentiments que la religion des chrétiens faisait naître dans son cœur. Il entrevit au pied d'une colonne une figure immobile, qu'il prit d'abord pour une statue sur un tombeau; il s'en approche; il distingue un jeune chevalier à genoux, le front respectueusement incliné et les deux bras croisés sur sa poitrine. Ce chevalier ne fit aucun mouvement au bruit des pas d'Aben-Hamet; aucune distraction, aucun signe extérieur de vie ne troubla sa profonde prière. Son épée était couchée à terre devant lui, et son chapeau, chargé de plumes, était posé sur le marbre à ses côtés : il avait l'air d'être fixé dans cette attitude par l'effet d'un enchantement. C'était Lautrec : « Ah! dit l'Abencerage en lui-même, ce « jeune et beau Français demande au ciel quelque faveur signalée ; « ce guerrier, déjà célèbre par son courage, répand ici son cœur « devant le souverain du ciel, comme le plus humble et le plus obs- « cur des hommes. Prions donc aussi le Dieu des chevaliers de la « Gloire. »

Aben-Hamet allait se précipiter sur le marbre, lorsqu'il aperçut, à la lueur d'une lampe, des caractères arabes et un verset du Coran, qui paraissaient sous un plâtre à demi tombé. Les remords rentrent dans son cœur, et il se hâte de quitter l'édifice où il a pensé devenir infidèle à sa religion et à sa patrie.

Le cimetière qui environnait cette ancienne mosquée était une espèce de jardin planté d'orangers, de cyprès, de palmiers, et arrosé par deux fontaines ; un cloître régnait à l'entour. Aben-Hamet, en passant sous un des portiques, aperçut une femme prête à entrer dans l'église. Quoiqu'elle fût enveloppée d'un voile, l'Abencerage reconnut la fille du duc de Santa-Fé ; il l'arrête et lui dit: « Viens-tu chercher Lautrec dans ce temple? »

« — Laisse là ces vulgaires jalousies, répondit Blanca ; si je ne « t'aimais plus, je te le dirais ; je dédaignerais de te tromper. Je « viens ici prier pour toi ; toi seul est maintenant l'objet de mes « vœux : j'oublie mon âme pour la tienne. Il ne fallait pas m'eni- « vrer du poison de ton amour, ou il fallait consentir à servir le « Dieu que je sers. Tu troubles toute ma famille, mon frère te hait ; « mon père est accablé de chagrin, parce que je refuse de choisir « un époux. Ne t'aperçois-tu pas que ma santé s'altère ? Vois cet « asile de la mort ; il est enchanté ! Je m'y reposerai bientôt, si tu « ne te hâtes de recevoir ma foi au pied de l'autel des chrétiens. « Les combats que j'éprouve minent peu à peu ma vie ; la passion

« que tu m'inspires ne soutiendra pas toujours ma frêle existence :
« songe, ô Maure, pour te parler ton langage, que le feu qui allume
« le flambeau est aussi le feu qui le consume. »

Blanca entre dans l'église, et laisse Aben-Hamet accablé de ces
dernières paroles.

C'en est fait : l'Abencerage est vaincu ; il va renoncer aux erreurs
de son culte ; assez longtemps il a combattu. La crainte de voir
Blanca mourir l'emporte sur tout autre sentiment dans le cœur
d'Aben-Hamet. Après tout, se disait-il, le Dieu des chrétiens est
peut-être le Dieu véritable ? Ce Dieu est toujours le Dieu des
nobles âmes, puisqu'il est celui de Blanca, de don Carlos et de
Lautrec.

Dans cette pensée, Aben-Hamet attendit avec impatience le lendemain pour faire connaître sa résolution à Blanca, et changer une
vie de tristesse et de larmes en une vie de joie et de bonheur. Il ne
put se rendre au palais du duc de Santa-Fé que le soir. Il apprit
que Blanca était allée avec son frère au Généralife, où Lautrec
donnait une fête. Aben-Hamet, agité de nouveaux soupçons, vole
sur les traces de Blanca. Lautrec rougit en voyant paraître l'Abencerage ; quant à don Carlos, il reçut le Maure avec une froide
politesse, mais à travers laquelle perçait l'estime.

Lautrec avait fait servir les plus beaux fruits de l'Espagne et de
l'Afrique dans une des salles du Généralife, appelée la salle des Chevaliers. Tout autour de cette salle étaient suspendus les portraits
des princes et des chevaliers vainqueurs des Maures, Pélasge, le
Cid, Gonzalve de Cordoue. L'épée du dernier roi de Grenade était
attachée au-dessous de ces portraits. Aben-Hamet renferma sa
douleur en lui-même, et dit seulement comme le lion, en regardant
ces tableaux : « Nous ne savons pas peindre. »

Le généreux Lautrec, qui voyait les yeux de l'Abencerage se
tourner malgré lui vers l'épée de Boabdil, lui dit : « Chevalier
« maure, si j'avais prévu que vous m'eussiez fait l'honneur de ve-
« nir à cette fête, je ne vous aurais pas reçu ici. On perd tous les

« jours une épée , et j'ai vu le plus vaillant des rois remettre la
« sienne à son heureux ennemi. »

« Ah ! » s'écria le Maure en se couvrant le visage d'un pan de sa
robe, « on peut la perdre comme François Ier ; mais comme Boab-
« dil !... »

La nuit vint ; on apporta des flambeaux ; la conversation changea
de cours. On pria don Carlos de raconter la découverte du Mexique.
Il parla de ce monde inconnu avec l'éloquence pompeuse naturelle
à la nation espagnole. Il dit les malheurs de Montézume, les mœurs
des Américains, les prodiges de la valeur castillane, et même les
cruautés de ses compatriotes, qui ne lui semblaient mériter ni blâme
ni louange. Ces récits enchantaient Aben-Hamet, dont la passion
pour les histoires merveilleuses trahissait le sang arabe. Il fit à son
tour le tableau de l'empire ottoman, nouvellement assis sur les
ruines de Constantinople, non sans donner des regrets au premier
empire de Mahomet ; temps heureux où le commandeur des croyants
voyait briller autour de lui Zobéide, Fleur de Beauté, Force des
Cœurs, Tourmente, et ce généreux Ganem, esclave par amour.
Quant à Lautrec, il peignit la cour galante de François Ier, les arts
renaissant du sein de la barbarie, l'honneur, la loyauté ; la chevalerie des anciens temps, unis à la politesse des siècles civilisés ;
les tourelles gothiques ornées des ordres de la Grèce, et les dames
gauloises rehaussant la richesse de leurs atours par l'élégance athé-
nienne.

Après ces discours, Lautrec, qui voulait amuser la divinité de
cette fête, prit une guitare, et chanta cette romance qu'il avait composée sur un air des montagnes de son pays :

> Combien j'ai douce souvenance [1]
> Du joli lieu de ma naissance !
> Ma sœur, qu'ils étaient beaux les jours
> De France !
> O mon pays, sois mes amours
> Toujours !

[1] Cette romance est déjà connue du public. J'en avais composé les paroles pour un
air des montagnes d'Auvergne, remarquable par sa douceur et sa simplicité.

Te souvient-il que notre mère,
Au foyer de notre chaumière,
Nous pressait sur son cœur joyeux,
        Ma chère ;
Et nous baisions ses blancs cheveux
        Tous deux.

Ma sœur, te souvient-il encore
Du château que baignait la Dore ?
Et de cette tant vieille tour
        Du Maure,
Où l'airain sonnait le retour
        Du jour !

Te souvient-il du lac tranquille
Qu'effleurait l'hirondelle agile,
Du vent qui courbait le roseau
        Mobile,
Et du soleil couchant sur l'eau,
        Si beau ?

Oh ! qui me rendra mon Hélène,
Et ma montagne, et le grand chêne ?
Leur souvenir fait tous les jours
        Ma peine :
Mon pays sera mes amours
        Toujours !

Lautrec, en achevant le dernier couplet, essuya avec son gant une larme que lui arrachait le souvenir du gentil pays de France. Les regrets du beau prisonnier furent vivement sentis par Aben-Hamet, qui déplorait comme Lautrec la perte de sa patrie. Sollicité de prendre à son tour la guitare, il s'excusa en disant qu'il ne savait qu'une romance, et qu'elle serait peu agréable à des chrétiens.

« Si ce sont des infidèles qui gémissent de nos victoires, » repartit dédaigneusement don Carlos, « vous pouvez chanter ; les « larmes sont permises aux vaincus. »

« — Oui, dit Blanca ; et c'est pour cela que nos pères, soumis « autrefois au joug des Maures, nous ont laissé tant de com- « plaintes. »

Aben-Hamet chanta donc cette ballade, qu'il avait apprise d'un poëte de la tribu des Abencerages[1] :

---

[1] En traversant un pays montagneux entre Algésiras et Cadix, je m'arrêtai dans une *venta* située au milieu d'un bois; je n'y trouvai qu'un petit garçon

Le roi don Juan,
Un jour chevauchant,
Vit sur la montagne
Grenade d'Espagne ;
Il lui dit soudain :
Cité mignonne,
Mon cœur te donne
Avec ma main.

Je t'épouserai,
Puis apporterai
En dons à ta ville,
Cordoue et Séville.
Superbes atours
Et perle fine
Je te destine
Pour nos amours.

Grenade répond :
Grand roi de Léon,
Au Maure liée,
Je suis mariée.
Garde tes présents :
J'ai pour parure
Riche ceinture
Et beaux enfants.

Ainsi tu disais,
Ainsi tu mentais ;
O mortelle injure !
Grenade est parjure !
Un chrétien maudit
D'Abencerage
Tient l'héritage :
C'était écrit !

Jamais le chameau
N'apporte au tombeau
Près de la piscine,
L'haggi de Médine.
Un chrétien maudit
D'Abencerage
Tient l'héritage :
C'était écrit !

de quatorze à quinze ans, et une petite fille à peu près du même âge, frère et sœur, qui tressaient auprès du feu des nattes de jonc. Ils chantaient une romance dont je ne comprenais pas les paroles, mais dont l'air était simple et naïf. Il faisait un temps affreux ; je restai deux heures à la *venta*. Mes jeunes hôtes répétèrent si longtemps les couplets de leur romance, qu'il me fut aisé d'en apprendre l'air par cœur. C'est sur cet air que j'ai composé la romance de l'Abencerage. Peut-être était-il question d'Aben-Hamet dans la chanson de mes deux petits Espagnols. Au reste, le dialogue de Grenade et du roi de Léon est imité d'une romance espagnole.

> O bel Alhambra !
> O palais d'Allah !
> Cité des fontaines !
> Fleuve aux vertes plaines !
> Un chrétien maudit
> D'Abencerage
> Tient l'héritage :
> C'était écrit !

La naïveté de ces plaintes avait touché jusqu'au superbe don Carlos, malgré les imprécations prononcées contre les chrétiens. Il aurait bien désiré qu'on le dispensât de chanter lui-même ; mais par courtoisie pour Lautrec il crut devoir céder à ses prières. Aben-Hamet donna la guitare au frère de Blanca, qui célébra les exploits du Cid, son illustre aïeul :

> Prêt à partir pour la rive africaine [1],
> Le Cid armé, tout brillant de valeur,
> Sur sa guitare, au pied de sa Chimène,
> Chantait ces vers que lui dictait l'honneur :
>
> Chimène a dit : Va combattre le Maure ;
> De ce combat surtout reviens vainqueur.
> Oui, je croirai que Rodrigue m'adore
> S'il fait céder son amour à l'honneur.
>
> Donnez, donnez et mon casque et ma lance !
> Je veux montrer que Rodrigue a du cœur :
> Dans les combats signalant sa vaillance,
> Son cri sera pour sa dame et l'honneur.
>
> Maure vanté par ta galanterie,
> De tes accents mon noble chant vainqueur,
> D'Espagne un jour deviendra la folie,
> Car il peindra l'amour avec l'honneur.
>
> Dans le vallon de notre Andalousie
> Les vieux chrétiens conteront ma valeur :
> Il préféra, diront-ils, à la vie,
> Son Dieu, son roi, sa Chimène et l'honneur.

[1] Tout le monde connaît l'air des *Folies d'Espagne*. Cet air était sans paroles, du moins il n'y avait point de paroles qui en rendissent le caractère grave, religieux et chevaleresque. J'ai essayé d'exprimer ce caractère dans la romance du Cid. Cette romance s'étant répandue dans le public sans mon aveu, des maîtres célèbres m'ont fait l'honneur de l'embellir de leur musique. Mais comme je l'avais expressément composée pour l'air des *Folies d'Espagne*, il y a un couplet qui devient un vrai galimatias, s'il ne se rapporte à mon intention primitive :

> .... Mon noble chant vainqueur,
> *D'Espagne un jour deviendra la folie*, etc.

Enfin ces trois romances n'ont quelque mérite qu'autant qu'elles sont chantées sur trois vieux airs véritablement nationaux ; elles amènent d'ailleurs un dénouement.

Don Carlos avait paru si fier en chantant ces paroles d'une voix mâle et sonore, qu'on l'aurait pris pour le Cid lui-même. Lautrec partageait l'enthousiasme guerrier de son ami; mais l'Abencerage avait pâli au nom du Cid.

« Ce chevalier, dit-il, que les chrétiens appellent la Fleur des « batailles, porte parmi nous le nom de cruel. Si sa générosité « avait égalé sa valeur!...

— « Sa générosité, » repartit vivement don Carlos interrompant Aben-Hamet, « surpassait encore son courage, et il n'y a que des « Maures qui puissent calomnier le héros à qui ma famille doit le « jour.

— « Que dis-tu? » s'écria Aben-Hamet s'élançant du siége où il était à demi couché : « tu comptes le Cid parmi tes aïeux?

— « Son sang coule dans mes veines, » répliqua don Carlos, « et je me reconnais de ce noble sang à la haine qui brûle dans « mon cœur contre les ennemis de mon Dieu.

— « Ainsi, dit Aben-Hamet regardant Blanca, vous êtes de la « maison de ces Bivar qui, après la conquête de Grenade, envahi-« rent les foyers des malheureux Abencerages et donnèrent la mort « à un vieux chevalier de ce nom qui voulut défendre le tombeau « de ses aïeux!

— « Maure! » s'écria don Carlos enflammé de colère, « sache « que je ne me laisse point interroger. Si je possède aujourd'hui la « dépouille des Abencerages, mes ancêtres l'ont acquise au prix de « leur sang, et ils ne la doivent qu'à leur épée.

— « Encore un mot, » dit Aben-Hamet toujours plus ému : « nous avons ignoré dans notre exil que les Bivar eussent porté « le titre de Santa-Fé; c'est ce qui a causé mon erreur.

— « Ce fut, répondit don Carlos, à ce même Bivar, vainqueur « des Abencerages, que ce titre fut conféré par Ferdinand le Ca-« tholique. »

La tête d'Aben-Hamet se pencha sur son sein : il resta debout au milieu de don Carlos, de Lautrec et de Blanca étonnés. Deux orrents de larmes coulèrent de ses yeux sur le poignard attaché à sa ceinture. « Pardonnez, dit-il; les hommes, je le sais, ne doivent « pas répandre de larmes : désormais les miennes ne couleront « plus au dehors, quoiqu'il me reste beaucoup à pleurer; écoutez-moi:

« Blanca, mon amour pour toi égale l'ardeur des vents brûlants « de l'Arabie. J'étais vaincu; je ne pouvais plus vivre sans toi. « Hier, la vue de ce chevalier français en prières, tes paroles dans « le cimetière du temple, m'avaient fait prendre la résolution de « connaître ton Dieu et de t'offrir ma foi. »

Un mouvement de joie de Blanca, et de surprise de don Carlos, interrompit Aben-Hamet; Lautrec cacha son visage dans ses deux mains. Le Maure devina sa pensée, et, secouant la tête avec un sourire déchirant : « Chevalier, dit-il, ne perds pas toute espérance; et toi, Blanca, pleure à jamais sur le dernier Abencerage! »

Blanca, don Carlos, Lautrec lèvent tous trois les mains au ciel et s'écrient : « Le dernier Abencerage! »

Le silence règne; la crainte, l'espoir, la haine, l'amour, l'étonnement, la jalousie agitent tous les cœurs; Blanca tombe bientôt à genoux. « Dieu de bonté! dit-elle, tu justifies mon choix, je ne « pouvais aimer que le descendant des héros.

— « Ma sœur, s'écria don Carlos irrité, songez donc que vous « êtes ici devant Lautrec!

— « Don Carlos, dit Aben-Hamet, suspends ta colère; c'est à « moi à vous rendre le repos. » Alors s'adressant à Blanca, qui s'était assise de nouveau :

« Houri du ciel, génie de l'amour et de la beauté, Aben-Hamet « sera ton esclave jusqu'à son dernier soupir; mais connais toute « l'étendue de son malheur. Le vieillard immolé par ton aïeul en « défendant ses foyers était le père de mon père; apprends encore « un secret que je t'ai caché, ou plutôt que tu m'avais fait oublier. « Lorsque je vins la première fois visiter cette triste patrie, j'avais « surtout pour dessein de chercher quelque fils des Bivar qui pût « me rendre compte du sang que ses pères avaient versé. »

— « Eh bien ! » dit Blanca d'une voix douloureuse, mais soutenue par l'accent d'une grande âme, « quelle est ta résolution ? »

— « La seule qui soit digne de toi, » répondit Aben-Hamet :
« te rendre tes serments, satisfaire par mon éternelle absence et par
« ma mort à ce que nous devons l'un et l'autre à l'inimitié de nos
« dieux, de nos patries et de nos familles. Si jamais mon image
« s'effaçait de ton cœur, si le temps, qui détruit tout, emportait de
« ta mémoire le souvenir d'Abencerage... ce chevalier français...
« Tu dois ce sacrifice à ton frère. »

Lautrec se lève avec impétuosité, se jette dans les bras du Maure.
« Aben-Hamet ! s'écrie-t-il, ne crois pas me vaincre en générosité :
« je suis Français ; Bayard m'arma chevalier ; j'ai versé mon sang
« pour mon roi ; je serai, comme mon parrain et comme mon
« prince, sans peur et sans reproche. Si tu restes parmi nous, je
« supplie don Carlos de t'accorder la main de sa sœur ; si tu quittes
« Grenade, jamais un mot de mon amour ne troublera ton amante.
« Tu n'emporteras point dans ton exil la funeste idée que Lautrec,
« insensible à ta vertu, cherche à profiter de ton malheur. »

Et le jeune chevalier pressait le Maure sur son sein avec la chaleur
et la vivacité d'un Français.

» Chevaliers, dit don Carlos à son tour, je n'attendais pas moins
« de vos illustres races. Aben-Hamet, à quelle marque puis-je vous
« reconnaître pour le dernier Abencerage ?

— « A ma conduite, » répondit Aben-Hamet.

— « Je l'admire, dit l'Espagnol ; mais, avant de m'expliquer,
« montrez-moi quelque signe de votre naissance. »

Aben-Hamet tira de son sein l'anneau héréditaire des Abencerages, qu'il portait suspendu à une chaîne d'or.

A ce signe, don Carlos tendit la main au malheureux Aben-Hamet. « Sire chevalier, dit-il, je vous tiens pour prud'homme et
« véritable fils de rois. Vous m'honorez par vos projets sur ma
« famille ; j'accepte le combat que vous étiez venu secrètement
« chercher. Si je suis vaincu, tous mes biens, autrefois tous les

« vôtres, vous seront fidèlement remis. Si vous renoncez au projet
« de combattre, acceptez à votre tour ce que je vous offre : soyez
« chrétien et recevez la main de ma sœur, que Lautrec a demandée
« pour vous. »

La tentation était grande; mais elle n'était pas au-dessus des
forces d'Aben-Hamet. Si l'amour, dans toute sa puissance, parlait
au cœur de l'Abencerage, d'une autre part il ne pensait qu'avec
épouvante à l'idée d'unir le sang des persécuteurs au sang des per-
sécutés. Il croyait voir l'ombre de son aïeul sortir du tombeau et
lui reprocher cette alliance sacrilége. Transpercé de douleur, Aben-
Hamet s'écrie : « Ah! faut-il que je rencontre ici tant d'âmes su-
« blimes, tant de caractères généreux, pour mieux sentir ce que je
« perds! Que Blanca prononce; qu'elle dise ce qu'il faut que je
« fasse pour être plus digne de son amour! »

Blanca s'écrie : « Retourne au désert! » et elle s'évanouit.

Aben-Hamet se prosterna, adora Blanca encore plus que le ciel,
et sortit sans prononcer une seule parole. Dès la nuit même, il partit
pour Malaga et s'embarqua sur un vaisseau qui devait toucher à
Oran. Il trouva campée près de cette ville la caravane qui, tous les
trois ans, sort de Maroc, traverse l'Afrique, se rend en Egypte et
rejoint dans l'Yémen la caravane de la Mecque. Aben-Hamet se mit
au nombre des pèlerins.

Blanca, dont les jours furent d'abord menacés, revint à la vie.
Lautrec, fidèle à la parole qu'il avait donnée à l'Abencerage, s'éloi-
gna, et jamais un mot de son amour ou de sa douleur ne troubla la
mélancolie de la fille du duc de Santa-Fé. Chaque année Blanca
allait errer sur les montagnes de Malaga, à l'époque où son amant
avait coutume de revenir d'Afrique; elle s'asseyait sur les rochers,
regardait la mer, les vaisseaux lointains, et retournait ensuite à
Grenade : elle passait le reste de ses jours parmi les ruines de
l'Alhambra. Elle ne se plaignait point; elle ne pleurait point; elle
ne parlait jamais d'Aben-Hamet : un étranger l'aurait crue heureuse. Elle resta seule de sa famille. Son père mourut de chagrin et

don Carlos fut tué dans un duel où Lautrec lui servit de second. On n'a jamais su quelle fut la destinée d'Aben-Hamet.

Lorsqu'on sort de Tunis, par la porte qui conduit aux ruines de Carthage, on trouve un cimetière : sous un palmier, dans un coin de ce cimetière, on m'a montré un tombeau qu'on appelle *le tombeau du dernier Abencerage*. Il n'a rien de remarquable; la pierre sépulcrale en est tout unie. Seulement, d'après une coutume des Maures, on a creusé au milieu de cette pierre un léger enfoncement avec le ciseau. L'eau de la pluie se rassemble au fond de cette coupe funèbre, et sert, dans un climat brûlant, à désaltérer l'oiseau du ciel.

FIN DES AVENTURES DU DERNIER ABENCERAGE.

LES QUATRE STUARTS

---o✱o---

JACQUES Ier

DE 1603 A 1625.

Il naquit sans doute dans la Grande-Bretagne en 1603, à l'avénement de Jacques 1er, plusieurs individus qui ne moururent qu'en 1688, à la chute de Jacques II : ainsi tout l'empire des Stuarts en Angleterre ne fut pas plus long que la vie d'un vieil homme. Quatre-vingt-cinq ans suffirent à la disparition totale de quatre rois qui montèrent sur le trône d'Élisabeth, avec la fatalité, les préjugés et les malheurs attachés à leur race.

Jacques, comme beaucoup de princes dévots, fut gouverné par des favoris : tandis qu'avec sa plume il combattait pour le droit divin, il laissait le sceptre à Buckingham, qui usait et abusait du droit politique ; le favori prenait les vices de la royauté dont le monarque retenait les vertus. Souvent les princes se plaisent à déléguer le pouvoir à un ministre dont ils reconnaissent eux-mêmes l'indignité ; imitant Dieu, dont ils se disent l'image, ils ont l'orgueil de créer quelque chose de rien.

Jacques expira sans violence dans le lit de la femme qui avait tué Marie d'Écosse ; de cette noble Marie, qui, selon une tradition, créa son bourreau gentilhomme ou chevalier ; de cette belle veuve de François de France, laquelle désira avoir *la tête tranchée avec une épée à la française*, raconte Étienne Pasquier. *Le bourreau montra la tête séparée du corps*, dit Pierre de l'Estoile, *et comme en cette montre la coiffure chut en terre, on vit que l'ennui avait rendu toute chauve cette pauvre reine de quarante-cinq ans, après une prison de dix-huit.* Mais Jacques n'en travailla pas moins à établir les principes qui devaient amener la fin tragique de Charles Ier : il mourut toujours tremblant entre l'épée qui l'avait effrayé dans le ventre de sa mère, et le glaive qui devait tomber sur la tête de son fils. Son règne ne fut que l'espace qui sépara les deux échafauds de Fortheringay et de Whitehall; espace obscur où s'éteignirent Bacon et Shakespeare.

Jacques était auteur, et auteur non sans mérite. Son *Basilicon Doron*, qui servit de modèle à l'*Eikon Basiliké*, renfermait cette inutile leçon pour Charles, son fils : « Ne vous en rapportez point à « des gens qui ont des intérêts à vous cacher les besoins de vos « sujets, afin de vous tenir dans la dépendance, et qui ne portent « jamais au souverain les plaintes publiques que comme des révoltes, « donnant aux larmes du peuple les noms de désobéissance et de « rébellion. »

CHARLES Ier

DEPUIS L'AVÉNEMENT DE CHARLES Ier A LA COURONNE JUSQU'A LA CONVOCATION DU LONG PARLEMENT.

DE 1625 A 1640.

Charles parvint à la puissance suprême, rempli des idées romanesques de Buckingham et des maximes de l'absolu Jacques Ier. Mais Jacques n'avait défendu le droit divin que par la controverse ; sa vanité littéraire et sa modération naturelle avaient permis la réplique : de là était née la liberté des opinions politiques; la liberté des opinions religieuses était déjà sortie de la lutte entre l'esprit catholique et l'esprit protestant.

De très bonne foi dans ses doctrines, Charles tenait des traditions paternelles que les priviléges de la couronne sont inaliénables ; que le roi régnant n'en est que l'usufruitier ; qu'il les doit transmettre intacts à son successeur.

La nation, au contraire, commençant à douter de l'étendue de ces priviléges, soutenait que le trône en avait usurpé une partie sur elle. Les premiers symptômes de division éclatèrent lorsque Charles voulut continuer la guerre allumée dans le Palatinat ; le parlement refusa l'argent demandé : avant d'accorder le subside, il prétendit obtenir la réparation des griefs dont il se plaignait ; il sollicitait surtout l'éloignement d'un insolent favori. Charles crut son autorité attaquée ; il s'entêta à soutenir Buckingham, cassa le parlement, et leva, en vertu de certaines vieilles lois, des taxes arbitraires. Le reste de son règne s'écoula dans le même esprit.

Charles fit des efforts pour gouverner sans parlement, mais la nécessité salutaire de la monarchie représentative, nécessité qui oblige le prince à la modération afin d'opérer la levée paisible de l'impôt, ramenait de force la couronne au principe constitutionnel. Plus le roi avait agi selon le bon plaisir, plus on exigeait de lui de garantie : il cédait ou s'emportait de nouveau, et ses concessions et ses emportements finissaient toujours par la reconnaissance de quelques droits.

Dans ce conflit, de grands talents se formèrent, les limites de différents pouvoirs se tracèrent, le chaos politique se débrouilla : à travers beaucoup de passions on entrevit beaucoup de vérités, et quand les passions s'évanouirent, les vérités restèrent.

Buckingham, mignon de Jacques, et qui troubla les premières années du règne de Charles Ier, a fait plus de bruit dans l'histoire passée qu'il n'en fera dans l'histoire à venir, parce qu'il ne se rattache ni à quelque grand mouvement de l'esprit humain, ni à quelque grand vice ou à quelque grande vertu dans la chaîne de la morale.

Buckingham était un de ces hommes comme il y en a tant, prodigue, débauché, d'une beauté fade, d'un orgueil démesuré, d'un

esprit étroit et fou ; un de ces hommes tout physiques, où la chair
et le sang dominent l'intelligence. Le favori se croyait un général,
et n'était qu'un soldat. Fanfaron de galanterie à la cour d'Espagne,
insolent dans ses prétentions d'amour à la cour de France, et peut-
être à celle d'Angleterre, il affectait des triomphes que souvent il
n'avait pas obtenus.

Il est néanmoins remarquable que Buckingham brava impunément
Richelieu, et que ces terribles parlementaires qui, quelque temps
après, traînèrent à l'échafaud un grand homme, Strafford, souffri-
rent, bien qu'en l'accusant, les insolences d'un courtisan vulgaire.
C'est qu'on pardonne plutôt à la puissance qu'au génie : reste à
savoir encore si d'un côté Richelieu ne méprisa pas un aventurier,
et si de l'autre il n'y avait pas dans le caractère impérieux et déréglé
de Buckingham quelque chose qui sympathisât avec le caractère
national anglais.

Cet homme fut assassiné (1628) de la main d'un autre homme
qui n'était le vengeur de rien : Felton poignarda un extravagant
patricien par une extravagance plébéienne.

Buckingham laissa deux fils : le cadet périt au milieu de la guerre
civile dans le parti de Charles Ier : l'aîné, devenu gendre de Fairfax,
fut, sous Charles II, le chef de ce conseil connu sous le nom de la
Cabale. Célèbre héréditairement par sa passion pour les femmes, il
tua en duel le comte de Shrewsbury, tandis que la femme du comte,
déguisée en page, tenait la bride du cheval de ce second Buckingham. Aussi désordonné que son père, mais d'un esprit brillant et cultivé, il écrivit des lettres, des poèmes, des satires, et travailla avec Butler à une comédie qui changea le goût du théâtre
anglais.

Depuis l'avénement de Charles Ier au trône d'Angleterre jusqu'à
la mort du duc de Buckingham, trois parlements avaient été con-
voqués : le premier ne vota qu'une somme insuffisante pour la con-
tinuation de la guerre continentale en faveur des protestants, et le
second se montra infecté de l'esprit puritain. Déjà l'Angleterre était

partagée en deux grandes fractions appelées le parti de la cour et le parti de la campagne.

Charles, après avoir cassé le second parlement, ne tarda pas à être obligé d'en convoquer un troisième (17 mars 1628.) Ce parlement posa la première pierre de la liberté constitutionnelle anglaise, en faisant passer la fameuse *pétition des droits*, bill qui tendait, en vertu des principes de la grande charte, à régler les pouvoirs de la couronne. Les communes furent rendues intraitables par leur victoire ; et après des scènes violentes où quelques députés en vinrent aux mains, le roi se vit forcé de les renvoyer.

Buckingham assassiné, le troisième parlement dissous, douze années s'écoulèrent sans qu'aucun autre parlement fût appelé. Le conseil de Charles se composait alors de ministres qui présentaient un contraste et un mélange de mérite et d'incapacité.

Le garde des sceaux, sir Thomas Coventry, joignait à beaucoup d'érudition une éloquence simple et la science des affaires ; mais son caractère intègre manquait de cette chaleur qui crée des amis, et de ces passions qui font des disciples. Peu appuyé à la cour, il vit le mal s'accroître sans en avertir son maître : « Il eut le bon-« heur de mourir, dit Clarendon, dans un temps où tout honnête « homme aurait désiré quitter la vie. »

Sir Richard Weston, premier lord de la Trésorerie, avait montré, dans un rang inférieur, un esprit et un courage qui l'abandonnèrent au degré le plus élevé du pouvoir : hautain et timide, prompt à l'insulte, prompt à trembler devant l'insulté il ne laissa à sa famille qu'indigence et malheur.

Des vertus, du génie même et une grâce particulière faisaient remarquer le comte de Pembroke : on ne lui a reproché que sa passion pour les femmes, à laquelle il sacrifia des moments qu'il aurait dû donner aux adversités de son pays.

Le comte de Montgomery n'avait réussi à la cour que par sa belle figure et ses talents pour la chasse : on ne l'eût pas aperçu dans un temps ordinaire. Sa médiocrité fut reprochée à Charles : dans les révolutions on fait un crime aux rois de ne pas s'entourer d'hommes égaux aux circonstances.

Un esprit agréable, un savoir universel, étaient le partage du comte de Dorset : il brilla également à la chambre des communes et dans la chambre héréditaire. Malheureusement, son caractère fougueux le précipita dans des excès. Brave et passionné, il prodigua son temps à des amours sans honneurs et son sang à des combats sans gloire.

Le comte de Carlisle ne profita de la faveur que pour jouir des plaisirs. Il avait aux affaires un talent naturel qu'il n'employa jamais. Il mourut insouciant, sans avoir été atteint de l'orage qu'il écouta de loin.

Flatteur de Charles dans la prospérité, lord Holland l'abandonna dans l'infortune : lâcheté vulgaire, commune à tant d'âmes vulgaires : il devint un des boute-feux du parlement. Quand les factions commencent, elles saisissent aux hasard leurs chefs; elles plongent ensuite dans l'abîme les singes qu'elles avaient pris pour des hommes.

Enfin, l'archevêque de Cantorbéry ferme la liste des conseillers de Charles, dans les temps qui précédèrent les troubles. Il parut à la cour avec cette raideur de caractère qui le rendit incapable de se plier aux circonstances. Haï des grands dont il méprisait l'art et les mœurs, il n'eut pour se soutenir que l'autorité d'une vie sainte et la renommée d'une intégrité poussée jusqu'à la rudesse. De même qu'il dédaigna de s'abaisser devant la faveur des courtisans, il s'opposa aux excès du peuple, et de la persécution des intrigues il tomba dans la proscription des révolutions.

Charles, appuyé de ce conseil, régna l'espace de douze ans avec une autorité illimitée; il n'en fit pas un mauvais usage sous le rapport administratif, mais il cherchait en théorie ce qui était devenu impossible en pratique, une monarchie absolue. Du gouvernement absolu au gouvernement arbitraire, la conversion est facile : l'absolu est la tyrannie de la loi : l'arbitraire est la tyrannie de l'homme.

Si l'Angleterre avait voulu souffrir la levée d'un impôt d'ailleurs fort modéré, elle eût vécu sous un assez doux despotisme. Charles avait des vertus domestiques, du courage, de la modération, de la probité ; mais on lui disputait, la loi à la main, tous ses actes ; ils pouvaient être bons, mais il n'étaient pas légaux. Une seule résistance amenait l'emploi de la force et un scandale. Au défaut du pouvoir parlementaire, les conseillers du monarque suscitèrent le pouvoir de la chambre étoilée dont on augmenta les attributions : fatal auxiliaire de la couronne.

Le jugement rendu contre Hampden (1636) pour n'avoir pas voulu se soumettre à la taxe du *sihpmoney* remua de plus en plus les esprits : une commotion religieuse ébranla l'Écosse. Par ce concours de circonstances, qui produit le renouvellement des empires, le peuple d'Écosse et celui d'Angleterre inclinaient au puritanisme au moment même où les évêques voulaient faire triompher l'église anglicane, et prétendaient introduire quelque chose de la pompe catholique dans le culte protestant.

La nouvelle liturgie est repoussée (1637) à Édimbourg. La foule s'écrie : Le *pape !* le *pape ! l'antechrist !* le royaume se soulève et le *covenant* est signé.

C'est pourtant de cet acte fanatique, mystique, inintelligible, exprimant dans un jargon barbare les idées les plus rétrécies, que sont émanées la liberté, la tolérance et la civilisation constitutionnelle d'Angleterre. C'est ainsi que des horribles comités de 1793 est pour ainsi dire sorti le pacte de notre nouvelle monarchie. Chaque trouble politique chez un peuple est fondé sur une vérité qui survit à ce trouble. Souvent cette vérité est confusément enveloppée dans des mots sauvages et dans des actions atroces ; mais dans les grands changements des États, les mots et les actions passent : le fait politique et moral qui reste d'une révolution est toute cette révolution. Quand celle-ci ne réussit pas, c'est qu'elle a été tentée ou trop tôt ou trop tard, en deçà ou au delà de l'époque où elle eût trouvé les choses et les hommes au degré de maturité propre à sa fructification.

Une assemblée générale de la nation écossaise succéda aux premiers troubles d'Edimbourg. L'épiscopat fut aboli (1638), et l'on commença des levées pour soutenir des opinions avec des soldats.

Sir Thomas Wentworth, membre du troisième parlement, avait fortement provoqué dans ce parlement la fameuse *pétition des droits*; mais lorsque le fondement de l'indépendance constitutionnelle eut été posé, Wentworth devint le soutien de la prérogative royale attaquée, comme il avait été le défenseur de la liberté populaire méconnue. Charles l'avait nommé pair d'Angleterre et vice-roi d'Irlande. Ce monarque, dans les circonstances difficiles où il se trouva engagé, consulta le nouveau lord Wentworth. Ce sujet fidèle donna à son souverain des conseils énergiques. Que sert de recommander la force à la faiblesse?

Dans toute révolution, il y a toujours quelques moments où rien ne semblerait plus facile que de l'arrêter; mais les hommes sont toujours faits de sorte, les choses arrangées de manière, qu'on ne profite jamais de ces moments. Au lieu de résister, Charles fit lui-même un *covenant*, comme Henri III avait fait une ligue. Les covenantaires écossais traitèrent de *satanique* le covenant du roi. Après d'inutiles concessions, le roi réunit des troupes; lord Wentworth lui fournit de l'argent et pouvait lui amener une seconde armée : il ne s'agissait que d'avancer; Charles recula : il conclut une trève (17 juin 1639), lorsqu'il était assuré d'une victoire.

Bientôt les Écossais reprirent les armes. Lord Wentworth, créé comte de Strafford, voulait qu'on portât la guerre dans le cœur du royaume rebelle, et qu'on assemblât un parlement anglais : Charles ne suivit que la moitié de ce conseil.

On aurait pu croire que ce quatrième parlement, rassemblé après un intervalle de douze années, éclaterait en justes reproches : Strafford le ménagea avec tant d'habileté, que les communes se montrèrent d'abord assez dociles. Elles étaient divisées en trois partis : les amis du roi, les partisans de la monarchie constitutionnelle et les puritains : ceux-ci voulaient un changement radical dans les lois et la religion de l'État; ces trois partis furent cependant au moment de se réunir pour voter les subsides. La trahison du secrétaire d'État, sir Henry Vane, que protégeait la reine, perdit tout.

Le roi et le parlement également trompés par ce ministre, se crurent brouillés, lorsqu'ils s'entendaient. Charles, avec sa précipitation accoutumée, s'imaginant qu'on allait lui refuser les subsides, fit pour la dernière fois usage d'une prérogative dont il avait abusé. Il cassa encore ce quatrième parlement (5 mai 1640), lequel devait être suivi de l'assemblée qui brisa à son tour la couronne.

A l'instigation des puritains, les Écossais, ayant envahi de nouveau l'Angleterre, surprirent les troupes du roi à Newborn. Charles, arrivé à York pour repousser les Écossais, manda un grand conseil des pairs. Il lui déclara tout à coup que la reine désirait la réunion d'un cinquième parlement.

Arrêtons-nous ici pour parler de cette reine dont l'influence fut si grande sur la destinée de Charles Ier son mari, et sur celle de Jacques II son fils.

HENRIETTE-MARIE.

DE FRANCE.

Sixième enfant et troisième fille de Henri IV, Henriette-Marie naquit le 25 novembre 1609, six mois avant l'assassinat de son père, et mourut vingt ans après le meurtre de son mari. Elle fut tenue sur les fonts de baptême par le nonce, qui devint pape sous le nom d'Urbain VIII. Elle épousa Charles, roi d'Angleterre (11 mai 1625). Le contrat de mariage, rédigé sous les yeux du pape, contenait des clauses favorables à la religion catholique.

Henriette-Marie arriva en Angleterre avec les instructions de la mère Madeleine de Saint-Joseph, carmélite, et sous la conduite du père Bérulle accompagné de douze prêtres de la nouvelle congrégation de l'Oratoire : ceux-ci, renvoyés en France, furent remplacés par douze capucins. Rien ne pouvait être plus fatal à Charles Ier que le hasard de cette union catholique, d'ailleurs · si noble, dans le siècle du fanatisme puritain. La haine populaire se tourna d'abord contre la reine et rejaillit sur le roi.

Il est impossible de pénétrer aujourd'hui dans le secret des raisons qui firent agir Henriette-Marie au commencement des troubles de la Grande-Bretagne : on la trouve placée dans l'intérêt parlementaire jusqu'au moment de l'explosion de la guerre civile ; elle protége sir Henry Vane, qui brouilla le roi et le quatrième parlement ; elle demande la convocation de ce long parlement qui conduisit Charles à l'échafaud ; elle arrache au roi la confirmation de l'arrêt qui frappa Strafford ; ce fut par sa protection que le conseil du roi se remplit des ennemis ou des adversaires de la couronne.

Henriette-Marie était-elle en mésintelligence domestique avec le roi, comme le prétendaient les parlementaires ? Bossuet laissa entendre quelque chose d'une division secrète. « Dieu, dit-il, avait « préparé un charme innocent au roi d'Angleterre dans les agré- « ments infinis de la reine son épouse. Comme elle possédait son « affection, car *les nuages qui avaient paru au commencement* « *furent bientôt dissipés*, etc. »

Il n'y a plus aujourd'hui de doute sur le genre de division qui régna un moment entre Charles et Henriette-Marie : élevée dans une monarchie absolue, dans une religion dont le principe est inflexible, dans une cour où l'on passe tout aux femmes, dans un pays où l'humeur est mobile et légère, Henriette fut d'abord un un enfant capricieux, qui prétendit à la fois faire dominer sa volonté, sa religion et son humeur. Les prêtres, les femmes et les gentilshommes qu'elle avait amenés avec elle voulaient, les uns exercer leur culte dans tout son éclat, les autres établir leurs modes et se moquer des usages d'une *cour barbare*. Charles, accablé de toutes ces querelles, renvoya en France la suite de la reine. Il se plaint de la conduite d'Henriette-Marie dans des instructions pour la cour de France datées du 12 juillet 1626.

« Le roi de France et sa mère n'ignorent pas, dit-il[1], les aigreurs
« et les dégoûts qui ont eu lieu entre ma femme et moi, et tout le
« monde sait que je les ai supportés jusqu'ici avec beaucoup de
« patience, croyant et espérant toujours que les choses iraient
« mieux, parce qu'elle était fort jeune, et que cela venait plutôt des
« mauvais et artificieux conseils de ses domestiques, qui n'avaient
« que leur propre intérêt en vue, que de sa propre inclination. En
« effet, lorsque je me rendis à Douvres pour la recevoir, je ne
« pouvais pas attendre plus de marques de respect et d'affection
« qu'elle n'en fit paraître en cette occasion. La première chose
« qu'elle me dit fut que, comme elle était jeune et qu'elle venait
« dans un pays étranger, dont elle ignorait les coutumes, elle pour-
« rait ainsi commettre quantité d'erreurs, et qu'elle me priait de
« ne me point fâcher contre elle pour les fautes où elle pourrait
« tomber par ignorance, jusqu'à ce que je l'eusse instruite de la
« manière de les éviter.... Mais elle n'a jamais tenu sa parole.
« Peu de temps après son arrivée, madame de Saint-Georges...
« mit ma femme de si mauvaise humeur contre moi, que depuis ce
« temps-là on ne peut pas dire qu'elle en ait usé envers moi deux
« jours de suite avec les égards que j'ai mérités d'elle...

« Je ne prendrai pas la peine de m'arrêter à quantité de petites
« négligences, comme le soin qu'elle prend d'éviter ma compagnie,
« si bien que, lorsque j'ai à lui parler de quelque chose, il faut que
« je m'adresse d'abord à ses domestiques, autrement je suis assuré
« d'avoir un refus; son peu d'application à l'anglais et d'égards
« pour la nation en général. Je passerai de même sous silence l'af-

---

[1] Je me sers de la traduction de l'excellente édition des *Mémoires de Ludlow*, dans la collection des *Mémoires relatifs à la révolution d'Angleterre*, par M. Guizot.

« front qu'elle me fit avant que j'allasse à cette dernière et malheu-
« reuse assemblée du parlement; on n'en a déjà que trop discouru,
« et vous en avez l'auteur sous vos yeux en France.... Après
« avoir donc supporté si longtemps avec patience les chagrins que
« je reçois de ce qui devait faire ma plus grande consolation, je ne
« saurais plus souffrir autour de ma femme ceux qui sont la cause
« de sa mauvaise humeur, et qui l'animent contre moi; je devrais
« les éloigner, quand ce ne serait que pour une seule chose, pour
« l'avoir engagée à aller en dévotion à Tiburn [1]. »

On ne peut donc attribuer la mésintelligence de Charles et d'Henriette qu'à une sorte d'incompatibilité d'humeur entre les deux
époux. Si le temps et l'adversité l'affaiblirent, la vie de Charles ne
fut pas assez longue pour la faire entièrement disparaître. Charles
avait quelque chose de doux, de facile et d'affectueux dans le caractère; sa femme était plus impérieuse, et l'on s'apercevait qu'elle
avait un certain mépris pour la faiblesse de Charles. La reine était
charmante : quoiqu'elle fût née d'un sang et dans une cour qui n'a-

[1] Ce document, trouvé avec les lettres de la reine et du roi dans la cassette
de Charles, perdue sur le champ de bataille de Naseby, est évidemment falsifié. On ne conçoit pas d'abord comment un document semblable a été
conservé par Charles depuis l'année 1626 jusqu'à l'année 1645 parmi des papiers récents et une correspondance toute relative à la guerre civile. Ensuite
ces paroles, *je passerai sous silence l'affront qu'elle me fit avant que j'allasse
à cette dernière et malheureuse assemblée du parlement*, si elles signifient
quelque chose, présentent un grossier anachronisme. Henriette-Marie débarqua à Douvres le 11 juin 1625 ; le roi Charles, nouvellement parvenu au trône,
ouvrit son premier parlement le 18 du même mois, et en prononça la dissolution le 12 août. Il convoqua un second parlement en 1626 ; et ce parlement
orageux, à cause de l'accusation de Buckingham, fut cassé au mois de juin
de cette même année. Charles *n'alla point à cette dernière et malheureuse
assemblée du parlement.* Il est évident que les faussaires, ne faisant point
attention aux dates, ont voulu parler du long parlement où Charles se transporta en effet le 4 janvier 1642, pour faire arrêter six membres de la chambre
des communes; lesquels avaient été avertis des projets du roi par la trahison
de la comtesse de Carliste, jadis maîtresse de Strafford, ensuite attachée à Pym
et favorite de la reine. Enfin le roi parle dans ce document des dévotions de
la reine à Tiburn : l'esprit de fanatisme accusait Henriette-Marie d'être allée
prier devant la potence à laquelle avaient été pendus quelques prêtres catholiques. Or, il est démontré par les pièces diplomatiques anglaises que cette im-
putation était dénuée de tout fondement. Charles ne pouvait pas écrire ce que
son gouvernement même ne croyait pas.

bondait pas en austères vertus, les républicains même n'osèrent calomnier ses mœurs. Nous avons des portraits d'elle laissés par lord Kinsington, par Ellis et Howel. Un des historiens français de sa vie nous la dépeint ainsi au moment de son mariage : « Elle n'a- « vait pas encore seize ans. Sa taille était médiocre, mais bien « proportionnée. Elle avait le teint parfaitement beau, le visage « long, les yeux grands, noirs, doux, vifs et brillants, les cheveux « noirs, les dents belles, la bouche, le nez et le front grands, mais « bien faits, l'air fort spirituel, une extrême délicatesse dans les « traits, et quelque chose de noble et de grand dans toute sa per- « sonne. C'était, de toutes les princesses ses sœurs, celle qui res- « semblait le plus à Henri IV, son père : elle avait comme lui le cœur « élevé, magnanime, intrépide, rempli de tendresse et de charité, « l'esprit doux et agréable, entrant dans les douleurs d'autrui et « compatissant aux peines de tout le monde. »

Les historiens anglais la représentent petite et brune, mais re- marquable par la beauté de ses traits et l'élégance de ses manières.

Charles aimait Henriette avec passion : il ne paraît pas qu'elle éprouvât pour lui le même degré de tendresse ; et pourtant, tandis qu'il ne lui témoignait aucune inquiétude, c'était elle qui se plai- gnait et semblait un peu jalouse. Dans les lettres de Charles, im- primées par ordre du parlement, respire le sentiment le plus tou- chant d'amour pour Henriette.

Le 13 février 1643, il lui mande : « Je n'avais pas éprouvé jus- « qu'ici combien il est quelquefois heureux d'ignorer, car je n'ai « appris le danger que tu as couru en mer par la violence de la tem- « pête, que lorsque j'avais déjà la certitude que tu en étais heureu- « sement échappée.... L'effroi que m'a causé ce danger ne se cal- « mera pas jusqu'à ce que j'aie eu le bonheur de te voir, car ce « n'est pas à mes yeux la moindre de mes infortunes que tu aies « couru pour moi un si grand péril, et tu m'as témoigné en ceci « tant d'affection, qu'il n'y a chose au monde qui me puisse jamais « acquitter, et des paroles beaucoup moins que toute autre chose ;

« mais mon cœur est si rempli de tendresse pour toi et d'une im-
« patience passionnée de reconnaissance envers toi, que je n'ai pu
« m'empêcher de t'en dire quelques mots, laissant à ton noble cœur
« le soin de deviner le reste ¹. »

Il lui écrit d'Oxford, le 2 janvier 1645 : « En déchiffrant la lettre
« qui arriva hier, je fus bien surpris d'y trouver que tu te plains de
« ma négligence à t'écrire... Je n'ai jamais manqué aucune occasion
« de te donner de mes nouvelles... Si tu n'as point la patience de
« t'interdire un jugement défavorable sur mes actions jusqu'à ce
« que je t'en aie marqué les véritables motifs, tu cours souvent
« risque d'avoir le double chagrin d'être attristée par de faux rap-
« ports et d'y avoir cru trop vite. Ne m'estime qu'autant que tu me
« verras suivre les principes que tu me connais. »

Charles lui écrit du même lieu, le 9 avril de la même année :
« Je te gronderais un peu, si je pouvais te gronder, sur ce que tu
« prends trop tôt l'alarme. Songe, je te prie, puisque je t'aime plus
« que toute autre chose au monde, et que ma satisfaction est insé-
« parablement unie avec la tienne, si toutes mes actions ne doivent
« avoir pour but de te servir et de te plaire.... L'habitude de ta
« société m'a rendu difficile à contenter; mais ce n'est pas une rai-
« son pour que tu m'en plaignes moins, toi le seul remède à cette
« maladie. Le but de tout ceci est de te prier de me consoler par tes
« lettres le plus souvent qu'il te sera possible. Et ne crois-tu pas
« que les détails de ta santé soient des sujets agréables pour moi,
« quand même tu n'aurais pas autre chose à m'écrire? N'en doute
« pas, ma chère âme, ta tendresse est aussi nécessaire à la con-
« solation de mon cœur que ton secours à mes affaires. »

Lorsqu'on songe que Charles épanchait ainsi son cœur au milieu
des horreurs de la guerre civile, au moment de tomber entre les
mains de ses ennemis, on est profondément attendri.

La reine, un an auparavant, lui écrivait d'York, le 30 mars,

---

¹ *Note* des *Mémoires de Ludlow*, collect. GUIZOT.

ces paroles un peu rudes : « Souvenez-vous de ce que je vous ai
« écrit dans mes trois dernières lettres, et ayez plus de soin de moi
« que vous n'en avez eu jusqu'ici, ou faites semblant du moins
« d'en prendre davantage, afin qu'on ne s'aperçoive pas de votre
« négligence à mon égard. »

Charles crut devoir déclarer, en mourant, à sa jeune fille, la
princesse Elisabeth, qu'*il avait toujours été fidèle* à la reine, et la
lettre d'adieu qu'il écrivit à celle-ci se terminait par ces mots : « Je
« meurs satisfait, puisque mes enfants sont auprès de vous. Votre
« vertu et votre tendresse me répondent du soin que vous aurez de
« leur conduite. Je ne puis vous laisser des gages plus chers et
« plus précieux de mon amour. Je bénis le ciel de faire tomber sa
« colère sur moi seul. Mon cœur est plein pour vous de la même
« tendresse que vous y avez toujours vue. Je vais mourir sans
« crainte, me sentant fortifié par le souvenir de la fermeté d'âme
« que vous m'avez fait paraître dans nos périls communs. Adieu,
« madame, soyez persuadée que jusqu'au dernier moment de ma
« vie je ne ferai rien qui soit indigne de l'honneur que j'ai d'être
« votre époux.[1] »

Cette dernière lettre de Charles, qui n'est pas assez connue,
montre que ses sentiments intimes étaient aussi nobles, et peut-être
encore plus touchants que ceux qu'il fit éclater sur l'échafaud.

On peut reprocher à Henriette-Marie du penchant à l'intrigue,
penchant qu'elle tenait du sang des Médicis; elle se livra aussi à
des moines sans prudence, et à des favorites qui la trahirent. Elle
avait le courage du sang; le courage politique lui manquait quelquefois; et quand les orages populaires grondaient, quoique femme
de tête et de cœur, elle donnait des conseils pusillanimes. Bienfaisante et magnanime, elle fit souvent accorder la liberté et la vie à
ses ennemis. Elle ne voulait pas même connaître le nom de ses ca-
lomniateurs. « Si ces personnes me haïssent, dit-elle, leur haine

---

[1] *Vie de Henriette-Marie.*

« ne durera peut-être pas toujours, et s'il leur reste quelque senti-
« ment d'honneur, ils auront honte de tourmenter une femme qui
« prend si peu de précaution pour se défendre. » Les infortunes
d'Henriette-Marie avaient été, pour ainsi dire, prédites par François de Sales, qui reste à notre histoire au triple titre de saint,
d'homme illustre et d'ami de Henri IV.

Quoi qu'il en soit des altercations religieuses et domestiques qui
troublèrent la paix intérieure de Charles et d'Henriette; quoi qu'il
en soit des causes qui amenèrent la liaison, jusqu'à présent inexplicable, de la reine et des premiers parlementaires, quand les malheurs de Charles éclatèrent, la fille du Béarnais retrouva comme lui
dans la guerre civile le courage et la vertu.

Lorsqu'en 1625 elle alla recevoir la couronne de la Grande-
Bretagne, la reine Marie de Médicis, sa mère, la reine Anne d'Autriche, sa belle-sœur, l'accompagnèrent jusqu'à Amiens. Toutes les
villes sur son passage lui rendaient des honneurs extraordinaires :
par une pompe digne de la royauté chrétienne, *les prisons étaient
ouvertes à son arrivée, et elle voyait devant elle une infinité de malheureux qui la remerciaient de leur liberté et la comblaient de bénédictions*[1]. Les trois reines se quittèrent à Amiens. Vingt vaisseaux, qui attendaient Henriette de France à Boulogne, la trans-
portèrent à Douvres : elle y fut reçue au bruit de l'artillerie et aux
acclamations du peuple. Il y eut des combats à la barrière, des jeux
et des courses de bagues.

Quand la reine d'Angleterre revint en France, en 1644, elle y
rentra en fugitive; les prisons ne s'ouvraient plus par le charme de
son sceptre; elle se dérobait elle-même aux prisons. Voyageant
d'un royaume à l'autre, échappant à des tempêtes pour arriver à
des combats, quittant des combats pour retrouver des tempêtes,
Henriette était saisie par la fatalité qui poursuivait les Stuarts. On
vit cette courageuse femme, canonnée jusque dans la maison qui

---

[1] *Vie de Henriette-Marie.*

lui servait d'abri contre les flots, obligée de passer la nuit dans un fossé où les boulets la couvraient de terre. Une autre fois, le vaisseau qui la portait étant près de périr, elle dit aux matelots ce mot qui rappelle celui de César : « Une reine ne se noie pas. »

Libre d'esprit au milieu de tous les dangers, elle écrivait au roi, de Newark, le 27 juin 1643 : « Tout ce qu'il y avait actuellement « de troupes à Nottingham s'est rendu à Leicester et à Derby, ce « qui nous fait croire qu'elles ont dessein de nous couper le pas- « sage.... J'emmène avec moi trois mille hommes d'infanterie, « trente compagnies de cavalerie ou de dragons, six pièces d'artil- « lerie et deux mortiers. Henri Germyn, en qualité de colonel de « mes gardes, commande toutes ces forces ; il a sous lui sir « Alexandre Lesley, qui commande l'infanterie, Gérard la cavalerie, « et Robert Legg l'artillerie ; Sa Majesté est madame la généralis- « sime, pleine d'ardeur et d'activité ; et en cas que l'on en vienne « à une bataille, j'aurai à commander cent cinquante charriots « de bagages[1]. »

Après de nouveaux revers, privée de presque toute assistance dans la petite ville d'Exeter, que le comte d'Essex se préparait à assiéger, elle mit au monde, le 16 juin 1644, sa dernière fille.

A peine accouchée, elle fut forcée de fuir de nouveau, n'ayant pour tout aide que son confesseur, un gentilhomme et une de ses femmes, *qui avaient de la peine à la soutenir à cause de son extrême faiblesse.* Elle avait été obligée d'abandonner à Exeter sa fille nouvellement née : c'était cette princesse prisonnière dix-sept jours après sa naissance, cette princesse frappée par la mort à Saint-Cloud dans toute la force de la beauté et de la jeunesse, cette duchesse d'Orléans, cette seconde Henriette que la gloire de Bossuet devait atteindre comme la première.

Une cabane déserte, à l'entrée d'un bois, s'offrit à la fuite d'Henriette-Marie. Elle y demeura cachée pendant deux jours. Elle en-

[1] *Note* des *Mémoires de Ludlow,* collect. Guizot.

tendit défiler les troupes du comte d'Essex, qui parlaient de porter
à Londres *la tête de la reine*, laquelle tête avait été mise à prix pour
une somme de 6,000 livres sterling.

Henriette, arrivée à Plymouth à travers mille périls, s'embarque
pour l'île de Jersey : l'amiral Batty la poursuit. Alors, comme la
femme de saint Louis, elle fait promettre à un capitaine de la tuer et
de la jeter dans la mer avant qu'elle tombât aux mains de ces infidèles d'une nouvelle sorte. Elle aborde avec quelques matelots parmi
des rochers sur la côte de la Basse-Bretagne ; les paysans, prenant
ces étrangers pour des pirates, s'arment contre eux ; Henriette-
Marie se fait reconnaître, part pour Paris, arrive au Louvre, et
tombe dans de nouveaux malheurs.

Outragée par des libelles jusque sur le continent, elle tombait des
mains de la populace féroce de Londres dans celles de la populace
insolente de Paris. Ballottée entre deux guerres civiles, sur les bords
de la Tamise, elle rencontre les crimes sérieux des révolutions ; sur
les rivages de la Seine, les pasquinades sanglantes de la Fronde ; là
le drame de la liberté, ici sa parodie. Les bouchers et les boulangers d'Angleterre veulent tuer Henriette-Marie dans le palais des
Stuarts ; les bouchers et les boulangers de France lui refusent des
aliments dans le palais des Bourbons, oubliant que leurs pères
avaient été nourris par celui dont ils dédaignaient de nourrir la fille.

« Cinq ou six jours avant que le roi sortît de Paris, dit le car-
« dinal de Retz, j'allai chez la reine d'Angleterre, que je trouvai
« dans la chambre de Mademoiselle, sa fille, qui a été depuis ma-
« dame d'Orléans. Elle me dit d'abord : Vous voyez, je viens
« tenir compagnie à Henriette ; la pauvre enfant n'a pu se lever
« aujourd'hui faute de feu..... La postérité aura peine à croire
« qu'une petite-fille de Henri le Grand ait manqué d'un fagot pour
« se lever au mois de janvier dans le Louvre et sous les yeux d'une
« cour de France. »

Elle était souvent obligée de se promener des *après-dinées entières dans les galeries du Louvre pour s'échauffer... Elle appré-*

hendait non seulement les insultes du peuple de Paris, mais la dureté
de ses créanciers... Les Parisiens ne la pouvaient souffrir, et un
jour que le roi Charles II, son fils, se promenait sur une terrasse
qui donnait du côté de la rivière, quelques mariniers lui firent des
menaces, ce qui l'obligea de se retirer de peur de les aigrir davan-
tage par sa présence[1].

Triste et extraordinaire complication et ressemblance de destinée! Henriette-Marie, en 1639, avait reçu à Whitehall sa mère
exilée, Marie de Médicis. Les habitants de Londres, déjà soulevés
contre la reine d'Angleterre, se portèrent à des excès contre l'ancienne reine de France. La fille de Henri IV, qui se défendait à
peine contre la haine publique, fut obligée de demander une garde
pour protéger la veuve de Henri IV : et Anne d'Autriche fut impuissante, à son tour, dans Paris, pour mettre à l'abri la sœur fugitive de Louis XIII et la tante de Louis le Grand.

Une fausse nouvelle parvint d'abord à la reine d'Angleterre sur
la catastrophe du 30 janvier 1649 : le bruit courut que Charles Ier
avait été délivré sur l'échafaud par le peuple; mais la lettre d'a-
dieu de l'infortuné monarque, qui fut remise à Henriette le 9 février,
dans le couvent des Carmélites à Paris, la tira d'erreur; elle s'évanouit. Le lendemain, madame de Motteville la vint complimenter de
la part de la reine régente. Le malheur donnait le droit à la reine
d'Angleterre de faire des leçons : elle chargea madame de Motteville de dire à Anne d'Autriche « que le roi son seigneur (Char-
« les Ier) ne s'était perdu que pour n'avoir jamais su la vérité...
« que le plus grand des maux qui pouvaient arriver aux rois, et
« celui qui seul dévorait leurs empires, était d'ignorer la vérité. »
Cette insistance d'Henriette n'expliquerait-elle pas son premier
penchant pour les parlementaires, et son antipathie pour Stafford,
dont elle trouvait peut-être l'esprit trop absolu? Elle ajouta dans
cette conversation «qu'il fallait prendre garde à irriter les peuples.»

---

[1] *Vie de Henriette-Marie.*

Si Charles Ier ne s'était perdu que pour n'avoir pas connu la vérité, au dire de la reine, cette reine ne partageait donc pas l'entêtement du roi sur l'étendue de la prérogative? Elle aimait les parlements : lorsqu'elle songea à quitter l'Angleterre avec Marie de Médicis, sa mère, les deux chambres lui présentèrent une humble pétition pour la supplier de ne pas s'éloigner. Henriette répondit en anglais par un gracieux discours qu'elle resterait, et qu'il n'y avait point de sacrifice que le peuple ne pût attendre d'elle [1].

Après la mort de son mari, elle se donna le surnom de *reine malheureuse,* et elle porta le deuil toute sa vie.

L'épreuve la plus rude que cette reine eut à soutenir fut de solliciter un douaire de veuve auprès de l'homme qui l'avait faite veuve : Cromwell répondit au cardinal Mazarin qu'Henriette de France n'avait jamais été reconnue reine d'Angleterre. Cette réponse sauvage, qui transformait en concubine d'un prince étranger la fille d'un de nos plus grands rois, étonne moins que la demande même de cette petite-fille de Jeanne d'Albret. Lorsque Henriette apprit ce refus, elle dit noblement : « Ce n'est pas à moi, c'est à « la France que cet outrage s'adresse. » Telle était, en effet, l'abjection où la politique d'un ministre sans honneur avait alors réduit notre patrie. Mazarin était descendu jusqu'à se faire l'espion de Cromwell auprès de la famille royale exilée : ce fait résulte d'une lettre de Cromwell, qui n'était lui-même qu'un grand espion couronné et armé.

Quelque temps auparavant, Henriette-Marie avait été forcée de demander au parlement de Paris ce qu'elle appelait une *aumône.*

Retirée à Chaillot, chez des sœurs de la Visitation établies dans une maison bâtie par Catherine de Médicis, Henriette devint bigote : il est assez curieux de lire que Port-Royal lui avait offert de l'argent et un asile. Dans les histoires de sa vie, tristes sont ces petits contes de religieux et de religieuses, ces conseils de nonnes qui parlent des plus grands événements dont elles entendent à peine le bruit, qui jugent du fond de leurs cellules les choses de la politique, et qui, immobiles dans leurs saints déserts, ne s'aperçoivent pas même que le monde marche et passe au pied des murs de leur cloître. Henriette-Marie essaya de rendre ses enfants à l'Église romaine. Charles II, indifférent à tout principe, préféra sa couronne à sa foi : il ne se fit catholique qu'en mourant, lorsqu'il n'avait plus rien à perdre des biens de la terre. Le duc de Glocester et la princesse d'Orange restèrent zélés protestants ; le duc d'York seul (Jacques II) reçut des impressions qui le devaient ramener un jour à Paris, pour y mourir dépouillé comme sa mère. La princesse Henriette, depuis duchesse d'Orléans, fut élevée dans la religion romaine.

A la restauration de Charles II, la veuve de Charles Ier passa en Angleterre et ne put se résoudre à y demeurer. Elle ne connaissait plus personne ; elle allait pleurant dans les palais de Whitehall, de Saint-James et de Windsor, poursuivie qu'elle était par quelques souvenirs. Après avoir vu mourir deux de ses enfants (la princesse d'Orange, veuve de vingt-six ans, et le duc de Glocester), elle s'embarqua avec sa fille Henriette, pour revenir en France. Son vaisseau échoua ; Henriette fut saisie d'une rougeole dangereuse, et resta, soignée par sa mère, un mois entier à bord du vaisseau. La compagne éprouvée de l'infortuné Charles maria Henriette au duc d'Orléans, et reçut à Chaillot le bref de la béatification de saint François de Sales : dernières grandeurs de la terre et du ciel qui la visitèrent dans la solitude.

Vers l'an 1663, Henriette-Marie fit un dernier voyage à Londres. Enfin, rentrée pour toujours dans sa patrie, elle tomba malade à Sainte-Colombe, petite maison de campagne située à peu de distance de la Seine. Un grain d'opium qu'elle prit la plongea dans un sommeil dont elle ne se réveilla plus. Elle expira vers minuit, le 10 septembre 1669. Un historien a dit qu'*elle avait fait un saint usage de ses maux*. Bien que son corps fût porté à Saint-Denis et son cœur à la Visitation de Chaillot, elle serait morte oubliée, si Bossuet ne s'était emparé de ce grand débris de la fortune pour le façonner à la manière de son génie.

Le grand orateur, en envoyant l'oraison funèbre de la reine d'Angleterre et de madame Henriette à l'abbé de Rancé, lui écrivait : « J'ai laissé ordre de vous faire passer deux oraisons funèbres qui, « parce qu'elles font voir le néant du monde, peuvent avoir place « parmi les livres d'un solitaire, et qu'en tout cas il peut regarder « comme deux têtes de mort assez touchantes. »

DE L'OUVERTURE DU LONG PARLEMENT

AU COMMENCEMENT DE LA GUERRE CIVILE

DE 1640 A 1647.

Ce fut donc par l'avis de la reine que Charles Ier annonça au conseil des pairs réunis à York la convocation d'un parlement.

Pour ne s'occuper que des affaires intérieures, il se fallait débarrasser des Écossais. En vain Strafford s'opposa au traité déshonorant que l'on conclut avec eux ; en vain il montra, par une action hardie, combien il était facile de les vaincre ; le roi n'écouta rien, et se hâta de revenir à Londres. Le quatrième parlement avait été dissous le 5 mai 1640, et le 3 novembre de la même année s'ouvrit cette cinquième assemblée, si fameuse dans l'histoire sous le nom du *long parlement*.

Charles avait passé douze années sans appeler les communes ; il s'était hâté, après ce laps de temps, de les disperser de nouveau ; on ne s'étonne donc pas de voir, par une réaction naturelle, les communes irritées établir le bill des parlements triennaux, enlever au roi le pouvoir de proroger ces parlements et de les dissoudre ; par ce seul acte, la monarchie constitutionnelle était changée en une démocratie royale. Le monarque qui avait tant combattu pour la *prérogative*, lorsqu'elle n'était pas virtuellement attaquée, l'abandonna au moment même où on lui porta les plus rudes coups.

Désespérant d'être utile à un prince si faible, Strafford avait voulu se retirer du ministère ; Charles retint le conseiller fidèle qui, ne le pouvant plus servir, se dévoua.

Un dessein tout à fait digne du caractère déterminé de Strafford avait été conçu : le ministre voulait dénoncer au parlement même les membres de ce parlement qui avaient appelé l'armée écossaise en Angleterre. Les preuves de l'appel existaient ; mais ceux que Strafford prétendait accabler le devancèrent. Pym présenta, au nom des communes, à la barre de la chambre des pairs, une accusation de haute trahison contre Strafford, qui fut immédiatement saisi et envoyé à la Tour.

Charles alors, croyant adoucir les communes, consentit à tout ce qu'elles voulurent entreprendre contre l'autorité de la couronne ; mais en renonçant, comme on vient de le dire, au pouvoir de dissoudre le parlement, il se priva du moyen le plus sûr de sauver son ami.

Les chefs du parti étaient, dans la chambre des lords, le duc de Bedford, lord Say, lord Mandeville et le comte d'Essex.

Le duc de Bedford jouissait d'un revenu immense, qui provenait en grande partie des confiscations dont la couronne avait doté sa famille. Il avait ce commun bon sens que le vulgaire prend pour la sagesse : orgueilleux d'une richesse de mauvaise origine et d'une raison suffisante pour vaquer aux intérêts ordinaires de la vie ; regardant les bienfaits des cours, non comme une faveur, mais comme un tribut payé à sa puissance, Bedford, si zélé pour le régime légal, et dont les biens étaient les iniques présents de l'arbitraire, se réservait, au jour du malheur, le droit d'être ingrat.

Lord Say, violent puritain, n'avait qu'une fortune médiocre. Son ambition était démesurée, son esprit fin, son caractère réservé : les royalistes n'avaient pas d'ennemi plus dangereux.

Sans talents réels, avec de l'urbanité et quelque chose de sincère, lord Mandeville gagna l'affection et la confiance des communes.

Quant au comte d'Essex, dupe des chefs populaires qui flattaient sa vanité, c'était un de ces hommes à l'esprit étroit et faux, pour qui l'expérience est nulle; un de ces hommes qui voient le bonheur de l'espèce dans le malheur de l'individu, toujours prêts à recommencer les mêmes fautes, toujours s'ébahissant de ce qui arrive; personnages qui sont les niais d'un parti, comme d'autres en sont les trafiquants ou les héros.

Dans la chambre des communes, Pym était chargé de toutes les propositions de lois; il n'avait d'autre talent que celui des affaires, auxquelles il semblait donner du poids par une parole lourde et un ton dogmatique; il ne manquait pas de conscience, et son jugement était droit. Il ne désirait qu'une amélioration dans le gouvernement: chef des réformateurs à la naissance des troubles, il se trouva loin derrière eux quand la révolution eut fait des progrès.

Hampden vint à point pour aider au renversement d'un empire : passé tout à coup d'une vie dissipée aux mœurs les plus sévères, cachant sous les dehors de l'affabilité des desseins vastes, il est probable qu'il conçut l'idée d'une république; quand on ne songeait encore qu'aux priviléges parlementaires.

Hampden prenait une partie de sa force dans la flexibilité de ses talents : son éloquence et son esprit étaient à volonté concis ou diffus, clairs ou embarrassés; et cette obscurité, dont il était le maître, lui donnait plus de puissance en le rattachant aux défauts de son siècle. Tantôt il résumait les débats du parlement avec une précision admirable, quand ces débats menaient au triomphe de son opinion; tantôt il embrouillait la question de manière à la faire ajourner, si elle paraissait se résoudre contre son avis. Poli et modeste avec art, paraissant se défier de son jugement et céder à celui d'autrui, il finissait toujours par emporter ce qu'il désirait. Intrépide à l'armée, profond dans la connaissance des hommes, lui seul devina Cromwel, alors que la foule n'apercevait encore rien dans ce destructeur du trône des Stuarts. Sylla pénétra de même l'âme de

César : les aigles voient de loin et de haut. On a cru pourtant qu'Hampden fut tenté par la proposition à lui faite d'être gouverneur du prince de Galles, s'il voulait, avec Pym et Hollis, s'engager à sauver Strafford [1].

Sombre, vindicatif, implacable, Saint-John formait, avec Pym et Hampden, le triumvirat qui dominait la nation. Ces trois hommes se servaient encore du fanatisme de Fiennes et des talents de sir Henry Vane.

Celui-ci joignit à une dissimulation profonde un esprit prompt et une parole mordante : dans la laideur bizarre de sa physionomie, on croyait lire des destinées extraordinaires. Emporté par une imagination inquiète et ardente, libertin à Londres, puritain à Genève, séditieux à Boston, Vane excitait partout des troubles ; il enflammait les esprits pour des principes dont il se jouait. Après avoir traîné une vie d'aventures sur tous les rivages, il revint dans son pays, où la révolution semblait attirer et demander son fatal génie.

Strafford ayant été mis en accusation, le parlement crut qu'il était temps de recourir aux grandes mesures populaires. On fit sortir des prisons et promener en triomphe trois écrivains condamnés pour des libelles. Dans les temps de troubles, la licence de la presse est souvent confondue avec la liberté de la presse, et l'on se sert ensuite de la crainte qu'inspire la première pour enchaîner la seconde : Milton prit la plume en faveur de celle-ci. On trouve pour la première fois le grand nom de l'Homère anglais confondu parmi ceux des pamphlétaires du temps, comme on lit le nom d'Olivier Cromwell sur la liste des colonels ou des capitaines de cavalerie de l'armée parlementaire.

Des pétitions étaient colportées de maison en maison et revêtues de la signature d'honnêtes citoyens dont la bonne foi était surprise. Quiconque, à la chambre basse, se montrait modéré, perdait son siège : on trouvait cent causes de nullité à son élection ; et quiconque

[1] Whitelocke.

entrait violemment dans les idées du jour restait député, sa nomination fût-elle entachée de tous les vices. Le pouvoir passé entièrement aux communes, il fut aisé de prévoir la mort de Strafford.

Cet homme n'eut qu'un défaut, et ce défaut le perdit : il méprisait trop les conseils et les obstacles. Fait par la nature pour commander, la moindre contradiction lui était insupportable. L'empire appartient sans doute aux talents, la souveraineté réside dans le génie; mais c'est un malheur quand le sentiment d'une supériorité incontestable est révélé à celui qui la possède dans une seconde place, alors qu'il lui est impossible d'atteindre à la première. Ce qui serait grandeur et puissance légitime au plus haut degré de l'ordre social, devient, un degré plus bas, orgueil et tyrannie.

Amené devant la chambre des pairs, Strafford sans assistance, sans préparation, sans connaître même les accusations dont il était chargé, luttant seul contre la faiblesse du roi, la fougue des communes, le torrent de l'inimitié populaire, Strafford se défendait avec tant de présence d'esprit, que ses juges n'osèrent d'abord prononcer la sentence.

Toutes les paroles de l'illustre infortuné furent calmes, dignes, pathétiques et modestes. Son discours, qui nous est resté, n'est point souillé du jargon de l'époque. Strafford, dans son adversité, se montra aussi supérieur aux Pym et aux Fiennes par la beauté du génie que par la grandeur de l'âme. La conclusion de sa défense, citée partout, arracha des pleurs à ses ennemis.

« Milords, j'ai retenu ici vos seigneuries beaucoup plus long-
« temps que je ne l'aurais dû; je serais inexcusable si je n'avais
« parlé pour l'intérêt de ces gages qu'une sainte, maintenant dans
« le ciel, m'a laissés (il montrait ses enfants, et ses pleurs l'inter-
« rompirent); ce que je perds moi-même n'est rien; mais, je l'a-
« voue, ce que mes indiscrétions vont faire perdre à mes enfants
« m'affecte profondément : je vous prie de me pardonner cette fai-
« blesse. J'aurais voulu dire quelque chose de plus, mais j'en suis
« incapable à présent : ainsi je me tairai...

« Et maintenant, milords, je remercie Dieu de m'avoir instruit,
« par sa grâce, de l'extrême vanité des biens de la terre, comparés
« à l'importance de notre salut éternel. En toute humilité et en
« toute paix d'esprit, milords, je me soumets à votre sentence. Que
« cet équitable jugement soit pour la vie ou pour la mort, je me
« reposerai plein de gratitude et d'amour dans les bras du grand
« Auteur de mon existence. »

Socrate fut moins soumis : il accusa ses juges à la fin de son
apologie. « Il est temps, leur dit-il, que je me retire, vous, *pour*
« *vivre*, moi, pour mourir. »

Ce ne fut qu'à force de menaces que l'on parvint à faire condamner Strafford dans la chambre des pairs : malgré ces violences,
dix-neuf voix sur quarante-six l'osèrent encore absoudre.

L'accusé, dans sa défense, avait surtout foudroyé Pym, l'accusa-
teur, réduit à balbutier une misérable réplique. L'animosité des
communes contre Strafford n'était peut-être si grande que parce
que le noble pair avait fait partie de la chambre populaire, et qu'il
s'était montré lui-même ardent adversaire de la couronne. Les chefs
plébéiens le regardaient comme un déserteur. L'envie s'attachait
aussi à l'élévation du ministre de Charles : le mérite oublié plaît;
récompensé, il offusque. Enfin, il faut dire encore que les partis ont
un merveilleux instinct pour découvrir et pour perdre les hommes
de taille à les combattre. Dans les grandes révolutions, le talent qui
heurte de front ces révolutions est écrasé; le talent qui les suit peut
seul s'en rendre maître : il les domine, lorsqu'ayant épuisé leurs
forces, elles n'ont plus pour elles le poids des masses et l'énergie
des premiers mouvements. Mais cette sorte de talent complice appartient à des personnages plus grands par la tête que par le cœur, car
ils sont longtemps obligés de se cacher dans le crime pour s'emparer de la puissance.

Charles dans son palais, tremblant pour les jours de la reine,
nomma une commission chargée de ratifier *tous* les bills portés à la
sanction royale. Parmi ces bills se trouvait celui qui condamnait

Strafford : dernière et misérable faiblesse d'un prince qui cherchait à couvrir son ingratitude à ses propres yeux, en comprenant dans un acte *général* de l'autorité suprême l'acte *particulier* qui donnait la mort à un ami ! On sait que le monarque fut déterminé à permettre l'exécution de la sentence par la chose même qui l'aurait dû affermir dans la résolution de s'y opposer. Le magnanime Strafford écrivit une lettre à Charles pour dégager la conscience de son roi, et lui donner la permission de le faire mourir.

« Ma vie, lui mandait-il, ne vaut pas les soins que Votre Majesté
« prend pour me la conserver : je vous la donne avec empressement
« en échange des bontés dont vous m'avez comblé, et comme un
« gage de réconciliation entre vous et votre peuple. Jetez seulement
« un regard de compassion sur mon pauvre fils et sur ses trois
« sœurs. »

De tous les conseillers de la couronne, Juxon, évêque de Londres, eut seul le courage de dire au roi qu'il ne devait pas souscrire à la condamnation, s'il ne trouvait pas Strafford coupable. Exemple frappant de la justice divine ! ce fut ce même Juxon, cet équitable et courageux prélat, qui assista Charles Ier à l'échafaud.

Lorsque Strafford apprit que son supplice avait été autorisé, il se leva avec étonnement de son siége, et s'écria dans le langage de l'Écriture : « Me mettez point votre confiance dans la parole des « princes ni dans les enfants des hommes. » Strafford avait-il cru au courage du roi ? un reste d'amour de la vie s'était-il caché au fond du cœur d'un grand homme ?

Charles n'apaisa point les esprits en laissant verser le sang de son ministre : une lâcheté n'a jamais sauvé personne. Les princes de la terre, que des fautes ou des crimes exposent souvent à perdre la couronne, feraient mieux de la compromettre quelquefois pour des causes saintes.

Au surplus l'infortuné Stuart ne cessa de se reprocher sa faiblesse: condamné à son tour, il déclara que sa mort était un juste talion de celle de Strafford. Cette confession publique, prononcée à haute voix sur l'échafaud, est une des plus hautes leçons de l'histoire : la postérité n'a pas absous l'ami, mais elle a pardonné au monarque en faveur de la sincérité du repentir et de la grandeur de l'expiation.

Strafford s'était certainement rendu coupable d'actes arbitraires en Irlande; mais l'Irlande avait été gouvernée de tout temps par l'autorité militaire et par des lois exceptionnelles. D'ailleurs les limites des priviléges de la couronne et des droits du parlement étaient encore si confuses, que l'on se pouvait ranger du côté d'un de ces deux pouvoirs d'après des antécédents d'une égale autorité. Cinquante ans plus tard, Strafford eût été sévèrement mais justement condamné; à l'époque de l'arrêt prononcé sur lui, les lois qu'on lui appliquait étaient ou non faites, ou contestées, ou détruites par d'autres lois. Le bill d'*attainder* renferma implicitement le délit et la peine; la sentence fut à la fois un jugement et une loi, laquelle loi avait un effet rétroactif : il y eut donc violence et iniquité.

Strafford se prépara au supplice avec le plus grand calme [1]. Le 23 mai 1641, au matin, on le conduisit au lieu de l'exécution : en passant au pied de la tour où l'archevêque Laud, accusé comme lui, était renfermé, il éleva la voix et pria le prélat de le bénir. Le vieillard parut à la fenêtre; ses cheveux étaient blancs; des larmes baignaient son visage; deux ecclésiastiques le soutenaient. Strafford se mit à genoux : Laud passa ses mains à travers les barreaux; il essaya de donner une bénédiction que l'âge, l'infortune et la douleur ne lui permirent pas d'achever; il défaillit dans les bras de ses deux assistants.

Strafford se releva, prit la route de l'échafaud où le vieil évêque le devait suivre. Le ministre de Charles marcha au supplice d'un air serein, au milieu des insultes de la populace. Avant de poser le front sur le billot, il prononça ces paroles : « Je crains qu'une ré-« volution qui commence par verser le sang ne finisse par les plus

[1] J'invite à lire dans la collection des lettres de Strafford, la lettre qu'il écrivit à son fils avant d'aller à l'échafaud.

« grandes calamités et ne rende malheureux ceux qui l'entrepren-
« nent. » Il livra sa tête et passa à l'éternité (1641).

La révolution précipite son cours ; le roi part pour l'Écosse ; la
conspiration irlandaise éclate et est suivie d'un des plus horribles
massacres dont il soit fait mention dans l'histoire ; les chefs du parti
puritain saisissent cette occasion pour hâter la marche des événements. Charles revient de l'Écosse ; le parlement lui présente des
remontrances séditieuses et fait emprisonner les évêques.

Irrité de tant d'affronts, le roi va lui-même accuser de haute trahison dans la chambre des communes les six membres les plus fameux de la faction puritaine. Ceux-ci, prévenus de cette imprudente
démarche par une indiscrétion de la reine, se réfugient dans la cité.
Une insurrection éclate ; les bruits les plus absurdes se répandent :
tantôt c'est la rivière que les *cavaliers* doivent faire sauter en l'air
par l'explosion d'une mine ; tantôt ce sont ces mêmes *cavaliers* (les
royalistes) qui viennent mettre le feu à la demeure des *têtes rondes*
(les parlementaires). Menacée d'un décret d'accusation, la reine
force le roi à donner sa sanction à la loi qui privait les évêques du
droit de voter. Henriette quitte l'Angleterre ; Charles se retire à
York, après avoir refusé d'apposer sa signature au bill relatif à la
milice ; bill qui tendait à mettre le pouvoir militaire aux mains de la
chambre élective : de part et d'autre on se prépare à la guerre.

On remarque dans la conduite du roi, depuis son avénement au
trône jusqu'à l'époque de la guerre civile, cette incertitude qui prépare les catastrophes. Entêté de la *prérogative*, il se la laissa d'abord
arracher par lambeaux, et la livra ensuite toute à la fois ; il était
brave : il pouvait en appeler à l'épée, et il ne recourut aux armes
que quand ses ennemis eurent acquis le pouvoir de résister ; toutes
les voies constitutionnelles lui étaient ouvertes pour agir au nom
de la constitution, même contre le parlement, et il n'entra point
dans ces voies. Enfin, Charles lutta inutilement contre la force des
choses ; son temps l'avait devancé : ce n'était pas sa nation seule
qui l'entraînait, c'était le genre humain ; il voulut ce qui n'était plus

possible. La liberté conquise s'alla perdre d'abord dans le despotisme militaire, qui la dépouilla de son anarchie ; mais enlevée aux
pères, elle fut substituée aux fils, et resta en dernier résultat à l'Angleterre.

Dans les combats de plume qui précédèrent des combats plus
sanglants, le parti de Charles eut presque toujours raison par le
fond et par la forme : ce parti posa très nettement les questions relatives aux formes du gouvernement; il prouva que la constitution
anglaise était composée de monarchie, d'aristocratie et de démocratie (c'était la première fois que l'on s'exprimait ainsi) ; il prouva
que les demandes du parlement tendaient à dénaturer la constitution monarchique et à jeter la Grande-Bretagne dans l'état populaire, le pire de tous les états. Falkland et Clarendon écrivaient pour
le roi ; tous deux étaient ennemis déclarés des mesures arbitraires
de la cour.

Pourquoi un parti si raisonnable dans ses doctrines ne fut-il pas
écouté? c'est qu'on ne le crut pas sincère et qu'ensuite il était froid ;
il se trouvait placé du côté d'un pouvoir qui tendait à conserver,
tandis que les passions étaient du côté d'un pouvoir qui voulait détruire. Enfin ce parti était dépassé dans ses sentiments de liberté
par les puritains, qui marchaient à la république. Plus tard on retourna aux principes de Clarendon et de Falkland, mais il fallut dévorer vingt ans de calamités. Ainsi nous sommes revenus en 1814
aux doctrines de 1789 : nous aurions pu nous épargner le luxe de
nos maux.

Cependant (il est triste de le dire), les crimes et les misères des
révolutions ne sont pas toujours des trésors de la colère divine, dé-
pensés en vain chez les peuples. Ces crimes et ces misères profitent quelquefois aux générations subséquentes par l'énergie qu'ils
leur donnent, les préjugés qu'ils leur enlèvent, les haines dont ils
les délivrent, les lumières dont ils les éclairent. Ces crimes et ces
misères, considérés comme leçons de Dieu, instruisent les nations,
les rendent circonspectes, les affermissent dans des principes de

24

liberté raisonnables; principes qu'elles seraient toujours tentées de regarder comme insuffisants, si l'expérience douloureuse d'une liberté sous une autre forme n'avait été faite.

Falkland a laissé un de ces souvenirs mêlés de mélancolïe et d'admiration qui attendrissent l'âme. Il était doué du triple génie des lettres, des armes et de la politique. Il fut fidèle aux muses sous la tente, à la liberté dans le palais des rois, dévoué à un monarque infortuné, sans méconnaître les fautes de ce monarque. Accablé des maux de son pays, fatigué du poids de l'existence, il se laissa aller à une tristesse qui se faisait remarquer jusque dans la négligence de ses vêtements. Il chercha et trouva la mort à la bataille de Naseby : on devina son dessein de quitter la vie au changement de ses habits : il s'était paré comme pour un jour de fête.

Le chancelier Clarendon, qui, de son côté, servit si bien Charles Ier, vint, dans la suite, mourir à Rouen, exilé par Charles II, qui lui devait en partie sa couronne. Sous le règne de ce dernier prince, on condamna à être brûlé par la main du boureau le mémoire justificatif du vertueux magistrat dont les écrits, mêlés à ceux de Falkland, avaient fait triompher la cause royale.

L'étendard royal planté à Nottingham donna, dit Hume, le signal de la discorde et de la guerre civile à toute la nation. Clarendon remarque que les parlementaires avaient commis le premier acte d'hostilité en s'emparant des magasins de Hull. L'observation est juste, mais le parlement avait agi dans ses intérêts : lorsque, dans les troubles des empires, on en est venu à l'emploi de la force, il s'agit moins de la première attaque que de la dernière victoire.

La fortune se déclara d'abord pour le roi : la reine lui amena des secours. Il assembla à Oxford les membres du parlement qui lui étaient demeurés fidèles, afin de combattre le parlement de Londres : ainsi sous la Ligue nous avions le parlement de Tours et celui de Paris; « mais depuis, dit Bossuet, des retours soudains, des « changements inouïs, la rébellion longtemps retenue, à la fin tout « à fait maîtresse; nul frein à la licence, les lois abolies, la

« majesté violée par des attentats jusqu'alors inconnus, l'usurpa-
« tion et la tyrannie sous le nom de liberté. »

CROMWELL.

Tous ces revers tinrent à un homme : non que Cromwell fût l'adversaire de Charles (dans ce cas encore la lutte eût été trop inégale),
mais Cromwell était la destinée visible du moment. Charles, le
prince Rupert, les partisans du roi remportaient-ils quelque avantage, cet avantage devenait inutile par la présence de Cromwell.
Moins les talents de cet homme étaient éclatants, plus il paraissait
surnaturel : bouffon et trivial dans ses jeux, lourd et ténébreux
dans son esprit, embarrassé dans sa parole, ses actions avaient la
rapidité et l'effet de la foudre. Il y avait quelque chose d'invincible
dans son génie, comme dans les idées nouvelles dont il était le
champion.

Olivier Cromwell, fils de Robert Cromvell et d'Elisabeth Stewart,
naquit à Huntington, le 24 avril v. s., la dernière année du seizième
siècle. Robert eut dix enfants, et Olivier fut le second de ses fils.
Les frères d'Olivier moururent en bas âge. Milton a exalté et d'autres
ont ravalé la famille du Protecteur : il a dit lui-même, dans un de
ses discours, qu'il n'était ni bien ni mal né, ce qui était modeste,
car sa naissance était bonne, et ses alliances surtout remarquables.
Les premiers biographes de Cromwell, particulièrement les premiers biographes français, l'envoient d'abord servir sur le continent, et le font comparaître devant le cardinal de Richelieu, qui
prédit la grandeur future du jeune Anglais : ces fables sont aujour-
d'hui abandonnées. Cromwell reçut les premiers rudiments des
lettres à Huntingdon, sous un docteur Thomas Beard, ministre
dans cette petite ville. Le docteur fut un mauvais maître, quoiqu'il

composât des pièces de théâtre pour ses écoliers; Cromwell ne sut jamais correctement l'orthographe.

Envoyé à Cambridge au collége de Sydney-Sussex (23 avril 1616), il étudia sous Richard Howlet, apprit un peu de latin : Waller veut qu'il sût bien l'histoire grecque et romaine. Il aimait les livres, écrivait facilement de mauvaise prosé et de méchants vers.

Son père étant mort, sa mère le rappela auprès d'elle. Pendant deux années, Olivier fut la terreur de la ville d'Huntingdon par ses excès. Envoyé à Lincoln-Inn pour s'instruire dans les lois, au lieu de s'y appliquer, il se plongea dans la débauche. Revenu de Londres en province, il se maria à Elisabeth Bourchier, fille de sir James Bourchier, du comté d'Essex. Elle était laide et assez vaine de sa naissance : une seule lettre d'elle, qui nous reste, montre qu'elle avait reçu l'éducation la plus négligée [1].

Cromwell, qui n'avait que vingt-et-un ans au moment de son mariage, changea subitement de mœurs, entra dans la secte puritaine, et fut saisi de l'enthousiasme religieux, tantôt feint, tantôt vrai, qu'il conserva toute sa vie. Nous verrons plus tard les contrastes de son caractère.

Une sucession ayant donné quelque aisance à Cromwell, il devint *gentleman farmer* dans l'île d'Ély, et fut élu membre du troisième parlement de Charles en 1628. Il ne se fit remarquer que par son ardeur religieuse et par ses déclamations contre les évêques de Winchester et de Winton. Sa voix était aigre et passionnée, ses manières rustiques, ses vêtements sales et négligés. Cromwell était d'une taille ordinaire (cinq pieds cinq pouces environ); il avait les épaules larges, la tête grosse et le visage enflammé.

Après la dissolution du parlement de 1628, Cromwell disparaît;

---

[1] Il ne faut pas confondre les fautes d'orthographe et de langue, dans les manuscrits de la première partie du dix-septième siècle, avec l'orthographe et les langues de cette époque qui n'étaient pas fixées et variaient encore dans chaque pays, selon les provinces.

on ne le retrouve qu'à la convocation du parlement de 1640. On sait seulement que les censures et l'intolérance de la Chambre Étoilée ayant déterminé beaucoup de citoyens à passer à la Nouvelle-Angleterre, Hampden et son cousin Olivier Cromwell résolurent de s'expatrier. Ils avaient choisi pour le lieu de leur résidence, dans des pays sauvages, une petite ville puritaine, fondée en 1635, sous le nom de Say-Brook, par lord Brook et lord Say. Cromwell et Hampden étaient déjà à bord d'un vaisseau sur la Tamise, lorsque cette proclamation les contraignit de débarquer : « Il est défendu « à tous marchands, maîtres et propriétaires de vaisseaux de « mettre en mer un vaisseau ou des vaisseaux avec des passagers, « avant d'en avoir obtenu licence spéciale de quelques-uns des « lords du conseil privé de Sa Majesté, chargés des plantations « d'outre-mer. »

Hampden et Cromwell, au lieu de s'aller ensevelir dans les déserts de l'Amérique, furent retenus en Angleterre par les ordres de Charles Ier : il n'y a pas, dans les annales des hommes, un exemple plus frappant de la fatalité.

Obligé de rester en Angleterre par la volonté du roi qu'il devait conduire à l'échafaud, Cromwell, ne sachant où jeter son inquiétude, s'opposa au desséchement très utile des marais de Cambridge, de Huntingdon, Northampton et Lincoln ; desséchement entrepris par le comte de Bedfort. Les personnages puissants qu'il attaquait lui donnèrent le surnom dérisoire de *lord des marais;* mais le parti populaire et puritain, à cause même de cette attaque contre de nobles hommes, choisirent Cromwell, membre de la chambre des communes pour Cambridge, au parlement du 5 mai 1640. Ce quatrième parlement ayant été subitement dissous, l'obscur député reparut enfin, la même année, dans ce long parlement qui devait faire sa puissance et qu'il devait détruire.

La révolution qui commençait sa marche ne se trompait pas sur son chef, bien que ce chef fût encore le membre le plus ignoré de de ces fameuses communes. Au premier cri de la guerre civile, le génie du Protecteur s'éveilla. Volontaire d'abord, et puis colonel parlémentaire, Cromwell leva un régiment de fanatiques qu'il soumit à la plus sévère discipline : le moine devient facilement soldat. Pour vaincre le principe d'honneur qui animait les *cavaliers*, Cromwell enrôla à son service le principe religieux qui enflammait les *têtes rondes*. Il fut bientôt l'âme de tout : il refondit et reconstitua l'armée; et sachant se faire exempter des bills qu'il inspirait au parlement, il restait pouvoir arbitraire au milieu d'une faction toute démocratique.

DU COMMENCEMENT DE LA GUERRE CIVILE

A LA CAPTIVITÉ DU ROI.

DE 1642 A 1647.

Cromwell s'éleva principalement en adoptant un parti : il se plaça à la tête des *indépendants*, secte sortie du sein des puritains, et dont l'exagération fit la force. Les membres *indépendants* du parlement devinrent les tribuns de la république : les généraux et les officiers de l'armée furent remplacés par des généraux et des officiers *indépendants*. On établit auprès de chaque corps des commissaires qui contrecarraient les mesures des capitaines modérés; l'esprit des troupes s'exalta jusqu'au plus haut degré du fanatisme.

En vain Charles, auquel il restait encore une ombre de puissance, voulut traiter à Huxbridge : la négociation fut rompue et la guerre renouvelée. Montross obtint quelques succès inutiles en Écosse. « Le « comte de Montross, Écossais et chef de la maison de Graham, dit « le cardinal de Retz, est le seul homme du monde qui m'ait jamais « rappelé l'idée de certains héros que l'on ne voit plus que dans « les Vies de Plutarque; il avait soutenu le parti du roi d'Angle- « terre dans son pays, avec une grandeur d'âme qui n'en avait « point de pareille en ce siècle. »

Montross n'était point un homme de Plutarque; c'était un de ces hommes qui restent d'un siècle qui finit dans un siècle qui commence : leurs anciennes vertus sont aussi belles que les vertus nouvelles, mais elles sont stériles; plantées dans un sol usé, les mœurs nationales ne les fécondent plus.

Tandis qu'on s'égorgeait dans les champs de l'Angleterre, les membres des communes livraient des batailles à Londres, abattaient des têtes sans exposer les leurs. L'archevêque Laud, prisonnier depuis plus de trois ans, fut tiré de son cachot, par la vengeance de Prynne, pour aller au supplice (10 janvier 1645). Ce prélat inflexible avait fait beaucoup de mal à Charles, en l'entêtant de la suprématie épiscopale, en persuadant au roi d'entreprendre ce qu'il n'avait pas la force d'accomplir. Laud, courbé sur son bâton pastoral, était naturellement si près du terme de sa course, qu'on aurait pu se dispenser de hâter le pas du vieux voyageur. « Agé de soixante-« seize ans, vénérable par ses vertus... il regarda la mort sans « tomber dans la pusillanimité des vieillards qui, du bord de leur « tombeau, font des vœux au ciel pour en obtenir quelques malheu-« reux moments qu'ils veulent attacher au grand nombre de leurs « années[1]. »

Battu de toutes parts, défait complètement à Naseby (juin 1645), Charles crut trouver un asile parmi ses véritables compatriotes : il quitta Oxford où il s'était réfugié, et s'alla rendre à l'armée écossaise, avec les chefs de laquelle il avait secrètement traité. On le conduisit à Newcastle, où s'ouvrirent de nouvelles négociations. Des commissaires du gouvernement anglais arrivèrent : tout le monde pressait Charles d'accepter les conditions proposées : les Écossais ou les *saints* (c'est ainsi qu'ils se nommaient); les *presbytériens* effrayés des *indépendants*, l'ambassadeur de France, Bellièvre, la reine même absente, mais se faisant entendre par l'intermédiaire de Montreuil. Charles refusa l'arrangement, parce qu'il

[1] *Vie de Henriette de France.*

blessait les principes de sa croyance. A cette époque la foi était partout, excepté chez un petit nombre de libertins et de philosophes ; elle imprimait aux fautes et quelquefois aux crimes des divers partis quelque chose de grave, de moral même, si l'on ose dire, en donnant à la victime de la politique la conscience du martyr, et à l'erreur la conviction de la vérité.

Un ministre écossais, prêchant devant Charles, commença le psaume 51 : *Pourquoi, tyran, te vantes-tu de ton iniquité?* Charles se leva et entonna le psaume 56 : *Seigneur, prends pitié de moi, car les hommes me veulent dévorer.* Le peuple attendri continua le cantique avec le souverain tombé : l'un et l'autre ne s'entendaient plus qu'à travers la religion.

Ces marques de pitié s'évanouirent ; les *saints* d'Écosse en vinrent à un marché avec les *justes* d'Angleterre, et l'armée covenentaire livra Charles au parlement anglais, pour la somme de 800,000 livres sterling. « Les gardes fidèles de nos rois, dit « Bossuet, trahirent le leur. » Lorsque Charles fut instruit de la convention, il prononça ces belles et dédaigneuses paroles : « J'aime mieux être au pouvoir de ceux qui m'ont acheté chère- « ment que de ceux qui m'ont lâchement vendu. »

Prisonnier des hommes qui allaient bientôt l'immoler, Charles fut conduit au château de Holmby (9 février 1647). Il reçut partout des témoignages de respect : la foule accourait sur son passage ; on lui amenait des malades afin qu'il les touchât pour les rendre à la santé ; vertu qu'il était censé posséder comme *roi de France,* comme héritier de saint Louis. Plus Charles était malheureux, plus on le croyait doué de cette vertu bienfaisante : étrange mélange de puissance et d'impuissance ! On supposait au royal captif une force surnaturelle, et il n'avait pas celle de briser ses chaînes ; il pouvait fermer toutes les plaies, excepté les siennes. Ce n'était pas sa main, c'était son sang qui devait guérir cette maladie de liberté dont l'Angleterre était travaillée.

Les *presbytériens,* libres de crainte du côté du roi, essayèrent de licencier l'armée où dominaient les *indépendants ;* les *indépendants* l'emportèrent : ils formèrent entre eux dans leurs camps une espèce de parlement militaire aux ordres de Cromwell. Les officiers composaient la chambre haute, les soldats, qu'on nommait *agitatateurs,* la chambre basse : c'est ainsi que la constitution républicaine de Rome passa aux légions de l'empire. Soixante-deux membres indépendants du vrai parlement, ayant à leur tête les orateurs, allèrent rejoindre l'armée militante, prêchante et délibérante, laquelle vint à Londres et chassa qui bon lui plut de Westminster. En même temps, le cornette Joyce, qui jadis tailleur avait quitté l'aiguille pour l'épée, enleva le roi du château d'Holmby, le conduisit prisonnier de l'armée à Newmarket, et de là à Hamptoncourt.

Les hommes qui se jettent les premiers dans les révolutions sont partis d'un point de repos ; ils ont été formés par une éducation et par une société qui ne sont point celles que les révolutions produisent. Dans les plus violentes actions de ces hommes, il y a quelque chose du passé, quelque chose qui n'est pas d'accord avec leurs actions, c'est-à-dire des impressions, des souvenirs, des habitudes qui appartiennent à un autre ordre de temps. Ces athlètes expirent successivement dans la lice à des distances inégales, selon le degré de leurs forces, ou, s'arrêtant tout à coup, refusent d'avancer. Mais auprès d'eux sont nés d'autres hommes, factieux engendrés par les factions ; aucune impression, aucun souvenir, aucune habitude ne contrarie ceux-ci dans les faits du présent ; ils accomplissent par nature ce que leurs devanciers avaient entrepris par passion : aussi vont-ils beaucoup au delà de ces premiers révolutionnaires qu'ils immolent et remplacent.

DEPUIS LA CAPTIVITÉ DU ROI

JUSQU'A L'ÉTABLISSEMENT DE LA RÉPUBLIQUE

DE 1647 A 1649.

Près d'une moitié de la propriété anglaise avait été sequestrée par le parlement, sous le prétexte de l'attachement que les propriétaires conservaient aux opinions royalistes. Le clergé anglican était errant dans les bois; des victimes entassées dans les pontons, sur la Tamise, périssaient de maladie, et quelquefois de faim. On avait établi des comités investis du droit de vie et de mort, lesquels, sans forme de procès, dépouillaient les citoyens. Ces comités exerçaient des vengeances, vendaient la justice, et protégeaient le crime.

Tous ces maux rendirent l'entreprise de l'armée contre le parlement extrêmement populaire, car, dans le mouvement des ambitions et dans le ressentiment des misères publiques, on n'examina pas jusqu'à quel point le succès de la révolution n'avait pas tenu à des rigueurs que l'humanité, l'équité et la morale ne pouvaient d'ailleurs justifier.

Après avoir chassé les *presbytériens* du parlement, l'armée entama, à l'exemple de ce même parlement, des négociations avec le roi.

Cromwell pensa-t-il d'abord à se réunir à Charles? on l'a cru. John Cromwell, un de ses cousins, lui avait entendu dire à Hamptoncourt : « Le roi est injustement traité, mais voici ce qui lui fera « rendre justice; » il montrait son épée. Il est certain qu'Ireton et Cromwell eurent des pourparlers fréquents à Hamptoncourt avec les agents du Roi. Charles offrait, dit-on, à Cromwell l'ordre de la Jarretière et le titre de comte d'Essex; mais Cromwell prévit tant d'opposition de la part des *agitateurs* et des *niveleurs*, qu'il se décida à les suivre. L'esprit républicain, en forçant un simple citoyen à refuser un cordon, lui donna une couronne : Cromwell fût redevenu sujet obscur, mais vertueux ; la liberté lui imposa le crime, le despotisme et la gloire.

Cromwell jouait vraisemblablement un double jeu ; si les négociations avec Charles réussissaient, elles le menaient à la fortune ; si elles échouaient, il trouvait, en abandonnant le roi, d'autres honneurs : d'un côté la prudence et l'intérêt lui conseillaient de se rapprocher de Charles ; de l'autre, sa haine plébéienne et son ambition démesurée l'en écartaient. Ainsi s'expliquerait mieux l'ambiguïté de la conduite de Cromwell, que par la profonde hypocrisie d'une trahison non interrompue, et inébranlablement décidée d'avance à se porter aux derniers excès.

Dans ces négociations tant de fois reprises et rompues avec les divers partis, Charles lui-même fut généralement accusé de fausseté. Il avait le tort de trop écrire et de trop parler : ses billets, ses lettres, ses déclarations, ses propos, finissaient par être connus de ses ennemis, qui, à cet effet, se servaient souvent de moyens peu honorables. Après la bataille de Naseby (14 juin 1645), on trouva dans une cassette perdue des lettres et des papiers importants : ils furent lus dans une assemblée populaire à Guildhall, et publiés ensuite avec des notes, par ordre du parlement, sous ce titre : *Le portefeuille du roi ouvert*, etc. Ces papiers et ces lettres (du roi et de la reine) prouvaient trop que Charles ne regardait pas sa parole comme engagée, qu'il songeait à appeler des armées étrangères, et qu'il était toujours entêté des maximes du pouvoir absolu [1].

---

[1] J'ai déjà cité ces papiers et ces lettres. Malgré la candeur des *saints* et le *certifiés conformes*, il ne m'est pas prouvé que le texte soit religieusement conservé. Outre les raisons matérielles et morales que je pourrais apporter de mon opinion, je remarquerai que ce fut Cromwell, le plus grand des fourbes, qui vainquit les scrupules des parlementaires et les détermina à faire publier ces documents. Sous le Directoire, n'a-t-on pas falsifié et interpolé les *Mémoires* même de Cléry ? Sous Buonaparte même on employait ces odieux moyens, bien indignes de son génie et de sa puissance. Pendant les Cent-Jours, ne publia-t-on pas à Paris les lettres altérées de monseigneur le duc d'Angoulême à S. A. R. madame la duchesse d'Angoulême, et jusqu'à une fausse édition de mon *Rapport fait au roi dans son conseil à Gand* ? Les partis sont sans conscience : tout leur est bon pour réussir.

C'est encore ainsi qu'avant de quitter Oxford pour se livrer aux Écossais, il avait écrit à Digby que si les *presbytériens* ou les *indépendants* ne se joignaient à lui, ils s'égorgeraient les uns les autres, et qu'alors il deviendrait roi.

Lorsque saisi à Holmby par l'armée, Charles fut conduit à Hamptoncourt, il adressa à la reine une lettre dans laquelle, après s'être expliqué sur sa position, il ajoutait : « En temps et lieu je saurai « agir comme il le faudra avec ces coquins-là. Je leur donnerai « un cordon de chanvre au lieu d'une jarretière de soie. » Ireton et Cromwell, qui traitaient avec le roi, retirèrent cette lettre des panneaux d'une selle où elle avait été renfermée. Comme homme, Charles était naturellement sincère ; comme roi, l'orgueil du sang et du pouvoir le rendait méprisant et trompeur. Montross, allant au supplice, employa plus noblement cette image des cordons. « Le « feu roi, dit-il, m'a fait l'honneur de me gratifier de l'ordre de la Jarretière ; mais la corde rend ma position plus illustre. »

Les *niveleurs*, à la politique desquels Cromwell dut sa puissance, étaient une autre faction engendrée par les *indépendants*, et poussant les principes de ceux-ci à leur dernière conséquence.

Effrayé par des menaces, ne pouvant s'entendre avec l'armée et le parlement qui traitaient séparément avec lui, le roi eut la faiblesse de s'échaper de Hamptoncourt, laissant sur sa table une déclaration adressée aux deux chambres, et divers papiers. Huntingdon prétend que Cromwell avait écrit une lettre au gouverneur de Hamptoncourt pour l'avertir du danger de Charles.

Ce prince croyait sa cause bien abandonnée, puisqu'il n'essaya pas de s'enfoncer dans l'Angleterre et d'y retrouver son parti, quoiqu'il eût un moment la pensée de se retirer à Berwick. Après avoir marché toute la nuit, accompagné seulement du valet de chambre Legg, et de deux gentilshommes, Ashburnham et Berckley, il arriva sur la côte ; il ne vit qu'une mer déserte. Celui qui commande à l'abîme, et qui le mit à sec pour laisser passer son peuple, n'avait pas même permis qu'une barque de pêcheur se présentât pour ouvrir un chemin sur les flots au monarque fugitif. Charles alla frapper à la porte du château de Ticfield, où la comtesse douairière de Southampton lui donna l'hospitalité ; il prit ensuite le parti désespéré de solliciter la protection du gouverneur de l'île de Wight, le colonel Hammond, créature de Cromvell.

Prévenu par Jacques Ashburnham et par Berckley, Hammond refusa de promettre sa protection à Charles, et demanda a être conduit vers lui. Le roi, apprenant l'arrivée inattendue du gouverneur, se crut encore une fois victime d'une de ces trahisons dont il avait l'habitude. Il s'écria : « Jacques tu m'as perdu ! » Asbhurnham fondant en larmes proposa à Charles de poignarder Hammond qui attendait à la porte. Charles refusa de consentir à l'assassinat d'Hammond, assassinat qui l'eût peut-être sauvé.

Le roi devint une seconde fois prisonnier de la faction militaire, au château de Carisbroock. Cromwell, qui par ses tergiversations était devenu suspect au parlement et aux soldats, assembla les officiers : dans un conseil secret il fut résolu, quand l'armée aurait achevé de s'emparer de tous les pouvoirs, de mettre le roi en jugement, pour crime de tyrannie ; crime que cette indépendance armée employait à son profit, le regardant sans doute comme un de ses priviléges ou l'une de ses libertés.

Or le parlement, tout mutilé qu'il était déjà, essayait de résister encore ; il continuait de traiter avec le roi. Lorsque les commissaires de cette assemblée devenue impuissante furent introduits au château de Carisbrook, ils demeurèrent frappés de respect à la vue de cette tête blanchie et *découronnée*, comme l'appelle Charles dans quelques vers qui nous restent de lui. Les débats entre les commissaires et le roi s'ouvrirent sur des points de discipline religieuse, et l'on ne s'entendit point : tel était le génie de l'époque ; on sacrifiait tout à l'entêtement d'une controverse. Cependant les libertés publiques, et notamment la liberté de la presse, pour lesquelles on prétendait tout faire, étaient sacrifiées aux partis tour à tour triomphant. Des brochures intitulées, *Cause de l'armée, Accord du peuple* étaient déclarées, par les parlementaires, attentatoires à l'autorité du gouvernement ; la force militaire, de son côté, obtenait, sur la demande du général Fairfax, que tout écrit serait soumis à la censure, et que le censeur serait désigné par le général. Les *factions*, même les *factions républicaines*, n'ont jamais voulu la liberté de la presse : c'est le plus grand éloge que l'on puisse faire de cette liberté.

Cependant les *niveleurs* poussèrent si loin leur politique de théorie, qu'ils donnèrent des craintes sérieuses à Cromwell. Il se présente tout à coup à l'un de leurs rassemblements avec le régiment *rouge* qu'il commandait, et dont les soldats étaient surnommés *côtes de fer*. Il tue deux démagogues de sa main, en fait pendre quelques autres, dissipe le reste. Que disaient les lois de ces homicides arbitraires, dans ce temps de liberté légale ? Rien.

Les Écossais, honteux d'avoir livré leur maître, courent aux armes ; Cromwell les bat, et fait prisonnier leur général, le duc d'Hamilton ; des royalistes, obligés de capituler dans la ville de Colchester, sont exposés au marché comme un troupeau de nègres, et encaqués pour la Nouvelle-Angleterre : Charles II, rendu à sa puissance, oublia de les racheter : l'ingratitude des rois fit de la postérité de ces infortunés prisonniers des hommes libres, sur le même sol où ils avaient été vendus comme esclaves des rois.

L'armée victorieuse demanda, d'abord en termes couverts, et ensuite patemment, le jugement du roi. Diverses garnisons du royaume appuyèrent cette demande. Louis XVI fut victime de la violence d'un corps politique. Charles Ier ne succomba qu'à l'animosité de la faction militaire : ses accusateurs, une partie de ses juges, et jusqu'à ses bourreaux, furent des officiers.

Épouvanté de tant de démarches audacieuses, le parlement presse les négociations avec l'auguste prisonnier, afin d'opposer le pouvoir de la couronne au pouvoir de la soldatesque : pour toute réponse, Cromwell marche sur Londres.

En même temps l'ordre est expédié au colonel Hammond, dans

l'île de Wight, d'aller rejoindre le général Fairfax et de remettre la garde de la personne du roi au colonel Ewers.

Le parlement défend à Hammond d'obéir, Hammond se serait soumis aux ordres de l'autorité civile ; mais trouvant les soldats de la garnison disposés à la révolte, il partit pour le camp, où on l'arrêta. Le roi fut saisi, conduit de l'île de Wight au château de Hurst, et bientôt à Windsor. Charles avait envoyé son *ultimatum* aux communes, et avait promis à Hammond d'attendre vingt jours dans l'île de Wight la réponse définitive du parlement ; il ne tenta donc point de s'échapper, ce qu'il aurait pu faire aisément : sa fidélité à sa parole le conduisit à l'échafaud ; l'honneur du prince fit le crime de la nation.

Les *indépendants* avaient précédemment expulsé de la chambre élective les presbytériens les plus probes ; ils en allaient être chassés à leur tour. Ce fut la seule circonstance où ces fameuses communes montrèrent du courage : à la face de l'armée qui assiégeait les portes de Westminster, elles déclarèrent que les conditions venues de l'île de Wight étaient suffisantes et qu'on pouvait conclure un traité avec le roi. Les grandes résolutions tardives ne réussissent presque jamais, parce que, n'appartenant ni à l'inspiration de la vertu, ni à l'impulsion du caractère, elles ne sont que le résultat d'une position désespérée qui fait un moment surmonter la peur ! alors, ou l'on manque du courage suffisant pour soutenir ces résolutions, ou des moyens nécessaires pour les exécuter.

L'équitable histoire doit remarquer que ce vote des communes fut principalement l'ouvrage de Prynne, de ce presbytérien si persécuté par le parti de la couronne et de l'épiscopat, de cet homme qui, pour l'indépendance de ses opinions, avait subi deux fois la mutilation, trois fois l'exposition au pilori, huit années de prison et des amendes considérables.

Le lendemain de la résolution parlementaire, le colonel Pride, charretier par état, arrêta quarante-sept membres des communes lorsqu'ils se présentèrent aux portes de Westminster. Le jour suivant, l'entrée de la chambre fut refusée à quatre-vingt-dix-huit autres; Prynne déclara qu'il ne se retirerait jamais volontairement, et l'on fut obligé de l'entraîner de force. Après diverses épurations, le long parlement se trouva réduit à soixante-dix-huit membres, et bientôt à cinquante-trois par des retraites volontaires : trois cent quarante votants avaient été présents à la délibération relative aux négociations avec le roi. La poignée de séditieux conservé par la dérision des soldats retint le nom de parlement : le mépris populaire y ajouta le surnom de *rump* qui lui est resté.

Le *rump* rejeta tout projet d'accommodement avec Charles; il parla aussi de forger un de ces plans de république qui ébaudissent les dupes, et dont les fripons profitent. Le bill pour mettre Charles en jugement, et pour ériger à cet effet une cour de justice, fut proposé et voté dans la prétendue chambre des communes. La chambre haute, dont il n'existait plus que l'ombre, et qui ne comptait que seize pairs dans son sein, rejeta à l'unanimité le double bill. Le *rump* rendit aussitôt cet arrêt : « Attendu que les membres « des communes sont les véritables représentants du peuple, de qui « après Dieu émane tout pouvoir, la loi naît des communes, et n'a « besoin pour être obligatoire ni du concours des pairs, ni de celui « du roi. »

Un acte fut passé, autorisant cent quarante-cinq juges nommés dans cet acte, ou trente seulement parmi eux, à se former en haute cour, afin de faire le procès à Charles Stuart, roi d'Angleterre. Coke fut l'avocat général et Bradshaw eut la présidence de cette cour dont Cromwell faisait partie. Il ne se trouva, à l'ouverture de la procédure, que soixante-six membres, et soixante seulement au prononcé de la sentence.

Le roi fut conduit de Windsor au palais de Saint-James, et de là à la barre de la cour qui siégeait au bout de la grande salle de Westminster. Le président Bradshaw était assis dans un fauteuil de velours cramoisi, et les soixante-six commissaires, rangés des deux côtés du président, sur des banquettes recouvertes d'écarlate : un

autre fauteuil, en face du président, avait été préparé pour l'*accusé.*
Lorsqu'on annonça l'arrivée du roi, Cromwell se précipita à une
fenêtre pour le voir, et s'en retira tout aussi vite, pâle comme la
mort.

Charles entra d'un pas ferme, le chapeau sur la tête, une canne à
la main ; il s'assit d'abord, puis se leva et promena sur ses juges un
regard assuré ; c'était le 20 janvier 1649, jour qui devait avoir son
anniversaire : le 20 janvier 1793, fut lue à Louis XVI, prisonnier
au Temple, la sentence de mort.

Amené quatre fois devant ses meurtriers, Charles montra une
noblesse, une patience, un sang-froid, un courage qui effacèrent le
souvenir de ses faiblesses. Il déclina la compétence de la cour, et,
la tête couverte, parla en roi.

Bradshaw opposa à Charles la souveraineté du peuple ; il accusa
le prince d'avoir violé la loi, opprimé les libertés publiques et
versé le sang anglais. Cette controverse politique n'était qu'une plaidoirie dérisoire devant la mort séant au tribunal. On entendit des
témoins qui prouvèrent que le roi avait commandé ses troupes dans
diverses affaires : en France, on n'aurait pas tué un roi pour s'être
battu.

Lady Fairfax montra la généreuse audace particulière aux femmes :
de la tribune où elle assistait au procès, elle osa contredire les commissaires. On la menaça de faire tirer les soldats sur les tribunes.

Les juges, se reconnaissant bourreaux, avaient déposé une épée
sur la table à laquelle étaient assis les deux secrétaires du tribunal.
Charles, passant devant cette table, toucha le glaive du bout de la
canne qu'il tenait à la main, et dit : « Il ne me fait pas peur. » Il disait vrai.

Il avait pareillement touché avec cette canne l'épaule de l'avocat
général Coke en lui adressant le cri parlementaire *hear ! hear !*
(écoutez ! écoutez !) lorsque Coke commença la plaidoirie. La pomme
d'argent de la canne tomba. Amis et ennemis en conclurent que le
roi serait décapité.

26

Charles, entendant autour de lui les exclamations : « Justice!
« justice ! Exécution ! exécution ! » sourit de pitié.

Un misérable, peut-être un des juges, lui crache au visage : il
s'essuie tranquillement. Les pauvres soldats, dit-il ensuite à Herbert
(le Cléry du devancier de Louis XVI), » les pauvres soldats ne m'en
« veulent pas ; ils sont excités à ces insultes par leurs chefs, qu'ils
« traiteraient de la même manière pour un peu d'argent. » Un de
ces soldats, qui lui témoignait quelque commisération, fut rude-
ment frappé par un officier. « La punition me semble passer l'of-
fense, » dit Charles.

La religion soutenait le monarque : il pensait partager ses igno-
minies avec le Roi des rois, et cette comparaison élevait son âme
au-dessus des misères de la vie. Il ne s'attendrit qu'en entendant le
peuple s'écrier derrière les gardes : « Que Dieu préserve Votre Majesté ! » Ce ne sont pas les outrages, ce sont les marques de bonté
qui brisent le cœur des malheureux.

Dans les intervalles des séances, les commissaires se retiraient
pour délibérer entre eux dans la *chambre peinte*. C'est ce qui arriva
surtout le troisième jour du jugement, lorsque le roi proposa de
s'expliquer devant un comité composé de lords et de membres des
communes, ayant à faire, disait-il, une proposition propre à rendre
la paix à son peuple. Bradshaw repoussa la demande du roi ; le
colonel Downes, un des juges, réclama ; la cour alla délibérer dans
la chambre voisine ; Cromwell l'emporta sur le colonel : il fut décidé qu'on n'admettait point la proposition du roi. Charles avait
dessein, du moins on l'a cru, de déclarer qu'il abdiquait la couronne en faveur du prince de Galles.

Avant et pendant l'instruction du procès, on essaya, par toutes
sortes de jongleries, d'échauffer l'esprit du peuple.

Un prédicateur annonça en chaire « qu'il venait d'avoir une ré-
« vélation ; que pour assurer le bonheur du peuple, il était urgent
« d'abolir la monarchie ; que le roi était visiblement Barrabas, et
« l'armée le Christ ; qu'il ne fallait pas imiter les Juifs, délivrer le

« voleur au lieu du juste; que plus de cinq mille *saints* étaient dans
« l'armée, et des saints tels qu'il n'y en avait pas de plus grands
« dans le paradis; qu'ainsi justice devait être faite du grand Bar-
« rabas de Windsor. » Ce prédicant, venu de la Nouvelle-Angleterre,
s'appelait Péters; singulière ressemblance de nom avec cet autre
Péters, qui contribua à la perte de Jacques second.

On vit dans ce moment critique ce que l'on a vu trop souvent :
la probité commune, suffisante dans le temps de calme, insuffisante
au moment du péril. Cette espèce d'honnêtes gens, qui avaient
voulu la révolution de bonne foi, manquèrent d'énergie pour la
retenir dans de justes bornes. Whitelocke, de ce troupeau des faibles,
déclare qu'on rejetait la *sale besogne* du procès fait au roi sur l'armée ; chose naturelle, selon lui, puisque l'armée avait demandé
l'accusation. Whitelocke avait raison ; mais l'armée n'entendait pas
la chose comme cela : elle prétendait rendre les parlementaires exé-
cuteurs de ses hautes œuvres. Whitelocke, commissaire du sceau,
s'alla cacher à la campagne avec son collègue Weddrington; Elsing,
clerc du parlement, résigna sa charge.

John Cromwell, alors au service de Hollande, vint en Angleterre
de la part du prince de Galles et du prince d'Orange pour tâcher de
sauver le roi. Introduit, avec beaucoup de peine, auprès d'Olivier
son cousin, il chercha à l'effrayer de l'énormité du crime prêt à se
commettre; il lui représenta, à lui Olivier Cromwell, qu'il l'avait
vu jadis à Hamptoncourt dans des opinions plus loyales. Olivier
répliqua que les temps étaient changés, qu'il avait jeûné et prié pour
Charles, mais que le ciel n'avait point encore donné de réponse.
John s'emporta, et alla fermer la porte; Olivier crut que son cousin
le voulait poignarder : « Retournez à votre auberge, lui dit-il, et ne
« vous couchez qu'après avoir entendu parler de moi. » A une
heure du matin, un messager d'Olivier vint dire à John que le conseil
des officiers avait *cherché le Seigneur*, et que le Seigneur voulait que
le roi mourût. Dans une autre occasion on avait entendu Cromwell
s'écrier : « Il s'agit de ma tête ou de celle du roi; mon choix est fait. »

L'ordre pour l'exécution de l'arrêt de mort fut signé dans la *salle peinte,* par une soixantaine de membres qui le scellèrent de leurs sceaux ; l'original de cet ordre existe : plusieurs noms des signataires sont écrits de manière à ce qu'on ne les puisse lire ; d'autres sont effacés et remplacés par des noms en interligne. La lâcheté du présent et la crainte de l'avenir avaient commandé ces viles précautions d'une conscience épouvantée.

Cromwell apposa son nom à l'ordre d'exécution avec ces bouffonneries qu'il avait coutume de mêler aux actions les plus sérieuses ; soit qu'il fût ou qu'il voulût avoir l'air d'être au-dessus de ces actions, soit que son caractère se composât du burlesque et du grand, l'un servant de délassement à l'autre.

On avait vu Cromwell dans sa première jeunesse si mauvais sujet, que les maîtres des tavernes fermaient leur porte lorsqu'il passait dans les rues d'Huntingdon. Une fois, chez un de ses oncles, il obligea les assistants à fuir d'un bal par le choix d'un parfum dont il avait frotté ses gants et ses habits. Plus tard, s'occupant d'une constitution pour l'Angleterre, il jeta un coussin à la tête de Ludlow, qui lui lança un autre coussin dans les jambes comme il s'enfuyait. Des *saints* le suprirent un jour occupé à boire. « Ils croient, dit-il à ses joyeux amis, que nous *cherchons le Seigneur,* et nous cherchons un tire-bouchon. » Le tire-bouchon était tombé.

Cromwell donc, en signant l'ordre de l'exécution de Charles Ier, barbouilla d'encre le visage de Henri Martyn, qui signait après lui ; le régicide Martyn rendit jeu pour jeu à son camarade de forfait : cette encre était du sang ; elle leur laissa la marque qu'on voyait au front de Caïn.

Le colonel Ingoldsby, parent d'Olivier, nommé commissaire à la haute cour, où il ne siéga pas, entra par hasard dans la *chambre peinte* au moment de la signature ; Cromwell le presse de joindre son nom aux noms déjà inscrits ; le colonel s'y refuse. Les commissaires se saisissent d'Ingoldsby ; Cromwell lui met de force la plume entre les doigts avec de grands éclats de rire, et, lui conduisant la main, le contraint de tracer le mot *Ingoldsby*.

Au surplus, cette nargue abominable se retrouve souvent dans l'histoire. Les plus grands révolutionnaires de France étaient bavards, indiscrets et affectaient de verser le sang avec la même indifférence que l'eau. Une conscience paralysée et une conscience vertueuse produisent la même paix ; elles portent légèrement la vie, avec cette différence : l'une ne sent pas le fardeau du remords, l'autre le poids de l'adversité.

Cromwell joua auprès de Fairfax une autre comédie : celui-ci voulait, avec son régiment, tenter de délivrer le roi. Cromwell, secondé d'Ireton, s'efforça de persuader à Fairfax que le Seigneur avait rejeté Charles. Ils l'engagèrent à implorer le ciel pour en obtenir un oracle, cachant toutefois à leur honorable dupe qu'ils avaient déjà signé l'ordre de l'exécution.

Le colonel Harrisson, aussi simple que Fairfax, mais dans d'autres idées que lui, fut laissé par le gendre et le beau-père auprès de Fairfax : il fit durer les prières jusqu'au moment où la nouvelle arriva que la tête du roi était tombée.

Les lords Richmond, Lindsay, Southampton, Herforth, jadis ministres de Charles, demandèrent à subir la mort pour leur maître, comme seuls responsables, selon l'esprit de la constitution, des actes de la couronne. Les factions ne reconnurent point cette noble responsabilité : le crime donna un bill d'indemnité aux ministres. L'Écosse menaça ; la France et l'Espagne firent des représentations, assez froides à la vérité ; la Hollande agit plus vivement, en vain.

Charles avait écouté sa sentence sans donner d'autre signe d'émotion qu'une contraction dédaigneuse des lèvres lorsqu'il s'entendit déclarer tyran, traître, meurtrier, ennemi de la république, et condamné comme tel à avoir la tête tranchée. Les soixante-treize commissaires restant des cent quarante-quatre nommés, se levèrent tous en signe d'adhésion à l'arrêt, qui fut lu à haute voix. Charles

témoigna le désir de parler après la lecture; on lui interdit la parole:
il n'était plus vivant aux yeux de la loi.

Pendant les trois jours accordés au prisonnier pour se préparer à
la mort, le seul bruit de la terre qui lui parvint dans sa solitude fut
celui des ouvriers qui dressaient l'échafaud. Deux enfants de Charles
restaient entre les mains des républicains, la princesse Elisabeth et
le duc de Glocester, âgé de trois ans; on les lui amena. Il prit ce
dernier sur ses genoux et lui dit : « Ils vont couper la tête à ton
« père; peut-être te voudront-ils faire roi; mais tu ne peux pas
« être roi tant que tes frères aînés, Charles et Jacques, seront
« vivants. » L'enfant répondit : « Je me laisserai plutôt mettre en
« pièces. » Le père embrassa bientôt l'orphelin, en répandant des
larmes de tendresse. Cromwell, qui se réservait la couronne, voulait faire du duc de Glocester un marchand de boutons. Le jeune roi
Louis XVII, et sa sainte et noble sœur, reçurent depuis, dans le
Temple, les bénédictions de Louis XVI.

Un comité nommé par la haute cour avait choisi le lieu de l'exécution; l'échafaud fut bâti devant le palais de Whitehall, et élevé
au niveau de la salle des *banquets*. En conséquence de cette disposition, Charles se devait trouver de plain-pied avec son trône nouveau, lorsqu'il sortirait par les fenêtres. La main de Dieu avait écrit
sur la muraille de cette salle des festins la ruine de l'empire des
Stuarts [1].

Le roi avait demandé l'assistance de l'évêque Juxon, vertueux
défenseur de Strafford; elle lui fut accordée à la sollicitation de
Péters, ce prédicant fanatique qui ressemblait assez aux curés de
Paris sous la Ligue. Herbert, qui ne quittait point son maître,
couchait sur un grabat auprès de son lit.

Dans la nuit du 29 au 30 janvier, le roi dormit profondément
jusqu'à quatre heures du matin. Alors il réveilla Herbert et lui dit :
« Le jour de mon second mariage est arrivé; il me faut des vête-

---

[1] Quelques Mémoires disent qu'on avait pratiqué une ouverture dans le mur.

« ments dignes de la pompe. » Il indiqua les habits qu'il voulait porter ; il mit deux chemises, à cause de la rigueur de la saison : « Si je tremblais, dit-il, mes ennemis l'attribueraient à la peur. »

Charles s'était aperçu qu'Herbert avait eu un sommeil agité ; il lui en demanda la cause : « J'ai rêvé, dit le serviteur, que je voyais en-« trer l'archevêque Laud dans votre chambre; vous lui avez ordonné « de s'approcher de vous, et vous lui avez parlé d'un air triste. « L'archevêque a poussé un profond soupir et s'est retiré en se « prosternant. » Charles, frappé de ce songe, répliqua : « L'arche-« vêque est mort : s'il était vivant, je lui aurais dit quelque chose « qui l'aurait fait soupirer. »

Le monarque passa quelques heures en prières avec l'évêque, et reçut la communion de la main de ce véritable ami de Dieu. Le républicain Ludlow travestit cette scène pathétique : il raconte que Juxon, appelé par Charles, mit en hâte son attirail épiscopal, et que le prélat, n'ayant rien de préparé sur la matière, lut à son péni-tent un de ses vieux sermons. Les Mémoires de Cléry, falsifiés par ordre des intéressés, altèrent les paroles du roi martyr et tournent en moquerie les actions de la vertu et du malheur.

Herbert rentra dans la chambre du roi, et bientôt le colonel Hac-ker vint annoncer qu'il était temps de partir pour Whitehall.

Charles, vêtu de deuil, le collier de Saint-Georges sur la poitrine, un chapeau orné d'un panache noir sur la tête (ainsi Falkland s'é-s'était paré pour mourir), sortit à pied du palais de Saint-James, le 30 janvier 1649 (vieux style), vers les huit heures du matin. Il tra-versa le parc entre deux détachements de soldats : ses serviteurs et ses geôliers, le colonel Thomlinson lui-même, chef de sa garde funèbre, l'accompagnaient tête nue ; le respect était égal à la gran-deur de la victime.

Le roi entra dans son palais de Whitehall : on lui avait préparé un dîner ; il ne prit qu'un peu de pain et de vin, encore par le con-seil de Juxon. Deux heures s'écoulèrent avant qu'il fût appelé au sup-plice : on n'a pu que former des conjectures sur ce délai mystérieux.

Les ambassadeurs de Hollande n'étaient arrivés à Londres que le 25 janvier; ils n'eurent audience des communes que le 29 au soir, la veille même de la catastrophe.

Seymour était avec eux; il apportait deux lettres du prince de Galles, l'une adressée au roi; l'autre à Fairfax, et de plus un blanc-seing du prince : Seymour avait ordre de déclarer que les parlementaires pouvaient écrire sur ce blanc-seing toutes les conditions qu'ils jugeraient à propos d'imposer pour le rachat de la vie du prisonnier, le nom de l'héritier de la couronne, qui se trouverait au bas de ces conditions, deviendrait le garant de leur acceptation pleine et entière. Cet incident put jeter de l'incertitude dans les esprits; et s'il fût arrivé quelques jours plus tôt, il aurait peut-être sauvé le roi. Quoi qu'il en soit, il est certain qu'on délibéra au pied de l'échafaud; le sacrifice fut suspendu deux heures par une raison qu'on ignore. On trouve une preuve singulière de l'hésitation des conjurés jusqu'au dernier moment.

Fairfax était à Whitehall pendant l'exécution; il avait refusé d'être du nombre des juges; il s'était opposé à l'arrêt, et lady Fairfax encore plus que lui; il avait menacé de soulever les soldats de son régiment; il ne fut trompé, comme nous l'avons vu, que par les jongleries de Cromwell. Herbert le rencontra entouré de quelques officiers dans un corridor de Whitehall; Fairfax l'apercevant, lui dit aussitôt : « Comment se porte le roi? » La question parut étonnante à Herbert. Fairfax croyait donc qu'on négociait! il ignorait donc où en étaient les choses? La droiture sans les lumières a les résultats de la méchanceté : si elle n'accomplit pas les faits, elle les laisse accomplir, et sa conscience même lui est un piége.

Peut-être aussi le retard provint-il de la difficulté de trouver des bourreaux et de les habiller pour la scène. Le jugement des régicides fait voir qu'on ne se servit pas de l'exécuteur ordinaire; que tous les soldats d'un régiment, appelés sous serment secret à cette œuvre, dénièrent leurs bras, et que Hulet (officier accusé au procès d'avoir été le bourreau) soutint, dans sa défense, qu'on l'avait retenu prisonnier à Whitehall pour avoir refusé la hache d'honneur des régicides.

Le colonel Thomlinson eut l'humanité de permettre à Seymour de donner à Charles la lettre de son fils. Seymour reçut les dernières instructions du roi pour le prince de Galles. A peine s'était-il retiré que le colonel Hacker entra : il venait annoncer au monarque le dernier moment.

Charles suivit sans hésiter le colonel. Il traversa, accompagné de Juxon, une longue galerie bordée de soldats : ceux-ci étaient bien changés ; leur contenance annonçait la part qu'ils prenaient enfin à une si haute infortune. Le roi sortit par l'extrémité de la galerie et se trouva soudain sur l'échafaud : dix heures et demie sonnaient.

L'échafaud était tapissé de noir. Deux bourreaux masqués, mystérieux fantômes qui augmentaient la terreur de la catastrophe, se tenaient debout auprès du billot sur lequel on voyait briller la hache : tous les deux étaient uniformément vêtus d'un habit de boucher, espèce de sarrau étroit de laine blanche ; l'un, à cheveux et à barbe noirs, portait un chapeau retroussé ; l'autre avait une longue barbe grise ; sa tête était couverte d'une perruque également grise, dont les poils épars tombaient sur son masque. Quatre anneaux de fer étaient scellés dans l'échafaud ; on y devait passer des cordes pour forcer le roi à poser la tête sur le billot, en cas qu'il eût fait résistance[1], comme les anciens sacrificateurs attachaient le taureau à l'autel. Des régiments de cavalerie et d'infanterie, en casaques rouges, environnaient l'échafaud : un peuple innombrable, placé hors de la portée de la voix de son souverain, se pressait en silence au delà des troupes.

Charles, du haut du monument funèbre, dominait ce formidable spectacle : il y avait dans ses regards quelque chose d'intrépide et de serein. Ne se pouvant faire entendre de la foule, il parla de toutes sortes d'affaires aux personnes qui l'environnaient. Il ne se montrait

---

[1] *Regicides trial.*

ni effrayé ni pressé de mourir; on l'eût pris pour un homme occupé dans sa chambre de l'action la plus commune, tandis que ses serviteurs préparent le lit de son repos.

On vendit le soir, dans les rues de Londres, une relation populaire des derniers moments du roi : elle abonde en ces petits détails où se plaisent les Anglais. Dans ces portraits faits sur le modèle vivant, il y a une naïveté, une nature, que toutes les copies du monde ne peuvent reproduire. Voici cette relation : on y remarquera la liberté d'esprit de Charles, les discours de ce prince mêlés de controverse religieuse et politique : le royal orateur semblait oublier qu'il était là pour mourir; seulement ses parenthèses relatives à la hache montraient qu'il se souvenait de tout. On sera encore frappé, dans ce récit, de la douleur des assistants et du respect même du bourreau : Hulet, le masque à la barbe grise, ne porta le coup que par l'ordre de celui qui seul avait le droit de le commander.

Nous nous servons de la traduction française de cette pièce, faite en 1649, et qui est aussi naïve que l'original.

RELATION VÉRITABLE

DE LA MORT DU ROI DE LA GRANDE-BRETAGNE,

AVEC LA HARANGUE
FAITE PAR SA MAJESTÉ SUR L'ÉCHAFAUD IMMÉDIATEMENT AVANT SON EXÉCUTION.

« Le vingt-neuvième jour de janvier, sur les dix heures du matin, le roi fut conduit de Saint-James, à pied, par dedans le parc, au milieu d'un régiment d'infanterie, tambour battant et enseignes déployées, avec sa garde ordinaire, armée de pertuisanes, quelques-uns de ses gentilshommes devant et après lui la tête nue; le sieur Juxon, docteur en théologie, ci-devant évêque de Londres, le suivait, et le colonel Thomlinson, qui avait la charge de Sa Majesté, parlant à lui la tête nue, depuis le parc de Saint-James, au travers de la galerie de Whitehall, jusques en la chambre de son cabinet [1], où il couchait ordinairement et faisait ses prières : où étant arrivé il refusa de dîner, pour autant que (ayant communié une heure avant) il avait bu ensuite un verre de vin et mangé un morceau de pain.

« De là il fut accompagné par ledit sieur Juxon, le colonel Thomlinson et quelques autres officiers qui avaient charge de le suivre, et de sa garde du corps, environné de mousquetaires depuis la salle à banqueter joignant laquelle l'échafaud [2] était dressé, tendu de deuil, avec la hache et le chouquet au milieu. Plusieurs compagnies de cavalerie et d'infanterie étaient rangées aux deux côtés de l'échafaud, avec confusion de peuple pour voir ce spectacle. Le roi étant monté sur l'échafaud, jeta les yeux attentivement sur la hache et le chouquet, et demanda au colonel Hacker s'il n'y en avait point de plus haut, puis parla comme il s'ensuit, adressant ses paroles particulièrement au colonel Thomlinson :

« J'ai fort peu de chose à dire, c'est pourquoi je m'adresse à
« vous, et vous dirai que je me tairais fort volontiers, si je ne crai-
« gnais que mon silence ne donnât sujet à quelques-uns de croire
« que je subis la faute comme je fais le supplice ; mais je crois que
« pour m'acquitter envers Dieu et mon pays, je dois me justifier
« comme bon chrétien et bon roi, et finalement comme homme de
« bien.

« Je commencerai premièrement par mon innocence ; et en vérité
« je crois qu'il ne m'est pas nécessaire de vous entretenir longtemps
« sur ce sujet. Tout le monde sait que je n'ai jamais commencé la
« guerre avec les deux chambres du parlement, et j'appelle Dieu à
« témoin (auquel je dois bientôt rendre compte) que je n'ai jamais

[1] Le roi avait demandé le cabinet et la petite chambre prochaine. (*Cette note et les suivantes sont de l'auteur de la relation.*)

[2] C'était proche ou en ce lieu-là même que fut tué un bourgeois et trente blessés ; premier sang de cette dernière guerre.

« eu intention d'usurper sur leurs priviléges; au contraire ils com-
« mencèrent eux-mêmes en se saisissant des arsenaux; ils con-
« fessent qu'ils m'appartiennent, mais ils jugèrent qu'il était néces-
« saire de me les ôter; et pour le faire court, si quelqu'un veut
« regarder les dates des commissions de leurs députés et des miens
« comme des déclarations, il verra évidemment qu'ils ont com-
« mencé ces malheureux désordres, et non pas moi : de sorte que
« j'espère que Dieu vengera mon innocence... Non, je ne le veux
« pas! j'ai de la charité; à Dieu ne plaise que j'en impute la faute
« aux deux chambres du parlement; il n'est pas besoin ni de l'une
« ni de l'autre; j'espère qu'ils sont exempts de ce crime, car je crois
« que les mauvais ministres d'entre eux et moi ont été les princi-
« pales causes de tout ce sang répandu. Tellement que, par ma-
« nière de parler, comme je m'en trouve exempt, j'espère (et prie
« Dieu qu'ainsi soit) qu'ils le soient aussi. Néanmoins à Dieu ne
« plaise que je sois si mauvais chrétien que je ne confesse que les
« jugements de Dieu sont justes contre moi; car souventes fois il
« punit justement par une injuste vengeance; cela se voit ordinai-
« rement. *Je dirai seulement qu'un injuste arrêt*[1] *que j'ai souffert*
« *être exécuté, est puni à présent par un autre injuste donné contre*
« *moi-même.* Ce que j'ai dit jusqu'ici est pour vous faire voir mon
« innocence.

« Maintenant, pour vous faire voir que je suis un bon chré-
« tien, voilà un honnête homme (montrant au doigt le sieur Juxon),
« lequel portera témoignage que j'ai pardonné à tout le monde, et
« en particulier à ceux qui sont auteurs de ma mort; quels y sont,
« Dieu le sait; je prie Dieu de leur pardonner. Mais ce n'est pas
« tout; il faut que ma charité passe plus avant : je souhaite qu'ils
« se repentent; car véritablement ils ont commis un grand péché en
« cette occurrence. Je prie Dieu avec saint Étienne qu'ils n'en re-
« çoivent pas la punition; non seulement cela, mais encore qu'ils

[1] L'arrêt de mort du comte Strafford.

« puissent prendre la vraie voie d'établir la paix dans le royaume ;
« car la charité me recommande non seulement de pardonner aux
« personnes particulières, mais aussi de tâcher jusqu'à mon der-
« nier soupir de mettre la paix dans le royaume.

« Ainsi, messieurs, je le souhaite de toute mon âme, et espère
« qu'il y a quelques-uns ici[1] qui le feront connaître plus loin, afin
« d'aider à la pacification du royaume.

« Maintenant, messieurs, il vous faut faire voir comme vous êtes en
« mauvais chemin, et vous remettre en un meilleur. Premièrement,
« pour vous montrer que vous vous détournez de la justice, je vous
« dirai que tout ce que vous avez jamais fait, à ce que j'en ai pu
« concevoir, a été par voie de conquête ; certainement c'est une fort
« mauvaise voie : car une conquête, messieurs, n'est jamais juste,
« s'il n'y a quelque bonne et légitime cause, soit pour quelque tort
« reçu, ou en ayant droit légitime ; et alors si vous outrepassez cela,
« la première contestation que vous en avez rend votre cause injuste
« à la fin, quoiqu'elle fût juste au commencement ; mais si ce n'est
« que par conquête, c'est une grande volerie, comme un pirate
« reprocha un jour à Alexandre qu'il était le grand voleur, et pour
« lui, qu'il se contentait d'avoir le nom de petit. De sorte, mes-
« sieurs, que je trouve la voie que vous prenez fort mauvaise à
« présent. Messieurs, pour vous mettre en un bon chemin, soyez
« assurés que vous ne ferez jamais bien, et que Dieu ne vous assis-
« tera jamais, que vous ne donniez à Dieu ce qui appartient à
« Dieu, et au roi ce qui appartient au roi (je veux dire à mes suc-
« cesseurs) et au peuple. Je suis autant pour le peuple qu'aucun
« de vous. Il vous faut donner à Dieu ce qui appartient à Dieu, en
« réglant son Église droitement (selon l'Écriture), laquelle est à
« présent en désordre. Pour vous en dire la voie en détail présente-
« ment, je ne le puis faire ; je vous dirai seulement qu'il serait bon
« d'assembler un synode national, où chacun pourrait disputer

[1] Se tournant vers quelques gentilshommes qui écrivaient ce qu'il disait.

« avec toute liberté, et que les opinions qui paraîtraient évidem-
« ment bonnes fussent suivies.

« Quant au roi, en vérité, je ne veux pas.... » Puis se tournant
vers un gentilhomme qui touchait la hache, dit : « Ne gâtez pas la
« hache [1]. Quant au roi, les lois du royaume vous en instruisent
« clairement, et partant, d'autant que cela me touche en particu-
« lier, je ne vous en dis qu'un mot en passant.

« Pour le peuple, certainement je désire autant sa liberté et
« franchise que qui que ce soit ; mais il faut que je vous dise qu'elle
« consiste à être conservée par les lois, par lesquelles ils soient
« assurés de leur vie et de leurs biens : ce n'est pas qu'il faille
« qu'ils aient part au gouvernement, messieurs, cela ne leur appar-
« tient pas. Un souverain et un sujet sont bien différents l'un de
« l'autre, et partant jusqu'à ce que vous fassiez cela (je veux dire
« que vous mettiez le peuple en cette sorte de liberté), certainement
« ils n'en auront jamais.

« Messieurs, c'est pour ce sujet que je suis ici. Si j'eusse voulu
« donner lieu à un arbitrage, afin de changer les lois suivant la
« puissance du glaive, j'eusse pu éviter ceci, et partant je vous dis
« (et prie Dieu qu'il en détourne son châtiment de dessus vous)
« que je suis martyrisé pour le peuple.

« Véritablement, messieurs, je ne vous tiendrai pas plus long-
« temps ; je vous dirai seulement que j'eusse bien pu demander
« quelque peu de temps pour mettre ceci en meilleur ordre, et le
« digérer mieux ; pourtant j'espère que vous m'excuserez.

« J'ai déchargé ma conscience ; je prie Dieu que vous preniez les
« voies les plus propres pour le bien du royaume et votre propre
« salut. »

« Alors le sieur Juxon dit au roi : « Plaît-il à Votre Majesté
« (encore que l'affection qu'elle a pour la religion soit assez connue)
« de dire quelque chose pour la satisfaction du peuple ? »

---

[1] Voulant dire qu'il n'en gâtât pas le tranchant.

— « Je vous remercie de tout mon cœur, monseigneur, parce
« que je l'avais presque oublié. Certainement, messieurs, je crois
« que ma conscience et ma religion est fort bien connue de tout le
« monde, et partant je déclare devant vous tous que je meurs chré-
« tien, professant la religion de l'Église anglicane, en l'état que
« mon père me l'a laissée, et je crois que cet honnête homme (en
« montrant le sieur Juxon) le témoignera. »

« Puis, se tournant vers les officiers, dit : Messieurs, excusez-
« moi en ceci, ma cause est juste et mon Dieu est bon ; je n'en dirai
« pas davantage. »

« Puis il dit au colonel Hacker : « Ayez soin, s'il vous plaît,
« que l'on ne me fasse point languir. »

« Et alors un gentilhomme approchant auprès de la hache, le roi
lui dit : « Prenez garde à la hache, je vous prie ; prenez garde à la
« hache. »

« Ensuite de quoi, le roi parlant à l'exécuteur, dit : « Je ferai
« ma prière fort courte, et lorsque j'étendrai les bras... »

« Puis le roi demanda son bonnet de nuit au sieur Juxon, et,
l'ayant mis sur sa tête, il dit à l'exécuteur : « Mes cheveux vous
« empêchent-ils ? » Lequel le pria de les mettre sous son bonnet ;
ce que le roi fit, étant aidé de l'évêque et de l'exécuteur. Puis le
roi, se tournant de rechef vers le sieur Juxon, dit : « Ma cause est
« juste et mon Dieu est bon. »

« LE SIEUR JUXON : « Il n'y a plus qu'un pas, mais ce pas est
« fâcheux ; il est fort court, et pouvez considérer qu'il vous por-
« tera bien loin promptement ; il vous transportera de la terre au
« ciel, et là vous trouverez beaucoup de joie et de réconfort. »

« LE ROI : « Je vais d'une couronne corruptible à une incor-
« ruptible, où il ne peut pas y avoir de trouble ; non, aucun trouble
« du monde. »

« JUXON : « Vous changez une couronne temporelle à une éter-
« nelle ; un fort bon change. »

« Le roi dit à l'exécuteur : « Mes cheveux sont-ils bien ? » Le roi ôta son manteau et donna son cordon bleu, qui est l'ordre de Saint-Georges, audit sieur Juxon, disant : « Souvenez-vous... »

« Puis le roi ôta son pourpoint et étant en chemisette, remit son manteau sur ses épaules; puis, regardant le chouquet, dit à l'exécuteur : « Il vous le faut bien attacher. »

« L'EXÉCUTEUR : « Il est bien attaché. »

« LE ROI : « On le pouvait faire un peu plus haut. »

« L'EXÉCUTEUR : « Il ne saurait être plus haut, sire. »

« LE ROI : « Quand j'étendrai les bras ainsi, alors... » Après quoi ayant dit deux ou trois paroles tout bas, debout, les mains et les yeux levés en haut, s'agenouilla incontinent, mit son cou sur le chouquet; et lors l'exécuteur remettant encore ses cheveux sous son bonnet, le roi dit (pensant qu'il allait frapper) : « Attendez le signe. »

« L'EXÉCUTEUR : « Je le ferai, s'il plaît à Votre Majesté. »

« Et une petite pause après, le roi étendit les bras. L'exécuteur sépara la tête de son corps d'un seul coup, et quand la tête du roi fut tranchée, l'exécuteur la prit dans sa main et la montra aux spectateurs, et son corps fut mis en un coffre couvert, pour ce sujet, de velours noir. Le corps du roi est à présent dans sa chambre à Whitehall. »

Sic transit gloria mundi.

(*Fin de la relation.*)

Clarendon raconte que le corps du roi, qui se voyait le soir de l'exécution *dans sa chambre à Whitehall,* ne put être retrouvé à la restauration de Charles II. Cependant Herbert avait positivement écrit que l'inhumation avait eu lieu à Windsor, dans le caveau du chœur de la chapelle de Saint-Georges, où reposaient les restes de Henri VIII et de Jeanne Seymour. Les ouvriers travaillant dans cette chapelle, en 1813, ouvrirent par hasard le caveau. Le prince régent, aujourd'hui Georges IV, ordonna des recherches; on découvrit un cercueil de plomb; sur ce cercueil était une plaque portant ces mots : CHARLES, ROI; ce qui était conforme en tout au récit d'Herbert.

Une entaille fut pratiquée dans le couvercle, et, après l'enlève-
ment d'une toile imprégnée d'une matière grasse, on vit apparaître
le visage d'un mort, dont les traits brouillés et confus ressemblaient
au portrait de Charles Ier. D'après le procès-verbal de sir Henri
Halford, la tête du cadavre, séparée du tronc, avait les yeux à
demi ouverts, et l'on put teindre un mouchoir blanc d'un sang encore assez liquide. Ce témoin extraordinaire, de retour de la tombe
après le meurtre de Louis XVI, est venu déposer des fautes des
rois, des excès des peuples, de la marche du temps, de l'enchaîne-
ment des événements et de la complicité du crime de 1649 avec
celui de 1793.

Une omission frappe dans la relation populaire de l'exécution de
Charles : cette relation ne parle point du masque des bourreaux.
Ludlow, le régicide, se tait aussi sur ce fait. La petite feuille dont
il s'agit ne put être vendue dans les rues de Londres qu'après avoir
passé à la *censure* des hommes de la *liberté*. Or, des bourreaux sous
le masque étaient ou une affreuse saturnale ou l'aveu qu'un meurtre
avait été accompli sur une tête qu'aucune créature à visage d'homme
n'avait le droit de toucher.

Pour arriver à la fatale exécution, Cromwell avait eu besoin de
ces ris et de ces larmes qui, se contrariant en lui, déjouaient leur
mutuelle hypocrisie ; il redevint franc après le coup : il se fit ouvrir
le cercueil, et s'assura, en touchant la tête de son roi, qu'elle était
véritablement séparée du corps ; il remarqua qu'un homme aussi bien
constitué aurait pu vivre de longues années. Le terrible Cromwell,
obscur et inconnu comme le destin, en avait dans ce moment l'orgueil inexorable : il se délectait dans la victoire par lui remportée
sur un monarque et sur la nature.

Les meurtriers, ses compagnons, ne partageaient pas dans ce
moment son assurance et sa joie. Tous s'étaient hâtés de quitter la
scène sanglante. Le principal bourreau, Hulet, capitaine au régiment de cavalerie du colonel Hewson, se jeta, pour traverser la
Tamise, dans le bateau d'un marinier appelé Smith : celui-ci fut

contraint par des mousquetaires de le prendre à son bord. S'étant éloigné du rivage, Smith dit au sinistre passager : « Êtes-vous le « bourreau qui a coupé la tête du roi? — Non, répondit Hulet, « vrai comme je suis un pêcheur devant Dieu. » Et il tremblait de tout son corps. Smith, toujours ramant, reprit : « Êtes-vous le « bourreau qui a coupé la tête du roi!» Hulet nia de nouveau, raconta qu'on l'avait retenu prisonnier à Whitehall, mais qu'on s'était emparé de ses *instruments*. Smith lui dit : « Je coulerai bas mon « bateau si vous ne me dites la vérité. » La tête du roi avait été payée 100 livres sterling à Hulet. « Je prouverai que c'est toi qui as « porté le coup, » lui dit l'avocat général Turner, lors du procès des régicides, « et je t'arracherai ton masque[1]. »

LA RÉPUBLIQUE ET LE PROTECTORAT.

DE 1649 A 1658.

Deux effets furent produits en Angleterre par l'exécution de Charles.

D'une part, les hommes de bien furent consternés; il y eut des douleurs profondes, des morts subites causées par ces douleurs; et comme la nation était religieuse, il y eut aussi des remords. L'*Eikon Basiliké* fit regretter Charles Ier, de même que le testament de Louis XVI a fait admirer ce dernier roi. L'*Eikon Basiliké* n'était point de Charles : le docteur Gauden en est aujourd'hui reconnu l'auteur. Milton eut l'odieuse commission d'éclaircir ce point de critique : toute la sublimité de son génie, appuyé de la vérité du fait, ne put néanmoins triompher d'une imposture, ouvrage d'un esprit commun, mais fondée sur la vérité du malheur.

Que reste-t-il aujourd'hui de toutes ces douleurs en Angleterre?

[1] *Regicide's trial.*

Une cérémonie établie par Charles second, et qui se célèbre le 30 janvier de chaque année. On est censé jeûner, et l'on ne jeûne point ; les spectacles sont fermés, et l'on se divertit dans les salons et dans les tavernes ; la bourse est aussi fermée, au grand ennui des spéculateurs, qui se soucient fort peu de trouver sur le chemin de leur fortune ou de leur ruine la tête d'un roi. Les siècles n'adoptent point ces legs de deuil ; ils ont assez de maux à pleurer, sans se charger de verser encore des larmes héréditaires.

D'une autre part, la confusion se répandit dans les trois royaumes, après la mort de Charles Ier. Chacun avait un plan de république et de religion. Les Millenaires, ou les hommes de la cinquième monarchie, demandaient la loi agraire et l'abolition de toute forme de gouvernement, afin d'attendre le gouvernement prochain du Christ ; il n'y avait d'après eux d'autre charte que l'Écriture. Les Antoniniens prétendaient que la loi morale était détruite, que chacun se devait conduire désormais par ses propres principes, et non plus d'après les anciennes notions de justice et d'humanité ; ils réclamaient la liberté de tout faire : la fornication, l'ivrognerie, le blasphème, sont, disaient-ils, selon les voies du Seigneur, puisque c'est le Seigneur qui parle en nous. Ils n'étaient pas loin de devenir Turcs, et se plaisaient à la lecture du Coran nouvellement traduit. Les quakers, et surtout les quakeresses, passaient aussi pour une secte mahométane. Des politiques, s'élevant contre toute espèce de culte, voulaient que le pouvoir ne reconnût aucune religion particulière ; d'autres prétendaient refondre les lois civiles et effacer complètement le passé. Dépouillés de leurs biens et de leurs honneurs, les épiscopaux gémissaient dans l'oppression, et les presbytériens voyaient le fruit d'une révolution qu'ils avaient semée, recueilli par les indépendants, les agitateurs et les niveleurs.

Ces niveleurs étaient de plusieurs espèces : les uns, les *fouilleurs* et *déracineurs*, s'emparaient des bruyères et des champs en friche ; les autres, les *guerriers* et les *turbulents,* soulevaient les soldats ou devenaient voleurs de grands chemins : tous demandaient la disso-

lution du long parlement et la convocation d'un parlement nouveau.
Dans cette désorganisation complète de la société, au milieu des
potences et des échafauds qui s'élevaient pour punir le crime et la
vertu, on n'avait aucun parti arrêté : par une sorte de bonne foi
que l'anarchie laissait libre, il était très commun d'entendre des
républicains parler de mettre Charles second à la tête de la république, et des royalistes déclarer qu'une république était peut-être
ce qu'il y avait de mieux.

Il restait cependant à Londres deux principes de gouvernement
et d'administration : le *rump*, et le conseil des officiers qui avait
déjà subjugé le *rump*.

On examina d'abord si la chambre des pairs faisait partie inté-
grante du pouvoir législatif : malgré l'opinion de Cromwell qui,
dans ses intérêts voulait garder la pairie, il fut décidé que la chambre
héréditaire était inutile et dangereuse; sa suppression fut décré-
tée. La monarchie éprouva le même sort : le maire de Londres
refusa de proclamer l'acte d'abolition de la royauté.

Le royaume d'Angleterre se trouvant transformé en république,
un nouveau grand sceau fut gravé; il représentait d'un côté la
chambre des communes, avec cette inscription : *Le grand sceau de
la république d'Angleterre :* sur le revers on voyait une croix et une
harpe, armes de l'Angleterre et de l'Irlande, avec ces mots *Dieu
avec nous;* dans l'exergue on lisait : *L'an premier de la liberté, par
la grâce de Dieu.* 1649. C'est une mauvaise date pour la liberté que
celle d'un crime.

Cinq membres des communes furent chargés (Ludlow en était un)
de composer un conseil de Quarante, auquel serait dévolu le pouvoir exécutif. Ce comité des Cinq présenta trente-cinq candidats;
on leur adjoignit le comité des Cinq. Celui-ci fut en outre chargé
d'examiner la conduite des parlementaires qui n'avaient pas siégé
à Westminster durant le procès du roi.

Il était convenable d'immoler des victimes en l'honneur des funérailles du prince : le duc d'Hamilton, le carl de Holland et lord

Capell, prisonniers, furent décapités ; le premier contre le droit des gens, les deux derniers contre le droit de la guerre. Tous les partis regrettèrent lord Capell. Cromwell fit de lui un éloge magnifique, mais il prétendit qu'on le devait sacrifier à cause même de sa vertu. Le noble pair, étant sur l'échafaud, s'adressa à l'exécuteur : « Avez- « vous coupé la tête de mon maître ? — Oui, » répondit l'exécuteur. « Où est l'instrument qui porta le coup ? » Le bourreau montra la hache. « Êtes-vous sûr que ce soit la même ? » reprit lord Capell. Sur sa réponse affirmative, le royaliste prit la hache, la baisa avec respect, la rendit au meurtrier public, en lui disant : « Misérable ! n'étais-tu pas effrayé ? » Le bourreau repartit : « Ils me « forcèrent de faire mon métier. J'eus trente livres sterl. pour « ma peine. «

Eh bien ! le bourreau mentait, il se vantait d'une victoire qui n'était pas la sienne ; il n'avait souillé ni sanctifié ses mains et sa hache dans le sang de son roi. Cet homme, qui se nommait Brandon, n'était que le bourreau ordinaire ; on ne l'avait point appelé (ou peut-être avait-il refusé par frayeur son ministère) à la grande exécution. La peur cessant, la vanité revint ; Brandon songea à sauver ses droits et son *honneur* : le soir même de la mort de Charles, Brandon tint dans un cabaret le propos qu'il redit à lord Capell, se parant du crime qu'il n'avait pas commis [1].

Lord Capell livra sa tête après avoir déclaré qu'il mourait pour Charles Ier, pour son fils Charles II et pour tous les héritiers légitimes de la couronne.

Le *rump*, feignant de céder à l'opinion publique, s'occupa, en apparence, de sa dissolution, et rechercha les principes d'après lesquels un parlement nouveau pourrait être élu. Le *rump* n'était pas sincère ; il ne songeait qu'à se perpétuer en attendant les événements, grands débrouilleurs de la politique.

Cependant le comte d'Ormond, lord Inchiquin et le général Pres-

[1] *Trial of twenty-nine regicides*, pag, 33.

ton avaient soulevé l'Irlande, où Monk, qui défendait Dundalk pour le parlement, avait capitulé.

Cromwell, malgré les prétentions de Lambert et de Fairfax, fut nommé au gouvernement militaire et civil d'Irlande. Il partit accompagné d'Ireton, son gendre, après avoir cherché *le Seigneur* devant Harrisson, et expliqué les Ecritures.

Il aborde à l'île dévouée avec dix-sept mille vétérans et une garde particulière de quatre-vingts hommes, tous officiers. Trédall est emporté d'assaut; Cromwell monte lui-même à la brèche : tout périt du côté des Irlandais. Le commandant, sir Arthur Ashton, est tué. Ce vieux militaire avait une jambe artificielle; elle passait pour être d'or : les soldats républicains se disputèrent cette jambe royaliste, qui n'était que le trésor de bois de l'honneur et de la fidélité.

Wexfort est saccagé, Goran rendu par les soldats; les officiers sont fusillés. Kilkenny, Youghall, Coke, Kingsale, Colonmell, Dungarvan et Carrik se soumettent. Cromwell et Ireton portent à l'Irlande, comme ils l'avaient annoncé, l'extermination et l'enfer.

Cromwell, au milieu de ses victoires, est rappelé pour repousser les Écossais : ceux-ci s'étaient décidés à reconnaître les droits de Charles second; et bien qu'ils eussent pendu le royaliste Montross parce qu'il n'était pas convenantaire, ils étaient eux-mêmes royalistes. Rien de plus commun que ces inconséquences des partis dans les discordes civiles.

Les négociations entre Charles II et les Ecossais avaient été plusieurs fois interrompues. Charles, enfin, privé de toutes ressources, s'était rendu à Edimbourg : là il avait repris le sceptre de Marie Stuart, à la charge de publier cette déclaration déshonorante :

« Que son père avait péché en prenant femme dans une famille « idolâtre;

« Que le sang versé dans les dernières guerres devait être imputé à son père;

« Qu'il avait une profonde douleur de la mauvaise éducation « qu'on lui avait donnée, et des préjugés qu'on lui avait inspirés

« contre la cause de Dieu, et dont il reconnaissait à présent l'in-
« justice;

» Que toute sa vie précédente n'avait été qu'un cours suivi d'ini-
« mitié contre l'œuvre de Dieu;

« Qu'il se repentait de la commission donnée à Montross, et de
« toutes ses actions qui avaient pu scandaliser;

« Qu'il protestait devant Dieu qu'il était à présent sincère dans
« cette déclaration, et qu'il s'y tiendrait jusqu'à son dernier soupir,
« tant en Écosse qu'en Angleterre et en Irlande. »

Cependant Charles II n'était ni sans honneur ni sans courage.
Jeune encore, il avait combattu pour son père, à la tête des forces
de terre et de mer. Mais c'était bien le prince le moins fait qu'il y
eût au monde pour entendre six sermons de presbytériens par jour.
Lorsque, accablé de ces prédications, il cherchait quelque distraction, il ne pouvait sortir d'Edimbourg sans passer sur les membres mutilés de Montross, attachés aux portes de la ville. Montross, en mourant, avait souhaité que son corps fût mis en autant
de morceaux qu'il y avait de villes dans les trois royaumes, afin
qu'on rencontrât partout des témoins de sa fidélité. Un de ses bras fut
exposé sur un gibet à Aberdeen; les habitants l'enlevèrent secrètement et le cachèrent : après la restauration, ils le mirent dans une
cassette couverte de velours cramoisi brodé d'or, et le portèrent en
triomphe dans toute leur ville.

Cromwell marcha contre les Écossais à la tête de dix-huit mille
hommes. Il les attaqua à Dunbar, et les défit (3 septembre 1650).
L'année suivante, après avoir conquis une partie de l'Écosse, il
s'attacha aux pas de Charles II, qui s'était avancé en Angleterre
avec une armée : il l'atteignit à Worcester. Le génie si fatal au
père n'est pas moins fatal au fils; le combat se livre le 3 septembre 1651, jour anniversaire de la bataille de Dunbar : deux
mille royalistes sont tués ; huit mille prisonniers sont encore vendus
comme esclaves. On retrouve cette habitude de trafiquer des hommes
jusque sous Jacques II.

Le jeune roi fuit seul, se coupe les cheveux, de peur, comme Absalon ou comme les rois chevelus, d'être reconnu au bel ornement de sa tête. Ce prince nous a laissé le récit de ses aventures : son déguisement en bûcheron ; sa tentative pour entrer dans le pays de Galles avec le pauvre Pendrell ; sa journée passée avec le colonel Careless au haut du chêne qui retint le nom de chêne royal ; ses aventures chez un gentilhomme appelé Lane, dans le comté de Strafford ; son voyage à Bristol, voyage qu'il fit à cheval menant en croupe la fille de son hôte ; son arrivée chez M. Norton ; sa rencontre d'un des chapelains de la cour qui regardait jouer aux quilles, et d'un vieux serviteur qui le nomma en fondant en larmes ; son passage chez le colonel Windham ; le danger qu'il courut par la sagacité du maréchal qui, visitant les pieds des chevaux, affirma qu'un de ces chevaux avait été ferré dans le Nord ; enfin l'embarquement de Charles à Brighthelmstone, et son débarquement en Normandie, firent, de ce moment de la vie de ce prince, un moment de gloire romanesque qui lutta avec la gloire historique de Cromwell. Ludlow se contente de dire que Charles s'enfuit avec une mistress Lane.

Cromwell revint triompher à Londres. Le parlement envoya une députation au devant de lui.

Le général fit présent à chaque commissaire d'un cheval et de deux prisonniers : toujours même mépris des hommes parmi ces républicains. Les historiens n'ont pas remarqué ce trait de mœurs qui distingue les Anglais d'alors de tous les peuples chrétiens de l'Europe civilisée, et les rapproche des peuples de l'Orient. Monk, laissé en Écosse par Cromwell, l'acheva de soumettre. Le royaume de Marie Stuart fut réuni par acte du *rump* à l'Angleterre, ce que n'avaient pu faire les plus puissants monarques de la Grande-Bretagne.

Autant le corps législatif était méprisé, autant le conseil exécutif avait montré de vigueur et de talent : c'est ce qu'on a vu en France, sous les fameux comités émanés de la Convention. Les terres du clergé avaient été mises en vente ainsi que les domaines de la couronne, et ceux-ci tant en Angleterre qu'en Écosse. Les propriétés nationales, proposées d'abord au prix de dix années de leur affermage annuel, s'élevèrent avec les succès de la république aux taux de quinze, seize et dix-sept années de leur revenu net : on vendait les bois à part. Les royalistes dont les biens avaient été sequestrés ou confisqués, en obtenaient le retour ou la main-levée moyennant une finance plus ou moins forte payée argent comptant. Une taxe de cent vingt mille livres sterling par mois suffisait, avec ces différentes sommes, au besoin des services de l'État.

Toutes les puissances de l'Europe, et l'Espagne la première, avaient reconnu la république. L'Irlande était domptée, l'Écosse soumise et réunie à l'Angleterre ; une flotte, commandée par le fameux Robert Blake, devenu amiral de colonel qu'il était, gardait les mers autour des Iles Britanniques ; une autre, sous le pavillon d'Édouard Popham, croisait sur les côtes du Portugal. Les Indes occidentales, les Barbades et la Virginie, soulevées d'abord, furent réduites à l'obéissance. Le fameux acte de navigation proposé par le conseil d'État au parlement en 1651, rendu exécutoire le 1er décembre de cette même année, n'est point, comme on l'a écrit mille fois, l'ouvrage de l'administration de Cromwell, mais de la république avant l'établissement du protectorat. Cet acte fit éclater la guerre entre la Hollande et la Grande-Bretagne en 1652. Blake, Aiskew, Monk et Dean, soutinrent en onze combats, depuis le 17 mai 1652, vieux style, jusqu'au 10 août 1653, l'honneur du pavillon anglais contre Tromp, Ruyter, Van Galen et de Witte.

Les classes populaires que les révolutions font monter à la surface des sociétés donnent un moment aux vieux peuples une énergie extraordinaire ; mais ces classes, chez qui l'ignorance et la pauvreté ont conservé la vigueur, se corrompent vite au pouvoir, parce qu'elles y arrivent avec des besoins violents et des appétits longtemps excités par la misère et l'envie ; elles prennent et exagèrent les vices des grands qu'elles remplacent, sans avoir l'éducation qui du moins tempère ces vices. Une nation ainsi renouvelée par l'invasion d'une sorte de barbares indigènes, ne conserve que peu de jours son énergie ; n'étant plus jeune par nature, elle n'est jeune que par accident ; or, les mœurs ne se renouvellent pas comme les pouvoirs, et tant que les premières ne sont pas changées, il n'y a rien de durable.

Cromwell s'aperçut que ce reste d'assemblée, soumis d'abord et humilié, commençait à être jaloux du pouvoir que lui, Cromwell, avait acquis. L'autorité dictatoriale des camps avait dégoûté le futur usurpateur de l'autorité légale : son ambition, comme son caractère et son génie, le poussait à la souveraine puissance.

Il avait manœuvré longtemps entre les divers partis, tour à tour presbytérien, niveleur et même royaliste, mais s'appuyant toujours sur l'armée, où l'esprit républicain dominait, autant que cet esprit peut exister au milieu des armes. Les officiers voulaient l'égalité et la liberté, avec la fortune, les honneurs et le pouvoir absolu : c'est ainsi que sous la tente, depuis les légions romaines jusqu'aux Mamelouks, on a toujours compris la république.

Cromwell, après ses victoires, ayant repris son siége au parlement (16 septembre 1651), pressa la rédaction du bill pour mettre fin à ce parlement interminable : il ne le put obtenir qu'à la majorité de deux voix, quarante-neuf contre quarante-sept ; encore l'exécution du bill fut-elle remise au 3 novembre 1654.

Ce bill procédait à la réforme radicale parlementaire, si souvent et si inutilement demandée depuis. La chambre des communes devait être composée à l'avenir de quatre cents membres, sans compter les députés de l'Irlande et de l'Écosse. Les bourgs pourris disparaissaient ; on ne donnait le droit d'élire qu'aux villes et aux bourgs principaux ; deux cents livres sterling en meubles ou immeubles étaient la propriété exigée du citoyen pour l'exercice du droit électoral.

Cromwell ne désirait la dissolution du *rump* que dans l'espoir d'obtenir le suprême pouvoir, au moyen de députés choisis par son influence, et dévoués à ses intérêts. Afin de préparer les idées à un changement de choses, il avait encouragé des discussions sur l'excellence du gouvernement monarchique ; mais n'ayant pu amener le *rump* à prononcer la dissolution, il prit un chemin plus court pour y parvenir.

Le rusé général avait eu l'adresse de remplir toutes les places de ses créatures : les soldats lui étaient dévoués. Depuis la bataille de Worcester, qu'il appela, dans sa lettre au parlement, la *victoire couronnante*, il dissimulait à peine ses projets. La modération, besoin de tout homme qui, près d'arriver au pouvoir, s'y veut maintenir, était devenue l'arme de Cromwell : il avait fait publier une amnistie générale, et se montrait favorable aux royalistes ; il les trouvait par principe moins opposés que les autres partis à l'autorité d'un seul, et à son tour il avait besoin de fidélité.

Les communes, qui se sentaient attaquées, essayèrent de se défendre : tantôt elles se plaignaient des calomnies que Cromwell faisait semer contre elles ; tantôt elles songeaient encore à se perpétuer d'une manière moins directe, en procédant à l'élection des places vacantes au parlement. Cromwell ne s'endormait pas ; il présidait à des assemblées, à des colloques, à des traités entre les partis, et trompait tout le monde. Le colonel Harrison, franc républicain, mais aveugle d'esprit, prétendait toujours que le général, loin de se vouloir faire roi, ne songeait qu'à préparer le règne de Jésus. « Que « Jésus vienne donc vite, répondit le major Streater, ou il arrivera « trop tard. » Cromwell, de son côté, déclarait que le psaume CX^e l'encourageait à mettre la nation en république ; et à cette fin il engageait le comité d'officiers à présenter des pétitions qui devaient amener, par l'opposition des parlementaires, la destruction de la république. Une de ces pétitions demandait le paiement des arrérages de l'armée et la réforme des abus ; une autre sollicitait la dissolution immédiate du parlement et la nomination d'un conseil pour gouverner l'État jusqu'à la prochaine convocation du parlement nouveau. Emportées par leur ressentiment, les communes déclarèrent

que quiconque présenterait à l'avenir de pareilles doléances serait
coupable de haute trahison. On vint apprendre cette résolution à
Cromwell, qui s'y attendait. Il s'écria, animé d'une feinte colère,
au milieu des officiers : « Major-général Vernon ! je me vois forcé
« de faire une chose qui me fait dresser les cheveux sur la tête. »
Il prend trois cents soldats, marche à Westminster, laisse les trois
cents soldats en dehors, et pénètre seul dans la chambre : il était
député.

Il écoute un moment en silence la délibération, puis appelant
Harrison, membre comme lui de l'assemblée, il lui dit à l'oreille :
« Il est temps de dissoudre le parlement. » Harrison répondit :
« C'est une dangereuse affaire; songez-y bien. »

Cromwell attend encore; puis se levant tout à coup, il accable
les communes d'outrages, les accuse de servitude, de cruauté,
d'injustice : « Cédez la place, s'écrie-t-il en fureur ; le Seigneur
« en a fini avec vous! il a choisi d'autres instruments de ses œu-
« vres. » Sir Péters Wentworth veut répondre; Cromwell l'interrompt : « Je ferai cesser ce bavardage. Vous n'êtes pas un par-
« lement; je vous dis que vous n'êtes pas un parlement. »

Le général frappe du pied : les portes s'ouvrent; deux files de
mousquetaires, conduits par le lieutenant-colonel Worsley, entrent
dans la chambre et se placent à droite et à gauche de leur chef. Vane
veut élever la voix : « O sir Henry Vane! sire Henry Vane! dit
« Cromwell : le Seigneur me délivre de sir Henry Vane! » Dési-
gnant alors tour à tour quelques-uns des membres présents : « Toi,
« dit-il, tu es un ivrogne; toi un débauché (c'était Martyn, ce ré-
« gicide dont il avait barbouillé le visage d'encre); toi un adultère,
« toi un voleur. » Ce qui était vrai. Harrison fait descendre l'orateur de son fauteuil en lui tendant la main. Le troupeau épouvanté
sort pêle-mêle; tous ces hommes s'enfuient sans oser tirer l'épée,
que la plupart portaient au côté. « Vous m'avez forcé à cela, disait
« Cromwell; j'avais prié le Seigneur nuit et jour de me faire mourir
« plutôt que de me charger de cette commission. »

Alors, montrant du doigt aux soldats la masse d'armes : « Em-
« portez ce jouet[1]. » Il sort le dernier, fait fermer les portes, met
« les clés dans sa poche, et se retire à Whitehall. Le lendemain on
« trouva suspendu à la porte de la chambre des communes un écri-
teau ainsi conçu : *Chambre à louer, non meublée.* Ainsi fut chassé
de Westminster le parlement : la liberté y resta.

Remarquons les justices du ciel : ces députés qui avaient tué
leur prince légitime, prétendant qu'il avait violé les droits du
peuple ; ces députés qui avaient eux-mêmes précipité violemment
de leurs siéges un grand nombre de leurs collègues, furent dispersés par un de leurs complices, bien autrement coupable que
Charles envers les droits de la nation. Mais souvent ce que l'on con-
teste à la légitimité, on l'accorde à l'usurpation : les hommes, dans
leur orgueil, se consolent de l'esclavage lorsqu'ils ont eux-mêmes
choisi leur maître parmi leurs égaux.

Buonaparte, à Saint-Cloud, fit sauter les républicains par les
fenêtres avec moins de fermeté et moins de décision politique que
Cromwell n'en mit à dissoudre le long parlement. L'Angleterre républicaine accepta le joug : les tempêtes avaient enfanté leur roi ;
elles s'y soumirent.

La véritable république ne dura en Angleterre que quatre ans et
trois mois, à compter de la mort du roi (30 janvier 1649), jusqu'à
la dislocation totale du *rump* (20 avril 1653). Cette courte république ne fut pas sans gloire au dehors ni même sans vertu, sans
liberté et sans justice au dedans. Les membres des communes s'ex-
clurent, il est vrai, mutuellement de l'assemblée législative ; mais
ils ne se décimèrent point, ne s'assassinèrent point tour à tour
comme les conventionnels. La république française exista douze
années, de 1792 à 1804, à l'érection de l'empire, temps de gloire
et de conquêtes au dehors, mais de crimes, d'oppression et d'ini-
quités au dedans. Cette différence entre deux révolutions qui ont

---

[1] Whitelocke dit : *Cette marotte.*

cependant produit, en dernier résultat, la même liberté, vient du sentiment religieux qui animait les novateurs de la Grande-Bretagne et des principes d'irréligion qu'affichaient les artisans de nos discordes. Quelques vertus peuvent exister dans la superstition, il n'y en a point dans l'impiété. Les révolutionnaires anglais, fanatiques, connurent le repentir ; les révolutionnaires français, athées, ont tous été sans remords : ils étaient insensibles à la fois comme la matière et comme le néant.

LE PROTECTORAT.

DE 1653 A 1658.

Il était facile à Cromwell de convoquer un parlement libre ; il ne le voulut pas : il cherchait le pouvoir, et non la liberté. L'Angleterre, d'ailleurs, était lasse de parlements ; après l'anarchie, on respirait pour le despotisme. Le conseil des officiers, qui avait présenté la pétition décisive, s'arrogea le droit d'élection ; il choisit (toujours à la suggestion de Cromwell) dans le parti millénaire, les hommes les plus obscurs, les plus ignorants, les plus fanatiques : cent quarante-quatre personnages, ainsi triés, furent revêtus du pouvoir souverain. Le major général Lambert, qui se disait républicain et qui n'était que servile ; Harrison, sincère démocrate et d'un esprit borné, prêtaient les mains à toutes ces violences. Harrison, sectaire de la *cinquième monarchie*, demandait seulement que le nouveau conseil fût composé de soixante-dix membres, pour mieux ressembler au sanhédrin des Juifs. Dans le club législatif des cent quarante *saints*, il fallait avoir de longs noms composés et tirés de l'Ecriture, comme dans nos clubs on s'appelait *Scœvola* et *Brutus*. Des deux frères Barebone, l'un, le corroyeur, s'appelait *Loue-Dieu* ; l'autre, *si Christ n'était pas mort pour vous, vous seriez damné, Barebone.* Ce Barebone, dont le nom signifie en français *décharné*, donna son nom aux cent quarante-quatre : au parlement *croupion* succéda le parlement *damné Barebone*, ou le *damné décharné*.

Sur une liste de jurés du comté de Sussex, on voit les noms de White d'Emer, *combats pour la bonne cause de la foi* ; de Pimple de Whitam, *tue le péché* ; de Harding de Lewes, *plein de la grâce*. Lorsque les *saints* entraient en séance à Westminster, ils récitaient des prières, cherchaient le Seigneur des journées entières, et expliquaient l'Écriture : cela fait, ils s'occupaient des affaires, dont ils se croyaient saisis. Cromwell ouvrit la session des *décharnés* par un discours qu'il accompagna de pieuses larmes, remerciant le ciel d'avoir assez vécu pour assister au commencement du règne des *saints* sur la terre. Au fond de toutes ces folies, les nouvelles mœurs se formaient, et les institutions prenaient racine. Ces caractères n'étaient si ridicules que parce qu'ils étaient originaux ; or, tout ce qui est fortement constitué a un principe de vie. Les courtisans de Charles second purent rire, mais ces fanatiques de bonne foi laissèrent une arrière-postérité qui a fait raison des courtisans.

Whitelocke prétend que quelques hommes éclairés et d'un rang élevé se trouvaient dans le parlement Barebone. Ludlow représente les *décharnés* comme un troupeau d'honnêtes niais, ressemblant assez à nos théophilanthropes. Whitelocke était un parlementaire timide, qui avait fui de peur de condamner Charles Ier, et qui se rangeait toujours du parti le plus fort ; Ludlow était un parlementaire décidé, meurtrier du roi et ennemi de Cromwell.

Cinq mois s'étaient à peine écoulés lorsque les cent quarante-quatre *saints*, ne pouvant plus gouverner au milieu de la risée publique, chargèrent Rouse, leur orateur, créature de Cromwell, de remettre l'autorité entre les mains de celui qui les en avait revêtus. Cromwell l'avait prévu : il accepta en gémissant le poids de l'autorité souveraine.

Quelques pauvres d'esprit, qui n'étaient pas de la faction militaire, s'obstinèrent à siéger malgré la désertion de l'orateur et du

sergent qui avait emporté la masse. Le capitaine White entra dans
la chambre, et demanda à ces saints entêtés ce qu'ils faisaient là
(12 décembre 1653). « Nous cherchons le Seigneur, » répondirent-
ils. « Allez donc ailleurs, s'écria White; le Seigneur n'a pas fré-
« quenté ce lieu depuis longues années; » et il les fit chasser par
ses sbires. Le véritable principe républicain existait pourtant alors
dans l'armée anglaise plus que dans les autorités civiles; mais il ne
peut y avoir d'alliance durable entre le pouvoir constitutionnel et
l'autorité militaire : quand la liberté se réfugie à l'autel de la victoire, elle y est bientôt immolée; on la sacrifie pour obtenir le vent
de la fortune.

Tous les différents partis, excepté celui des *saints* et celui des républicains véritables, le parti du roi, le parti de l'épiscopat, le
parti militaire, le parti des gens de loi qui avaient craint la réforme
des coutumes et la simplification du code de procédure; tous les intérêts, toutes les ambitions, toutes les corruptions, toutes les lassi-
tudes applaudissaient aux entreprises de Cromwell : il fut compli-
menté par l'armée, la flotte, les autorités civiles. On attendait avec
anxiété et curiosité ce qu'il allait faire du pouvoir : sa fabrique était
toute prête et ses ouvriers à l'œuvre.

Le conseil des officiers est convoqué. Le major général Lambert
lit un écrit intitulé : *Instrument de gouvernement.* C'était une constitution qui plaçait la puissance législative dans un parlement et
dans un *protecteur.* Il y était statué que les membres de ce parlement seraient choisis par le peuple; qu'ils siégeraient tous les ans
cinq mois selon le bon plaisir du *protecteur;* que le *protecteur*
aurait le *veto* suspensif; qu'il nommerait à tous les emplois civils
et militaires; que dans l'intervalle des sessions, la nation serait
gouvernée par le *protecteur* et par un conseil composé de vingt-et-
un membres au plus, de treize au moins.

On supplia Cromwell d'accepter le protectorat : il se rendit gracieusement aux vœux de ses peuples. Le maire et les aldermen de
Londres furent requis de se trouver à une parade d'installation à

la salle de Westminster. Le Protecteur prêta serment à l'*instrument de gouvernement* qui était son œuvre. Le général Lambert, un genou en terre, lui présenta une épée dans le fourreau ; les commissaires lui remirent les sceaux ; le maire de Londres lui donna une épée nue, et le sujet des Stuarts alla, monarque absolu des trois royaumes, coucher dans le palais du roi qu'il avait assassiné.

Le premier parlement convoqué par Cromwell ne répondit pas à son attente : il s'y manifesta un esprit de liberté que l'oppression militaire n'avait pu étouffer. En vain le Protecteur, à l'ouverture de ce parlement, parla des excès de cette liberté, déclama contre ce qui lui avait donné la puissance, les agitateurs, les niveleurs, les millénaires et les diverses autres sectes ; en vain il s'éleva contre une égalité chimérique, et loua la division des classes en nobles, gentilshommes et bourgeois : son discours était raisonnable au fond, d'accord même avec l'opinion nationale, encore arrêtée aux principes de l'ancienne société ; mais ce n'était pas là la question pour les communes. Elles ne s'occupèrent que du pouvoir du Protecteur, et de la mauvaise origine de ce pouvoir. Le parlement ne voyait pas qu'il était tout aussi illégitime que le protectorat ; l'un et l'autre n'existaient qu'en vertu d'une prétendue constitution faite par qui n'avait pas eu droit de la faire.

Cromwel en péril n'hésita pas : violer la représentation nationale était devenu, depuis l'épuration du long parlement, une sorte de jurisprudence politique. Le Protecteur plaça des gardes à la porte de Westminster ; ils avaient ordre de ne laisser entrer que les députés consentant à souscrire un engagement en vertu duquel ils reconnaîtraient l'autorité du parlement et *d'un seul.* Cent trente membres signèrent tout d'abord ; plusieurs autres membres s'empressèrent ensuite d'imiter la turpitude de leurs collègues. Rien n'est plus rempli d'émulation que la bassesse : il y a des espèces de vils héros que les succès de la lâcheté empêchent de dormir.

Cromwel, devenu Protecteur, prit le titre d'Altesse. Des médailles furent frappées en son honneur ; l'une le représentait en buste avec cette inscription : *Oliverius Dei gratia, Reipublicæ Angliæ, Scotiæ et Hiberniæ Protector;* au revers était l'écusson d'Angleterre, autour on lisait ces mots, gravés depuis sur les monnaies du temps : *Pax quæritur bello.* D'autres médailles offrent un grand olivier, à l'ombre duquel s'élèvent deux petits oliviers, symboles du Protecteur et de ses deux fils. L'inscription porte : *Non deficient olivarii.* La flatterie ne parlait pas aussi bien latin qu'au temps de Tibère.

Lorsque les officiers vinrent complimenter Cromwell sur sa modestie à n'avoir accepté que le titre de *Protecteur*, il porta la main à son épée : « Elle m'a élevé, leur dit-il; si je veux monter « plus haut, elle me maintiendra au rang qu'il me plaira d'occuper. »

Quelles que soient néanmoins la pusillanimité des hommes et la crainte du pouvoir, il est impossible d'éteindre, dans une assemblée délibérante, tout principe vital. Les membres des communes, malgré leur engagement signé, tout en examinant avec modération l'*instrument de gouvernement*, se réservèrent la nomination du successeur de Cromwell; ils rejetèrent le principe du protectorat héréditaire, à la majorité de deux cents voix contre soixante.

Les cinq mois de la session expirés, Cromwell rassembla le parlement (22 janvier 1655) dans la *chambre peinte*. Il se répandit en outrages, traita les députés de parricides pour lui avoir contesté son autorité, à lui régicide; il leur déclara que si la république devait souffrir, meilleur était qu'elle fût dépendante des riches que des pauvres, qui, selon Salomon, lorsqu'ils oppriment, ne laissent rien après eux. Cromwell avait été blessé de la discussion relative à l'hérédité du protectorat : il voulait dissimuler sur ce point; mais entraîné, comme le sont tous les hommes, à parler de la chose même où il se sentait faible, il déclama lui-même contre le protectorat héréditaire, laissant par là aux principaux officiers, et particulièrement au major général Lambert, l'espoir de lui succéder.

Le parlement dissous, Cromwell en convoqua un autre pour lever, disait-il, l'argent nécessaire au service de l'armée et de la lotte, pour confirmer l'*instrument de gouvernement*, et enfin pour égaliser l'autorité des *majors généraux*. Ces majors étaient des commissaires militaires, chargés de lever sur les biens des roya- listes, à cause de quelques mouvements insurrectionnels, une con- tribution arbitraire d'un dixième de la valeur de ces biens. Crom- well corrompit autant qu'il le put les élections, et cassa celles qui lui étaient le moins favorables.

De tout cela sortit enfin un parlement qui, sous le nom d'*humble pétition et avis*, invitait le Protecteur à prendre le titre de roi et à former *une autre chambre*, c'est-à-dire une espèce de chambre des pairs, composée de soixante-dix membres à la nomination de Cromwell.

Cromwell se crut obligé de refuser la couronne par un long et obscur discours, où l'on découvrait à la fois ses regrets de repousser le diadème, et sa satisfaction de remettre au théâtre la parade de César. Il avait plusieurs fois fait traiter devant lui la question du *meilleur gouvernement;* c'était à peu près à la même époque que le grand Corneille écrivait la scène de Cinna.

Buonaparte n'hésita pas à se couronner, soit qu'ayant plus de gloire il eût plus d'audace, soit que la France, plus malheureuse dans sa révolution que l'Angleterre ne l'avait été dans la sienne, craignît moins de perdre la liberté.

Le nouveau parlement confirma et conféra de nouveau à Crom- well le titre de Protecteur, avec la faculté de nommer son succes- seur, ce qui, par le fait, rendait le protectorat héréditaire. Ce parlement fut encore renvoyé à cause des alarmes qu'il inspira à son maître; peut-être Cromwell en voulait-il secrètement à ces députés trop naïfs, de ne lui avoir pas mis de force la couronne sur la tête. L'usurpation se livrait ainsi à ces fréquentes dissolu- tions qui avaient perdu la légitimité; mais le bras de Cromwell était autrement puissant que celui de Charles; ce bras pouvait sou- tenir debout des ruines qu'une force ordinaire n'aurait pu empêcher de tomber.

Mettez à part l'illégalité des mesures de Cromwell, illégalité dont, après tout, il était peut-être obligé d'user pour maintenir son illégale puissance, l'usurpation de ce grand homme fut glorieuse. Au dedans il fit régner l'ordre : comme beaucoup de despotes, il était ami de la justice en tout ce qui ne touchait pas à sa personne, et la justice sert à consoler les peuples de la perte de la liberté. Le fanatique, le régicide Cromwell, parvenu au pouvoir, fut tolérant en religion et en politique; il fit passer le bill de la liberté de culte et de conscience; il employa des royalistes avoués : Hale, magistrat intègre, zélé partisan des Stuarts, fut placé à la tête de la magistrature; Monk, qui commanda les armées et les flottes du Protecteur, était un royaliste fait jadis prisonnier sur le champ de bataille par les parlementaires : il s'en souvint lors de la restauration.

Cromwell aimait et protégeait la noblesse anglaise. Cette noblesse ne périt point, comme de nos jours la noblesse française, parce qu'elle ne sépara pas tout à fait sa cause de la cause générale, et qu'en même temps la révolution de 1640, entreprise en faveur de la liberté, et non de l'égalité, n'était point dirigée contre l'aristocratie. Les Fakland, les Strafford, les Clarendon avaient été membres de l'opposition dans ces fameux parlements qui contribuèrent à restreindre les priviléges excessifs de la couronne : il y eut une chambre des pairs jusqu'à la mort de Charles Iᵉʳ. Essex, Denbigh, Manchester, Fairfax, et tant d'autres, se distinguèrent dans le service parlementaire de terre et de mer; une foule de lords entrèrent dans l'administration, se firent élire membres des communes aux parlements de la république et du protectorat, parurent dans les conseils, et jusqu'à la cour de Cromwell. Il n'y eut point d'émigration systématique; quelques individus nobles périrent, mais le corps patricien, ayant suivi et même devancé le mouvement de la nation, resta tout entier dans cette nation.

L'administration de Cromwell fut active, vigilante, vigoureuse, mais trop fondée sur la corruption de la police, pour qui Cromwell avait un penchant décidé, et à laquelle il sacrifiait des sommes considérables. Tous les services étaient payés régulièrement un mois d'avance; de grosses pensions, accordées à des hommes considérables, créaient des intérêts, si elles ne pouvaient créer des devoirs.

Au dehors, Cromwell acheva d'humilier la Hollande et de faire reconnaître la supériorité du pavillon anglais; les nations étrangères recherchèrent l'alliance du Protecteur. Richelieu avait favorisé les premiers troubles de l'Angleterre; il les avait pris pour des orages passagers qui, en occupant chez eux des ennemis, donnaient du repos à la France : il ne s'était pas aperçu qu'il s'agissait d'une révolution qui, en accroissant la vigueur d'un peuple, ne laisserait à Mazarin que des mépris à dévorer; nourriture d'ailleurs analogue au tempérament du cardinal.

Dunkerque fut par Mazarin livré à Cromwell; Blake prit la Jamaïque; l'Espagne fut contrainte d'offrir de grandes réparations. On a remarqué que Cromwell s'abandonna à sa passion religieuse plus qu'il ne suivit une saine politique, en s'aillant avec la France contre l'Espagne. Cette remarque faite après coup n'a rien de profond aujourd'hui; il est curieux seulement de la trouver dans les *Mémoires de Ludlow*. Ludlow, il est vrai, vit les triomphes de Louis XIV, et survécut longtemps à Cromwell dont il était l'ennemi.

Le Protecteur traita l'Irlande domptée en pays de conquête. Les malheureux Irlandais furent transportés par milliers aux colonies; un grand nombre périt dans les supplices. Des lois draconiennes et étrangères remplacèrent ces vieilles coutumes nées du sol, dont l'autorité se perpétuait par traditions devant quelque image de la Vierge sur une bruyère au son d'une musette. Les terres furent vendues : on donnait mille acres de terrain pour 1,500 liv. sterling dans le canton de Dublin, pour 1,000 dans celui de Kilkenny, pour 800 dans le comté de Wexford, et pour 600 dans les divers comtés de la province de Leinster. Des colonies militaires eurent en partage les terres situées aux environs de Slego, de Colke et de Collel.

Les naturels du sol devinrent les serfs des soldats anglais dans le Connaught.

Olivier étendit son autorité protectrice jusque sur les Vaudois, dans les montagnes de la Suisse. Le frère de l'ambassadeur de Portugal à Londres tua un Anglais ; Cromwel le fit décapiter. Le fier usurpateur signant un traité mit son nom au-dessus de celui de Louis XIV. En 1657, il envoya son portrait à la reine Christine, avec un distique qui disait que le front de Cromwel *n'était pas toujours l'épouvante-roi.*

C'est de cet orgueil du Protecteur qu'est née la superbe affectée par nos voisins pendant un siècle et demi, et qui n'a disparu qu'avec les victoires de notre révolution : elles nous ont remis au niveau de la révolution anglaise.

Pourtant Cromwell ne fut pas heureux ; toute sa puissance ne put empêcher la vérité de faire entendre sa voix. Quand il descendait en lui-même, il trouvait toujours qu'il avait tué le roi ou la liberté ; il lui fallait opter entre l'un ou l'autre remords.

Le Protecteur racontait que dans son enfance une femme lui était apparue ; elle lui avait annoncé, comme les magiciennes de Macbeth, qu'il serait roi. La conscience de Cromwell lui présenta, lorsqu'il était encore innocent, la vision de la royauté ; quand il devint coupable, elle lui en envoya le fantôme. Placé entre les royalistes et les républicains, qui le menaçaient également, Olivier était peu satisfait du titre équivoque dont la légitimité et la liberté l'avaient obligé de se contenter. Plusieurs conspirations des *cavaliers* éclatèrent : celles de Bagnal, fils de lady Terringham, de Penruddock, du capitaine Grove, du docteur Hervet, et de sir Henry Slingsby. Quelques hommes de la *cinquième monarchie* s'agitèrent aussi : un cornette, nommé Day, était de l'assemblée républicaine de Coleman, où l'on traitait Cromwell de coquin et de traître. Quelques régicides suspects furent enfermés dans ce château de Carisbrook qui avait servi de prison à Charles Ier. Les juges, et surtout les jurés, contrariaient le despotisme du Protecteur, qui retrouvait la liberté retranchée derrière cette barrière. Olivier était alors obligé de chercher les tribunaux naturels à son gouvernement, les conseils de guerre et les commissions.

Les brochures politiques, une pétition signée de plusieurs officiers, un libelle intitulé le *Memento*, surtout le fameux écrit *Killing no murder* (tuer n'est pas assassiner), achevèrent de troubler le repos de Cromwell. Le colonel Titus, sous le nom de *William Allen*, était l'auteur du dernier pamphlet. Dans une dédicace ironique adressée à *Son Altesse Olivier Cromwell*, Titus invitait son Altesse à mourir pour le bonheur et la délivrance des Anglais ; il lui disait que sa mort était le vœu général, la prière commune de tous les partis, qui ne s'entendaient que sur ce point. Titus signait W. A., *de présent votre esclave et vassal.*

Enfin la famille de Cromwell était pour lui un autre sujet de tourment et d'angoisse.

Il rencontrait parmi les siens deux espèces d'oppositions aussi violentes l'une que l'autre : ses trois sœurs épousèrent trois hommes qui tous trois votèrent la mort de Charles Ier. Il eut deux fils et quatre filles. Richard, protecteur après lui, était royaliste ; Henri, lord lieutenant d'Irlande, partageait une partie des talents et des opinions de son père, mais avec plus de modération que lui.

Sa fille aînée, lady Briget, était républicaine ; elle fut mariée d'abord au fameux Ireton, et après la mort de celui-ci au lieutenant général Fleetwood. Lady Élisabeth, sa seconde fille et sa fille chérie, avait épousé lord Claypole, homme ennemi de la tyrannie : lady Elisabeth était ardente royaliste.

Lady Marie, dont l'opinion est peu connue, épousa lord Falconbridge, qui fut actif dans la restauration. Enfin lady Francis, la plus jeune des filles du Protecteur, se maria clandestinement, en apparence, à Robert Rich, petit-fils du comte de Warwick. Robert ne vécut que trois mois, et sa veuve épousa sir John Russel.

La destinée de cette dernière fille de Cromwell fut assez singulière. Lord Broghil avait eu la pensée de la donner en mariage à

Charles II. Lady Francis consentait à cet étrange projet; Cromwell, assez tenté, ne le repoussait qu'en disant : « Charles II est trop « damnablement débauché pour me pardonner la mort de son « père. » Il est difficile de juger si Charles n'aurait pas, par politique ou par légèreté, approuvé cette union parricide. L'affaire manqua; lady Francis s'éprit d'inclination pour Jerry White, tout à la fois chapelain et bouffon de Cromwel, lequel White, surpris aux genoux de lady Francis par le Protecteur, fut obligé, pour se sauver, d'épouser une des femmes de chambre de sa maîtresse. Le mariage, d'abord clandestin, de lady Francis avec Robert Rich, fut ensuite célébré publiquement (11 novembre 1657). Le Protecteur se souvenant, à ce mariage, des jeux de sa première jeunesse, arracha la perruque de son gendre, et répandit des confitures liquides sur les robes des femmes : du moins, cette fois, on put rester dans la salle du bal.

Ainsi Cromwell, dans sa famille, trouvait tantôt des républicains et des républicaines qui détestaient sa grandeur, tantôt des royalistes qui lui reprochaient ses crimes. Lady Claypole ne le laissait pas respirer; Richard s'était jeté aux pieds de son père pour obtenir la vie de Charles Ier. La femme du Protecteur, bien que vaine, portait avec crainte sa fortune : décemment traitée, mais peu aimée de son mari, elle aurait voulu qu'on s'arrangeât avec le souverain légitime. Enfin la mère de Cromwell, qu'il chérissait et respectait, l'avait aussi supplié de sauver le roi : elle tremblait pour les jours de son Olivier; elle le voulait voir une fois le jour au moins, et si elle entendait l'explosion d'une arme à feu, elle s'écriait : « Mon fils « est mort! »

Ces tracasseries intérieures et de tous les moments, qui troublent la vie d'un homme bien plus que les grands événements politiques, ne se pouvaient perdre dans les distractions que cherchait Cromwell : il s'était attaché à lady Dysert, duchesse de Lauderdale; les *saints* se scandalisèrent. On trouvait aussi que Cromwell faisait de trop longues prières avec mistress Lambert. Plusieurs bâtards, qui se sont peut-être faussement vantés de leur naissance, ont prouvé que ce rigide Cromwell, ce sévère ennemi de la débauche et de la licence, ce prophète qui communiquait directement avec Dieu, était tombé dans la faiblesse commune à presque tous les grands hommes, d'autant plus attaqués et plus fragiles qu'ils ont plus de gloire.

Tous les monarques avaient renoncé à divertir leur orgueil du spectacle de la dégradation humaine, blessés peut-être encore qu'ils étaient de quelques vérités cachées sous de basses bouffonneries ; ils n'entretenaient plus dans leur cour ces misérables appelés *fous.* Cromwel en avait quatre, soit que ce tueur de rois aimât à s'environner de ce qui avait dégradé les rois, régicide encore envers leur mémoire ; soit que n'osant porter leur spectre, il affectât d'imiter leurs mœurs ; soit enfin qu'il trouvât dans son penchant naturel aux scènes grotesques un rapport avec ces joies royales. Mais tous les bouffons de la terre n'auraient pu chasser du cœur de Cromwell la tristesse qui s'y était glissée. Sa cour, ou plutôt sa maison, était à la fois une espèce de caserne et un séminaire, où quelques pompes bruyantes venaient, deux ou trois fois l'an, dérider le front des prédicants et des vieux soldats. Depuis la publication du pamphlet *Killing no murder,* on ne vit plus Cromwell sourire ; il se sentait abandonné par l'esprit de la révolution, d'où lui était venue sa grandeur. Cette révolution qui l'avait pris pour guide ne le voulait plus pour maître ; sa mission était accomplie ; sa nation et son siècle n'avaient plus besoin de lui : le temps ne s'arrête point pour admirer la gloire ; il s'en sert et passe outre[1].

Ce grand renégat de l'indépendance soupçonnait jusqu'à ses gardes, qu'il faisait relever trois et quatre fois par jour, et dont lui-même, déguisé, épiait les propos. Il passait sa vie à entendre les rapports de ses nombreux espions ; il n'osait plus se montrer en public que revêtu d'une cuirasse cachée sous ses habits, misérable

---

[1] Cette dernière phrase se retrouve dans mon discours non prononcé sur la liberté de la presse ; je l'avais enlevé à ce passage des *Quatre Stuarts :* je l'ai laissée ici à sa première place.

cilice de la peur. Il portait des pistolets chargés dans ses poches.
Un jour qu'il essayait un attelage de chevaux frisons, il tomba, et
l'un de ses pistolets partit. Quand il voyageait, c'était avec une rapidité extrême : on n'apprenait qu'il avait passé en un lieu que
quand il n'y était plus. Dans ce palais de Whitehall, témoin de la
grande immolation, Cromwell errait la nuit, comme un spectre
poursuivi par un autre spectre ; il ne couchait presque jamais deux
fois de suite dans la même chambre, tourmenté en cette demeure
par ses remords, comme la veuve de Charles y fut dans la suite
désolée par ses souvenirs.

La mort de lady Claypole vint ajouter à la noire mélancolie de
Cromwell : cette femme, encore jeune, consumée à Hamptoncourt
d'une douloureuse maladie, succomba en accablant son père de
reproches et en l'appelant pour ainsi dire après elle.

Il ne tarda pas à la suivre ; depuis quelque temps il souffrait d'une
humeur à la jambe : la fièvre le prit dans le même château où sa
fille avait rendu le dernier soupir ; on le transporta à Londres. Fidèle
à son caractère, Cromwell déclara qu'il avait eu des révélations,
qu'il guérirait pour être utile à son pays. Les chapelains de Whitehall annonçaient le prochain rétablissement du prophète : il mourut pourtant. Il expira dans sa cinquante-neuvième année, le 3
septembre 1658, anniversaire des victoires de Dunbar, Worcester,
et de l'ouverture du premier parlement protectoral.

« Cromwell allait ravager toute la chrétienté, dit Pascal, la
« famille royale était perdue et la sienne à jamais puissante, sans
« un petit grain de sable qui se mit dans son urètre ; Rome même
« allait trembler sous lui ; mais ce petit gravier, qui n'était rien
« ailleurs, mis dans cet endroit, le voilà mort, sa famille abaissée
« et le roi rétabli. »

Il n'y a de vrai dans cette remarque de Pascal que le néant de la
gloire et de la nature humaine. Une de ces tempêtes qui précèdent,
accompagnent ou suivent les équinoxes, éclata au moment de la
mort du Protecteur : le poète Waller, qui chantait tout le monde,

annonça en fort beaux vers que les derniers soupirs de Cromwell avaient ébranlé l'île des Bretons ; que l'Océan s'était soulevé en perdant son maître ; que Cromwell, comme Romulus, avait disparu dans un orage. Les faits se réduisaient à une fièvre et à un coup de vent.

Cromwell eut quelque chose de Hildebrand, de Louis XI et de Buonaparte ; il eut du prêtre, du tyran et du grand homme : son génie remplaça pour son pays la liberté. Il y avait trop de puissance en Cromwell pour qu'il pût créer une autre puissance ; il tua toutes les institutions qu'il trouva ou qu'il voulut donner.

La plupart des souverains de l'Europe mirent des crêpes funèbres pour pleurer la mort d'un régicide : Louis XIV porta le deuil de Cromwell auprès de la veuve de Charles Ier. Une couronne, même usurpée, absout-elle d'un crime ?

Ce nom de Cromwell, qui produisait la lâcheté européenne, faisait passer en Angleterre le pouvoir absolu entre les mains du faible Richard : tant il y a de puissance dans la gloire ! Cromwell laissa l'empire à son fils ; mais ces génies en qui commence un autre ordre de choses, soit en bien, soit en mal, sont solitaires ; ils ne se perpétuent que par leurs œuvres, jamais par leurs races.

Le Protecteur vécut l'âge des hommes de sa nature : leur règne le plus court est ordinairement de neuf à dix ans, et le plus long de vingt à vingt-deux. Ces calculs historiques, que rien ne semble démentir, reposent sans doute sur quelque vérité naturelle : il se peut faire que la force physique d'un homme placé au plus haut point des révolutions se trouve épuisée dans une période de trois ou quatre lustres.

Achevons de suite, en anticipant même un peu sur les faits, ce qui a rapport à Cromwell.

Thurloe déclarait que Cromwell était monté au ciel, embaumé des larmes de son peuple : Cromwell, plus franc au moment où la grande vérité, la mort, se présente aux hommes, avait dit : « Plu-
« sieurs m'ont trop estimé, d'autres souhaitent ma fin. » La bassesse

de la flatterie qui survit à l'objet de l'adulation n'est que l'excuse d'une conscience infirme : on exalte un maître qui n'est plus, pour justifier par l'admiration la servilité passée.

Richard fit de magnifiques funérailles à son père. Le corps embaumé du Protecteur fut exposé pendant deux mois au palais de Sommerset, dans une salle tendue de velours noir, et où l'on ne comptait pas moins de mille flambeaux. Portant un vêtement de brocard d'or fourré d'hermine, une figure en cire, l'épée au côté, un sceptre dans la main droite, un globe dans la gauche, représentait le Protecteur; elle était couchée sur un lit funèbre. Une épitaphe racontait en abrégé l'histoire de Cromwell et de sa famille. « Il mou-« rut, disait l'épitaphe, avec grande assurance et sérénité d'âme, « dans son lit. » Paroles qui s'appliquaient mieux à Charles Ier, excepté les trois dernières.

La figure en cire fut ensuite mise debout sur une estrade, comme pour annoncer une résurrection, ou, comme disaient les *indépendants*, indignés de ces pompes *papistes*, pour représenter le passage d'une âme du purgatoire dans le paradis. Le 23 novembre, l'image de cire fut couchée de nouveau, mais dans un beau cercueil qu'enlevèrent dix gentilshommes pour le placer sur un char; le tout s'en alla en pompe à Westminster : lord Claypole menait le cheval de Cromwell. Le cercueil fut déposé dans la chapelle de Henri VII. On ne voit plus aujourd'hui l'effigie de Cromwell à Westminster, mais celle de Monk : on y cherche vainement aussi les cendres du Protecteur.

On se plut à dire et à écrire, au moment de la restauration de Charles II, que Cromwell, prévoyant les outrages qu'on pourrait faire à ses restes, avait ordonné qu'on précipitât son corps dans la Tamise ou qu'on l'enterrât sur le champ de bataille de Naseby, à neuf pieds de profondeur : Barkstead, régicide, lieutenant de la Tour, et protégé de Cromwell, aurait, disait-on, fait exécuter cet ordre par son fils. On racontait enfin que les corps de Charles Ier et de Cromwell, échangés, avaient été transportés de l'un à l'autre tombeau , de sorte que Charles II, dans sa vengeance , aurait pendu au gibet le corps de son propre père , au lieu de celui de l'assassin de son père. Ces noires imaginations anglaises disparaissent devant les faits : si l'on ne vit que l'image de cire du Protecteur à la pompe funèbre , c'est que l'état des chairs , malgré l'embaumement, obligea de porter le cadavre à Westminster avant la cérémonie publique : l'enterrement précéda les funérailles. Le corps de Charles Ier, retrouvé de nos jours à Windsor, prouve que le meurtrier n'était pas allé dormir dans la couche du meurtri, et que satisfait de lui avoir ravi la couronne , il lui laissa son cercueil.

S'il fallait des témoignages de plus, nous dirions que l'on conserve la plaque de cuivre doré trouvée sur la poitrine de Cromwell lors de l'ouverture de sa tombe à Westminster. Cette plaque, renfermée dans une boîte de plomb , fut remise à Norfolk , sergent d'armes de la chambre des communes. Elle porte cette inscription :

Oliverius Protector reipublicœ Angliœ, Scotiœ et Hiberniœ, natus 25° aprilis anno 1599°, inauguratus 16° decembris 1653°, mortuus 3° septembris anno 1658°, hic situs est.

Une autre preuve de l'exhumation nous reste : la redoutable histoire a gardé dans *le trésor de ses chartes* la quittance du maçon qui brisa , par ordre, le sépulcre du Protecteur, et qui reçut une somme de 15 schellings pour sa besogne. Nous donnerons cette quittance dans la langue originale, afin que les fautes mêmes de l'ignorant ouvrier attestent l'authenticité de la pièce.

May the 4th day, 1661, rec^d them in full, of the worshipful serjeant Norforke, fiveteen shillinges, for taking up the corpes of Cromell, et Ierton et Brasaw.

Rec. by me JOHN LEWIS.

« May le 4me jour, 1661, reçu alors en totalité, du respectable sergent Norfoke, quinze schellings, pour enlever le corps de *Cromell*, et *Ierton* et *Brasaw*.

« Reçu par moi JOHN LEWIS. »

On voit par la date de cette pièce, 4 mai 1661, que John Lewis avait fait un long crédit au gouvernement : les os de Cromwell furent exposés à Tyburn le 30 janvier de la même année.

La France garde aussi quelques quittances des assassins du 2 septembre 1792, lesquels déclarent avoir reçu 5 francs *pour avoir travaillé pour le peuple.* Sur l'une de ces quittances est demeurée la trace des doigts sanglants du signataire.

Enfin voici la pièce officielle qui rend compte de l'exhumation. Nous la traduisons littéralement.

Janvier 30 (1661), vieux style.

« Les odieuses carcasses de O. Cromwel, H. Ireton et J. Bradshaw, traînées « sur des claies jusqu'à Tyburn, et étant arrachées de leur cercueil : là pen- « dues aux différents angles de ce triple arbre (*triple tree*) jusqu'au coucher « du soleil : alors descendues, décapitées et leurs troncs infects jetés dans un « trou profond au-dessous de la potence. Leurs têtes furent après cela exposées « sur des pieux au sommet de Westminster-Hall. »

Il est donc certain qu'Olivier mort fut déposé à Westminster : il n'y resta pas longtemps. Qu'avait-on à craindre de lui? Son sque- lette pouvait-il emporter les têtes des squelettes couronnés, s'em- parer de la poussière des rois, usurper leur néant ! Quoi qu'il en soit, le 30 janvier 1661, anniversaire du régicide, les restes du Protecteur pendillèrent au haut d'un gibet.

Cromwell avait visité Stuart dans son cercueil; il l'avait touché de sa main; il s'était assuré que le chef était séparé du tronc : Charles II vint en son temps, et appuyé aussi d'une chambre des communes, il rendit aux os du protecteur la visite faite à ceux de Charles 1er; vengeance malavisée, car, si d'un côté on ne peut em- pêcher de vivre ce qui est immortel, de l'autre on ne donne pas la mort à la mort.

Les dispendieuses funérailles qui n'ajoutaient rien à la grandeur de l'homme, et qui ne légitimaient pas l'usurpateur, ruinèrent Ri- chard Cromwell; il fut obligé de demander aux communes un bill suspensif des lois, afin de n'être pas arrêté pour les dettes contrac- tées à l'occasion des obsèques de son père. L'Angleterre, qui ne paya pas l'enterrement de celui qu'elle avait reconnu pour maître, s'est chargée depuis des frais d'inhumation d'un simple ministre des finances.

Que devint la famille de Cromwell ?

Richard eut un fils et deux filles ; le fils ne vécut pas. Henri habita une petite ferme, où Charles II entra un jour par hasard, en revenant de la chasse, Il est possible qu'un héritier direct d'Olivier Cromwell par Henri soit maintenant quelque paysan irlandais inconnu, catholique peut-être, vivant de pommes de terre dans les tourbières d'Ulster, attaquant de nuit les Orangistes, et se débattant contre les lois atroces du Protecteur. Il est possible encore que ce descendant inconnu de Cromwell ait été un Franklin ou un Washington en Amérique.

Lady Claypole mourut sans enfants. Nous savons, par une mauvaise plaisanterie d'un chapelain de Cromwell, que lady Falconbridge fut également privée de postérité. Restent lady Rich, depuis lady John Russel, et lady Ireton, qui épousa en secondes noces le général Fleetwood. Nous trouvons une mistress Cook de Newington en Middlesex, petite-fille du général Fleetwoot, qui communiqua une lettre de Cromwell à William Haris, biographe du Protecteur.

La famille de Buonaparte ne se perdra pas comme celle de Cromwell : le perfectionnement de l'administration civile ne permettrait plus cette disparition. D'ailleurs rien ne se ressemble sous ce rapport dans la position et la destinée des deux hommes.

Le Protecteur ne sortit point de son île : les troubles de 1640 commencèrent et finirent dans la Grande-Bretagne. Nos discordes se sont mêlées à celles du monde entier ; elles ont bouleversé les nations, renversé les trônes. Ce qui distingue les derniers mouvements politiques de la France de tous les mouvements politiques connus, c'est qu'ils furent à la fois un affranchissement pour nous et un esclavage pour nos voisins, une révolution et une conquête. Demandez aux Arabes de la Lybie et de la mer Morte ; demandez aux nababs des Indes le nom de Cromwell, ils l'ignorent. Demandez-leur le nom de Napoléon, ils vous le diront comme celui d'Alexandre.

Cromwel immola Charles Ier et prit sa place, Buonaparte, retournant dix siècles en arrière, ne s'empara que de la couronne de Charlemagne ; il fit et defit des rois, mais n'en tua point.

Cromwell prit à femme Elisabeth Bourchier ; il eut pour principal gendre un procureur : tous les enfants d'Élisabeth Bourchier retombèrent dans l'état obscur de leur mère, quand leur père fameux disparut.

Buonaparte épousa la fille des Césars, maria ses sœurs à des souverains qu'il avait créés, et ses frères à des princesses dont il avait protégé la race. Il n'appartint jamais à aucune assemblée législative ; il ne fut jamais, comme Cromwell, un tribun populaire ; moins coupable que lui envers la liberté, puisqu'il avait pris moins d'engagements avec elle, il se crut libre d'écrire son nom avec son épée dans la généalogie des rois : les siècles à venir se sont chargés de fournir ses titres de noblesse.

RICHARD CROMWELL.

DE 1658 A 1660.

Richard, devenu protecteur, était un homme commun ; il ne sut que faire de la gloire et des crimes de son père. L'armée, depuis longtemps domptée par son chef, reprit l'empire. L'oncle de Richard, Desborough, son beau-frère Fleetwood, se mirent avec le général Lambert à la tête des officiers, et forcèrent le faible Protecteur de dissoudre le parlement qui seul le soutenait.

Chaque jour amena un nouvel embarras, une nouvelle peine : Richard, qui s'oubliait et qu'on oubliait ; qui détestait le joug militaire et qui n'avait pas la force de le rompre ; qui n'était ni républicain ni royaliste ; qui ne se souciait de rien ; qui laissait les gardes lui dérober son dîner, et l'Angleterre aller toute seule ; Richard abdiqua le protectorat (22 avril 1659).

De tous les soucis du trône, le plus grand pour lui fut de sortir de Whitehall, non qu'il tînt au palais, mais parce qu'il fallait faire un mouvement pour en sortir. Il n'emporta que deux grandes malles remplies des *adresses* et des *congratulations* qu'on lui avait présentées pendant son petit règne : on lui disait dans ces félicitations, à la gloire de tous les hommes puissants et à l'usage de tous les hommes serviles, que Dieu lui *avait donné*, à lui Richard, *l'autorité pour le bonheur des trois royaumes*. Quelques amis lui demandèrent ce que ces malles renfermaient de si précieux : « Le bonheur du bon peuple anglais, » dit-il en riant. Longtemps après, retiré à la campagne, il s'amusait, après boire, à lire à ses voisins quelques pièces de ces archives de la bassesse humaine et des caprices de la fortune. Cette moquerie philosophique ne le rendait pas un fils digne de son père, mais le consolait. Son frère Henri, lord-lieutenant d'Irlande, projeta de remettre cette île entre les mains du roi; mais quoique plus ferme et plus habile que Richard, il céda au torrent qui emportait sa famille, revint à Londres, et tomba presque aussi obscurément que Richard.

Le conseil des officiers, demeuré maître, rappela, sous la présidence du républicain Lenthal, le *rump* parlement, et dans le jargon des partis, les principes du *rump* se nommèrent *la vieille bonne cause*. Il ne se trouva qu'une quarantaine de députés à la première réunion, encore fallut-il aller chercher en prison deux de ces législateurs enfermés pour dettes. Cette momie estropiée, arrachée de son tombeau, crut un moment qu'elle était puissante, parce qu'elle se souvenait d'avoir fait juger un roi. A peine ressuscitée, elle attaqua l'autorité militaire qui lui avait rendu la vie; mais le *rump* était sans force, car il était placé entre les royalistes unis aux presbytériens qui voulaient le retour de la monarchie légitime, et les officiers indociles au joug de l'autorité civile.

Le général Lambert, ayant marché contre un parti royaliste, qui s'était levé trop tôt, le dispersa. Lâche régicide, courtisan disgracié de Cromwell, Lambert, qui s'était toujours flatté d'hériter d'une

püissance trop pesante pour lui, osa tout après sa misérable victoire. Il fit présenter au *rump* une de ces humbles pétitions gon-
flées de menaces, dont la révolution avait introduit l'usage. Le *rump*
s'emporta, destitua Lambert et Desborough, et abolit le généralat.
Lambert, selon l'usage de la *bonne vieille cause*, bloqua si étroite-
Wesminster avec ses satellites, qu'un seul membre du prétendu
parlement, Pierre Wentworth, y put entrer. Sur ces entrefaites,
Bradshaw, le fameux président de la commission qui jugea Charles,
mourut. Monk, qui gouvernait l'Écosse, et qui, sans s'en ouvrir à
personne, méditait le rétablissement de la monarchie, entra en Angleterre avec douze mille vieux soldats : il s'avança vers Londres.

Le comité des officiers s'adresse à lui ; le parlement, qui ne siégeait plus, le sollicite. Monk se déclare républicain et l'ennemi de
Stuart en venant le couronner. Il prend parti contre les officiers
pour la cause constitutionnelle, installe le *rump* de nouveau ; mais
en même temps il y fait rentrer les membres presbytériens, exclus
par violence avant la mort de Charles Ier : de ce seul fait résultait
le triomphe certain des royalistes. Le long parlement, après avoir
ordonné des élections générales, prononça sa dissolution, et mit fin
lui-même à sa trop longue existence, dans laquelle se trouvait déjà
la lacune des années du protectorat. Le peuple brûla en réjouissance
sur les places publiques, des monceaux de croupions de divers animaux. Quelques vrais républicains, comme Vane et Ludlow, s'en-
fuirent ; d'autres étaient destitués, non par le fait de Monk ; mais
par les proscriptions dont ils s'étaient frappés les uns les autres.
Le régiment d'Haslerig fut donné par Monk à lord Falconbridge,
qui, quoique gendre de Cromwel, servit Charles II. Le colonel
Hutchinson, dont la femme nous a laissé des Mémoires pleins d'intérêt, se retira en province. Lambert, à la restauration, s'avoua
coupable, obtint grâce de la vie, et vécut trente ans relégué dans
l'île de Guernesey, sous le double poids du régicide et du mépris.

Le nouveau parlement, divisé, selon l'ancienne forme, en deux
chambres, s'assembla le 25 avril 1660 : les communes, sous la pré-

sidence d'Harbotele-Green-Stone, ancien membre exclu du long
parlement pour avoir dénoncé l'ambition de Cromwell; la chambre
des pairs, sous la présidence de lord Manchester, qui jadis avait
fait la guerre à Charles Ier.

Un commissaire de Charles II, Grenville, s'était entendu avec
Monck. De retour des Pays-Bas, Grenville apporta la déclaration
royale de Charles : elle ne promettait rien; ce n'était pas une charte.
Charles ne faisait ni la part aux conquêtes du temps, ni les concessions nécessaires aux mœurs, aux idées, à la possession et aux
droits acquis; dès lors une seconde révolution devenait inévitable,
et le prince légataire du trône déshéritait sa famille. On reprocha à
Monk de n'avoir obtenu aucune garantie pour la monarchie constitutionnelle : à l'immortel honneur des royalistes, ce fut un royaliste de la chambre des communes qui réclama les libertés de la
nation; ce fut sir Mathew Hale, ce juge si intègre et si estimé, que
Cromwell l'avait employé malgré le dévouement connu de Hale à
ses souverains légitimes. Monk répondit que si on délibérait, il ne
répondait pas de la paix de l'Angleterre : « Que craignez-vous?
« dit-il, le roi n'a ni or pour vous acheter ni armée pour vous
« conquérir. »

On n'écouta plus aucune représentation; on avait soif de repos
après de si longs troubles. Des commissaires du parlement allèrent
déposer aux pieds du souverain, à Bréda, les vœux et les présents
du peuple des trois royaumes. Charles II monta sur un vaisseau de
la flotte anglaise à la Haye, et débarqua à Douvres le 26 mai 1660 :
il embrassa Monk, qui l'attendait sur le rivage; et, voyant une
foule immense ivre de joie, il dit gracieusement : « Où sont donc
« mes ennemis? » Monk jouait alors le plus grand rôle : quel petit
personnage aujourd'hui que ce Monk, auprès de Cromwell, bien que
sa figure en cire à la Curtius soit dans une armoire à Westminster!

Le fils de Charles Ier fit son entrée dans Londres le 29 mai, anniversaire de sa naissance, ce qui parut d'un bon augure. Il accom-
plissait sa trentième année; il était jeune, spirituel, affable; il re-

paraissait sur une terre où naguère il n'avait trouvé d'abri que dans les branches d'un chêne; il était roi, il avait été malheureux : on l'adora. Qui l'aurait cru? c'était le peuple de la *bonne vieille cause* qui poussait des cris d'allégresse à cette descente des nains dans l'île des géants !

Les corps politiques commencent les révolutions, les corps politiques les terminent : une assemblée délibérante, souvent même illégale et sans droits réels, a plus de puissance pour rappeler un souverain au trône que ne l'aurait une armée. Sans un arrêt du parlement de la Ligue, qui déclara la couronne de France incommunicable à tout autre prince qu'à un prince français, Henri IV n'aurait jamais régné. Il y a dans la loi une force invincible, et c'est de la loi que les monarques doivent tirer leur vraie puissance.

CHARLES II

DE 1660 A 1665.

S'il était possible de supposer que la corruption des mœurs répandue par Charles II en Angleterre fût un calcul de sa politique, il faudrait ranger ce prince au nombre des plus abominables monarques; mais il est probable qu'il ne suivit que le penchant de ses inclinations et la légèreté de son caractère. Assez souvent les hommes se font un plan de vertu, rarement un système de vice : la faiblesse emprunte un appui pour marcher ferme : elle n'a pas besoin de secours pour l'aider à tomber. Entre son père décapité et son frère qui devait perdre la couronne, Charles ne se sentit jamais bien assuré au pouvoir. Il voulut du moins achever dans les plaisirs une vie commencée dans les souffrances.

Les fêtes de la restauration passées, les illuminations éteintes, vinrent les supplices. Charles s'était déchargé sur le parlement de toute responsabilité de cette nature, et celui-ci n'épargna pas les réactions et les vengeances. Cromwell fut exhumé; Richard son fils émigra au continent : à la vérité, il fuyait moins devant son roi que devant ses créanciers. Il alla se faire insulter par le prince de Conti, qui, ne le connaissant pas, lui demanda ce qu'était devenu ce *sot et poltron de Richard?*

Se souvient-on aujourd'hui qu'il exista un Thomas *Cromwell*, comte d'Essex, et qui, favori d'Henri VIII, fut décapité par le bon plaisir du tyran son maître. Olivier *Cromwell* tue son nom chez les hommes qui le précédèrent, et le fait vivre chez les hommes qui l'ont suivi et le suivront, : une grande gloire obscurcit le passé et illumine l'avenir.

Une commission de trente-quatre membres s'assembla, le 9 octobre 1660, à Hichs's-hall, pour commencer le procès des régicides. vingt-et-un jurés composaient le grand jury. On remarque dans la liste des juges plusieurs fauteurs de la révolution, entre autres Monk, qui, humble serviteur du régicide Cromwell, était devenu chevalier de la Jarretière et duc d'Albermarle. Lorsqu'au tirage de la grande loterie des révolutions, chacun ouvre son billet, il se fait une amère et ironique distribution des dons de la fortune : un homme se couvre d'honneur et de cordons, un homme monte à l'échafaud; tous deux ont fait la même chose, ont risqué le même enjeu. Pierre est plongé dans la richesse, c'était un ennemi; Paul dans la misère, c'était un ami. Celui-ci est récompensé de sa trahison, celui-là puni de sa fidélité.

Le pauvre Harrison, traduit devant ses juges, leur dit : « Plu- « sieurs d'entre vous, mes juges, furent *actifs* avec moi dans les « choses qui se sont passées en Angleterre.... Ce qui a été fait l'a « été par ordre du parlement, alors la suprême autorité. »

L'excuse était de bonne foi, mais mauvaise. Il suffirait qu'un pouvoir *légal* nous commandât une action injuste, pour que nous fussions obligés de la commettre. La loi morale l'emporte en certains càs sur la loi politique; autrement on pourrait supposer une société constituée de sorte que le crime y fût le droit commun. Enfin le *rump* n'était pas le *vrai* parlement, le parlement *légal*.

Harrison était un homme simple d'esprit et de cœur, une espèce de fou fanatique de la *cinquième monarchie;* franc républicain, il s'était séparé de Cromwell, oppresseur de la liberté. Ce fut à propos d'Harrison qu'un juge appliqua au peuple anglais le bel apologue de l'enfant devenu muet, qui recouvre la parole en apercevant le meurtrier de son père [1]. Tout criminel qu'il était, Harrison était plus estimable que beaucoup d'autres hommes; mais il y a des fatalités dans la vie : tel, d'un caractère noble et pur, tombe dans une impardonnable erreur; chacun le repousse : tel, vil et corrompu par nature, n'a point eu l'occasion de faillir; chacun le recherche. L'un est condamné au tribunal des hommes; l'autre au tribunal de Dieu.

On découvrit, au procès des juges de Charles Ier, que les deux bourreaux masqués étaient un nommé Walker et un nommé Hulet, tous deux militaires : Hulet était capitaine. *Garrland*, qui occupait le fauteuil dans le *meeting* régicide, fut accusé par un témoin d'avoir craché à la figure du roi; Axtell, monstre de cruauté, qui tuait, dit le procès, les Irlandais comme *la vermine;* Axtell, anabaptiste et agitateur, fut convaincu d'avoir obligé les soldats de crier *justice, exécution!* de les avoir pressés de tirer sur la tribune de lady Fairfax, de leur avoir fait brûler de la poudre au visage de l'auguste prisonnier. Tous ces hommes soutinrent que leur cause était *celle de Dieu.* Thomas Scott montra le plus de fermeté. Il avait déclaré dans le parlement « qu'il ne se repentirait jamais d'avoir jugé le « roi, et qu'il voulait que l'on gravât sur sa tombe : *Ci-gît Tho-*« *mas Scott, qui condamna le feu roi à mort.* » Il ne démentit point ce langage au milieu des plus cruels supplices. La sentence prononcée à tous était ainsi conçue :

.[1] J'ai cité ce passage du procès de Harrison dans le chap. II des *Réflexions politiques.*

« Vous serez traîné sur une claie au lieu de l'exécution ; là pendu,
« et, étant encore en vie, on coupera la corde. Vous serez mutilé
« (*your privy member to be cut off*) ; on vous arrachera les entrailles
« (et vous vivant) ; elles seront brûlées devant vos yeux. Votre
« tête sera coupée, vos membres divisés en quatre quartiers. Votre
« tête et vos membres seront mis à la disposition du roi, et Dieu
« ait merci de votre âme. »

De quatre-vingts régicides qui restaient en Angleterre au moment
de la restauration, cinquante-et-un se présentèrent à la proclamation du roi, se reconnurent coupables et jouirent de l'amnistie ;
vingt-neuf furent mis en jugement ; dix soutinrent qu'ils n'étaient
pas criminels, et volèrent martyrs au supplice. Le prédicant Hugh
Péters partagea leur sort. John Jones à la potence déclara le roi
innocent de sa mort ; Charles II ne faisait, selon la conscience de
Jones, que remplir les devoirs d'un bon fils envers un père.

C'est ainsi que des exhumations et des exécutions ouvrirent un
règne que des échafauds devaient clore. Vingt-deux années de débauche passèrent sous des fourches patibulaires ; dernières années
de joie à la façon des Stuarts, et qui avaient l'air d'une orgie funèbre.

Dans les premiers jours de la restauration, on chercha comment
on pourrait jamais être assez esclave pour expier le crime d'indépendance : c'était une émulation domestique qui débarrassait le
maître des actes de rigueur ; le clergé et le parlement se chargeaient
de tout. Les communes passèrent un acte afin d'établir ou de rétablir la doctrine de l'obéissance passive. Le bill des convocations
triennales fut aboli : une espèce de long parlement royal dura dix-
sept années pour la corruption, l'impiété et la servitude, comme le
long parlement républicain en avait existé vingt pour le rigorisme,
le fanatisme et la liberté. Tout prit le caractère d'une monarchie
absolue dans une monarchie représentative : on copia la cour de
Louis XIV sans en avoir la grandeur ; on cabala pour être ministre :
il y eut des influences de maîtresse à Windsor comme à Versailles,
les intérêts publics étaient traités comme des intérêts privés ; ce ne

furent plus les révolutions, mais les intrigues, qui élevèrent les échafauds.

La peste et un vaste incendie ne troublèrent point la vie voluptueuse de Charles. A l'instigation de la France et par les séductions d'Henriette, duchesse d'Orléans, il fit la guerre à la Hollande, dans l'unique but de détourner au profit de ses plaisirs les subsides du parlement.

Les malheureux *cavaliers*, ces royalistes qui avaient tout sacrifié à la cause des Stuarts, oubliés maintenant, languissaient dans la misère, les *têtes rondes* jouissaient des biens et des honneurs qu'ils avaient acquis, en s'armant contre la famille légitime. Waller, conspirateur poltron sous le long parlement, poète adulateur de l'usurpation heureuse, faisait les délices de la légitimité restaurée, tandis que le fidèle et courageux Butler mourait de faim. Charles savait pourtant par cœur et se plaisait à répéter les vers d'*Hudibras*. Cette satire pleine de verve contre les personnages de la révolution charmait une cour où brillaient la débauche de Rochester et la grâce de Grammont : le ridicule était une espèce de vengeance tout à fait à l'usage des courtisans. Au surplus les républiques sont-elles plus reconnaissantes que les monarchies? Charles II a-t-il oublié ses amis plus que ne l'ont fait les autres rois? Il y a des infirmités qui appartiennent aux couronnes, quels que soient d'ailleurs les qualités et les défauts des hommes couronnés. « Entrez « dans la basse cour du château (de Henri IV), » dit l'ingénieuse duchesse de Rohan dans son apologie ironique, « vous oyrez des « officiers crier : *Il y a vingt-cinq et trente ans que je fais service* « *au roi sans pouvoir estre payé de mes gages : en voilà un qui lui* « *faisait la guerre il n'y a que trois jours, qui vient de recevoir* « *une telle gratification.* Montez les degrés, entrez jusque dans son « antichambre, vous oyrez les gentilshommes qui diront : *Quelle* « *espérance y a-t-il à servir ce prince? j'ai mis ma vie tant de* « *fois pour son service, j'ai esté blessé, j'ai esté prisonnier, j'y ai* « *perdu mon fils, mon frère ou mon parent ; au partir de là il ne*

« *me connaît plus, il me rabroue si je lui demande la moindre*
« *récompense....* Tout beau, messieurs, aurez-vous tantost tout
« dit? Écoutez-moi un peu à mon tour; sachez que ce prince est
« doué de vertus surnaturelles; il dit en bon langage : *Mes amis,*
« *offensez-moi, je vous aimerai; servez-moi, je vous haïrai....* O
« valeureux prince, et généreux courage, qui ne se rend qu'aux
« généreux, qui ne se laisse forcer que par la seule force ! »

Quelques souvenirs, quelques ambitions privées, quelques rêveries particulières à des esprits faux qui s'imaginaient pouvoir faire
revivre le passé, fermentèrent dans un coin, sous la protection de
Jacques, alors duc d'Yorck et catholique de religion. Ces ambitions,
ces rêveries, ces souvenirs pris mal à propos pour une opinion possible ou applicable, donnèrent à la nation la crainte d'un règne
opposé au culte établi et à la liberté des peuples. La correspondance diplomatique nous apprend le rôle odieux que joua Louis XIV
alors, et la funeste influence qu'il exerça sur la destinée de Charles
et de Jacques : en même temps qu'il encourageait le souverain à
l'arbitraire, il poussait les sujets à l'indépendance, dans la petite vue
de tout brouiller et de rendre l'Angleterre impuissante au dehors.
Les ministres de Charles et les membres les plus remarquables de
l'opposition du parlement étaient pensionnaires du grand roi.

L'église épiscopale se mêlait de toutes les transactions : proscrite
durant les derniers troubles par des fanatiques, l'intérêt et la vengeance l'avaient rendue à son tour fanatique. Infecté de cet esprit
de réaction, le parlement voulait l'uniformité du culte, et persécu-
tait également catholiques et presbytériens, bien qu'un bon nombre
des membres de ce parlement n'eût aucune croyance. Sous le règne
de Charles Ier, la politique n'avait été que l'instrument de la religion; sous le règne de Charles II, la religion ne fut que l'instrument
de la politique. Les principes avaient changé de place, et par la
manière dont ils s'étaient coordonnés, ils conduisaient plus directement à la liberté civile, tout en opprimant la liberté de conscience.
Les indépendants avaient disparu : la cour était déiste ou athée.

En 1673, le parlement passa l'acte du test; précaution prise
dans l'avenir contre le duc d'York, comme papiste. Effet miraculeux, et toutefois naturel de la marche des siècles! ce fameux acte,
qui servit à précipiter les Stuarts, et qui devint la sauvegarde d'une
nouvelle dynastie, s'abolit au moment même où je trace ces mots.
L'abolition n'est pas encore pleine et entière, mais elle ne peut tarder
à le devenir. Si la race des Stuarts n'était pas éteinte, elle ne trouverait plus dans sa religion d'obstacle à remonter sur le trône : en
trouverait-elle dans sa politique? Tout est là aujourd'hui pour les
peuples et pour les rois.

Une prétendue conspiration découverte par l'infâme Titus Oates
compromit la reine, dont le parlement alla jusqu'à demander l'exil,
et envoya au gibet quelques jésuites. Shaftesbury, flatteur de
Cromwell et instrument de la restauration; homme d'un esprit, d'un
caractère et d'un talent assez semblables à ceux du cardinal de
Retz; Shaftesbury, père d'un fils célèbre, passait d'une intrigue à
l'autre. Un bill, ouvrage de son antipathie plus que de sa conviction, fut présenté à la chambre des communes pour exclure le duc
d'York de la succession à la couronne; la chambre des pairs
repoussa le bill. Les communes s'indignèrent; Charles, casse le
parlement, en convoque un autre à Oxford : celui-ci, plus séditieux
que l'autre, représente le bill rejeté. Charles brise de nouveau le
parlement, dépouille Londres et quelques villes municipales de
leurs chartes, règne jusqu'à sa mort en maître, et, par les conseils
de son frère, devient cruel et persécuteur.

De là les conspirations opposées et mal conçues de Monmouth,
bâtard de Charles, des lords Shaftesbury, Essex, Grey, Russel,
de Sidney, et d'Hampden, petit-fils du fameux parlementaire. Ces
trois derniers sont célèbres : lord Russel est la seule victime de ces
temps qui ait mérité l'estime complète de la postérité. Hampden fut
misérable dans le procès; il eut de moins ce que son aïeul avait de
trop. Quant au républicain Sidney, il recevait de l'argent de
Louis XIV : il s'était arrangé de manière à vivre à son aise par le
despotisme, et à mourir noblement pour la liberté.

L'inquiétude croissante du règne futur, les prétentions de Marie, fille du duc d'York et femme du prince d'Orange, la profonde et froide ambition de ce gendre de Jacques, autour duquel les mécontents de tous les partis commencèrent à se rallier, empoisonnèrent les derniers jours d'une cour frivole. Charles mourut subitement le 16 février 1685 d'une apoplexie, suite assez commune de la débauche, dans le passage de l'âge mûr à la vieillesse. Les plaisirs de ce prince lui rendirent un dernier service ; ils l'enlevèrent à une nouvelle révolution, ou plutôt au dernier acte de la révolution, puisque les Stuarts n'avaient pas voulu jouer eux-mêmes ce dernier acte, et prendre à leur profit ce que Guillaume sut recueillir. Les uns ont cru que Charles II avait été empoisonné ; il est plus certain qu'il mourut catholique, si toutefois il était quelque chose en religion.

Ce fils de Charles Ier fut un de ces hommes légers, spirituels, insouciants, égoïstes, sans attachement de cœur, sans conviction d'esprit, qui se placent quelquefois entre deux périodes historiques pour finir l'une et commencer l'autre, pour amortir les ressentiments, sans être assez forts pour étouffer les principes ; un de ces princes dont le règne sert comme de passage ou de transition aux grands changements d'institutions, de mœurs et d'idées chez les peuples ; un de ces princes tout exprès créés pour remplir les espaces vides qui, dans l'ordre politique, séparent souvent la cause de l'effet.

L'intelligence humaine avait marché en raison des progrès de la science sociale. La poésie brilla du plus vif éclat. C'est l'époque de Milton, de Waller, de Dryden, de Butler, de Cowley, d'Otway, de Davenant, les uns admirateurs, les autres dépréciateurs du génie de Cromwell, et tous plus ou moins soumis à Charles. « Nourrie « dans les factions, exercée par tous les fanatismes de la religion, « de la liberté et de la poésie, cette âme orageuse et sublime « (Milton), en perdant le spectacle du monde, devait un jour « retrouver dans ses souvenirs le modèle des passions de l'enfer, « et produire du fond de sa rêverie, que la réalité n'interrompait « plus, deux créations également idéales, également inattendues

« dans ce siècle farouche, la félicité du ciel et l'innocence de la
« terre. » Nous empruntons cette peinture admirable à l'*Histoire
de Cromwell* par M. Villemain.

Tillotson, Burnet, Shaftesbury, Hobbes, Locke et Newton avaient
paru ou commençaient à paraître : les sciences, selon les temps,
sont filles ou mères de la liberté.

JACQUES II

DE 1685 A 1688.

Quand les révolutions doivent s'accomplir, on voit naître ou se
maintenir aux affaires les hommes qui, par leurs vertus ou leurs
crimes, leur force ou leur faiblesse, conduisent ces révolutions à
leur terme ; on voit en même temps mourir ou s'éloigner les hommes
qui pourraient arrêter la marche des événements. Charles Ier n'était
que le troisième fils de Jacques Ier ; si ses frères aînés avaient vécu,
il ne serait pas arrivé à la couronne : son père dévot le destinait à
l'Église ; il se serait assis paisiblement sur le trône archiépiscopal
de Cantorbéry, au lieu de monter à l'échafaud. Toute la série des
événements eût été changée par l'influence personnelle des monarques
qui auraient régné au lieu de Charles Ier et de ses deux fils ; les
Stuarts gouverneraient peut-être encore la Grande-Bretagne.

Jacques II, homme dur et faible, entêté et fanatique, n'avait pas,
lorsqu'il prit en main les rênes des trois royaumes, la moindre idée
de la révolution accomplie dans les esprits ; il était resté en arrière
de ses contemporains de plus d'un siècle. Il voulut tenter en faveur
de l'église romaine ce que son père n'avait pas pu même exécuter pour
l'épiscopat : il se croyait le maître d'opérer un changement dans la
religion de l'État aussi facilement qu'Henri VIII ; mais le peuple

anglais n'était plus le peuple des Tudors, et quand Jacques eût distribué à ses sujets tous les biens du clergé anglican, il n'aurait pas fait un seul catholique. Son plus grand tort fut de jurer, en parvenant à la couronne, ce qu'il n'avait pas l'intention de tenir : la foi gardée n'a pas toujours sauvé les empires ; la foi mentie les a souvent perdus.

Jacques eut tout d'abord le cœur enflé par la folle rébellion du duc de Monmouth, si facilement réprimée. Monmouth, battu à Segmore, découvert après le combat dans des broussailles, conduit à Londres, présenté à Jacques, ne put sauver sa vie par les humbles soumissions que Jacques exilé a complaisamment racontées, croyant excuser sa faiblesse en divulguant celle des autres. La certitude de la mort rendit à Monmouth le courage ; il se montra brave et léger comme Charles II son père ; il avait toutes les grâces de la courtisane sa mère : il joua avec la hache dont il fallut cinq coups pour abattre sa belle tête. On a voulu faire de Monmouth le *Masque de fer* : c'est toujours du roman.

Jacques, naturellement cruel, trouva un bourreau : Jeffrie avait commencé ses œuvres vers la fin du règne de Charles II, dans le procès où Russel et Sidney perdirent la vie. Cet homme qui, à la suite de l'invasion de Monmouth, fit exécuter dans l'ouest de l'Angleterre plus de deux cent cinquante personnes, ne manquait pas d'un certain esprit de justice : une vertu qu'on n'aperçoit pas dans un homme de bien se fait remarquer quand elle est placée au milieu des vices.

Emporté par son zèle religieux, le monarque n'écoutait que les conseils de son confesseur, le jésuite Péters, qu'il avait entrepris de faire cardinal. Missionnaire dans sa propre cour, Jacques avait converti son ministre Sunderland, qui n'était pas plus fidèle à son nouveau dieu qu'il ne l'était à son roi. Le nonce du pape fit une entrée publique à Windsor, en habits pontificaux : ces choses qui, dans l'esprit tolérant ou indifférent de ce siècle, seraient fort innocentes aujourd'hui, étaient alors criminelles aux yeux d'un peuple instruit à regarder la communion romaine comme ennemie des libertés publiques.

Le roi, ne pouvant parvenir directement à son but, voulut l'atteindre par une voie oblique ; il se fit le protecteur des quakers, et demanda la liberté de conscience pour tous ses sujets : Cromwell avait aussi recherché cette liberté, mais pour se défendre, et non pour attaquer, comme Jacques. Le roi intrigua sans succès, afin d'obtenir une majorité sur ce point dans le parlement. Ayant échoué, il publia de sa propre autorité une déclaration de liberté de conscience. Sept évêques refusèrent de la lire dans leurs églises : conduits à la Tour, puis acquittés par un jugement, leur captivité et leur élargissement devinrent un triomphe populaire. Jacques avait formé un camp qu'il exerçait à quelques milles de Londres ; il ne trouva pas les soldats plus disposés à admettre la liberté de conscience que les évêques.

Ainsi ce fut par un acte juste et généreux en principe que Jacques acheva de mécontenter la nation. On trouve aisément la double raison de cette sorte d'iniquité des faits : d'un côté il y avait fanatisme protestant ; de l'autre, on sentait que la tolérance royale n'était pas sincère, et qu'elle ne demandait une liberté particulière que pour détruire la liberté générale.

Il est difficile de s'expliquer la conduite du roi. Sous le règne même de son frère, il avait vu proposer un bill d'incapacité à la possession de la couronne, incapacité fondée sur la profession de toute religion qui ne serait pas la religion de l'État : ces dispositions hostiles pouvaient sans doute avoir irrité secrètement Jacques le catholique ; mais aussi comment ne comprit-il pas que pour conserver la couronne chez un pareil peuple, il ne le fallait pas frapper à l'endroit sensible ? Loin de là, au lieu de se modérer en parvenant au souverain pouvoir, Jacques abonda dans les mesures propres à le perdre.

La Hollande était depuis longtemps le foyer des intrigues des divers partis anglais : les émissaires de ces partis s'y rassemblaient sous la protection de Marie, fille aînée de Jacques, femme du prince d'Orange, homme qui n'inspire aucune admiration, et qui pourtant a fait des choses admirables. Souvent averti par Louis XIV, Jacques ne voulait rien croire : il lui fallut pourtant se rendre à l'évidence : une dépêche du marquis d'Abbeville, ambassadeur de la Grande-Bretagne à la Haye, déroula à ses yeux tout le plan d'invasion. Abbeville tenait ses renseignements du grand pensionnaire Fagel ; le comte d'Avaux avait su beaucoup plus tôt toute l'affaire. Une flotte était équipée au Texel ; elle devait agir contre l'Angleterre, où le prince d'Orange se disait appelé par la noblesse et le clergé.

Louis XIV, dont la politique avait été désastreuse et misérable jusqu'au dénouement, retrouva sa grandeur à la catastrophe ; il fit des offres magnanimes, et les aurait tenues ; mais il commit en même temps une faute irréparable : au lieu d'attaquer les Pays-Bas, ce qui eût arrêté le prince d'Orange, il porta la guerre ailleurs. La flotte mit à la voile ; Guillaume débarqua avec treize mille hommes à Broxholme, dans Torbay.

A son grand étonnement, il n'y trouva personne : il attendit dix jours en vain. Que fit Jacques pendant ces dix jours ? rien. Il avait une armée de vingt mille hommes, qui se fût battue d'abord, et il ne prit aucune résolution. Sunderland, son ministre, le vendait ; le prince Georges de Danemarck, son gendre, et Anne, sa fille favorite, l'abandonnaient de même que sa fille Marie et son autre gendre Guillaume. La solitude commençait à croître autour du monarque qui s'était isolé de l'opinion nationale : il demanda des conseils au comte de Bedford, père de lord Russel, décapité sous le règne précédent à la poursuite de Jacques. « J'avais un fils, répondit le vieil- « lard, qui aurait pu vous secourir. »

Jacques ne montra de fermeté dans ce moment critique que pour sa religion : elle avait dérobé à son profit le courage naturel du prince. Jacques rappela, il est vrai, les mesures favorables aux catholiques, et toutefois, bravant l'animadversion publique, il fit baptiser son fils dans la communion romaine : le pape fut déclaré parrain de ce jeune roi, qui ne devait point porter la couronne: La conscience était la vertu de ce Jacques II, mais il ne l'appliquait qu'à un seul objet : cette vive lumière devenait pour lui des ténèbres lorsqu'elle frappait autre chose qu'un autel.

Le prince d'Orange avançait lentement vers Londres, où la seule présence de Jacques combattait l'usurpateur. Peu à peu la défection se mit dans l'armée anglaise. Le *Lilli-Ballero*, espèce d'hymne révolutionnaire, fut chanté parmi les déserteurs. « Qu'on leur donne des « passeports en mon nom, dit Jacques, pour aller trouver le « prince d'Orange; je leur épargnerai la honte de me trahir. »

Cependant le roi prenait la plus fatale des résolutions, celle de quitter Londres. Il fit partir d'abord la reine et son jeune fils, qu'accompagnait Lauzun, favori de la fortune, comme ses suppliants en étaient le jouet. Jacques lui-même s'embarqua sur la Tamise, y jeta le sceau de l'État ou plutôt sa couronne, que le flot ne lui rapporta jamais. Arrêté par hasard à Feversham, il revint à Londres, où le peuple le salua des plus vives acclamations : cette inconstance populaire pensa renverser l'œuvre de la patiente et coupable ambition du prince d'Orange. Ce duc d'York, si brave dans sa jeunesse sous les drapeaux de Turenne et de Condé; si vaillant et si habile amiral sur les flottes de son frère Charles II; ce duc d'York ne retrouvait plus comme roi son ancien courage : il ne s'agissait cependant pour lui que de rester et de regarder en face son gendre et sa fille. Guillaume lui fit ordonner de se retirer au château de Ham : le monarque, au lieu de s'indigner contre cet ordre, sollicita humblement la permission de se rendre à Rochester. Le prince d'Orange devina aisément que son beau-père, en se rapprochant de la mer, avait l'intention de s'échapper du royaume; or c'était tout ce que désirait l'usurpateur : il s'empressa d'accorder la permission : Jacques gagna furtivement le rivage, monta sur un vaisseau qui l'attendait et que personne ne voulait prendre.

L'austère catholique qui sacrifiait un royaume à sa foi était suivi de son fils naturel, le duc de Berwick, qu'il avait eu d'Arabelle

Churchill, sœur du duc de Marlborough. Marlborough devait sa
fortune à Jacques ; il déserta son bienfaiteur et son maître infortuné
pour se donner à un coupable heureux. Berwick et Marlborough, l'un
bâtard et l'autre traître, devaient devenir deux capitaines célèbres :
Marlborough ébranla l'empire de Louis XIV ; Berwick assura l'Espagne au petit-fils de ce grand roi, et ne put rendre l'Angleterre à
son père, Jacques II. Berwick eut la gloire de mourir d'un coup de
canon à Philipsbourg pour la France (12 juin 1734), et d'avoir
mérité les éloges de Montesquieu.

Jacques aborda les champs de l'éternel exil, le 2 janvier 1689
(nouveau style), mois funeste. Il débarqua à Ambleteuse, en Pi-
cardie. Il n'avait fallu que quatre ans au dernier fils de Charles Ier
pour perdre un royaume.

Une assemblée nationale convoquée à Westminster, sous le nom
de *convention*, déclara, le 23 février 1689, que Jacques, second du
nom, en quittant l'Angleterre, avait abdiqué ; que son fils, le prince
de Galles, était un enfant supposé (impudent mensonge) ; que
Marie, fille de Jacques, princesse d'Orange, était de droit l'héritière
d'un trône délaissé : l'usurpation s'établit sur une fiction de légitimité.

Le prince d'Orange et sa femme Marie acceptèrent la succession
royale non vacante à des conditions qui devinrent la constitution
écrite de la Grande-Bretagne : tel fut le dernier acte et le dénouement de la révolution de 1640 ; ainsi furent posées, après des siècles de discordes, les limites qui séparent aujourd'hui en Angleterre le juste pouvoir de la couronne, des libertés légales du peuple.

Au reste, ni Jacques ni les Anglais n'eurent aucune dignité dans
cet événement mémorable : ils laissèrent tout faire à Guillaume
avec une faible armée de treize mille hommes, où l'on comptait
douze ou quatorze cents soldats et officiers français protestants :
ceux-ci, chassés de France par la révocation de l'édit de Nantes,
allèrent détrôner en Angleterre un prince catholique, allié de
Louis XIV ; ainsi s'enchaînent les choses humaines. Ce fut une
garde hollandaise qui fit la police à Londres et qui releva les postes

34

de Whitehall. Les historiens de la Grande-Bretagne appellent la révolution de 1688 la *glorieuse* révolution ; ils se devraient contenter de l'appeler la révolution *utile* : les faits en laissent les profits, mais en refusent la gloire à l'Angleterre. Le plus léger degré de fermeté dans le roi Jacques aurait suffi pour arrêter le prince Guillaume ; presque personne dans le premier moment ne se déclara en sa faveur.

Au surplus, cette révolution, qui aurait pu être retardée, n'en était pas moins inévitable, parce qu'elle était opérée dans l'esprit de la nation. Si Jacques parut frappé de vertige au moment décisif ; si pendant son règne on ne le vit occupé qu'à se créer une place de sûreté en Angletere, ou un moyen de fuite en France ; s'il se laissa trahir de toutes parts ; s'il ne profita ni des avis ni des offres de Louis XIV, c'est qu'il avait la conscience que ses destins étaient accomplis. La liberté méconnue sous Jacques Ier, ensanglantée avec Charles Ier, déshonorée sous Charles II, attaquée sous Jacques II, avait pourtant été conservée dans les formes constitutionnelles, et ces formes la transmirent à la nation qui continua de féconder le sol natal après l'expulsion des Stuarts.

Ces princes ne purent jamais pardonner au peuple Anglais les maux qu'il leur avait fait endurer ; le peuple anglais ne put jamais oublier que ces princes avaient essayé de lui ravir ses droits : il y avait de part et d'autre trop de justes ressentiments et trop d'offenses. Toute confiance réciproque étant détruite, on se regarda en silence pendant quelques années. Les générations qui avaient souffert ensemble, également fatiguées, consentirent à achever leurs jours ensemble ; mais les générations nouvelles, qui ne sentaient pas cette lassitude, qui, ne nourrissant plus d'inimitiés, n'avaient pas besoin d'entrer dans les compromis du malheur, ces générations revendiquèrent les fruits du sang et des larmes de leurs pères : il fallut dire adieu aux choses du passé. Il ne restait dans les deux partis, à la révolution de 1688, que quelques témoins de la catastrophe de 1649 : Jacques lui-même, qui allait mourir dans l'exil, et le vieux régicide Ludlow, qui revint de l'exil pour jouir du plaisir de voir chasser un roi dont il avait condamné le père. Ludlow se trouva d'ailleurs tout aussi étranger dans Londres avec ses principes républicains, que Jacques avec ses maximes de pouvoir absolu.

Mais nous nous trompons dans ce récit : un autre personnage assista encore à l'avénement de Guillaume. Le nommé *Clark*, du comté d'Erford, avait eu un procès avec ses filles. Après la mort de son fils unique, il vint plaider à Londres ; il lui prit envie d'assister à une séance de la chambre haute. Un homme lui demanda s'il avait jamais rien vu de semblable. « Non pas, répondit Clark, depuis que « j'ai cessé de m'asseoir dans ce fauteuil. » Il montrait le trône : c'était Richard Cromwell.

Les Stuarts auraient-ils pu régner après la restauration? Très facilement, en faisant ce que fit Guillaume en Angleterre, ce qu'a fait Louis XVIII en France, en donnant une charte, en acceptant de la révolution ce qu'elle avait de bon, d'invincible, ce qui était accompli dans les esprits et dans le siècle, ce qui était terminé dans les mœurs, ce qu'on ne pouvait essayer de détruire, sans remonter violemment les âges, sans imprimer à la société un mouvement rétrograde, sans bouleverser de nouveau la nation. Les révolutions qui arrivent chez les peuples dans le sens naturel, c'est-à-dire dans le sens de la marche progressive du temps, peuvent être terribles, mais elles sont durables ; celles que l'on tente en sens contraire, c'est-à-dire en rebroussant le cours des choses, ne sont pas moins sanglantes ; mais, fléau d'un moment, elles ne fondent, elles ne créent rien; tout au plus elles peuvent exterminer.

Les Stuarts ont passé, les Bourbons resteront, parce qu'en nous rapportant leur gloire, ils ont adopté les libertés récentes, douloureusement enfantées par nos malheurs. Charles II débarqua à Douvres les mains vides; il n'avait dans ses bagages que des vengeances et le pouvoir absolu : Louis XVIII s'est présenté à Calais, tenant d'une main l'ancienne loi, de l'autre la loi nouvelle avec l'oubli des injures et le pouvoir constitutionnel : il était à la fois Charles II et Guillaume III ; la légitimité déshéritait l'usurpation. Le loyal

Charles X, imitant son auguste frère, n'a voulu ni changer le culte
national, ni détruire ce qu'il avait juré de maintenir. Alors le drame
de la révolution s'est terminé; la France entière s'est reposée avec
joie, amour et reconnaissance sous la protection de ses anciens monarques. Tout a été renversé par la tempête autour du trône de
saint Louis, et ce trône est demeuré debout : il s'élève au cœur de
la France comme ces antiques et vénérables ouvrages de la patrie,
comme ces vieux monuments des siècles qui dominent les édifices
modernes, et au pied desquels vient se jouer la jeune postérité.

« Retournons au roi Jacques : que devint-il? Le lendemain,
« jour que le roi d'Angleterre arrivait, le roi l'alla attendre à
« Saint-Germain dans l'appartement de la reine. Sa Majesté y fut
« une demi-heure ou trois quarts d'heure avant qu'il arrivât : comme
« il était dans la garenne, on le vint dire à Sa Majesté, et puis on
« vint avertir quand il arriva dans le château. Pour lors Sa Ma-
« jesté quitta la reine d'Angleterre, et alla à la porte de la salle des
« gardes au devant de lui. Les deux rois s'embrassèrent fort ten-
« drement, avec cette différence que celui d'Angleterre, y conser-
« vant l'humilité d'une personne malheureuse, se baissa presque
« aux genoux du roi. Après cette première embrassade, au milieu
« de la salle des gardes, ils se reprirent encore d'amitié ; et puis,
« en se tenant la main serrée, le roi le conduisit à la reine, qui
« était dans son lit. Le roi d'Angleterre n'embrassa point sa femme,
« apparemment par respect.

« Quand la conversation eut duré un quart d'heure, le roi mena
« le roi d'Angleterre à l'appartement du prince de Galles. La figure
« du roi d'Angleterre n'avait pas imposé aux courtisans : ses dis-
« cours firent encore moins d'effet que sa figure. Il conta au roi
« dans la chambre du prince de Galles, où il y avait quelques cour-
« tisans, le plus gros des choses qui lui étaient arrivées, et il les
« conta si mal, que les courtisans ne voulurent point se souvenir
« qu'il était Anglais, que par conséquent il parlait fort mal français,
« outre qu'il bégayait un peu, qu'il était fatigué, et qu'il n'est pas

« extraordinaire qu'un malheur aussi considérable que celui où il
« était, diminuât une éloquence beaucoup plus parfaite que la
« sienne. »

Louis XIV donna une flotte au roi Jacques, et l'envoya en Irlande.
Il perdit la bataille de la Boyne (juin 1690), et revint à Saint-Germain. Un parti assez nombreux voulait le rappeler au trône; il négociait, et brouillait tout par ses prétentions. Bossuet se montrait
moins exigeant que lui ; il soutenait qu'un roi catholique pouvait
tolérer la prééminence de la religion protestante dans ses États :
toutefois Bossuet laisse apercevoir, en avançant ce principe, une
arrière-pensée peu digne de son génie et de sa vertu.

Jacques vit du cap de la Hogue la destruction de la seconde flotte
qui le devait porter une seconde fois dans les trois royaumes. « Ma
« mauvaise étoile, écrivait-il à Louis XIV, a fait sentir son in-
« fluence sur les armes de Votre Majesté, toujours victorieuses
« jusqu'à ce qu'elles aient combattu pour moi ; je vous supplie donc
« de ne plus prendre intérêt à un prince aussi malheureux. »

Louis XIV sentit la valeur de ces paroles, et son intérêt redoubla
pour son auguste client : il arma encore en 1696 au soutien du
parti jacobite. Jacques se refusa à tout complot d'assassinat sur
Guillaume; il ne voulut point non plus monter au trône de Pologne
que son hôte royal se chargeait de lui faire obtenir. A l'époque
du traité de Ryswick, Louis XIV, qui allait être forcé de reconnaître Guillaume pour roi d'Angleterre, proposa à Guillaume de
reconnaître à son tour le jeune fils de Jacques pour héritier de lui
Guillaume. Le prince d'Orange, qui n'avait point d'enfants, y consentit ; Jacques s'y refusa. « Je me résigne à l'usurpation du prince
« d'Orange, dit-il, mais mon fils ne peut tenir la couronne que de
« moi; l'usurpation ne saurait lui donner un titre légitime. » Il y
a dans tout cela de la grandeur, et une sorte de politique négative
magnanime. Jacques détrôné et n'étant plus qu'un simple chrétien
cessait d'être un homme vulgaire. N'être frappé que des dévotions de
ce prince avec les jésuites, c'est prendre la moquerie pour l'histoire.

Jacques eut la consolation et la douleur de voir quelquefois dans sa retraite les sujets fidèles à sa mauvaise fortune. « Ils se formè-« rent en une compagnie de soldats au service de France, dit Dal-« rymple; ils furent passés en revue par le roi (Jacques) à Saint-« Germain en Laye. Le roi salua le corps par une inclination et le « chapeau bas : il revint, s'inclina de nouveau et fondit en larmes. « Ils se mirent à genoux, baissèrent la tête contre terre; puis se « relevant tous à la fois, ils lui firent le salut militaire.... Ils étaient « toujours les premiers dans une bataille et les derniers dans la « retraite. Ils manquèrent souvent des choses les plus nécessaires à « la vie; cependant on ne les entendit jamais se plaindre, si ce « n'est des souffrances de celui qu'ils regardaient comme leur sou-« verain. »

Il y a un fait assez peu connu : Marie Stuart avait désiré que la compagnie écossaise au service de France fût commandée par un des fils des rois d'Écosse; on trouve en effet que Charles Ier et Jacques II furent tour à tour capitaines de cette compagnie. Les jacobites, qui prirent plusieurs fois les armes ou pour Jacques ou pour le prétendant son fils, marquèrent d'un caractère touchant une vieille société expirante. Guillaume avait chassé Jacques de l'Angleterre au refrain d'une chanson révolutionnaire : on croit que le fameux *God save the king,* dont l'air est d'origine française, est un hymne religieux entonné par les jacobites en marchant au combat. La loyauté, la légitimité et la religion catholique de la vieille Angleterre, ont légué une chanson à la liberté, à l'usurpation et à la communion protestante de l'Angleterre nouvelle.

Afin de punir les montagnards écossais qui se soulevèrent dans la suite pour le fils de leur ancien maître, le gouvernement anglais ne vit pas de moyen plus sûr que de les obliger à quitter le vêtement et les usages de leurs pères : leur petit jupon et leur musette. En les dépouillant de leur ancien habit, on espéra leur enlever leur antique vertu.

Jacques passa le reste de son exil à écrire les Mémoires de sa vie :

la piété lui tenait lieu de puissance ; retiré dans sa conscience, empire dont il ne pouvait être chassé, ses souvenirs le faisaient vivre dans le passé ; sa religion, dans l'avenir. Il avait écrit de sa propre main cette courte prière : « Je vous remercie, ô mon Dieu ! « de m'avoir ôté trois royaumes, si c'était pour me rendre meilleur. »

Il mourut en paix à Saint-Germain le 16 septembre 1701.

Le prince de Galles son fils, qui porta quelque temps le nom de Jacques III, et qui quitta ce monde le 2 janvier 1766 (toujours ce mois de janvier), eut deux fils : Charles-Édouard, le prétendant, et Henri-Benoît, cardinal d'York. Le prince Édouard avait du héros, mais il n'était plus dans ce siècle des Richard Cœur de Lion, où un seul chevalier conquérait un royaume. Le prétendant aborda en Écosse au mois d'août 1745 : un lambeau de taffetas apporté de France lui servit de drapeau ; il rassembla sous ce drapeau dix mille montagnards, s'empara d'Édimbourg, passa sur le ventre de quatre mille Anglais à Preston, et s'avança jusqu'à quatorze lieues de Londres. S'il eût pris la résolution d'y marcher, on ne peut dire ce qui serait arrivé.

Obligé de faire un mouvement rétrograde devant le duc de Cumberland, le prétendant gagna néanmoins la bataille de Falkirk, mais il essuya une défaite complète à Culloden. Errant dans les bois, couvert de haillons, exténué de fatigue, mourant de faim, le souverain de droit de trois royaumes vit se renouveler en lui les aventures de son oncle, Charles second : mais il n'y eut point de restauration pour Édouard, et il ne laissa à ses amis que des échafauds.

Revenu en France, il en fut chassé par le traité d'Aix-la-Chapelle (1748). Arrêté au spectacle, conduit à Vincennes presque enchaîné, il se retira d'abord à Bouillon, ensuite à Rome : Louis XIV ne régnait plus. Le pape Grégoire le Grand renvoyait comme missionnaires dans l'île des Bretons de jeunes esclaves bretons baptisés ; douze siècles après, la Grande-Bretagne renvoyait à son tour aux souverains pontifes des rois bretons confesseurs de la foi.

L'illustre banni s'attacha à une princesse dont Alfieri a continué la généreuse renommée. Édouard éprouva ce qu'éprouvent les grands dans l'adversité : on l'abandonna. Il avait pour lui son bon droit ; mais le malheur prescrit contre la légitimité. Les petits-fils de Louis XV devaient errer en Europe comme le prétendant ; ils devaient lire cet ordre sur des poteaux en Allemagne : « Il est défendu à tous « mendiants, vagabonds et *émigrés* de s'arrêter ici plus de vingt-« quatre heures. »

Édouard ne pardonna jamais au gouvernement français sa lâcheté. Vers la fin de sa vie il s'abandonna à la passion du vin, passion ignoble, mais avec laquelle du moins il rendait aux hommes oubli pour oubli. Il mourut à Florence le 31 janvier 1788 (toujours ce mois de janvier), un peu plus d'un an avant le commencement de la révolution française. Nous avons vu nous-même mourir son frère, le cardinal d'York, le dernier des Stuarts, dans la capitale du monde chrétien. Les deux frères ont un mausolée commun : Rome leur devait bien une place dans la poussière de ses grandeurs évanouies.

Quand la maison de Marie d'Écosse a failli, le cercueil de l'exilé de 1688 a été retrouvé en France presque au moment où l'on retrouvait en Angleterre le cercueil de la victime de 1649. Si l'on eût dit à Louis XIV : « En moins d'un siècle, votre dépouille mortelle aura « disparu, celle du prince, votre royal hôte, sera tout ce qui restera « de vous dans le palais où vous l'avez reçu,... » qu'aurait pensé Louis le Grand ?

Par la volonté de Dieu, les cendres d'un monarque étranger réclament vainement aujourd'hui au milieu de nous les cendres des rois de la patrie. La vieille abbaye de Dagobert a mal gardé ses trésors ; Jacques II, en se réveillant à Saint-Germain, n'a aperçu à Saint-Denis que Louis XVI. La tombe du fils de Charles Ier s'élève au-dessus de nos ruines : triste témoin de deux révolutions, preuve extraordinaire de la contagieuse fatalité attachée à la race des Stuarts.

FIN DES QUATRE STUARTS.

VOYAGE EN ITALIE

---o✻o---

A M. JOUBERT [1]

LETTRE PREMIÈRE.

Turin, ce 17 juin 1803.

Je n'ai pu vous écrire de Lyon, mon cher ami, comme je vous l'avais promis. Vous savez combien j'aime cette excellente ville, où j'ai été si bien accueilli l'année dernière, et encore mieux cette année. J'ai revu les vieilles murailles des Romains, défendues par les braves Lyonnais de nos jours, lorsque les bombes des conventionnels obligeaient notre ami Fontanes à changer de place le berceau de sa fille; j'ai revu l'abbaye des Deux-Amants et la fontaine de J.-J. Rousseau. Les côteaux de la Saône sont plus riants et plus pittoresques que jamais; les barques qui traversent cette douce rivière, *mitis*

---

[1] M. Joubert (frère aîné de l'avocat général à la Cour de cassation), homme d'un esprit rare, d'une âme supérieure et bienveillante, d'un commerce sûr et charmant, d'un talent qui lui aurait donné une réputation méritée, s'il n'avait voulu cacher sa vie; homme ravi trop tôt à sa famille, à la société choisie dont il était le lien ; homme de qui la mort a laissé dans mon existence un de ces vides que font les années et qu'elles ne réparent point.

Arar, couvertes d'une toile, éclairées d'une lumière pendant la nuit, et conduites par de jeunes femmes, amusent agréablement les yeux. Vous aimez les cloches : venez à Lyon; tous ces couvents épars sur les collines semblent avoir retrouvé leurs solitaires.

Vous savez déjà que l'Académie de Lyon m'a fait l'honneur de m'admettre au nombre de ses membres. Voici un aveu : si le malin esprit y est pour quelque chose, ne cherchez dans mon orgueil que ce qu'il y a de bon, vous savez que vous voulez voir l'enfer du beau côté. Le plaisir le plus vif que j'aie éprouvé dans ma vie, c'est d'avoir été honoré, en France et chez l'étranger, des marques d'un intérêt inattendu. Il m'est arrivé quelquefois, tandis que je me reposais dans une méchante auberge de village, de voir entrer un père et une mère avec leur fils : ils m'amenaient, me disaient-ils, leur enfant pour me remercier. Était-ce l'amour-propre qui me donnait alors ce vif plaisir dont je parle? Qu'importait à ma vanité que ces obscurs et honnêtes gens me témoignassent leur satisfaction sur un grand chemin, dans un lieu où personne ne les entendait? Ce qui me touchait, c'était, du moins j'ose le croire, c'était d'avoir produit un peu de bien, d'avoir consolé quelques cœurs affligés, d'avoir fait renaître au fond des entrailles d'une mère l'espérance d'élever un fils chrétien, c'est-à-dire un fils soumis, respectueux, attaché à ses parents. Je ne sais ce que vaut mon ouvrage[1]; mais aurais-je goûté cette joie pure si j'eusse écrit avec tout le talent imaginable un livre qui aurait blessé les mœurs et la religion?

Dites à notre petite société, mon cher ami, combien je la regrette : elle a un charme inexprimable, parce qu'on sent que ces personnes qui causent si naturellement de matière commune peuvent traiter les plus hauts sujets, et que cette simplicité de discours ne vient pas d'indigence, mais de choix.

Je quittai Lyon le....., à cinq heures du matin. Je ne vous ferai pas l'éloge de cette ville; ses ruines sont là; elles parleront à la

---

[1] Le *Génie du Christianisme*.

postérité : tant que le courage, la loyauté et la religion seront en honneur parmi les hommes, Lyon ne sera pas oublié[1].

Nos amis m'ont fait promettre de leur écrire de la route. J'ai marché trop vite et le temps m'a manqué pour tenir parole. J'ai seulement barbouillé au crayon, sur un portefeuille, le petit journal que je vous envoie. Vous pourriez trouver dans le livre de postes les noms des pays *inconnus* que j'ai découverts, comme, par exemple, Pont-de-Beauvoisin et Chambéry; mais vous m'avez tant répété qu'il fallait des notes, et toujours des notes, que nos amis ne pourront se plaindre si je vous prends au mot.

JOURNAL.

La route est assez triste en sortant de Lyon. Depuis la Tour-du-Pin jusqu'à Pont-de-Beauvoisin, le pays est frais et bocager. On découvre, en approchant de la Savoie, trois rangs de montagnes, à peu près parallèles et s'élevant les unes au-dessus des autres. La plaine, au pied de ces montagnes, est arrosée par la petite rivière le Gué. Cette plaine, vue de loin, paraît unie; quand on y entre on s'aperçoit qu'elle est semée de collines irrégulières : on y trouve quelques futaies, des champs de blé et des vignes. Les montagnes qui forment le fond du paysage sont ou verdoyantes et moussues, ou terminées par des roches en forme de cristaux. Le Gué coule dans un encaissement si profond, qu'on peut appeler son lit une vallée. En effet, les bords intérieurs en sont ombragés d'arbres. Je

---

[1] Il m'est très doux de retrouver, à vingt-quatre ans de distance, dans un manuscrit inconnu, l'expression des sentiments que je professe plus que jamais pour les habitants de Lyon; il m'est encore plus doux d'avoir reçu dernièrement de ces habitants les mêmes marques d'estime dont ils m'honorèrent il y a bientôt un quart de siècle.

n'avais remarqué cela que dans certaines rivières de l'Amérique, particulièrement à Niagara.

Dans un endroit on côtoie le Gué d'assez près : le rivage opposé du torrent est formé de pierres qui ressemblent à de hautes murailles romaines, d'une architecture pareille à celle des arènes de Nîmes [1].

Quand vous êtes arrivé aux Echelles, le pays devient plus sauvage. Vous suivez, pour trouver une issue, des gorges tortueuses dans des rochers plus ou moins horizontaux, inclinés ou perpendiculaires. Sur ces rochers fumaient des nuages blancs, comme les brouillards du matin qui sortent de la terre dans les lieux bas. Ces nuages s'élevaient audessus ou s'abaissaient au dessous des masses de granit, de manière à laisser voir la cime des monts ou à remplir l'intervalle qui se trouvait entre cette cime et le ciel. Le tout formait un chaos dont les limites indéfinies semblaient n'appartenir à aucun élément déterminé.

Le plus haut sommet de ces montagnes est occupé par la Grande-Chartreuse, et au pied de ces montagnes se trouve le chemin d'Emmanuel : la religion a placé ses bienfaits près de celui *qui est dans les cieux;* le prince a rapproché les siens de la demeure des hommes.

Il y avait autrefois dans ce lieu une inscription annonçant qu'Emmanuel, pour le bien public, avait fait percer la montagne. Sous le règne révolutionnaire, l'inscription fut effacée; Buonaparte l'a fait rétablir : on y doit seulement ajouter son nom : que n'agit-on toujours avec autant de noblesse !

On passait anciennement dans l'intérieur même du rocher par une galerie souterraine. Cette galerie est abandonnée. Je n'ai vu dans ce lieu que de petits oiseaux de montagne qui voltigeaient en silence à l'ouverture de la caserne, comme ces songes placés à l'entrée de l'enfer de Virgile :

Foliisque sub omnibus hærent.

Chambéry est situé dans un bassin dont les bords rehaussés sont

[1] Je n'avais pas encore vu le Colisée.

assez nus; mais on y arrive par un défilé charmant, et on en sort par une belle vallée. Les montagnes qui resserrent cette vallée étaient en partie revêtues de neige; elles se cachaient et se découvraient sans cesse sous un ciel mobile, formé de vapeurs et de nuages.

C'est à Chambéry qu'un homme fut accueilli par une femme, et que, pour prix de l'hospitalité qu'il en reçut, de l'amitié qu'elle lui porta, il se crut philosophiquement obligé de la déshonorer. Ou Jean-Jacques Rousseau a pensé que la conduite de madame de Warrens était une chose ordinaire, et alors que deviennent les prétentions du citoyen de Genève à la vertu? ou il a été d'opinion que cette conduite était répréhensible, et alors il a sacrifié la mémoire de sa bienfaitrice à la vanité d'écrire quelques pages éloquentes; ou, enfin, Rousseau s'est persuadé que ses éloges et le charme de son style feraient passer par dessus les torts qu'il impute à madame de Warrens, et alors c'est le plus odieux des amours-propres. Tel est le danger des lettres: le désir de faire du bruit l'emporte quelquefois sur des sentiments nobles et généreux. Si Rousseau ne fût jamais devenu un homme célèbre, il aurait enseveli dans les vallées de la Savoie les faiblesses de la femme qui l'avait nourri; il se serait sacrifié aux défauts mêmes de son amie; il l'aurait soulagée dans ses vieux ans, au lieu de se contenter de lui donner une tabatière d'or et de s'enfuir. Maintenant que tout est fini pour Rousseau, qu'importe à l'auteur des *Confessions* que sa poussière soit ignorée ou fameuse? Ah! que la voix de l'amitié trahie ne s'élève jamais contre mon tombeau!

Les souvenirs historiques entrent pour beaucoup dans le plaisir ou dans le déplaisir du voyageur. Les princes de la maison de Savoie, aventureux et chevaleresques, marient bien leur mémoire aux montagnes qui couvrent leur petit empire.

Après avoir passé Chambéry, le cours de l'Isère mérite d'être remarqué au pont de Montmélian. Les Savoyards sont agiles, assez bien faits, d'une complexion pâle, d'une figure régulière; ils tiennent de l'Italien et du Français: ils ont l'air pauvre sans indigence, comme leurs vallées. On rencontre partout dans leur pays des croix sur les chemins et des madones dans le tronc des pins et des noyers ; annonce du caractère religieux de ces peuples. Leurs petites églises, environnées d'arbres, font un contraste touchant avec leurs grandes montagnes. Quand les tourbillons de l'hiver descendent de ces sommets chargés de glaces éternelles, le Savoyard vient se mettre à l'abri dans son temple champêtre, et prier sous un toit de chaume celui qui commande aux éléments.

Les vallées où l'on entre au dessus de Montmélian sont bordées par des monts de diverses formes, tantôt demi nus, tantôt revêtus de forêts. Le fonds de ces vallées représente assez pour la culture les mouvements du terrain et les anfractuosités de Marly, en y mêlant de plus des eaux abondantes et un fleuve. Le chemin a moins l'air d'une route publique que de l'allée d'un parc. Les noyers dont cette allée est ombragée m'ont rappelé ceux que nous admirions dans nos promenades de Savigny. Ces arbres nous rassembleront-ils encore sous leur ombre [1] ? Le poète s'est écrié dans un mouvement de mélancolie :

> Beaux arbres qui m'avez vu naître,
> Bientôt vous me verrez mourir !

Ceux qui meurent à l'ombre des arbres qui les ont vu naître sont-ils donc si à plaindre !

Les vallées dont je vous parle se terminent au village qui porte le joli nom d'Aigue-Belle. Lorsque je passai dans ce village, la hauteur qui le domine était couronnée de neige : cette neige, fondant au soleil, avait descendu en longs rayons tortueux dans les concavités noires et vertes du rocher : vous eussiez dit d'une gerbe de fusées ou d'un essaim de beaux serpents blancs qui s'élançaient de la cime des monts dans la vallée.

Aigue-Belle semble clore les Alpes ; mais bientôt, en tournant un gros rocher isolé, tombé dans le chemin, vous apercevez de

---

[1] Ils ne nous ont point rassemblés.

nouvelles vallées qui s'enfoncent dans la chaîne des monts attachés au cours de l'Arche. Ces vallées prennent un caractère plus sévère et plus sauvage.

Les monts des deux côtés se dressent; leurs flancs deviennent perpendiculaires; leurs sommets stériles commencent à présenter quelques glaciers : des torrents, se précipitant de toute part, vont grossir l'Arche qui court follement. Au milieu de ce tumulte des eaux j'ai remarqué une cascade légère et silencieuse, qui tombe avec une grâce infinie sous un rideau de saules. Cette draperie humide, agitée par le vent, aurait pu représenter aux poëtes la robe ondoyante de la Naïade, assise sur une roche élevée. Les anciens n'auraient pas manqué de consacrer un autel aux Nymphes dans ce lieu.

Bientôt le paysage atteint toute sa grandeur : les forêts de pins, jusqu'alors assez jeunes, vieillissent; le chemin s'escarpe, se plie et se replie sur des abîmes ; des ponts de bois servent à traverser des gouffres où vous voyez bouillonner l'onde, où vous l'entendez mugir.

Ayant passé Saint-Jean de Maurienne, et étant arrivé vers le coucher du soleil à Saint-André, je ne trouvai pas de chevaux, et fus obligé de m'arrêter. J'allai me promener hors du village. L'air devint transparent à la crête des monts ; leurs dentelures se traçaient avec une pureté extraordinaire sur le ciel, tandis qu'une grande nuit sortait peu à peu du pied de ces monts, et s'élevait vers leur cime.

J'entendais la voix du rossignol et le cri de l'aigle : je voyais les aliziers fleuris dans la vallée et les neiges sur la montagne : un château, ouvrage des Carthaginois, selon la tradition populaire, montrait ses débris sur la pointe d'un roc. Tout ce qui vient de l'homme dans ces lieux est chétif et fragile; des parcs de brebis formés de joncs entrelacés, des maisons de terre bâties en deux jours : comme si le chevrier de la Savoie, à l'aspect des masses éternelles qui l'environnent, n'avait pas cru devoir se fatiguer pour les besoins passagers de sa courte vie ! comme si la *tour d'Annibal* en ruine l'eût averti du peu de durée et de la vanité des monuments !

Je ne pouvais cependant m'empêcher, en considérant ce désert, d'admirer avec effroi la haine d'un homme, plus puissante que tous les obstacles, d'un homme qui, du détroit de Cadix, s'était frayé une route à travers les Pyrénées et les Alpes pour venir chercher les Romains. Que les récits de l'antiquité ne nous indiquent pas l'endroit précis du passage d'Annibal, peu importe ; il est certain que ce grand capitaine a franchi ces monts alors sans chemins, plus sauvages encore par leurs habitants que par leurs torrents, leurs rochers et leurs forêts. On dit que je comprendrai mieux à Rome cette haine terrible que ne purent assouvir les batailles de la Trébie, de Trasimènes et de Cannes : on m'assure qu'aux bains de Caracalla, les murs, jusqu'à hauteur d'homme, sont percés de coups de pique. Est-ce le Germain, le Gaulois, le Cantabre, le Goth, le Vandale, le Lombard, qui s'est acharné contre ces murs ? La vengeance de l'espèce humaine devait peser sur ce peuple libre, qui ne pouvait bâtir sa grandeur qu'avec l'esclavage et le sang du reste du monde.

Je partis à la pointe du jour de Saint-André, et j'arrivai vers les deux heures après midi à Lans-le-Bourg, au pied du mont Cénis. En entrant dans le village, je vis un paysan qui tenait un aiglon par les pieds, tandis qu'une troupe impitoyable frappait le jeune roi, insultait à la faiblesse de l'âge et à la majesté tombée : le père et la mère du jeune orphelin avaient été tués. On me proposa de me le vendre, mais il mourut des mauvais traitements qu'on lui avait fait subir avant que je le pusse délivrer. N'est-ce pas là le petit Louis XVII, son père et sa mère ?

Ici on commence à gravir le mont Cenis[1], et l'on quitte la petite rivière d'Arche qui vous a conduit au pied de la montagne : de l'autre côté du mont Cénis, la Doria vous ouvre l'entrée de l'Italie.

---

[1] On travaillait à la route ; elle n'était pas achevée, et l'on se faisait encore *ramasser.*

J'ai eu souvent occasion d'observer cette utilité des fleuves dans mes voyages. Non seulement ils sont eux-mêmes des *grands chemins qui marchent*, comme les appelle Pascal, mais ils tracent encore le chemin aux hommes et leur facilitent le passage des montagnes. C'est en côtoyant leurs rives que les nations se sont trouvées; les premiers habitants de la terre pénétrèrent, à l'aide de leur cours, dans les solitudes du monde. Les Grecs et les Romains offraient des sacrifices aux fleuves; la Fable faisait les fleuves enfants de Neptune, parce qu'ils sont formés des vapeurs de l'Océan, et qu'ils mènent à la découverte des lacs et des mers; fils voyageurs, ils retournent au sein et au tombeau paternels.

Le mont Cénis, du côté de la France, n'a rien de remarquable. Le lac du plateau ne m'a paru qu'un petit étang. Je fus désagréablement frappé au commencement de la descente vers la Novalaise; je m'attendais, je ne sais pourquoi, à découvrir les plaines de l'Italie : je ne vis qu'un gouffre noir et profond, qu'un chaos de torrents et de précipices.

En général, les Alpes, quoique plus élevées que les montagnes de l'Amérique septentrionale, ne m'ont pas paru avoir ce caractère original, cette virginité de site que l'on remarque dans les Apalaches, ou même dans les hautes terres du Canada : la hutte d'un Siminole sous un magnolia, ou d'un Chipowais sous un pin, a tout un autre caractère que la cabane d'un Savoyard sous un noyer.

A M. JOUBERT

LETTRE DEUXIÈME.

Milan, lundi matin, 24 juin 1803.

Je vais toujours commencer ma lettre, mon cher ami, sans savoir quand j'aurai le temps de la finir.

Réparation complète à l'Italie. Vous aurez vu par mon petit journal daté de Turin, que je n'avais pas été très frappé de la *première vue*. L'effet des environs de Turin est beau, mais ils sentent encore la Gaule; on peut se croire en Normandie, aux montagnes près. Turin est une ville nouvelle, propre, régulière, fort ornée de palais, mais d'un aspect un peu triste.

Mes jugements se sont rectifiés en traversant la Lombardie : l'effet ne se produit pourtant sur le voyageur qu'à la longue. Vous voyez d'abord un pays fort riche dans l'ensemble, et vous dites : « C'est « bien; » mais quand vous venez à détailler les objets, l'enchantement arrive. Les prairies, dont la verdure surpasse la fraîcheur et la finesse des gazons anglais, se mêlent à des champs de maïs, de riz et de froment; ceux-ci sont surmontés de vignes qui passent d'un échalas à l'autre, formant des guirlandes au-dessus des moissons : le tout est semé de mûriers, de noyers, d'ormeaux, de saules, de peupliers, et arrosé de rivières et de canaux. Dispersés sur ces terrains, des paysans et des paysannes, les pieds nus, un grand chapeau de paille sur la tête, fauchent les prairies, coupent les céréales, chantent, conduisent des attelages de bœufs, ou font remonter et descendre des barques sur les courants d'eau. Cette scène se prolonge pendant quarante lieues, en augmentant toujours de richesses jusqu'à Milan, centre du tableau. A droite on aperçoit l'Apennin, à gauche les Alpes.

On voyage très vite : les chemins sont excellents : les auberges, supérieures à celles de France, valent presque celles de l'Angleterre. Je commence à croire que cette France si policée est un peu barbare[1].

Je ne m'étonne plus du dédain que les Italiens ont conservé pour nous autres Transalpins, Visigoths, Gaulois, Germains, Scandi-

---

[1] Il faut se reporter à l'époque où cette lettre a été écrite (1803). S'il était si commode de voyager alors dans l'Italie, qui n'était qu'un camp de la France, combien aujourd'hui, dans la plus profonde paix, lorsqu'une multitude de nouveaux chemins ont été ouverts, n'est-il pas plus facile encore de parcourir ce beau pays! Nous y sommes appelés par tous les vœux. Le Français est un singulier ennemi : on le trouve d'abord un peu insolent, un peu trop gai, un peu trop actif, trop remuant; il n'est pas plus tôt parti qu'on le regrette. Le

naves, Slaves, Anglo-Normands : notre ciel de plomb, nos villes enfumées, nos villages boueux, doivent leur faire horreur. Les villes et villages ont ici une tout autre apparence : les maisons sont grandes et d'une blancheur éclatante au dehors ; les rues sont larges et souvent traversées de ruisseaux d'eau vive où les femmes lavent leur linge et baignent leurs enfants. Turin et Milan ont la régularité, la propreté, les trottoirs de Londres et l'architecture des plus beaux quartiers de Paris : il y a même des raffinements particuliers ; au milieu des rues, afin que le mouvement de la voiture soit plus doux, on a placé deux rangs de pierres plates sur lesquelles roulent les deux roues : on évite ainsi les inégalités du pavé.

La température est charmante ; encore me dit-on que je ne trouverai le ciel de l'Italie qu'au delà de l'Apennin : la grandeur et l'élévation des appartements empêchent de souffrir de la chaleur.

23 juin.

J'ai vu le général Murat; il m'a reçu avec empressement et obligeance ; je lui ai remis la lettre de l'excellente madame Bacciochi [1]. J'ai passé ma journée avec des aides de camp et de jeunes militaires; on ne peut être plus courtois : l'armée française est toujours la même ; l'honneur est là tout entier.

J'ai dîné en grand gala chez M. de Melzi : il s'agissait d'une fête donnée à l'occasion du baptême de l'enfant du général Murat. M. de Melzi a connu mon malheureux frère : nous en avons parlé longtemps. Le vice-président a des manières fort nobles ; sa maison est celle d'un prince, et d'un prince qui l'aurait toujours été. Il m'a

soldat français se mêle aux travaux de l'hôte chez lequel il est logé ; sa bonne humeur donne la vie et le mouvement à tout; on s'accoutume à le regarder comme un conscrit de la famille. Quant aux chemins et aux auberges de France, c'est bien pis aujourd'hui qu'en 1803. Nous sommes sous ce rapport, l'Espagne exceptée, au dessous de tous les peuples de l'Europe.

[1] Depuis princesse de Lucques, sœur aînée de Buonaparte, qui, à cette époque, n'était encore que premier consul.

traité poliment et froidement, et m'a tout juste trouvé dans des dispositions pareilles aux siennes.

Je ne vous parle point, mon cher ami, des monuments de Milan, et surtout de la cathédrale qu'on achève; le gothique, même de marbre, me semble jurer avec le soleil et les mœurs de l'Italie. Je pars à l'instant; je vous écrirai de Florence [1] et de Rome.

———o•o———

A M. JOUBERT

———

LETTRE TROISIÈME.

Rome, 27 juin au soir, en arrivant, 1803.

M'y voilà enfin! toute ma froideur s'est évanouie. Je suis accablé, persécuté par ce que j'ai vu; j'ai vu, je crois, ce que personne n'a vu, ce qu'aucun voyageur n'a peint : les sots! les âmes glacées! les barbares! Quand ils viennent ici, n'ont-ils pas traversé la Toscane, jardin anglais au milieu duquel il y a un temple, c'est-à-dire Florence? n'ont-ils pas passé en caravane avec les aigles et les sangliers, les solitudes de cette seconde Italie appelée l'*État Romain?* Pourquoi ces créatures voyagent-elles? Arrivé comme le soleil se couchait, j'ai trouvé toute la population allant se promener dans l'Arabie déserte à la porte de Rome : quelle ville! quels souvenirs!

28 juin, onze heures du soir.

J'ai couru tout ce jour, veille de la fête de saint Pierre. J'ai déjà

[1] Les lettres écrites de Florence ne sont pas retrouvées.

vu le Colisée, le Panthéon, la colonne Trajane, le château Saint-Ange, Saint-Pierre; que sais-je! j'ai vu l'illumination et le feu d'artifice qui annoncent pour demain la grande cérémonie consacrée au prince des apôtres : tandis qu'on prétendait me faire admirer un feu placé au haut du Vatican, je regardais l'effet de la lune sur le Tibre; sur ces maisons romaines, sur ces ruines qui pendent ici de toute part.

29 juin.

Je sors de l'office à Saint-Pierre. Le pape a une figure admirable : pâle, triste, religieux, toutes les tribulations de l'Église sont sur son front. La cérémonie était superbe; dans quelques moments surtout elle était étonnante; mais chant médiocre, église déserte; point de peuple.

3 juillet 1803.

Je ne sais si tous ces bouts de ligne finiront par faire une lettre. Je serais honteux, mon cher ami, de vous dire si peu de chose, si je ne voulais, avant d'essayer de peindre les objets, y voir un peu plus clair. Malheureusement j'entrevois déjà que la seconde Rome tombe à son tour : tout finit.

Sa Sainteté m'a reçu hier; elle m'a fait asseoir auprès d'elle de la manière la plus affectueuse. Elle m'a montré obligeamment qu'elle lisait le *Génie du Christianisme*, dont elle avait un volume ouvert sur sa table. On ne peut voir un meilleur homme, un plus digne prélat, et un prince plus simple : ne me prenez pas pour madame de Sévigné. Le secrétaire d'État, le cardinal Gonsalvi, est un homme d'un esprit fin et d'un caractère modéré. Adieu. Il faut pourtant mettre tous ces petits papiers à la poste.

TIVOLI ET LA VILLA ADRIANA

———

10 décembre 1803.

Je suis peut-être le premier étranger qui ait fait la course de Tivoli dans une disposition d'âme qu'on ne porte guère en voyage. Me voilà seul arrivé à sept heures du soir, le 10 décembre, à l'auberge du *Temple de la Sibylle*. J'occupe une petite chambre à l'extrémité de l'auberge, en face de la cascade, que j'entends mugir. J'ai essayé d'y jeter un regard; je n'ai découvert dans la profondeur de l'obscurité que quelques lueurs blanches produites par le mouvement des eaux. Il m'a semblé apercevoir au loin une enceinte formée d'arbres et de maisons, et autour de cette enceinte, un cercle de montagnes. Je ne sais ce que le jour changera demain à ce paysage de nuit.

Le lieu est propre à la réflexion et à la rêverie : je remonte dans ma vie passée; je sens le poids du présent, et je cherche à pénétrer mon avenir. Où serai-je, que ferai-je, et que serai-je dans vingt ans d'ici? Toutes les fois que l'on descend en soi-même, à tous les vagues projets que l'on forme, on trouve un obstacle invincible, une incertitude causée par une certitude : cet obstacle, cette certitude, est la mort, cette terrible mort qui arrête tout, qui vous frappe vous ou les autres.

Est-ce un ami que vous avez perdu? en vain avez-vous mille choses à lui dire : malheureux, isolé, errant sur la terre, ne pouvant confier vos peines ou vos plaisirs à personne, vous appelez votre ami, et il ne viendra plus soulager vos maux, partager vos joies; il ne vous dira plus : « Vous avez eu tort, vous avez eu « raison d'agir ainsi. » Maintenant il faut marcher seul. Devenez riche, puissant, célèbre, que ferez-vous de ces prospérités sans votre ami? Une chose a tout détruit, la mort. Flots qui vous précipitez dans cette nuit profonde où je vous entends gronder, disparaissez-vous plus vite que les jours de l'homme, ou pouvez-vous me dire ce que c'est que l'homme, vous qui avez vu passer tant de générations sur ces bords?

11 décembre 1803.

Aussitôt que le jour a paru, j'ai ouvert mes fenêtres. Ma première vue de Tivoli dans les ténèbres était assez exacte; mais la cascade m'a paru petite, et les arbres que j'avais cru apercevoir n'existaient point. Un amas de vilaines maisons s'élevait de l'autre côté de la rivière; le tout était enclos de montagnes dépouillées. Une vive aurore derrière ces montagnes, le temple de Vesta, à quatre pas de moi, dominant la grotte de Neptune, m'ont consolé. Immédiatement au dessus de la chute, un troupeau de bœufs, d'ânes et de chevaux, s'est rangé le long d'un banc de sable : toutes ces bêtes se sont avancées d'un pas dans le Teverone, ont baissé le cou et ont bu lentement au courant de l'eau qui passait comme un éclair devant elles, pour se précipiter. Un paysan Sabin, vêtu d'une peau de chèvre, et portant une espèce de chlamyde roulée au bras gauche, s'est appuyé sur un bâton et a regardé boire son troupeau, scène qui contrastait par son immobilité et son silence avec le mouvement et le bruit des flots.

Mon déjeuner fini, on m'a amené un guide, et je suis allé me placer avec lui sur le pont de la cascade : j'avais vu la cataracte du Niagara. Du pont de la cascade nous sommes descendus à la grotte de Neptune, ainsi nommée, je crois, par Vernet. L'Anio, après sa première chute sous le pont, s'engouffre parmi des roches, et reparaît dans cette grotte de Neptune, pour aller faire une seconde chute à la grotte des Sirènes.

Le bassin de la grotte de Neptune a la forme d'une coupe : j'y ai vu boire des colombes. Un colombier creusé dans le roc, et ressemblant à l'aire d'un aigle plutôt qu'à l'abri d'un pigeon, présente à ces pauvres oiseaux une hospitalité trompeuse; ils se croient en sûreté dans ce lieu en apparence inaccessible ; ils y font leur nid ; mais une route secrète y mène : pendant les ténèbres, un ravisseur enlève les petits qui dormaient sans crainte au bruit des eaux sous l'aile de leur mère : *Observans nido, implumes detraxit.*

De la grotte de Neptune remontant à Tivoli, et sortant par la porte Angelo ou de l'Abruzze, mon cicérone m'a conduit dans le pays des Sabins, *pubemque sabellum.* J'ai marché à l'aval de l'Anio jusqu'à un champ d'oliviers, où s'ouvre une vue pittoresque sur cette célèbre solitude. On aperçoit à la fois le temple de Vesta, les grottes de Neptune et des Sirènes, et les cascatelles qui sortent d'un des portiques de la *villa* de Mécène. Une vapeur bleuâtre répandue à travers les paysages en adoucissait les plans.

On a une grande idée de l'architecture romaine, lorsqu'on songe que ces masses bàties depuis tant de siècles ont passé du service des hommes à celui des éléments, qu'elles soutiennent aujourd'hui le poids et le mouvement des eaux, et sont devenues les inébranlables rochers de ces tumultueuses cascades.

Ma promenade a duré six heures: Je suis entré, en revenant à mon auberge, dans une cour délabrée, aux murs de laquelle sont appliquées des pierres sépulcrales chargées d'inscriptions mutilées. J'ai copié quelques unes de ces inscriptions :

DIS. MAN.
ULLÆ PAULIN.
VIXIT ANN. X
MENSIBUS DIEB. 3

SEI. DEUS.
SEI. DEA.

D. M.
VICTORIÆ.
FILIÆ QUÆ.
VIXIT. AN. XV
PEREGRINA,
MATER. B. M. F.

D. M.
LICINIA
ASELERIO
TENIS.

Que peut-il y avoir de plus vain que tout ceci ? Je lis sur une pierre les regrets qu'un vivant donnait à un mort; ce vivant est mort à son tour, et, après deux mille ans, je viens, moi, barbare des Gaules, parmi les ruines de Rome, étudier ces épitaphes dans une retraite abandonnée, moi indifférent à celui qui pleura comme à celui qui fut pleuré, moi qui demain m'éloignerai pour jamais de ces lieux, et qui disparaîtrai bientôt de la terre.

Tous ces poètes de Rome qui passèrent à Tibur se plurent à retracer la rapidité de nos jours : *Carpe diem*, disait Horace ; *Te spectem suprema mihi cum venerit hora*, disait Tibulle ; Virgile peignait cette dernière heure : *Invalidasque tibi tendens, heu! non tua palmas*. Qui n'a perdu quelque objet de son affection ? Qui n'a vu se lever vers lui des bras défaillants ? Un ami mourant a souvent voulu que son ami lui prît la main pour le retenir dans la vie, tandis qu'il se sentait entraîné par la mort. *Heu! non tua !* Ce vers de Virgile est admirable de tendresse et de douleur. Malheur à qui n'aime pas les poètes ! je dirais presque d'eux ce que dit Shakspeare des hommes insensibles à l'harmonie.

Je retrouvai en rentrant chez moi la solitude que j'avais laissée au dehors. La petite terrasse de l'auberge conduit au temple de Vesta. Les peintres connaissent cette couleur de siècles que le temps applique aux vieux monuments, et qui varie selon les climats : elle se retrouve au temple de Vesta. On fait le tour du petit édifice entre le péristyle et la *cella* en une soixantaine de pas. Le véritable temple de la Sibylle contraste avec celui-ci par la forme carrée et le style sévère de son ordre d'architecture. Lorsque la chute de l'Anio était placée un peu plus à droite, comme on le suppose, le temple devait être immédiatement suspendu sur la cascade : le lieu était propre à l'inspiration de la prêtresse et à l'émotion religieuse de la foule.

J'ai jeté un dernier regard sur les montagnes du nord que les brouillards du soir couvraient d'un rideau blanc, sur la vallée du midi, sur l'ensemble du paysage, et je suis retourné à ma chambre solitaire. A une heure du matin, le vent soufflant avec violence, je me suis levé, et j'ai passé le reste de la nuit sur la terrasse. Le ciel était chargé de nuages; la tempête mêlait ses gémissements, dans les colonnes du temple, au bruit de la cascade : on eût cru entendre des voix tristes sortir des soupiraux de l'antre de la Sibylle. La vapeur de la chute de l'eau remontait vers moi du fond du gouffre comme une ombre blanche : c'était une véritable apparition. Je me croyais transporté au bord des grèves ou dans les bruyères de mon Armorique, au milieu d'une nuit d'automne; les souvenirs du toit paternel effaçaient pour moi ceux des foyers de César : chaque homme porte en lui un monde composé de tout ce qu'il a vu et aimé, et où il rentre sans cesse, alors même qu'il parcourt et semble habiter un monde étranger.

Dans quelques heures je vais aller visiter la *villa Adriana*.

12 décembre 1803.

La grande entrée de la *villa Adriana* était à l'Hippodrome, sur l'ancienne voie Tiburtine, à très peu de distance du tombeau des Plautius. Il ne reste aucun vestige d'antiquités dans l'Hippodrome, converti en champs de vignes.

En sortant d'un chemin de traverse fort étroit, une allée de cyprès, coupée par la cime, m'a conduit à une méchante ferme, dont l'escalier croulant était rempli de morceaux de porphyre, de vert antique, de granit, de rosaces de marbre blanc et de divers ornements d'architecture. Derrière cette ferme se trouve le théâtre romain, assez bien conservé : c'est un demi-cercle composé de trois rangs de sièges. Ce demi-cercle est fermé par un mur en ligne droite qui lui sert comme de diamètre; l'orchestre et le théâtre faisaient face à la loge de l'empereur.

Le fils de la fermière, petit garçon presque tout nu, âgé d'environ douze ans, m'a montré sa loge et les chambres des acteurs. Sous les gradins destinés aux spectateurs, dans un endroit où l'on dépose les instruments de labourage, j'ai vu le torse d'un Hercule colossal, parmi des socs, des herses et des râteaux : les empires naissent de la charrue et disparaissent sous la charrue.

L'intérieur du théâtre sert de basse-cour et de jardin à la ferme : il est planté de pruniers et de poiriers. Le puits que l'on a creusé au milieu est accompagné de deux piliers qui portent les seaux : un de ces piliers est composé de boue séchée et de pierres entassées au hasard, l'autre est fait d'un beau tronçon de colonne cannelée ; mais pour dérober la magnificence de ce second pilier, et le rapprocher de la rusticité du premier, la nature a jeté dessus un manteau de lierre. Un troupeau de porcs noirs fouillait et bouleversait le gazon qui recouvre les gradins du théâtre : pour ébranler les siéges des maîtres de la terre, la Providence n'avait eu besoin que de faire croître quelques racines de fenouil entre les jointures de ces siéges et de livrer l'ancienne enceinte de l'élégance romaine aux immondes animaux du fidèle Eumée.

Du théâtre, en montant par l'escalier de la ferme, je suis arrivé à la *Palestrine*, semée de plusieurs débris. La voûte d'une salle conserve des ornements d'un dessin exquis.

Là commence le vallon appelé par Adrien *la Vallée de Tempé* :

> Est nemus Æmoniæ, prærupta quod undique claudit
> Sylva.

J'ai vu à Stowe, en Angleterre, la répétition de cette fantaisie impériale ; mais Adrien avait taillé son jardin *anglais* en homme qui possédait le monde.

Au bout d'un petit bois d'ormes et de chênes-verts, on aperçoit des ruines qui se prolongent le long de la *vallée de Tempé ;* doubles et triples portiques, qui servaient à soutenir les terrasses des *fabriques* d'Adrien. La vallée continue à s'étendre à perte de vue vers le midi ; le fond en est planté de roseaux, d'oliviers et de cyprès. La colline occidentale du vallon, figurant la chaîne de l'Olympe, est décorée par la masse du Palais, de la Bibliothèque, des Hospices, des temples d'Hercule et de Jupiter, et par les longues arcades fes-

tonnées de lierre, qui portaient ces édifices. Une colline parallèle,
mais moins haute, borde la vallée à l'orient ; derrière cette colline
s'élèvent en amphithéâtre les montagnes de Tivoli, qui devaient représenter l'*Ossa*.

Dans un champ d'oliviers, un coin du mur de la *villa* de Brutus
fait le pendant des débris de la *villa* de César. La liberté dort en
paix avec le despotisme : le poignard de l'une et la hache de l'autre
ne sont plus que des fers rouillés ensevelis sous les mêmes décombres.

De l'immense bâtiment qui, selon la tradition, était consacré
à recevoir les étrangers, on parvient, en traversant des salles ouvertes de toute part, à l'emplacement de la Bibliothèque. Là commence
un dédale de ruines entrecoupées de jeunes taillis, de bouquets de
pins, de champs d'oliviers, de plantations diverses, qui charment les
yeux et attristent le cœur.

Un fragment, détaché tout à coup de la voûte de la Bibliothèque, a roulé à mes pieds, comme je passais : un peu de poussière
s'est élevé ; quelques plantes ont été déchirées et entraînées dans sa
chute. Les plantes renaîtront demain ; le bruit et la poussière se
sont dissipés à l'instant : voilà ce nouveau débris couché pour des
siècles auprès de ceux qui paraissaient l'attendre. Les empires se
plongent de la sorte dans l'éternité, où ils gisent silencieux. Les
hommes ne ressemblent pas mal aussi à ces ruines qui viennent tour
à tour joncher la terre : la seule différence qu'il y ait entre eux,
comme entre ces ruines, c'est que les uns se précipitent devant
quelques spectateurs, et que les autres tombent sans témoins.

J'ai passé de la Bibliothèque au cirque du Lycée : on venait d'y
couper des broussailles pour faire du feu. Ce cirque est appuyé contre le temple des Stoïciens. Dans le passage qui mène à ce temple,
en jetant les yeux derrière moi, j'ai aperçu les hauts murs lézardés
de la Bibliothèque, lesquels dominaient les murs moins élevés du
Cirque. Les premiers, à demi cachés dans des cimes d'oliviers sauvages, étaient eux-mêmes dominés d'un énorme pin à parasol, et

au dessus de ce pin s'élevait le dernier pic du mont Calva, coiffé d'un nuage. Jamais le ciel et la terre, les ouvrages de la nature et ceux des hommes ne se sont mieux mariés dans un tableau.

Le temple des Stoïciens est peu éloigné de la place d'Armes. Par l'ouverture d'un portique, on découvre, comme dans un optique, au bout d'une avenue d'oliviers et de cyprès, la montagne de Palomba, couronnée du premier village de la Sabine. A gauche du Pœcile et sous le Pœcile même, on descend dans les *Cento-Cellœ* des gardes prétoriennes ; ce sont des loges voûtées de huit pieds à peu près en carré, à deux, trois et quatre étages, n'ayant aucune communicaton entre elles, et recevant le jour par la porte. Un fossé règne le long de ces cellules militaires, où il est probable qu'on entrait ȷau moyen d'un pont mobile. Lorsque les cent ponts étaient abaissés, que les prétoriens passaient et repassaient sur ces ponts, cela devait offrir un spectacle singulier, au milieu des jardins de l'empereur philosophe qui mit un dieu de plus dans l'Olympe. Le laboureur du patrimoine de saint Pierre fait aujourd'hui sécher sa moisson dans la caserne du légionnaire romain. Quand le peuple-roi et ses maîtres élevaient tant de monuments fastueux, ils ne se doutaient guère qu'ils bâtissaient les caves et les greniers d'un chevrier de la Sabine et d'un fermier d'Albano.

Après avoir parcouru une partie des *Cento-Cellœ*, j'ai mis un assez long temps à me rendre dans la partie du jardin dépendante des Thermes des femmes : là, j'ai été supris par la pluie[1].

Je me suis souvent fait deux questions au milieu des ruines romaines : les maisons des particuliers étaient composées d'une multitude de portiques, de chambres voûtées, de chapelles, de salles, de galeries souterraines, de passages obscurs et secrets : à quoi pouvait servir tant de logement pour un seul maître? Les offices des esclaves, des hôtes, des clients, étaient presque toujours construites à part.

[1] Voyez ci-après la Lettre sur Rome à M. de Fontanes.

Pour résoudre cette première question, je me figure le citoyen romain dans sa maison comme une espèce de religieux qui s'était bâti des cloîtres. Cette vie intérieure, indiquée par la seule forme des habitations, ne serait-elle point une des causes de ce calme qu'on remarque dans les écrits des anciens? Cicéron retrouvait dans les longues galeries de ses habitations, dans les temples domestiques qui y étaient cachés, la paix qu'il avait perdue au commerce des hommes. Le jour même que l'on recevait dans ces demeures semblait porter à la quiétude. Il descendait presque toujours de la voûte ou des fenêtres percées très haut; cette lumière perpendiculaire, si égale et si tranquille, avec laquelle nous éclairons nos salons de peintures, servait, si j'ose m'exprimer ainsi, servait au Romain à contempler le tableau de sa vie. Nous, il nous faut des fenêtres sur des rues, sur des marchés et sur des carrefours. Tout ce qui s'agite et fait du bruit nous plaît; le recueillement, la gravité, le silence, nous ennuient.

La seconde question que je me fais est celle-ci : Pourquoi tant de monuments consacrés aux mêmes usages? on voit incessamment des salles pour des bibliothèques, et il y avait peu de livres chez les anciens. On rencontre à chaque pas des Thermes : les Thermes de Néron, de Titus, de Caracalla, de Doclétien, etc. Quand Rome eût été trois fois plus peuplée qu'elle ne l'a jamais été, la dixième partie de ces bains aurait suffi aux besoins publics.

Je me réponds qu'il est probable que ces monuments furent, dès l'époque de leur érection, de véritables ruines et des lieux délaissés. Un empereur renversait ou dépouillait les ouvrages de son devancier, afin d'entreprendre lui-même d'autres édifices que son successeur se hâtait à son tour d'abandonner. Le sang et les sueurs des peuples furent employés aux inutiles travaux de la vanité d'un homme, jusqu'au jour où les vengeurs du monde, sortis du fond de leurs forêts, vinrent planter l'humble étendard de la croix sur ces monuments de l'orgueil.

La pluie passée, j'ai visité le Stade, pris connaissance du temple de Diane, en face duquel s'élevait celui de Vénus, et j'ai pénétré dans les décombres du palais de l'Empereur. Ce qu'il y a de mieux conservé dans cette destruction informe est une espèce de souterrain ou de citerne formant un carré, sous la cour même du palais. Les murs de ce souterrain étaient doubles : chacun des deux murs a deux pieds et demi d'épaisseur, et l'intervalle qui les sépare est de deux pouces.

Sorti du palais, je l'ai laissé sur la gauche derrière moi, en m'avançant à droite vers la campagne romaine. A travers un champ de blé, semé sur des caveaux, j'ai abordé les Thermes, connus encore sous le nom de *Chambres des philosophes* ou de *Salles prétoriennes* : c'est une des ruines les plus imposantes de toute la *villa*. La beauté, la hauteur, la hardiesse et la légèreté des voûtes, les divers enlacements des portiques qui se croisent, se coupent ou se suivent parallèlement, le paysage qui joue derrière ce grand morceau d'architecture, produisent un effet surprenant. La *villa Adriana* a fourni quelques restes précieux de peinture. Le peu d'arabesques que j'y ai vues est d'une grande sagesse de composition, et d'un dessin aussi délicat que pur.

La Naumachie se trouve derrière les Thermes, bassin creusé de main d'homme, où d'énormes tuyaux, qu'on voit encore, amenaient des fleuves. Ce bassin, maintenant à sec, était rempli d'eau, et l'on y figurait des batailles navales. On sait que, dans ces fêtes, un ou deux milliers d'hommes s'égorgeaient quelquefois pour divertir la populace romaine.

Autour de la Naumachie s'élevaient des terrasses destinées aux spectateurs : ces terrasses étaient appuyées par des portiques qui servaient de chantiers ou d'abris aux galères.

Un temple imité de celui de Sérapis en Égypte ornait cette scène. La moitié du grand dôme de ce temple est tombée. A la vue de ces piliers sombres, de ces cintres concentriques, de ces espèces d'entonnoirs où mugissait l'oracle, on sent qu'on n'habite plus l'Italie et la Grèce, que le génie d'un autre peuple a présidé à ce monument.

Un vieux sanctuaire offre, sur ces murs verdâtres et humides, quelques traces du pinceau. Je ne sais quelle plainte errait dans l'édifice abandonné.

J'ai gagné de là le temple de Pluton et de Proserpine, vulgairement appelé l'*Entrée de l'Enfer*. Ce temple est maintenant la demeure d'un vigneron; je n'ai pu y pénétrer; le maître comme le dieu n'y était pas. Au-dessous de l'entrée de l'Enfer s'étend un vallon appelé *le Vallon du Palais* : on pourrait le prendre pour l'Élysée. En avançant vers le midi, et suivant un mur qui soutenait les terrasses attenantes au temple de Pluton, j'ai aperçu les dernières ruines de la *villa*, situées à plus d'une lieue de distance.

Revenu sur mes pas, j'ai voulu voir l'Académie, formée d'un jardin, d'un temple d'Apollon et de divers bâtiments destinés aux philosophes. Un paysan m'a ouvert une porte pour passer dans le champ d'un autre propriétaire, et je me suis trouvé à l'Odéon et au théâtre grec : celui-ci est assez bien conservé quant à la forme. Quelque génie mélodieux était sans doute resté dans ce lieu consacré à l'harmonie, car j'y ai entendu siffler le merle le 12 décembre : une troupe d'enfants occupés à cueillir les olives faisait retentir de ses chants des échos qui peut-être avaient répété les vers de Sophocle et la musique de Timothée.

Là s'est achevée ma course, beaucoup plus longue qu'on ne la fait ordinairement : je devais cet hommage à un prince voyageur. On trouve plus loin le grand portique, dont il reste peu de chose; plus loin encore les débris de quelques bâtiments inconnus; enfin, les *Colle di San Stephano*, où se termine la *villa,* portent les ruines du Prytanée.

Depuis l'Hippodrome jusqu'au Prytanée, la *villa Adriana* occupait les sites connus à présent sous le nom de *Rocca Bruma, Palazza, Aqua Fera* et les *Colle di San Stephano.*

Adrien fut un prince remarquable, mais non un des plus grands empereurs romains; c'est pourtant un de ceux dont on se souvient le plus aujourd'hui. Il a laissé partout ses traces : une muraille célèbre dans la Grande-Bretagne, peut-être l'arène de Nîmes et le pont du Gard dans les Gaules, des temples en Égypte, des aquéducs à Troye, une nouvelle ville à Jérusalem et à Athènes, un pont où l'on passe encore, et une foule d'autres monuments à Rome, attestent le goût, l'activité et la puissance d'Adrien. Il était lui-même poète, peintre et architecte. Son siècle est celui de la restauration des arts.

La destinée du *Mole Adriani* est singulière : les ornements de ce sépulcre servirent d'armes contre les Goths. La civilisation jeta des colonnes et des statues à la tête de la barbarie, ce qui n'empêcha pas celle-ci d'entrer. Le mausolée est devenu la forteresse des papes ; il s'est aussi converti en une prison ; ce n'est pas mentir à sa destination primitive. Ces vastes édifices élevés sur les cendres des hommes n'agrandissent point les proportions du cercueil : les morts sont dans leur loge sépulcrale comme cette statue assise dans un temple trop petit d'Adrien ; s'ils voulaient se lever, ils se casseraient la tête contre la voûte.

Adrien, en arrivant au trône, dit tout haut à l'un de ses ennemis : « Vous voilà sauvé. » Le mot est magnanime. Mais on ne pardonne pas au génie comme on pardonne à la politique. Le jaloux Adrien, en voyant les chefs-d'œuvre d'Apollodore, se dit tout bas : « Le « voilà perdu ; » et l'artiste fut tué.

Je n'ai pas quitté la *villa Adriana* sans remplir d'abord mes poches de petits fragments de porphyre, d'albâtre, de vert antique, de morceaux de stuc peint et de mosaïque ; ensuite j'ai tout jeté.

Elles ne sont déjà plus pour moi, ces ruines, puisqu'il est probable que rien ne m'y ramènera. On meurt à chaque moment pour un temps, une chose, une personne qu'on ne reverra jamais : la vie est une mort successive. Beaucoup de voyageurs, mes devanciers, ont écrit leurs noms sur les marbres de la *villa Adriana ;* ils ont espéré prolonger leur existence en attachant à des lieux célèbres un souvenir de leur passage ; ils se sont trompés. Tandis que je m'efforçais de lire un de ces noms nouvellement crayonné, et que je croyais reconnaître, un oiseau s'est envolé d'une touffe de lierre ; il a fait tomber quelques gouttes de la pluie passée ; le nom a disparu.

A demain la *villa* d'Est [1].

LE VATICAN.

22 décembre 1803.

J'ai visité le Vatican à une heure. Beau jour, soleil brillant, air extrêmement doux.

Solitude de ces grands escaliers, ou plutôt de ces rampes où l'on peut monter avec des mulets ; solitude de ces galeries ornées des chefs-d'œuvre du génie, où les papes d'autrefois passaient avec toutes leurs pompes ; solitude de ces Loges que tant d'artistes célèbres ont étudiées, que tant d'hommes illustres ont admirées : le Tasse, Arioste, Montaigne, Milton, Montesquieu, des reines, des rois ou puissants ou tombés, et tous ces pèlerins de toutes les parties du monde.

Dieu débrouillant le chaos.

J'ai remarqué l'ange qui suit Loth et sa femme.

Belle vue de Frascati par dessus Rome, au coin ou au coude de la galerie.

Entrée dans les *Chambres*. — Bataille de Constantin : le tyran et son cheval se noyant.

Saint Léon arrêtant Attila. Pourquoi Raphaël a-t-il donné un air fier et non religieux au groupe chrétien ? pour exprimer le sentiment de l'assistance divine.

[1] Voyez ci-après la lettre sur Rome.

Le Saint-Sacrement, premier ouvrage de Raphaël : froid, nulle piété, mais disposition et figures admirables.

Apollon, les Muses et les poètes. — Caractère des poètes bien exprimé. Singulier mélange.

Héliodore chassé du temple. — Un ange remarquable, une figure de femme céleste, imitée par Girodet dans son Ossian.

L'Incendie du bourg. — La femme qui porte un vase : copiée sans cesse. Contraste de l'homme suspendu et de l'homme qui veut atteindre l'enfant : l'art trop visible. Toujours la femme et l'enfant rendus mille fois par Raphaël, et toujours excellemment.

L'École d'Athènes : j'aime autant le carton.

Saint Pierre délivré. — Effet des trois lumières, cité partout.

Bibliothèque.—Porte de fer, hérissée de pointes ; c'est bien la porte de la science. Armes d'un pape : trois abeilles ; symbole heureux.

Magnifique vaisseau : livres invisibles. Si on les communiquait, on pourrait refaire ici l'histoire moderne tout entière.

Musée chrétien. — Instruments de martyre : griffes de fer pour déchirer la peau, grattoir pour l'enlever, martinets de fer, petites tenailles : belles antiquités chrétiennes ! Comment souffrait-on autrefois ? comme aujourd'hui, témoin ces instruments. En fait de douleurs, l'espèce humaine est stationnaire.

Lampes trouvées dans les catacombes. — Le christianisme commence à un tombeau ; c'est à la lampe d'un mort qu'on a pris cette lumière qui a éclairé le monde. — Anciens calices, anciennes croix, anciennes cuillères pour administrer la communion. — Tableaux apportés de Grèce pour les sauver des Iconoclastes.

Ancienne figure de Jésus-Christ, reproduite depuis par les peintres ; elle ne peut guère remonter au delà du huitième siècle. Jésus-Christ était-il *le plus beau des hommes* ou était-il plus laid ? Les Pères grecs et les Pères latins se sont partagés d'opinion : je tiens pour la beauté.

Donation à l'Église sur papyrus : le monde recommence ici.

Musée antique. — Chevelure d'une femme trouvée dans un tombeau. Est-ce celle de la mère des Gracques? est-ce celle de Délie, de Cinthie, de Lalagé ou de Lycinie, dont Mécène, si nous en croyons Horace, n'aurait pas voulu changer un seul cheveu contre toute l'opulence d'un roi de Phrygie :

> Aut pinguis Phrygiæ mygdonias opes
> Permutare velis crine Lyciniæ?

Si quelque chose emporte l'idée de la fragilité, ce sont les cheveux d'une jeune femme, qui furent peut-être l'objet de l'idolâtrie de la plus volage des passions, et pourtant ils ont survécu à l'empire romain. La mort, qui brise toutes les chaînes, n'a pu rompre ce léger roseau.

Belle colonne torse d'albâtre. Suaire d'amiante retiré d'un sarcophage : la mort n'en a pas moins consumé sa proie.

Vase étrusque. Qui a bu à cette coupe? un mort. Toutes les choses dans ce Musée sont trésor du sépulcre, soit qu'elles aient servi aux rites des funérailles, ou qu'elles aient appartenu aux fonctions de la vie.

MUSÉE CAPITOLIN.

23 décembre 1803.

La Colonne Milliaire. *Dans la cour* les pieds et la tête d'un colosse : l'a-t-on fait exprès?

Dans le Sénat : noms des sénateurs modernes; Louve frappée de la foudre; Oies du Capitole :

> Tous les siècles y sont; on y voit tous les temps;
> Là sont les devanciers avec leurs descendants.

Mesures antiques de blé, d'huile et de vin, en forme d'autel, avec des têtes de lion.

Peintures représentant les premiers événements de la république romaine.

Statue de Virgile : contenance rustique et mélancolique, front grave, yeux inspirés, rides circulaires partant des narines et venant se terminer au menton, en embrassant la joue.

Cicéron : une certaine régularité avec une expression de légèreté ; moins de force de caractère que de philosophie, autant d'esprit que d'éloquence.

L'Alcibiade ne m'a point frappé par sa beauté, il a du sot et du niais.

Un jeune Mithridate ressemblant à un Alexandre.

Fastes consulaires antiques et modernes.

Sarcophage d'Alexandre Sévère et de sa mère.

Bas-relief de Jupiter enfant dans l'île de Crète : admirable.

Colonne d'albâtre oriental, la plus belle connue.

Plan antique de Rome sur un marbre : perpétuité de la Ville Éternelle.

Buste d'Aristote : quelque chose d'intelligent et de fort.

Buste de Caracalla : œil contracté ; nez et bouche pointus ; l'air féroce et fou.

Buste de Domitien : lèvres serrées.

Buste de Néron : visage gros et rond, enfoncé vers les yeux, de manière que le front et le menton avancent ; l'air d'un esclave grec débauché.

Bustes d'Agrippine et de Germanicus : la seconde figure longue et maigre ; la première sérieuse.

Buste de Julien : front petit et étroit.

Buste de Marc-Aurèle : grand front, œil élevé vers le ciel ainsi que le sourcil.

Buste de Vitellius : gros nez, lèvres minces, joues bouffies, petits yeux, tête un peu abaissée comme le porc.

Buste de César : figure maigre, toutes les rides profondes, l'air prodigieusement spirituel, le front proéminent entre les yeux, comme si la peau était amoncelée et coupée d'une ride perpendiculaire, sourcils surbaissés et touchant l'œil, la bouche grande et singulièrement expressive; on croit qu'elle va parler, elle sourit presque; le nez saillant, mais pas aussi aquilin qu'on le trace ordinairement; les tempes aplaties comme chez Buonaparte ; presque point d'occiput ; le menton rond et double; les narines un peu fermées : figure d'imagination et de génie.

Un bas-relief : Endymion dormant assis sur un rocher ; sa tête est penchée dans sa poitrine, et un peu appuyée sur le bois de sa lance, qui repose sur son épaule gauche; la main gauche jetée négligemment sur cette lance, tient à peine la laisse d'un chien qui, planté sur ses pattes de derrière, cherche à regarder au dessus du rocher. C'est un des plus beaux bas-reliefs connus[1].

Des fenêtres du Capitole on découvre tout le Forum, les temples de la Fortune et de la Concorde, les deux colonnes du temple de Jupiter Stator, les Rostres, le temple de Faustine, le temple du Soleil, le temple de la Paix, les ruines du palais doré de Néron, celles du Colisée, les arcs de triomphe de Titus, de Septime Sévère, de Constantin ; vaste cimetière des siècles, avec leurs monuments funèbres, portant la date de leur décès.

GALERIE DORIA

24 décembre 1803.

Gaspard Poussin : grand paysage. Vues de Naples. Frontispice d'un temple en ruine dans une campagne.

---

[2] J'ai fait usage de cette pose dans les Martyrs.

Cascade de Tivoli et temple de la Sibylle.

Paysage de Claude Lorrain. Une fuite en Égypte du même : la Vierge arrêtée au bord d'un bois tient l'Enfant sur ses genoux ; un ange présente des mets à l'Enfant, et saint Joseph ôte le bât de l'âne ; un pont dans le lointain, sur lequel passent des chameaux et leurs conducteurs ; un horizon où se dessinent à peine les édifices d'une grande ville : le calme de la lumière est merveilleux.

Deux autres petits paysages de Claude Lorrain, dont l'un représente une espèce de mariage patriarcal dans un bois : c'est peut-être l'ouvrage le plus fini de ce grand peintre.

Une fuite en Égypte, de Nicolas Poussin : la Vierge et l'Enfant, portés sur un âne que conduit un Ange, descendent d'une colline dans un bois : saint Joseph suit : le mouvement du vent est marqué sur les vêtements et sur les arbres.

Plusieurs paysages du Dominiquin : couleur vive et brillante ; les sujets riants ; mais en général un ton de verdure cru et une lumière peu vaporeuse, peu idéale : chose singulière ! ce sont des yeux français qui ont mieux vu la lumière de l'Italie.

Paysage d'Annibal Carrache : grande vérité, mais point d'élévation de style.

Diane et Endymion, de Rubens : l'idée est heureuse. Endymion est à peu près endormi dans la position du beau bas-relief du Capitole ; Diane, suspendue dans l'air, appuie légèrement une main sur l'épaule du chasseur, pour donner à celui-ci un baiser sans l'éveiller ; la main de la déesse de la nuit est d'une blancheur de lune, et sa tête se distingue à peine de l'azur du firmament. Le tout est bien dessiné ; mais quand Rubens dessine bien, il peint mal : le grand coloriste perdait sa palette quand il retrouvait son crayon.

Deux têtes, par Raphaël. Les quatre Avares, par Albert Durer. Le Temps arrachant les plumes de l'Amour, du Titien ou de l'Albane : maniéré et froid ; une chair toute vivante.

Noces Aldobrandines, copie de Nicolas Poussin : dix figures sur un même plan, formant trois groupes de trois, quatre, et trois figures.

Le fond est une espèce de paravent gris à hauteur d'appui ; les poses et le dessin tiennent de la simplicité de la sculpture ; on dirait d'un bas-relief. Point de richesse de fond, point de détails, de draperies, de meubles, d'arbres, point d'accessoire quelconque, rien que les personnages naturellement groupés.

PROMENADE DANS ROME,

AU CLAIR DE LUNE.

Du haut de la Trinité du Mont, les clochers et les édifices lointains paraissent comme les ébauches effacées d'un peintre, ou comme des côtes inégales vues de la mer, du bord d'un vaisseau à l'ancre.

Ombre de l'obélisque : combien d'hommes ont regardé cette ombre en Égypte et à Rome ?

Trinité du Mont déserte : un chien aboyant dans cette retraite des Français. Une petite lumière dans la chambre élevée de la *villa* Médicis.

Le Cours : calme et blancheur des bâtiments ; profondeur des ombres transversales. Place Colonne : Colonne Antonine à moitié éclairée.

Panthéon : sa beauté au clair de la lune.

Colisée : sa grandeur et son silence à cette même clarté.

Saint-Pierre : effet de la lune sur son dôme, sur le Vatican, sur l'obélisque, sur les deux fontaines, sur la colonnade circulaire.

Une jeune femme me demande l'aumône ; sa tête est enveloppée dans son jupon relevé ; la *poverina* ressemble à une madone : elle a bien choisi le temps et le lieu. Si j'étais Raphaël, je ferais un tableau. Le Romain demande parce qu'il meurt de faim ; il n'importe pas si on le refuse ; comme ses ancêtres, il ne fait rien pour vivre : il faut que son sénat ou son prince le nourrisse.

Rome sommeille au milieu de ces ruines. Cet astre de la nuit, ce globe que l'on suppose un monde fini et dépeuplé, promène ses pâles solitudes au dessus des solitudes de Rome ; il éclaire des rues sans habitants, des enclos, des places, des jardins où il ne passe personne, des monastères où l'on n'entend plus la voix des cénobites, des cloîtres qui sont aussi déserts que les portiques du Colisée.

Que se passait-il, il y a dix-huit siècles, à pareille heure et aux mêmes lieux? Non seulement l'ancienne Italie n'est plus, mais l'Italie du moyen-âge a disparu. Toutefois la trace de ces deux Italies est encore bien marquée à Rome : si la Rome moderne montre son Saint-Pierre et tous ses chefs-d'œuvre, la Rome ancienne lui oppose son Panthéon et tous ses débris ; si l'une fait descendre du Capitole ses consuls et ses empereurs, l'autre amène du Vatican la longue suite de ses pontifes. Le Tibre sépare les deux gloires : assises dans la même poussière, Rome païenne s'enfonce de plus en plus dans ses tombeaux, et Rome chrétienne redescend peu à peu dans les catacombes, d'où elle est sortie.

J'ai dans la tête le sujet d'une vingtaine de lettres sur l'Italie, qui peut-être se feraient lire, si je parvenais à rendre mes idées telles que je les conçois : mais les jours s'en vont, et le repos me manque. Je me sens comme un voyageur qui, forcé de partir demain, a envoyé devant lui ses bagages. Les bagages de l'homme sont ses illusions et ses années ; il en remet, à chaque minute, une partie à celui que l'Écriture appelle un *courrier rapide :* le Temps [1].

---

[1] De cette vingtaine de lettres que j'avais dans la tête, je n'en ai écrit qu'une seule, la lettre sur Rome à M. de Fontanes. Les divers fragments qu'on vient de lire et qu'on va lire devaient former le texte des autres lettres ; mais j'ai achevé de décrire Rome et Naples dans le quatrième et dans le cinquième livre des *Martyrs*. Il ne manque donc à tout ce que je voulais dire sur l'Italie que la partie historique et politique.

VOYAGE DE NAPLES

Terracine, 31 décembre.

Voici les personnages, les équipages, les choses et les objets que l'on rencontre pêle-mêle sur les routes de l'Italie : des Anglais et des Russes qui voyagent à grands frais dans de bonnes berlines, avec tous les usages et les préjugés de leurs pays ; des familles italiennes qui passent dans de vieilles calèches pour se rendre économiquement aux *vendanges* ; des moines à pied, tirant par la bride une mule rétive chargée de reliques ; des laboureurs conduisant des charrettes que traînent de grands bœufs, et qui portent une petite image de la Vierge élevée sur le timon au bout d'un bâton ; des paysannes voilés ou les cheveux bizarrement tressés, jupon court de couleur tranchante, corsets ouverts aux mamelles, et entrelacés avec des rubans, colliers et bracelets de coquillages ; des fourgons attelés de mulets ornés de sonnettes, de plumes et d'étoffe rouges ; des bacs, des ponts et des moulins ; des troupeaux d'ânes, de chèvres, de moutons ; des voiturins, des courriers, la tête enveloppée d'un réseau comme les Espagnols ; des enfants tout nus ; des pèlerins, des mendiants, des pénitents blancs ou noirs ; des militaires cahotés dans de méchantes carrioles ; des escouades de gendarmeries ; des vieillards mêlés à des femmes. L'air de bienveillance est grand, mais grand est aussi l'air de curiosité ; on se suit des yeux tant qu'on peut se voir, comme si on voulait se parler, et l'on ne se dit mot.

Dix heures du soir.

J'ai ouvert ma fenêtre : les flots venaient expirer au pied des murs de l'auberge. Je ne revois jamais la mer sans un mouvement de joie et presque de tendresse.

Encore une année écoulée !

En sortant de Fondi j'ai salué le premier verger d'orangers : ces
beaux arbres étaient aussi chargés de fruits mûrs que pourraient
l'être les pommiers les plus féconds de la Normandie. Je trace ce
peu de mots à Gaëte, sur un balcon, à quatre heures du soir, par
un soleil superbe, ayant en vue la pleine mer. Ici mourut Cicéron,
dans cette patrie, comme il le dit lui-même, qu'il avait sauvée :
Moriar in patria sæpe servata. Cicéron fut tué par un homme qu'il
avait jadis défendu ; ingratitude dont l'histoire fourmille. Antoine
reçut au *Forum* la tête et les mains de Cicéron ; il donna une couronne d'or et une somme de 200,000 livres à l'assassin ; ce n'était
pas le prix de la chose : la tête fut clouée à la tribune publique
entre les deux mains de l'orateur. Sous Néron on louait beaucoup
Cicéron ; on n'en parla pas sous Auguste. Du temps de Néron le
crime s'était perfectionné ; les vieux assassinats du divin Auguste
étaient des vétilles, des essais, presque l'innocence au milieu des
forfaits nouveaux. D'ailleurs on était déjà loin de la liberté ; on ne
savait plus ce que c'était : les esclaves qui assistaient au jeux du
cirque allaient-ils prendre feu pour les rêveries des Catons et des
Brutus ? Les rhéteurs pouvaient donc, en toute sûreté de servitude,
louer le paysan d'Arpinum. Néron lui-même aurait été homme à
débiter des harangues sur l'excellence de la liberté ; et si le peuple
romain se fût endormi pendant ces harangues, comme il est à
croire, son maître, selon la coutume, l'eût fait réveiller à coups de
bâton pour le forcer d'applaudir.

Le duc d'Anjou, roi de Naples, frère de saint Louis, fit mettre à
mort Conradin, légitime héritier de la couronne de Sicile. Conradin,
sur l'échafaud, jeta son gant dans la foule : qui le releva ? Louis XVI,
descendant de saint Louis.

Le royaume des Deux-Siciles est quelque chose d'à part en Italie :
Grec sous les anciens Romains, il a été Sarrasin, Normand, Alle-
mand, Français, Espagnol, au temps des Romains nouveaux.

L'Italie du moyen-âge était l'Italie des deux grandes factions
guelfe et gibeline, l'Italie des rivalités républicaines et des petites
tyrannies ; on n'y entendait parler que de crimes et de liberté ; tout
s'y faisait à la pointe du poignard. Les aventures de cette Italie
tenaient du roman : qui ne sait Ugolin, Françoise de Rimini, Roméo
et Juliette, Othello? Les doges de Gênes et de Venise, les princes
de Vérone, de Ferrare et de Milan, les guerriers, les navigateurs,
les écrivains, les artistes, les marchands de cette Italie étaient des
hommes de génie : Grimaldi, Fregose, Adorni, Dandolo, Marin
Zeno, Morozini, Gradenigo, Scaligieri, Visconti, Doria, Trivulce,
Spinola, Zeno, Pisani, Christophe Colomb, Améric Vespuce, Gabato,
le Dante, Pétrarque, Boccace, Arioste, Machiavel, Cardan, Pompo-
nace, Achellini, Érasme, Politien, Michel-Ange, Pérugin, Raphaël,
Jules Romain, Dominiquin, Titien, Caragio, les Médicins ; mais,
dans tout cela, pas un chevalier, rien de l'Europe transalpine.

A Naples, au contraire, la chevalerie se mêle au caractère italien,
et les prouesses aux émeutes populaires ; Tancrède et le Tasse,
Jeanne de Naples et le bon roi René, qui ne régna point, les Vêpres
Siciliennes, Mazaniel et le dernier duc de Guise, voilà les Deux-
Siciles. Le souffle de la Grèce vient aussi expirer à Naples ; Athènes
a poussé ses frontières jusqu'à Pæstum ; ses temples et ses tombeaux
forment une ligne au dernier horizon d'un ciel enchanté.

Je n'ai point été frappé de Naples en arrivant : depuis Capoue et
ses délices jusqu'ici le pays est fertile, mais peu pittoresque. On
entre dans Naples presque sans la voir, par un chemin assez creux [1].

---

[1] On peut, si l'on veut, ne plus suivre l'ancienne route. Sous la dernière domination française une autre entrée a été ouverte, et l'on a tracé un beau chemin autour de la colline du Pausilype.

3 janvier 1804.

Visité le Musée.

Statue d'Hercule dont il y a des copies partout : Hercule en repos appuyé sur un tronc d'arbre ; légèreté de la massue. Vénus : beauté des formes ; draperies mouillées. Buste de Scipion l'Africain.

Pourquoi la sculpture antique est-elle supérieure[1] à la sculpture moderne, tandis que la peinture moderne est vraisemblablement supérieure ou du moins égale à la peinture antique ?

Pour la sculpture, je réponds :

Les habitudes et les mœurs des anciens étaient plus graves que les nôtres. Les passions moins turbulentes. Or, la sculpture, qui se refuse à rendre les petites nuances et les petits mouvements, s'accommodait mieux des poses tranquilles et de la physionomie sérieuse du Grec et du Romain.

De plus, les draperies antiques laissaient voir en parti le nu : ce nu était toujours ainsi sous les yeux des artistes, tandis qu'il n'est exposé qu'occasionnellement aux regards du sculpteur moderne : enfin les formes humaines étaient plus belles.

Pour la peinture, je dis :

La peinture admet beaucoup de mouvement dans les attitudes ; conséquemment la *manière,* quand malheureusement elle est sensible, nuit moins aux grands effets du pinceau.

Les règles de la perspective, qui n'existent presque point pour la sculpture, sont mieux entendues des modernes qu'elles ne l'étaient des anciens. On connaît aujourd'hui un plus grand nombre de couleurs ; reste seulement à savoir si elles sont plus vives et plus pures.

---

[1] Cette assertion, généralement vraie, admet pourtant d'assez nombreuses exceptions. La statuaire antique n'a rien qui surpasse les cariatides du Louvre, de Jean Goujon. Nous avons tous les jours sous les yeux ces chefs-d'œuvre, et nous ne les regardons pas. L'Apollon a été beaucoup trop vanté : les métopes du Parthénon offrent souls la sculpture grecque dans sa perfection. Ce que j'ai dit des arts dans le *Génie du Christianisme* est étriqué, et souvent faux. A cette époque je n'avais vu ni l'Italie, ni la Grèce, ni l'Égypte.

Dans ma revue du Musée, j'ai admiré la mère de Raphaël, peinte par son fils : belle et simple, elle ressemble un peu à Raphaël lui-même, comme les Vierges de ce génie divin ressemblent à des Anges.

Michel-Ange peint par lui-même.

Armide et Renaud : scène du miroir magique.

POUZZOLES ET LA SOLFATARA

4 janvier.

A Pouzzoles, j'ai examiné le temple des Nymphes, la maison de Cicéron, celle qu'il appelait la *Puteolane,* d'où il écrivit souvent à Atticus, et où il composa peut-être sa seconde Philippique. Cette *villa* était bâtie sur le plan de l'Académie d'Athènes : embellie depuis par Vétus, elle devint un palais sous l'empereur Adrien, qui y mourut en disant adieu à son âme.

> Animula vagula, blandula,
> Hospes comesque corporis, etc.

Il voulut qu'on mît sur sa tombe qu'il avait été tué par les médecins :

> Turba medicorum regem interfecit.

La science a fait des progrès.

A cette époque, tous les hommes de mérite étaient philosophes, quand ils n'étaient pas chrétiens.

Belle vue dont on jouissait du portique : un petit verger occupe aujourd'hui la maison de Cicéron.

Temple de Neptune et tombeaux.

La Solfatare, champ de soufre. Bruit des fontaines d'eau bouillante; bruit du Tartare pour les poètes.

Vue du golfe de Naples en revenant : cap dessiné par la lumière du soleil couchant; reflet de cette lumière sur le Vésuve et l'Apennin; accord ou harmonie de ces feux et du ciel. Vapeur diaphane à fleur d'eau et à mi-montagne. Blancheur des voiles des barques rentrantes au port. L'île de Caprée au loin. La montagne des Camaldules avec son couvent et son bouquet d'arbres au dessus de Naples. Contraste de tout cela avec la Solfatare. Un Français habite sur l'île où se retira Brutus. Grotte d'Esculape. Tombeau de Virgile, d'où l'on découvre le berceau du Tasse.

LE VÉSUVE.

5 janvier 1804.

Aujourd'hui 5 janvier, je suis parti de Naples à sept heures du matin; me voilà à Portici. Le soleil est dégagé des nuages du levant, mais la tête du Vésuve est toujours dans le brouillard. Je fais marché avec un *cicerone* pour me conduire au cratère du volcan. Il me fournit deux mules, une pour lui, une pour moi : nous partons.

Je commence à monter par un chemin assez large, entre deux champs de vignes appuyées sur des peupliers. Je m'avance droit au levant d'hiver. J'aperçois, un peu au dessus des vapeurs descendues dans la moyenne région de l'air, la cime de quelques arbres : ce sont les ormeaux de l'ermitage. De pauvres habitations de vignerons se montrent à droite et à gauche, au milieu des riches ceps du *Lacryma-Christi*. Au reste, partout une terre brûlée, des vignes dépouillées entremêlées de pins en forme de parasols, quelques aloès dans les haies, d'innombrables pierres roulantes, pas un oiseau.

J'arrive au premier plateau de la montagne. Une plaine nue s'élève devant moi. J'entrevois les deux têtes du Vésuve ; à gauche la Somma, à droite la bouche actuelle du volcan : ces deux têtes sont enveloppées de nuages pâles. Je m'avance. D'un côté la Somma s'abaisse ; de l'autre je commence à distinguer les ravines tracées dans le cône du volcan, que je vais bientôt gravir. La lave de 1766 et de 1769 couvre la plaine où je marche. C'est un désert enfumé où les laves, jetées comme des scories de forge, présentent sur un fond noir leur écume blanchâtre, tout à fait semblable à des mousses desséchées.

Suivant le chemin à gauche, et laissant à droite le cône du volcan, j'arrive au pied d'un coteau ou plutôt d'un mur formé de la lave qui a recouvert Herculanum. Cette espèce de muraille est plantée de vignes sur la lisière de la plaine, et son revers offre une vallée profonde occupée par un taillis. Le froid devient très piquant.

Je gravis cette colline pour me rendre à l'ermitage que l'on aperçoit de l'autre côté. Le ciel s'abaisse, les nuages volent sur la terre comme une fumée grisâtre, ou comme des cendres chassées par le vent. Je commence à entendre le murmure des ormeaux de l'ermitage.

L'ermite est sorti pour me recevoir. Il a pris la bride de la mule, et j'ai mis pied à terre. Cet ermite est un grand homme de bonne mine et d'une physionomie ouverte. Il m'a fait entrer dans sa cellule ; il a dressé le couvert, et m'a servi un pain, des pommes et des œufs. Il s'est assis devant moi, les deux coudes appuyés sur la table, et a causé tranquillement tandis que je déjeunais. Les nuages s'étaient fermés de toutes parts autour de nous ; on ne pouvait distinguer aucun objet par la fenêtre de l'ermitage. On n'oyait dans ce gouffre de vapeurs que le sifflement du vent et le bruit lointain de la mer sur les côtes d'Herculanum ; scène paisible de l'hospitalité chrétienne, placée dans une petite cellule au pied d'un volcan et au milieu d'une tempête !

L'ermite m'a présenté le livre où les étrangers ont coutume de noter quelque chose. Dans ce livre, je n'ai pas trouvé une pensée qui méritât d'être retenue; les Français, avec ce bon goût naturel à leur nation, se sont contentés de mettre la date de leur passage, ou de faire l'éloge de l'ermite. Ce volcan n'a donc inspiré rien de remarquable aux voyageurs; cela me confirme dans une idée que j'ai depuis longtemps : les très grands sujets, comme les très grands objets, sont peu propres à faire naître les grandes pensées; leur grandeur étant, pour ainsi dire, en évidence, tout ce qu'on ajoute au delà du fait, ne sert qu'à le rapetisser. Le *nascitur ridiculus mus* est vrai de toutes les montagnes.

Je pars de l'ermitage à deux heures et demie; je remonte sur le coteau de lave que j'avais déjà franchi : à ma gauche est la vallée qui me sépare de la Somma, à ma droite la plaine du cône. Je marche en m'élevant sur l'arête du coteau. Je n'ai trouvé dans cet horrible lieu, pour toute créature vivante, qu'une pauvre jeune fille maigre, jaune, demi nue, et succombant sous un fardeau de bois coupé dans la montagne.

Les nuages ne me laissent plus rien voir; le vent, soufflant de bas en haut, les chasse du plateau noir que je domine, et les fait passer sur la chaussée de lave que je parcours : je n'entends que le bruit des pas de ma mule.

Je quitte le côteau, je tourne à droite et redescends dans cette plaine de lave qui aboutit au cône du volcan et que j'ai traversée plus bas en montant à l'ermitage. Même en présence de ces débris calcinés, l'imagination se représente à peine ces champs de feu et de métaux fondus au moment des éruptions du Vésuve. Le Dante les avait peut-être vus lorsqu'il a peint dans son *Enfer* ces sables brûlants où des flammes éternelles descendent lentement et en silence,
Come di neve in Alpe senza vento :

>   Arrivammo ad una landa,
>   Che dal suo letto ogni pianta rimuove.
>   . . . .
>   Lo spazzo era una rena arida e spessa.

....

Sovra tutto 'l sabbion d' un cader lento
Piovean di fuoco dilatate falde,
Come di neve in Alpe senza vento.

Les nuages s'entr'ouvrent maintenant sur quelques points ; je découvre subitement, et par intervalles, Portici, Caprée, Ischia, le Pausilype, la mer parsemée des voiles blanches des pêcheurs, et la côte du golfe de Naples, bordée d'orangers : c'est le paradis vu de l'enfer.

Je touche au pied du cône ; nous quittons nos mules ; mon guide me donne un long bâton et nous commençons à gravir l'énorme monceau de cendres. Les nuages se referment, le brouillard s'épaissit, et l'obscurité redouble.

Me voilà au haut du Vésuve, écrivant assis à la bouche du volcan et prêt à descendre au fond de son cratère. Le soleil se montre de temps en temps à travers le voile de vapeurs qui enveloppe toute la montagne. Cet accident, qui me cache un des plus beaux paysages de la terre, sert à redoubler l'horreur de ce lieu. Le Vésuve, séparé par les nuages des pays enchantés qui sont à sa base, a l'air d'être ainsi placé dans le plus profond des déserts, et l'espèce de terreur qu'il inspire n'est point affaiblie par le spectacle d'une ville florissante à ses pieds.

Je propose à mon guide de descendre dans le cratère ; il fait quelque difficulté, pour obtenir un peu plus d'argent. Nous convenons d'une somme qu'il veut avoir sur-le-champ. Je la lui donne. Il dépouille son habit ; nous marchons quelque temps sur les bords de l'abîme, pour trouver une ligne moins perpendiculaire et plus facile à descendre. Le guide s'arrête et m'avertit de me préparer. Nous allons nous précipiter.

Nous voilà au fond du gouffre [1]. Je désespère de pouvoir peindre ce chaos.

Qu'on se figure un bassin d'un mille de tour et de trois cents pieds

[1] Il n'y a que de la fatigue et peu de danger à descendre dans le cratère du Vésuve. Il faudrait avoir le malheur d'y être surpris par une éruption. Les dernières éruptions ont changé la forme du cône.

d'élévation, qui va s'élargissant en forme d'entonnoir. Ses bords ou ses parois intérieures sont sillonnées par le fluide de feu que ce bassin a contenu et qu'il a versé au dehors. Les parties saillantes de ces sillons ressemblent aux jambages de briques dont les Romains appuyaient leurs énormes maçonneries. Des rochers sont suspendus dans quelques parties du contour, et leurs débris, mêlés à une pâte de cendres, recouvrent l'abîme.

Ce fonds du bassin est labouré de différentes manières. A peu près au milieu, sont creusés trois puits ou petites bouches nouvellement ouvertes, et qui vomirent des flammes pendant le séjour des Français à Naples, en 1798.

Des fumées transpirent à travers les pores du gouffre, surtout du côté de la *Torre del Greco*. Dans le flanc opposé, vers Caserte, j'aperçois une flamme. Quand vous enfoncez la main dans les cendres, vous les trouvez brûlantes à quelques pouces de profondeur sous la surface.

La couleur générale du gouffre est celle d'un charbon éteint. Mais la nature sait répandre des grâces jusque sur les objets les plus horribles : la lave, en quelques endroits, est pleine d'azur, d'outre-mer, de jaune et d'orangé. Des blocs de granit, tourmentés et tordus par l'action du feu, se sont recourbés à leurs extrémités, comme des palmes et des feuilles d'acanthe. La matière volcanique, refroidie sur les rocs vifs autour desquels elle a coulé, forme çà et là des rosaces, des girandoles, des rubans; elle affecte aussi des figures de plantes et d'animaux, et imite les dessins variés que l'on découvre dans les agates. J'ai remarqué sur un rocher bleuâtre un cygne de lave blanche parfaitement modelé; vous eussiez juré voir ce bel oiseau dormant sur une eau paisible, la tête cachée sous son aile, et son long cou allongé sur son dos comme un rouleau de soie :

Ad vada Meandri concinit albus olor.

Je retrouve ici ce silence absolu que j'ai observé autrefois, à midi, dans les forêts de l'Amérique, lorsque, retenant mon haleine, je n'entendais que le bruit de mes artères dans mes tempes et battement de mon cœur. Quelquefois seulement des bouffées d vent, tombant du haut du cône au fond du cratère, mugissent dans mes vêtements ou sifflent dans mon bâton; j'entends aussi rouler quelques pierres que mon guide fait fuir sous ses pas en gravissant les cendres. Un écho confus, semblable au frémissement du métal ou du verre, prolonge le bruit de la chute, et puis tout se tait. Comparez ce silence de mort aux détonations épouvantables qui ébranlaient ces mêmes lieux lorsque le volcan vomissait le feu de ses entrailles et couvrait la terre de ténèbres.

On peut faire ici des réflexions philosophiques, et prendre en pitié les choses humaines. Qu'est-ce en effet que ces révolutions si fameuses des empires, auprès de ces accidents de la nature, qui changent la face de la terre et des mers? Heureux du moins si les hommes n'employaient pas à se tourmenter mutuellement le peu de jours qu'ils ont à passer ensemble! Le Vésuve n'a pas ouvert une seule fois ses abîmes pour dévorer les cités, que ses fureurs n'aient surpris les peuples au milieu du sang et des larmes. Quels sont les premiers signes de civilisation, les premières marques du passage des hommes que l'on a retrouvés sous les cendres éteintes du volcan? Des instruments de supplice, des squelettes enchaînés [r].

Les temps varient, et les destinées humaines ont la même inconstance. *La vie,* dit la chanson grecque, *fuit comme la roue d'un char :*

Τροχὸς ἅρματος γὰρ οἷα
Βίοτος τρέχει κυλισθείς.

Pline a perdu la vie pour avoir voulu contempler de loin le volcan dans le cratère duquel je suis tranquillement assis. Je regarde fumer l'abîme autour de moi. Je songe qu'à quelques toises de profondeur j'ai un gouffre de feu sous mes pieds; je songe que le volcan pourrait s'ouvrir et me lancer en l'air avec des quartiers de marbre fracassés.

[r] A Pompéïa.

Quelle providence m'a conduit dans ce lieu? Par quel hasard les tempêtes de l'océan américain m'ont-elles jeté aux champs de La-vinie : *Lavinaque venit littora?* Je ne puis m'empêcher de faire un retour sur les agitations de cette vie, « où les choses, dit saint Augustin, sont pleines de misères, et l'espérance vide de bonheur : *Rem plenam miseriæ, spem beatudinis inanem.* « Né sur les rochers de l'Armorique, le premier bruit qui a frappé mon oreille en venant au monde est celui de la mer ; et sur combien de rivages n'ai-je pas vu depuis se briser ces mêmes flots que je retrouve ici?

Qui m'eût dit, il y a quelques années, que j'entendrais gémir aux tombeaux de Scipion et de Virgile ces vagues qui se déroulaient à mes pieds sur les côtes de l'Angleterre ou sur les grèves du Mary-land? Mon nom est dans la cabane du Sauvage de la Floride; le voilà sur le livre de l'ermite du Vésuve. Quand déposerai-je à la porte de mes pères le bâton et le manteau du voyageur?

O patria! ô divum domus Ilium!

———⚬⊛⚬———

PATRIA OU LITERNE

———

6 janvier 1804.

Sorti de Naples par la grotte du Pausilype, j'ai roulé une heure en calèche dans la campagne ; après avoir traversé de petits chemins ombragés, je suis descendu de voiture pour chercher à pied *Patria*, l'ancienne Literne. Un bocage de peupliers s'est d'abord présenté à moi, ensuite des vignes et une plaine semée de blé. La nature était belle, mais triste. A Naples, comme dans l'État romain, les cultiva-teurs ne sont guère aux champs qu'au temps des semailles et des moissons, après quoi ils se retirent dans les faubourgs des villes ou dans de grands villages. Les campagnes manquent ainsi de hameaux, de troupeaux, d'habitants, et n'ont point le mouvement rustique de la Toscane, du Milanais et des contrées transalpines. J'ai pourtant rencontré aux environs de *Patria* quelques fermes agréablement bâties : elles avaient dans leur cour un puits orné de fleurs et accompagné de deux pilastres, que couronnaient des aloès dans des paniers. Il y a dans ce pays un goût naturel d'architecture, qui annonce l'ancienne patrie de la civilisation et des arts.

Les terrains humides semés de fougères, attenant à des fonds boisés, m'ont rappelé les aspects de la Bretagne. Qu'il y a déjà longtemps que j'ai quitté mes bruyères natales ! On vient d'abattre un vieux bois de chênes et d'ormes parmi lesquels j'ai été élevé : je serais tenté de pousser des plaintes, comme ces êtres dont la vie était attachée aux arbres de la magique forêt du Tasse.

J'ai aperçu de loin, au bord de la mer, la tour que l'on appelle *Tour de Scipion*. A l'extrémité d'un corps de logis que forment une chapelle et une espèce d'auberge, je suis entré dans un camp de pêcheurs : ils étaient occupés à raccommoder leurs filets au bord d'une pièce d'eau. Deux d'entre eux m'ont amené un bateau et m'ont débarqué près d'un pont, sur le terrain de la tour. J'ai passé des dunes, où croissent des lauriers, des myrtes et des oliviers nains. Monté, non sans peine, au haut de la tour, qui sert de point de reconnaissance aux vaisseaux, mes regards ont erré sur cette mer que Scipion avait contemplée tant de fois. Quelques débris des voûtes appelées *Grottes de Scipion* se sont offerts à mes recherches religieuses ; je foulais, saisi de respect, la terre qui couvrait les os de celui dont la gloire cherchait la solitude. Je n'aurai de commun avec ce grand citoyen que ce dernier exil dont aucun homme n'est rappelé.

BAIES.

Vue du haut de Monte-Nuovo : culture au fond de l'entonnoir ; myrtes et élégantes bruyères.

Lac Averne : il est de forme circulaire, et enfoncé dans un bassin de montagnes ; ses bords sont parés de vignes à haute tige. L'antre de la Sibylle est placé vers le midi, dans le flanc des falaises, auprès d'un bois. J'ai entendu chanter les oiseaux, et je les ai vus voler autour de l'antre, malgré les vers de Virgile :

> Quam super haud ullæ poterant impune volantes
> Tendere iter pennis. . . . .

Quant au *rameau d'or*, toutes les colombes du monde me l'auraient montré, que je n'aurais su le cueillir.

Le lac Averne communiquait au lac Lucrin : restes de ce dernier lac dans la mer ; restes du pont Julia.

On s'embarque et l'on suit la digue jusqu'aux bains de Néron. J'ai fait cuire des œufs dans le Phlégéton. Rembarqué en sortant des bains de Néron ; tourné le promontoire : sur une côte abandonnée gisent, battues par les flots, les ruines d'une multitude de bains et de *villa* romaines. Temples de Vénus, de Mercure, de Diane ; tombeaux d'Agrippine, etc. Baïes fut l'Élysée de Virgile et l'Enfer de Tacite.

HERCULANUM, PORTICI, POMPEIA.

La lave a rempli Herculanum, comme le plomb fondu remplit les concavités d'un moule.

Portici est un magasin d'antiques.

Il y a quatre parties découvertes à Pompeïa : 1° le temple, le quartier des soldats, les théâtres ; 2° une maison nouvellement déblayée par les Français ; 3° un quartier de la ville ; 4° la maison hors de la ville.

Le tour de Pompeïa est d'environ quatre milles. Quartier des soldats, espèce de cloître autour duquel régnaient quarante-deux chambres ; quelques mots latins estropiés et mal orthographiés, barbouillés sur les murs. Près de là étaient des squelettes enchaînés : « Ceux qui étaient autrefois enchaînés ensemble, dit Job, ne souffrent « plus, et ils n'entendent plus la voix de l'exacteur. »

Un petit théâtre : vingt-et-un gradins en demi-cercle, les corridors derrière. Un grand théâtre : trois portes pour sortir de la scène dans le fond, et communiquant aux chambres des acteurs. Trois rangs marqués pour les gradins ; celui du bas plus large et en marbre. Les corridors derrière, larges et voûtés.

On entrait par le corridor au haut du théâtre, et l'on descendait dans la salle par les vomitoires. Six portes s'ouvraient dans ce corridor. Viennent, non loin de là, un portique carré de soixante colonnes, et d'autres colonnes en ligne droite, allant du midi au nord ; dispositions que je n'ai pas bien comprises.

On trouve deux temples : l'un de ces temples offre trois autels et un sanctuaire élevé.

La maison découverte par les Français est curieuse : les chambres à coucher, extrêmement exiguës, sont peintes en bleu ou en jaune, et décorées de petits tableaux à fresque. On voit dans ces tableaux un personnage romain, un Apollon jouant de la lyre, des paysages, des perspectives de jardins et de villes. Dans la plus grande chambre de cette maison, une peinture représente Ulysse fuyant les Sirènes : le fils de Laërte, attaché au mât de son vaisseau, écoute trois Sirènes placées sur les rochers ; la première touche la lyre, la seconde sonne une espèce de trompette, la troisième chante.

On entre dans la partie la plus anciennement découverte de

Pompeïa par une rue d'environ quinze pieds de large ; des deux côtés sont des trottoirs ; le pavé garde la trace des roues en divers endroits. La rue est bordée de boutiques et de maisons dont le premier étage est tombé. Dans deux de ces maisons se voient les choses suivantes :

Une chambre de chirurgien et une chambre de toilette avec des peintures analogues.

On m'a fait remarquer un moulin à blé et les marques d'un instrument tranchant sur la pierre de la boutique d'un charcutier ou d'un boulanger, je ne sais plus lequel.

La rue conduit à une porte de la cité où l'on a mis à nu une portion des murs d'enceinte. A cette porte commençait la file des sépulcres qui bordaient le chemin public.

Après avoir passé la porte, on rencontre la maison de campagne si connue. Le portique qui entoure le jardin de cette maison est composé de piliers carrés, groupés trois par trois. Sous ce premier portique, il en existe un second : c'est là que fut étouffée la jeune femme dont le sein s'est imprimé dans le morceau de terre que j'ai vu à Portici : la mort, comme un statuaire, a moulé sa victime.

Pour passer d'une partie découverte de la cité à une autre partie découverte, on traverse un riche sol cultivé ou planté de vignes. La chaleur était considérable, la terre riante de verdure et émaillée de fleurs [1].

En parcourant cette cité des morts, une idée me poursuivait. A mesure que l'on déchausse quelque édifice à Pompeïa, on enlève ce que donne la fouille, ustensiles de ménage, instruments de divers métiers, meubles, statues, manuscrits, etc., et l'on entasse le tout au *Musée Portici*. Il y aurait selon moi quelque chose de mieux à faire : ce serait de laisser les choses dans l'endroit où on les trouve et comme on les trouve, de remettre des toits, des plafonds, des planchers et des fenêtres, pour empêcher la dégradation des peintures et des murs ; de relever l'ancienne enceinte de la ville, d'en clore

---

[1] Je donne à la fin de ce volume des notices curieuses sur Pompeïa, et qui complètent ma courte description.

les portes ; enfin d'y établir une garde de soldats avec quelques savants versés dans les arts. Ne serait-ce pas là le plus merveilleux musée de la terre? Une ville romaine conservée tout entière, comme si ses habitants venaient d'en sortir un quart d'heure auparavant!

On apprendrait mieux l'histoire domestique du peuple romain, l'état de la civilisation romaine dans quelques promenades à Pompeïa restaurée, que par la lecture de tous les ouvrages de l'antiquité. L'Europe entière accourrait : les frais qu'exigerait la mise en œuvre de ce plan seraient amplement compensés par l'affluence des étrangers à Naples. D'ailleurs rien n'obligerait d'exécuter ce travail à la fois; on continuerait lentement, mais régulièrement les fouilles; il ne faudrait qu'un peu de brique, d'ardoise, de plâtre, de pierre, de bois de charpente et de menuiserie pour les employer en proportion du déblai. Un architecte habile suivrait, quant aux restaurations, le style local dont il trouverait des modèles dans les paysages peints sur les murs mêmes des maisons de Pompeïa.

Ce que l'on fait aujourd'hui me semble funeste : ravies à leurs places naturelles, les curiosités les plus rares s'ensevelissent dans des cabinets où elles ne sont plus en rapport avec les objets environnants. D'un autre part, les édifices découverts à Pompeïa tomberont bientôt : les cendres qui les engloutirent les ont conservés; ils périront à l'air, si on ne les entretient ou on ne les répare.

En tous pays les monuments publics, élevés à grands frais avec des quartiers de granit et de marbre, ont seuls résisté à l'action du temps; mais les habitations domestiques, les *villes* proprement dites, se sont écroulées, parce que la fortune des simples particuliers ne leur permet pas de bâtir pour les siècles.

A M. DE FONTANES.

———

J'arrive de Naples, mon cher ami, et je vous porte un fruit de mon voyage, sur lequel vous avez des droits : quelques feuilles du laurier du tombeau de Virgile « *Tenet nunc Parthenope.* » Il y a longtemps que j'aurais dû vous parler de cette terre classique, faite pour intéresser un génie tel que le vôtre; mais diverses raisons m'en ont empêché. Cependant je ne veux pas quitter Rome sans vous dire au moins quelques mots de cette ville fameuse. Nous étions convenus que je vous écrirais au hasard et sans suite tout ce que je penserais de l'Italie, comme je vous disais autrefois l'impression que faisaient sur mon cœur les solitudes du Nouveau-Monde. Sans autre préambule, je vais donc essayer de vous peindre les *dehors* de Rome, ses campagnes et ses ruines.

Vous avez lu tout ce qu'on a écrit sur ce sujet; mais je ne sais si les voyageurs vous ont donné une idée bien juste du tableau que présente la campagne de Rome. Figurez-vous quelque chose de la désolation de Tyr et de Babylone, dont parle l'Écriture; un silence et une solitude aussi vastes que le bruit et le tumulte des hommes qui se pressaient jadis sur ce sol. On croit y entendre retentir cette malédiction du prophète : *Venient tibi duo hæc subito in die una, sterilitas et viduitas*[1]. Vous apercevez çà et là quelques bouts de voies romaines dans des lieux où il ne passe plus personne, quelques traces desséchées des torrents de l'hiver : ces traces, vues de loin, ont elles-mêmes l'air de grands chemins battus et fréquentés, et elles ne sont que le lit désert d'une onde orageuse qui s'est écoulée

[1] « Deux choses te viendront à la fois dans un seul jour, stérilité et veu-
« vage. » *Isaïe.*

comme le peuple romain. A peine découvrez-vous quelques arbres, mais partout s'élèvent des ruines d'aqueducs et de tombeaux ; ruines qui semblent être les forêts et les plantes indigènes d'une terre composée de la poussière des morts et des débris des empires. Souvent, dans une grande plaine, j'ai cru voir de riches moissons ; je m'en approchais : des herbes flétries avaient trompé mon œil. Parfois, sous ces moissons stériles, vous distinguez les traces d'une ancienne culture. Point d'oiseaux, point de laboureurs, point de mouvements champêtres, point de mugissements de troupeaux, point de villages. Un petit nombre de fermes délabrées se montrent sur la nudité des champs ; les fenêtres et les portes en sont fermées ; il n'en sort ni fumée, ni bruit, ni habitants. Une espèce de Sauvage, presque nu, pâle et miné par la fièvre, garde ces tristes chaumières, comme les spectres qui, dans nos histoires gothiques, défendent l'entrée des châteaux abandonnés. Enfin l'on dirait qu'aucune nation n'a osé succéder aux maîtres du monde dans leur terre natale, et que ces champs sont tels que les a laissés le sol de Cincinnatus, ou la dernière charrue romaine.

C'est du milieu de ce terrain inculte que domine et qu'attriste encore un monument appelé par la voix populaire le *Tombeau de Néron*[1], que s'élève la grande ombre de la Ville Éternelle. Déchue de sa puissance terrestre, elle semble, dans son orgueil, avoir voulu s'isoler : elle s'est séparée des autres cités de la terre ; et, comme une reine tombée du trône, elle a noblement caché ses malheurs dans la solitude.

Il me serait impossible de vous dire ce qu'on éprouve lorsque Rome vous apparaît tout à coup au milieu de ses royaumes vides, *inania regna*, et qu'elle a l'air de se lever pour vous de la tombe où elle était couchée. Tâchez de vous figurer ce trouble et cet étonnement qui saisissaient les prophètes lorsque Dieu leur envoyait la vision de quelque cité à laquelle il avait attaché les destinées de son peuple :

[1] Le véritable tombeau de Néron était à la porte *du Peuple,* dans l'endroit même où l'on a bâti depuis l'église de *Santa Maria del Popolo.*

Quasi aspectus splendoris[1]. La multitude des souvenirs, l'abondance des sentiments vous oppressent; votre âme est bouleversée à l'aspect de cette Rome qui a recueilli deux fois la succession du monde, comme héritière de Saturne et de Jacob[2].

Vous croirez, peut-être, mon cher ami, d'après cette description, qu'il n'y a rien de plus affreux que les campages romaines? Vous vous tromperiez beaucoup; elles ont une inconcevable grandeur : on est toujours prêt, en les regardant, à s'écrier avec Virgile :

> Salve, magna parens frugum, Saturnia tellus,
> Magna virum[3] !

Si vous les voyez en économiste, elles vous désoleront; si vous les contemplez en artiste, en poète, et même en philosophe, vous ne voudriez peut-être pas qu'elles fussent autrement. L'aspect d'un champ de blé ou d'un coteau de vignes ne vous donnerait pas d'aussi fortes émotions que la vue de cette terre dont la culture moderne n'a pas rajeuni le sol, et qui est demeurée antique comme les ruines qui la couvrent.

Rien n'est comparable pour la beauté aux lignes de l'horizon romain, à la douce inclinaison des plans, aux contours suaves et fuyants des montagnes qui le terminent. Souvent les vallées dans la campagne prennent la forme d'une arène, d'un cirque, d'un hippodrome; les coteaux sont taillés en terrasses, comme si la main puissante des Romains avait remué toute cette terre. Une vapeur particulière, répandue dans les lointains, arrondit les objets et dissimule ce qu'ils pourraient avoir de dur ou de heurté dans leurs formes

---

[1] « C'était comme une vision de splendeur. » *Ézéch.*

[2] Montaigne décrit ainsi la campagne de Rome, telle qu'elle était il y a environ deux cents ans :

« Nous avions loin, sur notre main gauche, l'Apennin, le prospect du pays « mal plaisant, bossé, plein de profondes fendaces, incapable d'y recevoir « nulle conduite de gens de guerre en ordonnance : le terroir nu, sans arbres, « une bonne partie stérile, le pays fort ouvert tout autour, et plus de dix milles « à la ronde; et quasi tout de cette sorte, fort peu peuplé de maisons. »

[3] Salut, terre féconde, terre de Saturne, mère des grands hommes ! »

Les ombres ne sont jamais lourdes et noires ; il n'y a pas de masses si obscures de rochers et de feuillages, dans lesquelles il ne s'insinue toujours un peu de lumière. Une teinte singulièrement harmonieuse marie la terre, le ciel et les eaux : toutes les surfaces, au moyen d'une gradation insensible de couleurs, s'unissent par leurs extrémités, sans qu'on puisse déterminer le point où une nuance finit et où l'autre commence. Vous avez sans doute admiré dans les paysages de Claude Lorrain cette lumière qui semble idéale et plus belle que nature ? eh bien ! c'est la lumière de Rome !

Je ne me lassais point de voir à la *villa* Borghèse le soleil se coucher sur les cyprès du mont Marius et sur les pins de la *villa* Pamphili, plantés par Le Nôtre. J'ai souvent aussi remonté le Tibre à Ponte-Mole, pour jouir de cette grande scène de la fin du jour. Les sommets des montagnes de la Sabine apparaissent alors de lapis-lazuli et d'opale, tandis que leurs bases et leurs flancs sont noyés dans une vapeur d'une teinte violette et purpurine. Quelquefois de beaux nuages comme des chars légers, portés sur le vent du soir avec une grâce inimitable, font comprendre l'apparition des habitants de l'Olympe sous ce ciel mythologique ; quelquefois l'antique Rome semble avoir étendu dans l'occident toute la pourpre de ses consuls et de ses Césars, sous les derniers pas du dieu du jour. Cette riche décoration ne se retire pas aussi vite que dans nos climats : lorsque vous croyez que ses teintes vont s'effacer, elle se ranime sur quelque autre point de l'horizon ; un crépuscule succède à un crépuscule, et la magie du couchant se prolonge. Il est vrai qu'à cette heure du repos des campagnes, l'air ne retentit plus de chants bucoliques ; les bergers n'y sont plus, *Dulcia linquimus arva !* mais on voit encore les *grandes victimes du Clytumne*, des bœufs blancs ou des troupeaux de cavales demi sauvages qui descendent au bord du Tibre et viennent s'abreuver dans ses eaux. Vous vous croiriez transporté au temps des vieux Sabins ou au siècle de l'Arcadien Évandre, ποιμένες λαῶν [1]; alors que le Tibre

_____

[1] « Pasteurs des peuples. » *Homer.*

s'appelait *Albula*[1], et que le pieux Énée remonta ses ondes inconnues.

Je conviendrai toutefois que les sites de Naples sont peut-être
plus éblouissants que ceux de Rome : lorsque le soleil enflammé,
ou que la lune large et rougie, s'élève au dessus du Vésuve,
comme un globe lancé par le volcan, la baie de Naples avec ses
rivages bordés d'orangers, les montagnes de la Pouille, l'île de
Caprée, la côte du Pausilype, Baïes, Misène, Cumes, l'Averne, les
Champs-Élysées, et toute cette terre Virgilienne, présentent un
spectacle magique ; mais il n'a pas selon moi le *grandiose* de la
campagne romaine. Du moins est-il certain que l'on s'attache prodigieusement à ce sol fameux. Il y a deux mille ans que Cicéron
se croyait exilé sous le ciel de l'Asie, et qu'il écrivait à ses amis :
Urbem, mi Rufi, cole, in ista luce vive[2]. Cet attrait de la belle Au-
sonie est encore le même. On cite plusieurs exemples de voyageurs
qui, venus à Rome, dans le dessein d'y passer quelques jours, y sont
demeurés toute leur vie. Il fallut que le Poussin vînt mourir sur
cette terre des beaux paysages : au moment même où je vous écris,
j'ai le bonheur d'y connaître M. d'Agincourt, qui y vit seul depuis vingt-cinq ans, et qui promet à la France d'avoir aussi son
Winckelman.

Quiconque s'occupe uniquement de l'étude de l'antiquité et des
arts, ou quiconque n'a plus de liens dans la vie, doit venir demeurer à Rome. Là il trouvera pour société une terre qui nourrira
ses réflexions et qui occupera son cœur, des promenades qui lui
diront toujours quelque chose. La pierre qu'il foulera aux pieds
lui parlera, la poussière que le vent élèvera sous ses pas renfer-
mera quelque grandeur humaine. S'il est malheureux, s'il a mêlé les
cendres de ceux qu'il aima à tant de cendres illustres, avec quel

1 *Vid*. Tit. Liv.

2 « C'est à Rome qu'il faut habiter, mon cher Rufus, c'est à cette lumière
« qu'il faut vivre. » Je crois que c'est dans le premier ou dans le second livre
des *Épîtres familières*. Comme j'ai cité partout de mémoire, on voudra bien
me pardonner s'il se trouve quelque inexactitude dans les citations.

charme ne passera-t-il pas du sépulcre des Scipions au dernier asile d'un ami vertueux, du charmant tombeau de *Cecilia Metella* au modeste cercueil d'une femme infortunée ! Il pourra croire que ces mânes chéris se plaisent à errer autour de ces monuments avec l'ombre de Cicéron, pleurant encore sa chère Tullie, ou d'Agrippine encore occupée de l'urne de Germanicus. S'il est chrétien, ah ! comment pourrait-il alors s'arracher de cette terre qui est devenue sa patrie, de cette terre qui a vu naître un second empire, plus saint dans son berceau, plus grand dans sa puissance que celui qui l'a précédé, de cette terre où les amis que nous avons perdus, dormant avec les martyrs aux catacombes, sous l'œil du Père des fidèles, paraissent devoir se réveiller les premiers dans leur poussière, et semblent plus voisins des cieux ?

Quoique Rome, vue intérieurement, offre l'aspect de la plupart des villes européennes, toutefois elle conserve encore un caractère particulier : aucune autre cité ne présente un pareil mélange d'architecture et de ruines, depuis le Panthéon d'Agrippa jusqu'aux murailles de Bélisaire, depuis les monuments apportés d'Alexandrie jusqu'au dôme élevé par Michel-Ange. La beauté des femmes est un autre trait distinctif de Rome : elles rappellent par leur port et leur démarche les Clélie et les Cornélie ; on croirait voir des statues antiques de Junon ou de Pallas, descendues de leur piédestal et se promenant autour de leurs temples. D'une autre part, on retrouve chez les Romains *ce ton des chairs* auquel les peintres ont donné le nom de *couleur historique*, et qu'ils emploient dans leurs tableaux. Il est naturel que des hommes dont les aïeux ont joué un si grand rôle sur la terre aient servi de modèle ou de type aux Raphaël et aux Dominiquin pour représenter les personnages de l'histoire.

Une autre singularité de la ville de Rome, ce sont les troupeaux de chèvres, et surtout ces attelages de grands bœufs aux cornes énormes, couchés au pied des obélisques égyptiens, parmi les débris du Forum, et sous les arcs où ils passaient autrefois pour conduire le triomphateur romain à ce Capitole que Cicéron appelle *le Conseil public de l'Univers* :

Romanos ad templa Deum duxere triumphos.

A tous les bruits ordinaires des grandes cités, se mêle ici le bruit des eaux que l'on entend de toutes parts, comme si l'on était auprès des fontaines de Blandusie ou d'Égérie. Du haut des collines renfermées dans l'enceinte de Rome, ou à l'extrémité de plusieurs rues, vous apercevez la campagne en perspective, ce qui mêle la ville et les champs d'une manière pittoresque. En hiver les toits des maisons sont couverts d'herbes, comme les toits de chaume de nos paysans. Ces diverses circonstances contribuent à donner à Rome je ne sais quoi de rustique, qui va bien à son histoire : ses premiers dictateurs conduisaient la charrue; elle dut l'empire du monde à des laboureurs, et le plus grand de ses poètes ne dédaigna pas d'enseigner l'art d'Hésiode aux enfants de Romulus :

Ascræumque cano romana per oppida carmen.

Quant au Tibre, qui baigne cette grande cité, et qui en partage la gloire, sa destinée est tout à fait bizarre. Il passe dans un coin de Rome comme s'il n'y était pas; on n'y daigne pas jeter les yeux, on n'en parle jamais, on ne boit point ses eaux, les femmes ne s'en servent pas pour laver; il se dérobe entre de méchantes maisons qui le cachent, et court se précipiter dans la mer, honteux de s'appeler *le Tevere.*

Il faut maintenant, mon cher ami, vous dire quelque chose de ces ruines dont vous m'avez recommandé de vous parler, et qui font une si grande partie des *dehors* de Rome : je les ai vues en détail, soit à Rome, soit à Naples, excepté pourtant les temples de Pœstum, que je n'ai pas eu le temps de visiter. Vous sentez que ces ruines doivent prendre différents caractères, selon les souvenirs qui s'y attachent.

Dans une belle soirée du mois de juillet dernier, j'étais allé m'asseoir au Colisée, sur la marche d'un des autels consacrés aux douleurs de la Passion. Le soleil qui se couchait versait des fleuves d'or par toutes ces galeries où roulait jadis le torrent des peuples; de fortes ombres sortaient en même temps de l'enfoncement des loges et des corridors, ou tombaient sur la terre en larges bandes noires. Du haut des massifs de l'architecture, j'apercevais, entre les ruines du côté droit de l'édifice, le jardin du palais des Césars, avec un palmier qui semble être placé tout exprès sur ces débris pour les peintres et les poètes. Au lieu des cris de joie que des spectateurs féroces poussaient jadis dans cet amphithéâtre, en voyant déchirer des chrétiens par des lions, on n'entendait que les aboiements des chiens de l'ermite qui garde ces ruines. Mais aussitôt que le soleil disparut à l'horizon, la cloche du dôme de Saint-Pierre retentit sous les portiques du Colisée. Cette correspondance établie par des sons religieux entre les deux plus grands monuments de Rome païenne et de Rome chrétienne me causa une vive émotion : je songeai que l'édifice moderne tomberait comme l'édifice antique ; je songeai que les monuments se succèdent comme les hommes qui les ont élevés; je rappelai dans ma mémoire que ces mêmes Juifs qui, dans leur première captivité, travaillèrent aux pyramides de l'Égypte et aux murailles de Babylone, avaient, dans leur dernière dispersion, bâti cet énorme amphithéâtre. Les voûtes qui répétaient les sons de la cloche chrétienne étaient l'ouvrage d'un empereur païen marqué dans les prophéties pour la destruction finale de Jérusalem. Sont-ce là d'assez hauts sujets de méditation, et croyez-vous qu'une ville ou de pareils effets se reproduisent à chaque pas soit digne d'être vue ?

Je suis retourné hier, 9 janvier, au Colisée pour le voir dans une autre saison, et sous un autre aspect : j'ai été étonné, en arrivant, de ne point entendre l'aboiement des chiens qui se montraient ordinairement dans les corridors supérieurs de l'amphithéâtre, parmi les herbes séchées. J'ai frappé à la porte de l'ermitage prati-

qué dans le cintre d'une loge ; on ne m'a point répondu : l'ermite
est mort. L'inclémence de la saison, l'absence du bon solitaire,
des chagrins récents, ont redoublé pour moi la tristesse de ce lieu ;
j'ai cru voir les décombres d'un édifice que j'avais admiré quelques
jours auparavant dans toute son intégrité et toute sa fraîcheur. C'est
ainsi, mon très cher ami, que nous sommes avertis à chaque pas
de notre néant : l'homme cherche au dehors des raisons pour s'en
convaincre ; il va méditer sur les ruines des empires, il oublie qu'il
est lui-même une ruine encore plus chancelante, et qu'il sera tombé
avant ces débris[1]. Ce qui achève de rendre notre vie *le songe d'une
ombre*[2], c'est que nous ne pouvons pas même espérer de vivre
longtemps dans le souvenir de nos amis, puisque leur cœur, où s'est
gravée notre image, est comme l'objet dont il retient les traits, une
argile sujette à se dissoudre. On m'a montré à Portici un morceau
des cendres du Vésuve, friable au toucher, et qui conserve l'em-
preinte, chaque jour plus effacée, du sein et du bras d'une jeune
femme ensevelie sous les ruines de Pompéia ; c'est une image assez
juste, bien qu'elle ne soit pas encore assez vaine de la trace que
notre mémoire laisse dans le cœur des hommes, *cendre et poussière*[3].

Avant de partir pour Naples, j'étais allé passer quelques jours
seul à Tivoli ; je parcourus les ruines des environs, et surtout celles
de la *villa Adriana*. Surpris par la pluie, au milieu de ma course, je
me réfugiai dans les salles des Thermes voisins du Pœcile[1], sous un
figuier qui avait renversé le pan d'un mur en croissant. Dans un
petit salon octogone, une vigne vierge perçait la voûte de l'édifice,
et son gros cep lisse, rouge et tortueux, montait le long du mur
comme un serpent. Tout autour de moi, à travers les arcades des
ruines, s'ouvraient des points de vue sur la campagne romaine. Des

[1] L'homme à qui cette lettre est adressée n'est plus !
                                        (*Note de l'édition* de 1827.)
[2] Pindare.
[3] Job.
[4] Monuments de la *villa*. Voyez plus haut la description de Tivoli et de la
villa Adriana, page 286 et suivantes.

buissons de sureau remplissaient les salles désertes où venaient se réfugier quelques merles. Les fragments de maçonnerie étaient tapissés de feuilles de scolopendre, dont la verdure satinée se dessinait comme un travail en mosaïque sur la blancheur des marbres. Çà et là de hauts cyprès remplaçaient les colonnes tombées dans ce palais de la mort; l'acanthe sauvage rampait à leurs pieds, sur des débris, comme si la nature s'était plu à reproduire sur les chefs-d'œuvre mutilés de l'architecture l'ornement de leur beauté passée. Les salles diverses et les sommités des ruines ressemblaient à des corbeilles et à des bouquets de verdure : le vent agitait les guirlandes humides, et toutes les plantes s'inclinaient sous la pluie du ciel.

Pendant que je contemplais ce tableau, mille idées confuses se pressaient dans mon esprit : tantôt j'admirais, tantôt je détestais la grandeur romaine ; tantôt je pensais aux vertus, tantôt aux vices de ce propriétaire du monde, qui avait voulu rassembler une image de son empire dans son jardin. Je rappelais les événements qui avaient renversé cette *villa* superbe ; je la voyais dépouillée de ses plus beaux ornements par le successeur d'Adrien ; je voyais les Barbares y passer comme un tourbillon, s'y cantonner quelquefois, et, pour se défendre dans ces mêmes monuments qu'ils avaient à moitié détruits, couronner l'ordre grec et toscan du créneau gothique; enfin, des religieux chrétiens, ramenant la civilisation dans ces lieux, plantaient la vigne et conduisaient la charrue dans le *temple des Stoïciens* et les *salles de l'Académie*[1]. Le siècle des arts renaissait, et de nouveaux souverains achevaient de bouleverser ce qui restait encore des ruines de ces palais, pour y trouver quelques chefs-d'œuvre des arts. A ces diverses pensées se mêlait une voix intérieure qui me répétait ce qu'on a cent fois écrit sur la vanité des choses humaines. Il y a même double vanité dans les monuments de la *villa Adriana ;* ils n'étaient, comme on sait, que les imitations d'autres monuments répandus dans les provinces de l'empire romain :

---

[1] Monuments de la *villa.* Voy. la description de cette *villa,* page 297.

le véritable temple de Sérapis à Alexandrie, la véritable Académie à Athènes, n'existent plus; vous ne voyez donc dans les copies d'Adrien que des ruines de ruines.

Il faudrait maintenant, mon cher ami, vous décrire le temple de la Sibylle, à Tivoli, et l'élégant temple de Vesta, suspendu sur la cascade; mais le loisir me manque. Je regrette de ne pouvoir vous peindre cette cascade célébrée par Horace : j'étais là dans vos domaines, vous l'héritier de l'Ἀφελία des Grecs, ou du *simplex munditiis*[1] du chantre de l'*Art poétique;* mais je l'ai vue dans une saison triste, et je n'étais pas moi-même fort gai[2]. Je vous dirai plus : j'ai été importuné du bruit des eaux, de ce bruit qui m'a tant de fois charmé dans les forêts américaines. Je me souviens encore du plaisir que j'éprouvais lorsque, la nuit, au milieu du désert, mon bûcher à demi éteint, mon guide dormant, mes chevaux paissant à quelque distance, j'écoutais la mélodie des eaux et des vents dans la profondeur des bois. Ces murmures, tantôt plus forts, tantôt plus faibles, croissant et décroissant à chaque instant, me faisaient tressaillir; chaque arbre était pour moi une espèce de lyre harmonieuse dont les vents tiraient d'ineffables accords.

Aujourd'hui je m'aperçois que je suis beaucoup moins sensible à ces charmes de la nature; je doute que la cataracte de Niagara me causât la même admiration qu'autrefois. Quand on est très jeune, la nature muette parle beaucoup; il y a surabondance dans l'homme; tout son avenir est devant lui (si mon Aristarque veut me passer cette expression); il espère communiquer ses sensations au monde, et il se nourrit de mille chimères. Mais dans un âge avancé, lorsque la perspective que nous avions devant nous passe derrière, que nous sommes détrompés sur une foule d'illusions, alors la nature seule devient plus froide et moins parlante, *les jardins parlent peu*[3]. Pour que cette nature nous intéresse encore, il faut qu'il s'y attache des

---

[1] « Élégante simplicité. » *Hor.*
[2] Voyez la description de Tivoli, page 287.
[3] La Fontaine.

souvenirs de la société; nous nous suffisons moins à nous-mêmes : la solitude absolue nous pèse, et nous avons besoin de ces conversations *qui se font le soir à voix basse entre des amis*[1].

Je n'ai point quitté Tivoli sans visiter la maison du poëte que je viens de citer : elle était en face de la *villa* de Mécène; c'était là qu'il offrait *floribus et vino genium memorem brevis œvi*[2]. L'ermitage ne pouvait pas être grand, car il est situé sur la croupe même du coteau; mais on sent qu'on devait être bien à l'abri dans ce lieu, et que tout y était commode quoique petit. Du verger devant la maison l'œil embrassait un pays immense : vraie retraite du poëte à qui peu suffit, et qui jouit de tout ce qui n'est pas à lui, *spatio brevi spem longam reseces*[3]. Après tout, il est fort aisé d'être philosophe comme Horace. Il avait une maison à Rome, deux *villa* à la campagne, l'une à Utique, l'autre à Tivoli. Il buvait d'un certain vin du consulat de Tullus avec ses amis : son *buffet était couvert d'argenterie;* il disait familièrement au premier ministre du maître du monde : « *Je ne sens point les besoins de la pauvreté, et si je* « *voulais quelque chose de plus, Mécène, tu ne me le refuserais pas.*» Avec cela on peut chanter *Lalagé*, se couronner *de lis, qui vivent peu*, parler de la mort en buvant le falerne, et *livrer au vent les chagrins*.

Je remarque qu'Horace, Virgile, Tibulle, Tite-Live, moururent tous avant Auguste, qui eut en cela le sort de Louis XIV : notre grand prince survécut un peu à son siècle, et se coucha le dernier dans la tombe, comme pour s'assurer qu'il ne restait rien après lui.

Il vous sera sans doute fort indifférent de savoir que la maison de Catulle est placée à Tivoli, au dessus de la maison d'Horace, et qu'elle sert maintenant de demeure à quelques religieux chrétiens; mais vous trouverez peut-être assez remarquable que l'Arioste soit venu composer ses *fables comiques*[4] au même lieu où Horace s'est

[1] Horace.
[2] « Des fleurs et du vin au génie qui nous rappelle la brièveté de la vie. »
[3] « Renferme dans un espace étroit tes longues espérances. » *Hor.*
[4] Boileau.

joué de toutes les choses de la vie. On se demande avec surprise comment il se fait que le chantre de Roland, retiré chez le cardinal d'Est, à Tivoli, ait consacré ses *divines* folies à la France, et à la France demi barbare, tandis qu'il avait sous les yeux les sévères monuments et les graves souvenirs du peuple le plus sérieux et le plus civilisé de la terre. Au reste, la *villa* d'Est est la seule *villa* moderne qui m'ait intéressé au milieu des débris des *villa* de tant d'empereurs et de consulaires. Cette maison de Ferrare a eu le bonheur peu commun d'avoir été chantée par les deux plus grands poètes de son temps et les deux plus beaux génies de l'Italie moderne.

> Piacciavi, generose Ercolea prole,
> Ornamento e splendor del secol nostro,
> Ippolito, etc.

C'est ici le cri d'un homme heureux, qui rend grâce à la maison puissante dont il recueille les faveurs, et dont il fait lui-même les délices. Le Tasse, plus touchant, fait entendre dans son invocation les accents de la reconnaissance d'un grand homme infortuné :

> Tu magnanimo Alfonso, il qual ritogli, etc.

C'est faire un noble usage du pouvoir que de s'en servir pour protéger les talents exilés, et recueillir le mérite fugitif, Arioste et Hippolyte d'Est ont laissé dans les vallons de Tivoli un souvenir qui ne le cède pas en charme à celui d'Horace et de Mécène. Mais que sont devenus les protecteurs et les protégés ? Au moment même où j'écris, la maison d'Est vient de s'éteindre ; la *villa* du cardinal d'Est tombe en ruines comme celle du ministre d'Auguste : c'est l'histoire de toutes les choses et de tous les hommes.

> Linquenda tellus, et domus, et placens
> Uxor[1].

Je passai presque tout un jour à cette superbe *villa*; je ne pouvais me lasser d'admirer la perspective dont on jouit du haut de ses

---

[1] « Il faudra quitter la terre, une maison, une épouse chérie. » *Hor.*

terrasses : au dessous de vous s'étendent les jardins avec leurs platanes et leurs cyprès; après les jardins viennent les restes de la maison de Mécène, placée au bord de l'Anio [1]; de l'autre côté de la rivière, sur la colline en face, règne un bois de vieux oliviers, où l'on trouve les débris de la *villa* de Varus [2]; un peu plus loin, à gauche, dans la plaine, s'élèvent les trois monts *Monticelli*, *san Francesco* et *san Angelo*, et entre les sommets de ces trois monts voisins apparaît le sommet lointain et azuré de l'antique Socrate; à l'horizon et à l'extrémité des campagnes romaines, en décrivant un cercle par le couchant et le midi, on découvre les hauteurs de Monte-Fiascone, Rome, Civita Vecchia, Ostia, la mer, Frascati, surmonté des pins de Tusculum; enfin, revenant chercher Tivoli vers le levant, la circonférence entière de cette immense perspective se termine au mont Ripoli, autrefois occupé par les maisons de Brutus et d'Atticus, et au pied duquel se trouve la *villa Adriana* avec toutes ses ruines.

On peut suivre au milieu de ce tableau le cours du Teverone, qui descend vers le Tibre, jusqu'au pont où s'élève le mausolée de la famille *Plautia*, bâti en forme de tour. Le grand chemin de Rome se déroule aussi dans la campagne; c'était l'ancienne voie Tiburtine, autrefois bordée de sépulcres, et le long de laquelle des meules de foin élevées en pyramides imitent encore des tombeaux.

Il serait difficile de trouver dans le reste du monde une vue plus étonnante et plus propre à faire naître de puissantes réflexions. Je ne parle pas de Rome, dont on aperçoit les dômes, et qui seule dit tout; je parle seulement des lieux et des monuments renfermés dans cette vaste étendue. Voilà la maison où Mécène, rassasié des biens de la terre, mourut d'une maladie de langueur; Varus quitta ce coteau pour aller verser son sang dans les marais de la Germanie; Cassius et Brutus abandonnèrent ces retraites pour bouleverser leur

---

[1] Aujourd'hui *le Teverone.*

[2] Le Varus qui fut massacré avec les légions en Germanie. Voyez l'admirable morceau de Tacite.

patrie. Sous ces hauts pins de Frascati, Cicéron dictait ses *Tuscu-
lanes* ; Adrien fit couler un nouveau Pénée au pied de cette colline,
et transporta dans ces lieux les noms, les charmes et les souvenirs
du vallon de Tempé. Vers cette source de la Solfatare, la reine captive
de Palmyre acheva ses jours dans l'obscurité, et sa ville d'un moment
disparut dans le désert. C'est ici que le roi Latinus consulta le dieu
Faune dans la forêt de l'Albunée ; c'est ici qu'Hercule avait son
temple, et que la sibylle Tiburtine dictait ses oracles ; ce sont là les
montagnes des vieux Sabins, les plaines de l'antique Latium ; terre
de Saturne et de Rhée, berceau de l'âge d'or, chanté par tous les
poëtes ; riants coteaux de Tibur et de Lucrétile, dont le seul génie
français a pu retracer les grâces, et qui attendaient le pinceau du
Poussin et de Claude Lorrain.

Je descendis de la *villa* d'Est [1] vers les trois heures après-midi ;
je passai le Teverone sur le pont de Lupus, pour rentrer à Tivoli
par la porte Sabine. En traversant le bois des vieux oliviers, dont
je viens de vous parler, j'aperçus une petite chapelle blanche dédiée
à la madone Quintilanca, et bâtie sur les ruines de la *villa* de Varus.
C'était un dimanche : la porte de cette chapelle était ouverte, j'y
entrai. Je vis trois petits autels disposés en forme de croix ; sur
celui du milieu s'élevait un grand crucifix d'argent, devant lequel
brûlait une lampe suspendue à la voûte. Un seul homme, qui
avait l'air très malheureux, était prosterné auprès d'un banc ; il
priait avec tant de ferveur, qu'il ne leva pas même les yeux sur
moi au bruit de mes pas. Je sentis ce que j'ai mille fois éprouvé en
entrant dans une église, c'est-à-dire un certain *apaisement* des
troubles du cœur (pour parler comme nos vieilles bibles), et je ne
sais quel dégoût de la terre. Je me mis à genoux à quelque distance
de cet homme, et, inspiré par le lieu, je prononçai cette prière :
« Dieu du voyageur, qui avez voulu que le pèlerin vous adorât dans

---

[1] On a vu, à la fin de ma description de la *villa Adriana*, que j'annonçais
pour le lendemain une promenade à la *villa* d'Est. Je n'ai point donné le détail particulier de cette promenade, parce qu'il se trouvait déjà dans ma *Lettre
sur Rome*, à M. de Fontanes.

« cet humble asile bâti sur les ruines du palais d'un grand de la
« terre ! Mère de douleur, qui avez établi votre culte de miséri-
« corde dans l'héritage de ce Romain infortuné, mort loin de son
« pays dans les forêts de la Germanie ! nous ne sommes ici que
« deux fidèles prosternés au pied de votre autel solitaire : accordez
« à cet inconnu, si profondément humilié devant vos grandeurs,
« tout ce qu'il vous demande : faites que les prières de cet homme
« servent à leur tour à guérir mes infirmités, afin que ces deux
« chrétiens qui sont étrangers l'un à l'autre, qui ne se sont ren-
« contrés qu'un instant dans la vie, et qui vont se quitter pour
« ne plus se voir ici-bas, soient tout étonnés, en se retrouvant au
« pied de votre trône, de se devoir mutuellement une partie de
« leur bonheur, par les miracles de leur charité !

Quand je viens à regarder, mon cher ami, toutes les feuilles
éparses sur ma table, je suis épouvanté de mon énorme fatras, et
j'hésite à vous l'envoyer. Je sens pourtant que je ne vous ai rien
dit, que j'ai oublié mille choses que j'aurais dû vous dire. Comment, par exemple, ne vous ai-je pas parlé de Tusculum, de Cicéron, qui, selon Sénèque, « fut le seul génie que le peuple romain
« ait eu d'égal à son empire. » *Illud ingenium quod solum populus
romanus par imperio suo habuit.* Mon voyage à Naples, ma descente
dans le cratère du Vésuve [1], mes courses à Pompeïa, à Caserte [2], à
la Solfatare, au lac Averne, à la grotte de la Sibylle, auraient pu
vous intéresser, etc. Baïes, où se sont passées tant de scènes mémo-
rables, méritait seule un volume. Il me semble que je vois encore
la tour de Bola, où était placée la maison d'Agrippine, et où elle dit
ce mot sublime aux assassins envoyés par son fils : *Ventrem feri* [3].

[1] Il n'y a (comme je l'ai déjà dit dans une autre note) que de la fatigue et
aucun danger à descendre dans le cratère du Vésuve. Il faudrait avoir le malheur d'y être surpris par une éruption, dans ce cas-là même, si l'on n'était
pas emporté par l'explosion, l'expérience a prouvé qu'on peut encore se sauver sur la lave : comme elle coule avec une extrême lenteur, sa surface se re-
froidit assez vite pour qu'on puisse y passer rapidement.

[2] Je n'ai rien retrouvé sur Caserte.

[3] Tacite.

L'île Nisida, qui servit de retraite à Brutus, après le meurtre de César, le pont de Caligula, la Piscine admirable, tous ces palais bâtis dans la mer, dont parle Horace, vaudraient bien la peine qu'on s'y arrêtât un peu. Virgile a placé ou trouvé dans ces lieux les belles fictions du sixième livre de son *Énéide* : c'est de là qu'il écrivait à Auguste ces paroles modestes (elles sont, je crois, les seules lignes de prose que nous connaissions de ce grand homme) : *Ego vero frequentes a te litteras accipio... De Ænea quidem meo, si me hercule jam dignum auribus haberem tuis, libenter mitterem ; sed tanta inchoata res est, ut pene vitio mentis tantum opus ingressus mihi videar; cum præsertim, ut scis, alia quoque studia ad id opus multoque potiora impertiar*[1].

Mon pèlerinage au tombeau de Scipion l'Africain est un de ceux qui ont le plus satisfait mon cœur, bien que j'aie manqué le but de mon voyage. On m'avait dit que le mausolée existait encore, et qu'on y lisait même le mot *patria*, seul reste de cette inscription qu'on prétend y avoir été gravée : *Ingrate patrie, tu n'auras pas mes os*. Je me suis rendu à Patria, l'ancienne Literne : je n'ai point trouvé le tombeau, mais j'ai erré sur les ruines de la maison que le plus grand et le plus aimable des hommes habitait dans son exil : il me semblait voir le vainqueur d'Annibal se promener au bord de la mer sur la côte opposée à celle de Carthage, et se consolant de l'injustice de Rome, par les charmes de l'amitié et le souvenir de ses vertus[2].

[1] Ce fragment se trouve dans Macrobe, mais je ne puis indiquer le livre : je crois pourtant que c'est le premier des *Saturnales*. Voyez *les Martyrs*, sur le séjour de Baïes.

[2] Non seulement on m'avait dit que ce tombeau existait, mais j'avais lu les circonstances de ce que je rapporte ici dans je ne sais plus quel voyageur. Cependant les raisons suivantes me font douter de la vérité des faits :

1° Il me paraît que Scipion, malgré les justes raisons de plainte qu'il avait contre Rome, aimait trop sa patrie pour avoir voulu qu'on gravât cette inscription sur son tombeau : cela semble contraire à tout ce que nous connaissons du génie des anciens.

2° L'inscription rapportée est conçue presque littéralement dans les termes de l'imprécation que Tite-Live fait prononcer à Scipion en sortant de Rome : ne serait-ce pas là la source de l'erreur ?

3° Plutarque raconte que l'on trouva près de Gaëte une urne de bronze

Quant aux Romains modernes, mon cher ami, Duclos me semble avoir de l'humeur lorsqu'il les appelle les *Italiens de Rome ;* je crois qu'il y a encore chez eux le fond d'une nation peu commune. On peut découvrir parmi ce peuple, trop sévèrement jugé, un grand sens, du courage, de la patience, du génie, des traces profondes de ses anciennes mœurs, je ne sais quel air de souverain, et quels nobles usages qui sentent encore la royauté. Avant de condamner cette opinion, qui peut vous paraître hasardée, il faudrait entendre mes raisons, et je n'ai pas le temps de vous les donner.

Que de choses me resteraient à vous dire sur la littérature italienne ! Savez-vous que je n'ai vu qu'une seule fois le comte Alifieri dans ma vie, et devineriez-vous comment ? je l'ai vu mettre dans sa bière ! On me dit qu'il n'était presque pas changé. Sa physionomie

---

dans un tombeau de marbre, où les cendres de Scipion devaient avoir été renfermées, et qui portait une inscription très différente de celle dont il s'agit ici.

4° L'ancienne Literne ayant pris le nom de *Patria,* cela a pu donner naissance à ce qu'on a dit du mot *patria,* resté seul de toute l'inscription du tombeau. Ne serait-ce pas, en effet , un hasard fort singulier que le lieu se nommât *Patria,* et que le mot *patria* se trouvât aussi sur le monument de Scipion ? à moins que l'on ne suppose que l'un a pris son nom de l'autre.

Il se peut faire toutefois que des auteurs que je ne connais pas aient parlé de cette inscription de manière à ne laisser aucun doute : il y a même une phrase dans Plutarque qui semble favorable à l'opinion que je combats. Un homme du plus grand mérite, et qui m'est d'autant plus cher qu'il est fort malheureux*, a fait, presque en même temps que moi, le voyage de *Patria.* Nous avons souvent causé ensemble de ce lieu célèbre ; je ne suis pas bien sûr qu'il m'ait dit avoir vu lui-même *le tombeau et le mot* (ce qui trancherait la difficulté), ou s'il m'a seulement raconté la tradition populaire. Quant à moi je n'ai point trouvé le monument, et je n'ai vu que les ruines de *la villa,* qui sont très peu de chose.

Plutarque parle de l'opinion de ceux qui plaçaient le tombeau de Scipion auprès de Rome ; mais ils confondaient évidemment le tombeau *des* Scipions et le tombeau *de* Scipion. Tite-Live affirme que celui-ci était à Literne, qu'il était surmonté d'une statue, laquelle fut abattue par une tempête, et que lui, Tite-Live, avait vu cette statue. On savait d'ailleurs par Sénèque, Cicéron et Pline, que l'autre tombeau, c'est-à-dire celui des Scipions, avait existé en effet à une des portes de Rome. Il a été découvert sous Pie VI ; on en a transporté les inscriptions au musée du Vatican ; parmi les noms des membres de la famille des Scipions trouvés dans le monument, celui de l'Africain manque.

* M. Bertin l'aîné, que je puis nommer aujourd'hui. Il était alors exilé, et persécuté par Buonaparte pour son dévouement à la maison de Bourbon.

me parut noble et grave; la mort y ajoutait sans doute une nouvelle sévérité; le cercueil étant un peu trop court, on inclina la tête du défunt sur sa poitrine, ce qui lui fit faire un mouvement formidable. Je tiens de la bonté d'une personne qui lui fut bien chère[1], et de la politesse d'un ami du comte Alfieri, des notes curieuses sur les ouvrages posthumes, les opinions et la vie de cet homme célèbre. La plupart des papiers publics, en France, ne nous ont donné sur tout cela que des renseignements tronqués et incertains. En attendant que je puisse vous communiquer mes notes, je vous envoie l'épitaphe que le comte Alfieri avait faite, en même temps que la sienne, pour sa noble amie :

> HIC. SITA. EST.
> AL... E... ST ..
> ALB... COM...
> GENERE. FORMA. MORIBUS.
> INCOMPARABILI. ANIMI. CANDORE.
> PRÆCLARISSIMA.
> A. VICTORIO ALFERIO.
> JUXTA. QUEM. SARCOPHAGO. UNO[*].
> TUMULATA. EST.
> ANNORUM. 26. SPATIO.
> ULTRA. RES. OMNES. DILECTA.
>
> ET. QUASI. MORTALE. NUMEN.
> AB. IPSO. CONSTANTER. HABITA.
> ET. OBSERVATA.
> VIXIT. ANNOS. MENSES... DIES...
> HANNONIÆ. MONTIBUS. NATA.
> OBIIT... DIE... MENSIS...
> ANNO. DOMINI. M. D.CCC.[**].

[1] La personne pour laquelle avait été composée d'avance l'épitaphe que je rapportais ici n'a pas fait mentir longtemps le *hic sita est* : elle est allée rejoindre le comte Alfieri. Rien n'est triste comme de relire, vers la fin de ses jours, ce que l'on a écrit dans sa jeunesse ; tout ce qui était au présent, quand on tenait la plume, se trouve au passé : on parlait de vivants, et il n'y a plus que des morts. L'homme qui vieillit en cheminant dans la vie se retourne pour regarder derrière lui ses compagnons de voyage, et ils ont disparu ! Il est resté seul sur une route déserte.

[*] *Sic inscribendum, me, ut opinor et opto, præmoriente : sed, aliter jubente Deo, aliter inscribendum :*

> Qui. Juxta. eam. sarcophago. uno.
> Conditus. erit. quamprimùm.

[**] « Ici repose Héloïse E. St. comtesse d'Al., illustre par ses aïeux, célèbre par les « grâces de sa personne, par les agréments de son esprit, et par la candeur incom-

La simplicité de cette épitaphe, et surtout la note qui l'accompagne, me semblent extrêmement touchantes.

Pour cette fois, j'ai fini; je vous envoie ce monceau de ruines, faites-en tout ce qu'il vous plaira. Dans la description des divers objets dont je vous ai parlé, je crois n'avoir omis rien de remarquable, si ce n'est que le Tibre est toujours le *flavus Tiberinus* de Virgile. On prétend qu'il doit cette couleur limoneuse aux pluies qui tombent dans les montagnes dont il descend. Souvent, par le temps le plus serein, en regardant couler ses flots décolorés, je me suis représenté une vie commencée au milieu des orages : le reste de son cours passe en vain sous un ciel pur; le fleuve demeure teint des eaux de la tempête qui l'ont troublé dans sa course.

« parable de son âme. Inhumée près de Victor Alfieri, dans un même tombeau *, il la
« préféra pendant vingt-six ans à toutes les choses de la terre. Mortelle, elle fut
« constamment servie et honorée par lui comme si elle eût été une divinité.
     « Né à Mons ; elle vécut... et mourut le... »

   * Ainsi j'ai écrit, espérant, désirant mourir le premier; mais s'il plaît à Dieu d'en ordonner autrement, il
faudra autrement écrire : *Inhumée par la volonté de Victor Alfieri, qui sera bientôt enseveli près d'elle dans un
même tombeau.*

FIN DU VOYAGE EN ITALIE.

CINQ JOURS A CLERMONT

(AUVERGNE.)

———o✳o———

2, 3, 4, 5 et 6 août 1805.

Me voici au berceau de Pascal et au tombeau de Massillon. Que de souvenirs ! les anciens rois d'Auvergne et l'invasion des Romains, César et ses légions, Vercingetorix, les derniers efforts de la liberté des Gaules contre un tyran étranger, puis les Visigoths, puis les Francs, puis les évêques, puis les comtes et les dauphins d'Auvergne, etc.

Gergovia, oppidum Gergovia, n'est pas Clermont : sur cette colline de Gergoye que j'apercois au sud-est, était la véritable Gergovie. Voilà Mont-Rognon, *Mons Rugosus* dont César s'empara pour couper les vivres aux Gaulois renfermés dans Gergovie. Je ne sais quel dauphin bâtit sur le *Mont Rugosus* un château dont les ruines subsistent.

Clermont était *Nemossus,* à supposer qu'il n'y ait pas de fausse lecture dans Strabon ; il était encore *Nemetum, Augusto-Nemetum, Arverni urbs, Civitas Arverna, Oppidum Arvernum,* témoin Pline, Ptolémée, la carte de Peutinger, etc.

Mais d'où lui vient ce nom de *Clermont,* et quand a-t-il pris ce nom? Dans le neuvième siècle, disent Loup de Ferrières et Guillaume de Tyr : il y a quelque chose qui tranche mieux la question. L'anonyme, auteur des Gestes de Pipin, ou, comme nous prononçons, Pepin, dit : *Maximam partem Aquitaniæ vastans, usque urbem*

Arvernam, cum omni exercitu veniens (Pipinus) CLARE MONTEM castrum captum, atque succensum bellando cepit.

Le passage est curieux en ce qu'il distingue la ville, *urbem Arvernam*, du château *clare montem castrum*. Ainsi la ville romaine était au bas du monticule, et elle était défendue par un château bâti sur le monticule : ce château s'appelait *Clermont*. Les habitants de la ville basse ou de la ville romaine, *Averni urbs*, fatigués d'être sans cesse ravagés dans une ville ouverte, se retirèrent peu à peu autour et sous la protection du château. Une nouvelle ville du nom de Clermont s'éleva dans l'endroit où elle est aujourd'hui, vers le milieu du huitième siècle, un siècle avant l'époque fixée par Guillaume de Tyr.

Faut-il croire que les anciens Arvernes, les Auvergnats d'aujourd'hui, avaient fait des incursions en Italie, avant l'arrivée du pieux Énée, ou faut-il croire, d'après Lucain, que les Arvernes descendaient tout droit des Troyens? Alors, ils ne se seraient guère mis en peine des imprécations de Didon, puisqu'ils s'étaient faits les alliés d'Annibal et les protégés de Carthage. Selon les druides, si toutefois nous savons ce que disaient les druides, Pluton aurait été le père des Arvernes : cette fable ne pourrait-elle tirer son origine de la tradition des anciens volcans d'Auvergne?

Faut-il croire, avec Athénée et Strabon, que Luerius, roi des Arvernes, donnait de grands repas à tous ses sujets, et qu'il se promenait sur un char élevé en jetant des sacs d'or et d'argent à la foule? Cependant les rois Gaulois (*Cæsar. Com.*) vivaient dans des espèces de huttes faites de bois et de terre, comme nos montagnards d'Auvergne.

Faut-il croire que les Arvernes avaient enrégimenté des chiens, lesquels manœuvraient comme des troupes régulières, et que Bituitus avait un assez grand nombre de ces chiens pour manger toute une armée romaine?

Faut-il croire que ce roi Bituitus attaqua avec deux cent mille combattants le consul Fabius qui n'avait que trente mille hommes?

Nonobstant ce, les trente mille Romains tuèrent ou noyèrent dans le Rhône cent cinquante mille Auvergnats, ni plus ni moins. Comptons :

Cinquante mille noyés, c'est beaucoup.

Cent mille tués.

Or, comme il n'y avait que trente mille Romains, chaque légionnaire a dû tuer trois Auvergnats, ce qui fait quatre-vingt-dix mille Auvergnats.

Restent dix mille tués à partager entre les plus forts tueurs, ou les machines de l'armée de Fabius.

Bien entendu que les Auvergnats ne se sont pas défendus du tout, que leurs chiens enrégimentés n'ont pas fait meilleure contenance, qu'un seul coup d'épée, de pilum, de flèche ou de fronde, duement ajusté dans une partie mortelle, a suffi pour tuer son homme ; que les Auvergnats n'ont ni fui, ni pu fuir ; que les Romains n'ont pas perdu un seul soldat, et qu'enfin quelques heures ont suffi *matériellement* pour tuer avec le glaive cent mille hommes ; le géant Robastre était un Myrmidon auprès de cela. A l'époque de la victoire de Fabius, chaque légion ne traînait pas encore après elle dix machines de guerre de la première grandeur, et cinquante plus petites.

Faut-il croire que le royaume d'Auvergne, changé en république, arma, sous Vercingetorix, quatre cent mille soldats contre César ?

Faut-il croire que Nemetum était une ville immense qui n'avait rien moins que trente portes ?

En fait d'histoire, je suis un peu de l'humeur de mon compatriote le père Hardouin, qui avait du bon : il prétendait que l'histoire ancienne avait été refaite par les moines du treizième siècle, d'après les *Odes* d'Horace, les *Géorgiques* de Virgile, les ouvrages de Pline et de Cicéron. Il se moquait de ceux qui prétendaient que le soleil était loin de la terre : voilà un homme raisonnable.

La ville des Arvernes, devenue romaine sous le nom d'*Augusto-Nemetum*, eut un capitole, un amphithéâtre, un temple de Wasso-Galates, un colosse qui égalait presque celui de Rhodes : Pline nous parle de ses carrières et de ses sculpteurs. Elle eut aussi une école célèbre, d'où sortit le rhéteur Fronton, maître de Marc-Aurèle. *Augusto-Nemetum*, régie par le droit latin, avait un sénat, ses citoyens, citoyens romains pouvaient être revêtus des grandes charges de l'État : c'était encore le souvenir de Rome républicaine qui donnait la puissance aux esclaves de l'empire.

Les collines qui entourent Clermont étaient couvertes de bois et marquées par des temples : à Champturgues un temple de Bacchus, â Montjuset un temple de Jupiter, desservi par des femmes-fées (*fatuæ fatidicæ*), au Puy de Montaudon un temple de Mercure ou de Teutatès ; Montaudon, *Mons Teutates*, etc.

Nemetum tomba avec toute l'Auvergne sous la domination des Visigoths, par la cession de l'empereur Népos ; mais Alaric ayant été vaincu à la bataille de Vouillé, l'Auvergne passa aux Francs. Vinrent ensuite les temps féodaux, et le gouvernement souvent indépendant des évêques, des comtes et des dauphins.

Le premier apôtre de l'Auvergne fut saint Austremoine : la *Gallia christania* compte quatre-vingt-seize évêques depuis ce premier évêque jusqu'à Massillon. Trente-et-un ou trente-deux de ces évêques ont été reconnus pour saints ; un d'entre eux a été pape, sous le nom d'Innocent VI. Le gouvernement de ces évêques n'a rien eu de remarquable : je parlerai de Caulin.

Chilping disait à Thierry, qui voulait détruire Clermont : « Les « murs de cette cité sont très forts, et remparés de boulevards « inexpugnables ; et, afin que votre majesté m'entende mieux, je « parle des saints et de leurs églises qui environnent les murailles « de cette ville. »

Ce fut au concile de Clermont que le pape Urbin II prêcha la première Croisade. Tout l'auditoire s'écria : « *Diex el volt !* » et Aimar, évêque du puy, partit avec les Croisés. Le Tasse le fait tuer par Clorinde.

> . . . . . . Fu del sangue sacro
> Su l' arme femminili, ampio lavacro.

Les comtes qui régnèrent en Auvergne, ou qui en furent les premiers seigneurs féodaux, produisirent des hommes assez singuliers. Vers le milieu du dixième siècle, Guillaume, septième comte d'Auvergne, qui, du côté maternel, descendait des dauphins viennois, prit le titre de *dauphin* et le donna à ses terres.

Le fils de Guillaume s'appela *Robert*, nom des aventures et des romans. Ce second dauphin d'Auvergne favorisa les amours d'un pauvre chevalier. Robert avait une sœur, femme de Bertrand Ier, sire de Mercœur; Pérols, troubadour, aimait cette grande dame; il en fit l'aveu à Robert qui ne s'en fâcha pas du tout : c'est l'histoire du Tasse retournée. Robert lui-même était poète, et échangeait des *sirventes* avec Richard Cœur-de-Lion.

Le petit-fils de Robert, commandeur des Templiers en Aquitaine, fut brûlé vif à Paris : il expia avec courage dans les tourments un premier moment de faiblesse. Il ne trouva pas dans Philippe-le-Bel la tolérance qu'un troubadour avait rencontrée dans Robert : pourtant Philippe, qui brûlait les Templiers, faisait enlever et souffleter les papes.

Une multitude de souvenirs historiques s'attachent à différents lieux de l'Auvergne. Le village de la Tour rappelle un nom à jamais glorieux pour la France, la Tour-d'Auvergne.

Marguerite de Valois se consolait un peu trop gaiement à Usson de la perte de ses grandeurs et des malheurs du royaume; elle avait séduit le marquis de Cannillac, qui la gardait dans ce château. Elle faisait semblant d'aimer la femme de Cannillac : « Le bon « du jeu, dit d'Aubigné, fut qu'aussitôt que son mari (Cannillac) « eut le dos tourné pour aller à Paris, Marguerite la dépouilla de « ses beaux joyaux, la renvoya comme une peteuse avec tous ses « gardes, et se rendit dame et maîtresse de la place. Le marquis se « trouva bête, et servit de risée au roi de Navarre. »

Marguerite aimait beaucoup ses amants tandis qu'ils vivaient; à leur mort elle les pleurait, faisait des vers pour leur mémoire; déclarait qu'elle leur serait toujours fidèle : *Mentem Venus ipsa dedit:*

Atys, de qui la perte attriste mes années ;
Atys, digne des vœux de tant d'âmes bien nées,
Que j'avais élevé pour montrer aux humains
Une œuvre de mes mains.
. . . .
Si je cesse d'aimer qu'on cesse de prétendre :
Je ne veux désormais être prise, ni prendre.

Et dès le soir même, Marguerite était prise et mentait à son amour et à sa muse.

Elle avait aimé **La Mole**, décapité avec Coconas : pendant la nuit, elle fit enlever la tête de ce jeune homme, la parfuma, l'enterra de ses propres mains, et soupira ses regrets au beau *Hyacinthe.*

« Le pauvre diable d'Aubiac, en allant à la potence, au lieu de se « souvenir de son âme et de son salut, baisait un manchon de « velours raz bleu qui lui restait des bienfaits de sa dame. » Aubiac, en voyant Marguerite pour la première fois, avait dit « Je « voudrais avoir passé une nuit avec elle, à peine d'être pendu « quelque temps après. » Martigues portait aux combats et aux assauts un petit chien que lui avait donné Marguerite.

D'Aubigné prétend que Marguerite avait fait faire à Usson les lits de ses dames extrêmement hauts, « afin de ne plus s'écorcher, « comme elle souloit, les épaules en s'y fourrant à quatre pieds pour « y chercher Pominy. » fils d'un chaudronnier d'Auvergne, et qui, d'enfant de chœur qu'il était, devint secrétaire de Marguerite.

Le même historien la prostitue dès l'âge de onze ans à d'Antragues et à Charin ; il la livre à ses deux frères, François, duc d'Alençon, et Henri III ; mais il ne faut pas croire entièrement les satires de d'Aubigné, huguenot hargneux, ambitieux mécontent, d'un esprit caustique : Pibrac et Brantôme ne parlent pas comme lui.

Marguerite n'aimait point Henri IV, qu'elle trouvait malpropre. Elle recevait Champvallon « dans un lit éclairé avec des flambeaux « entre deux linceuls de taffetas noir. » Elle avait écouté M. de Mayenne, *bon compagnon gros et gras, et voluptueux comme elle, et ce grand dégoûté de vicomte de Turenne, et ce vieux rufian de Pibrac, dont elle montrait les lettres pour rire à Henri IV ; ce petit chicon de valet de Provence, Date, qu'avec six aulnes d'étoffe elle avait anobli dans Usson,* et *ce bec-jaune de Bajaumont,* le dernier de la longue liste qu'avait commencée d'Antragues, et qu'avaient continuée, avec les favoris déjà cités, le duc de Guise, Saint-Luc et Bussy.

Selon le père Lacoste, la seule *vue de l'ivoire du bras de Marguerite* triompha de Cannillac.

Pour finir ce *notable commentaire, qui m'est échappé d'un flux de caquet,* comme parle Montaigne, je dirai que les deux lignées royales des d'Orléans et des Valois avaient peu de mœurs, mais qu'elles avaient du génie; elles aimaient les lettres et les arts : le sang français et le sang italien se mêlaient en elles par Valentine de Milan et Catherine de Médicis. François Ier était poète, témoin ses vers charmants sur Agnès Sorel ; sa sœur, la *royne de Navarre,* contait à la manière de Boccace ; Charles IX rivalisait avec Ronsard ; les chants de Marguerite de Valois, d'ailleurs tolérante et humaine (elle sauva plusieurs victimes à la Saint-Barthélemy), étaient répétés par toute la cour : ses *Mémoires* sont pleins de dignité, de grâce et d'intérêt.

Le siècle des arts en France est celui de François Ier en descendant jusqu'à Louis XIII, nullement le siècle de Louis XIV ; le *petit palais* des Tuileries, le vieux Louvre, une partie de Fontainebleau et d'Anet, le palais du Luxembourg, sont ou étaient fort supérieurs au monument du grand roi.

C'était tout un autre personnage que Marguerite de Valois, ce chancelier de L'Hospital, né à Aigueperse, à quinze ou seize lieues d'Usson. « C'était un autre censeur Caton, celui-là, dit Brantôme, « et qui savait très bien censurer et corriger le monde corrompu. « Il en avait du moins toute l'apparence avec sa grande barbe « blanche, son visage pâle, sa façon grave, qu'on eût dit à le voir « que c'était un vrai portrait de saint Jérôme.

« Il ne fallait pas se jouer avec ce grand juge et rude magistrat,

« si était-il pourtant doux quelquefois, là où il voyait de la raison.....
« Ces belles-lettres humaines lui rabattaient beaucoup de sa rigueur
« de justice. Il était grand orateur et fort disert; grand historien,
« et surtout très divin poëte latin, comme plusieurs de ses œuvres
« l'ont manifesté tel. »

Le chancelier de L'Hospital, peu aimé de la cour et disgracié, se
retira pauvre dans une petite maison de campagne auprès d'Étampes.
On l'accusait de modération en religion et en politique : des assassins furent envoyés pour le tuer lors du massacre de la Saint-Barthélemy. Ses domestiques voulaient fermer les portes de sa maison :
« Non, non, dit-il; si la petite porte n'est battante pour les faire
« entrer, ouvrez la grande. »

La veuve du duc de Guise sauva la fille du chancelier, en la cachant
dans sa maison; il dut lui-même son salut aux prières de la duchesse
de Savoie. Nous avons son testament en latin; Brantôme nous le
donne en français : il est curieux, et par les dispositions et par les
détails qu'il renferme.

« Ceux, dit L'Hospital, qui m'avaient chassé, prenaient une
« couverture de religion; et eux-mêmes étaient sans pitié et reli-
« gion; mais je vous puis assurer qu'il n'y avait rien qui les émût
« davantage que ce qu'ils pensaient que tant que je serais en charge
« il ne leur serait permis de rompre les édits du roi, ni de piller ses
« finances et celles de ses sujets.

« Au reste, il y a presque cinq ans que je mène ici la vie de
« Laërte... et ne veux point rafraîchir la mémoire des choses que
« j'ai souffertes en ce département de la cour. »

Les murs de sa maison tombaient; il avait de la peine à nourrir
ses vieux serviteurs et sa nombreuse famille; il se consolait, comme
Cicéron, avec les muses : mais il avait désiré voir les peuples rétablis
dans leur liberté, et il mourut lorsque les cadavres des victimes
du fanatisme n'avaient pas encore été mangés par les vers, ou
dévorés par les poissons et les vautours.

Je voudrais bien placer Châteauneuf de Randon en Auvergne; il en est si près! C'est là que Du Guesclin reçut sur son cercueil les clés de la forteresse; nargue des deux manuscrits qui ont fait capituler la place quelques heures avant la mort du connétable. « Vous « verrez dans l'histoire de ce Breton une âme forte, nourrie dans « le fer, pétrie sous des palmes, dans laquelle masse fit école long-- « temps. La Bretagne en fut l'essai, l'Anglais son boute-hors, la « Castille son chef-d'œuvre; dont les actions n'étaient que héraults « de sa gloire; les défaveurs, théâtres élevés à sa constance; le « cercueil, embasement d'un immortel trophée. »

L'Auvergne a subi le joug des Visigoths et des Francs, mais elle n'a été colonisée que par les Romains; de sorte que, s'il y a des Gaulois en France, il faut les chercher en Auvergne, *montes Celtorum*. Tous ses monuments sont celtiques, et ses anciennes maisons descendent ou des familles romaines consacrées à l'épiscopat, ou des familles indigènes.

La féodalité poussa néanmoins de vigoureuses racines en Auvergne; toutes les montagnes se hérissèrent de châteaux. Dans ces châteaux s'établirent des seigneurs qui exercèrent ces petites tyrannies, ces droits bizarres, enfants de l'arbitraire, de la grossièreté des mœurs et de l'ennui. A Langeac, le jour de la fête de saint Galles, un châtelain jetait un millier d'œufs à la tête des paysans, comme en Bretagne, chez un autre seigneur, on apportait un œuf garrotté dans un grand charriot traîné par six bœufs.

Un seigneur de Tournemine, assigné dans son manoir d'Auvergne par un huissier appelé *Loup,* lui fit couper le poing, disant que jamais loup ne s'était présenté à son château, sans qu'il n'eût laissé sa patte clouée à la porte. Aussi arriva-t-il qu'aux *grands jours* tenus à Clermont en 1665, ces petites fredaines produisirent douze mille plaintes rendues en justice criminelle. Presque toute la noblesse fut obligée de fuir, et l'on n'a point oublié l'homme *aux douze apôtres.* Le cardinal de Richelieu fit raser une partie des châteaux d'Auvergne; Louis XIV en acheva la destruction. De tous ces donjons en ruines, un des plus célèbres est celui de Murat ou d'Armagnac. Là fut pris le malheureux Jacques, duc de Nemours, jadis lié d'amitié avec ce Jean V, comte d'Armagnac, qui avait épousé publiquement sa propre sœur. En vain le duc de Nemours· adressa-t-il une lettre bien humble à Louis XI, *écrite en la cage de la Bastille* et signée *le pauvre Jacques;* il fut décapité aux halles de Paris, et ses trois jeunes fils, placés sous l'échafaud, furent couverts du sang de leur père.

Charles de Valois, duc d'Angoulême, fils naturel de Charles IX et de Marie Touchet, frère utérin de la marquise de Verneuil, fut investi du comté de Clermont et d'Auvergne. Il entra dans les complots de Biron, dont la mort est justement reprochée à Henri IV. A la mort d'Henri III, Henri IV avait dit à Armand de Gontaud, baron de Biron : *C'est à cette heure qu'il faut que vous mettiez la main droite à ma couronne; venez-moi servir de père et d'ami contre ces gens qui n'aiment ni vous ni moi.* Henri aurait dû garder la mémoire de ces paroles; il aurait dû se souvenir que Charles de Gontaud, fils d'Armand, avait été son compagnon d'armes; il aurait dû se souvenir que la tête de celui qui avait mis *la main droite à sa couronne* avait été emportée par un boulet : ce n'était pas au Béarnais à joindre la tête du fils à la tête du père.

Le comte d'Auvergne, pour de nouvelles intrigues, fut arrêté à Clermont; sa maîtresse, la dame de Châteaugay, menaçait de tuer de cent coups de pistolet et de cent coups d'épée d'Eure et Murat, qui avaient saisi le comte : elle ne tua personne. Le comte d'Auvergne fut mis à la Bastille; il en sortit sous Louis XIII, et vécut jusqu'en 1650 : c'était la dernière goutte du sang des Valois.

Le duc d'Angoulême était brave, léger et lettré comme tous les Valois. Ses Mémoires contiennent une relation touchante de la mort d'Henri III, et un récit détaillé du combat d'Arques, auquel lui, duc d'Angoulême, s'était trouvé à l'âge de seize ans. Chargeant Sagone, ligueur décidé, qui lui criait : « Du fouet! du fouet! petit garçon! » il lui cassa la cuisse d'un coup de pistolet, et obtint les prémices de la victoire.

L'Auvergne fut presque toujours en révolte sous les rois de la seconde race; elle dépendait de l'Aquitaine; et la charte d'Aalon a prouvé que les premiers ducs d'Aquitaine descendaient en ligne directe de la race de Clovis; ils combattaient donc les Carlovingiens comme des usurpateurs du trône. Sous la troisième race, lorsque la Guyenne, fief de la couronne de France, tomba par alliance et héritage à la couronne d'Angleterre, l'Auvergne se trouva anglaise en partie : elle fut alors ravagée par les grandes compagnies, par les écorcheurs, etc. On chantait partout des complaintes latines sur les malheurs de la France :

> Plange regni respublica,
> Tua gens ut schismatica
> Desolatur, etc.

Pendant les guerres de la Ligue, l'Auvergne eut beaucoup à souffrir. Les siéges d'Issoire sont fameux : le capitaine Merle, partisan protestant, fit écorcher vif trois religieux de l'abbaye d'Issoire. Ce n'était pas la peine de crier si haut contre les violences des catholiques.

On a beaucoup cité, et avec raison, la réponse du gouverneur de Bayonne à Charles IX qui lui ordonnait de massacrer les protestants. Montmorin, commandant en Auvergne à la même époque, fit éclater la même générosité. La noble famille qui avait montré un si véritable dévouement à son prince ne l'a point démenti de nos jours; elle a répandu son sang pour un monarque aussi vertueux que Charles IX fut criminel.

Voltaire nous a conservé la lettre de Montmorin :

« SIRE,

« J'ai reçu un ordre, sous le sceau de Votre Majesté, de faire
« mourir tous les protestants qui sont dans ma province. Je res-
« pecte trop Votre Majesté pour ne pas croire que ces lettres sont
« supposées; et si, ce qu'à Dieu ne plaise, l'ordre est véritablement
« émané d'elle, je la respecte aussi trop pour lui obéir. »

C'est de Clermont que nous viennent les deux plus anciens historiens de la France, Sidoine Apollinaire et Grégoire de Tours. Sidoine, natif de Lyon et évêque de Clermont, n'est pas seulement un poète, c'est un écrivain qui nous apprend comment les rois francs célébraient leurs noces dans un fourgon, comment ils s'habillaient et quel était leur langage. Grégoire de Tours nous dit, sans compter le reste, ce qui se passait à Clermont de son temps ; il raconte, avec une ingénuité de détails qui fait frémir, l'épouvantable histoire du prince Anastase, enfermé par l'évêque Caulin dans un tombeau avec le cadavre d'un vieillard. L'anecdote des deux amants est aussi fort célèbre : les deux tombeaux d'Injuriosus et de Scholastique se rapprochèrent, en signe de l'étroite union de deux chastes époux qui ne craignaient plus de manquer à leur serment. Quelque chose de semblable a été dit depuis d'Abailard et d'Héloïse : on n'a pas la même confiance dans le fait. Grégoire de Tours, naïf dans ses pensées, barbare dans son langage, ne laisse pas que d'être fleuri et rhétoricien dans son style.

L'Auvergne a vu naître le chancelier de L'Hospital, Donat, Pascal, le cardinal de Polignac, l'abbé Gérard, le père Sirmond, et de nos jours La Fayette, Desaix, d'Estaing, Chamfort, Thomas, l'abbé Delille, Chabrol, Dulaure, Montlosier et Barante. J'oubliais de compter ce Lizet, ferme dans la prospérité, lâche au malheur, faisant brûler les protestants, requérant la mort pour le connétable de Bourbon, et n'ayant pas le courage de perdre une place.

Maintenant que ma mémoire ne fournit plus rien d'essentiel sur l'histoire d'Auvergne, parlons de la cathédrale de Clermont, de la Limagne et du Puy-de-Dôme.

La cathédrale de Clermont est un monument gothique qui, comme tant d'autres, n'a jamais été achevé. Hugues de Tours commença à la faire bâtir en partant pour la Terre-Sainte, sur un plan donné par Jean de Campis. La plupart de ces grands monuments ne se finissaient qu'à force de siècles, parce qu'ils coûtaient des sommes immenses. La chrétienté entière payait ces sommes du produit des quêtes et des aumônes.

La voûte en ogive de la cathédrale de Clermont est soutenue par des piliers si déliés qu'ils sont effrayants à l'œil : c'est à croire que la voûte va fondre sur votre tête. L'église, sombre et religieuse, est assez bien ornée pour la pauvreté actuelle du culte. On y voyait autrefois le tableau de la *Conversion de saint Paul*, un des meilleurs de Lebrun ; on l'a ratissé avec la lame d'un sabre : *Turba ruit !* Le tableau de Massillon était aussi dans cette église ; on en a fait disparaître dans un temps où rien n'était à sa place, pas même la mort.

Il y a longtemps que la Limagne est célèbre par sa beauté. On cite toujours le roi Childebert, à qui Grégoire de Tours fait dire : « Je voudrais voir quelque jour la Limagne d'Auvergne, que l'on « dit être un pays si agréable. » Salvien appelle la Limagne la *moelle des Gaules.* Sidoine, en peignant la Limagne d'autrefois, semble peindre la Limagne d'aujourd'hui. *Taceo territorii peculiarem jucunditatem viatoribus molle, fructuosum aratoribus, venatoribus voluptuosum ; quod montium cingunt dorsa pascuis, latera vinetis, terrena villis, saxosa castellis, opaca lustris, aperta culturis, concava fontibus, abrupta fluminibus : quod denique hujusmodi est, ut semel visum advenis, multis* PATRIÆ OBLIVIONEM SÆPE PERSUADEAT.

On croit que la Limagne a été un grand lac ; que son nom vient du grec λιμεν : Grégoire de Tours écrit alternativement *Limane* et *Limania.* Quoi qu'il en soit, Sidoine, jouant sur le mot, disait dès le quatrième siècle, *æquor agrorum in quo, sine periculo, quæstuosæ fluctuant in segetibus undæ.* C'est en effet une mer de moissons.

La position de Clermont est une des plus belles du monde.

Qu'on se représente des montagnes s'arrondissant en un demi-cercle ; un monticule attaché à la partie concave de ce demi-cercle ; sur ce monticule, Clermont ; au pied de Clermont, la Limagne, formant une vallée de vingt lieues de long, de six, huit et dix de large.

La place du[1]..... offre un point de vue admirable sur cette vallée. En errant par la ville au hasard, je suis arrivé à cette place vers six heures et demie du soir. Les blés mûrs ressemblaient à une grève immense, d'un sable plus ou moins blond. L'ombre des nuages parsemait cette plage jaune de taches obscures, comme des couches de limon ou des bancs d'algue : vous eussiez cru voir le fond d'une mer dont les flots venaient de se retirer.

Le bassin de la Limagne n'est point d'un niveau égal; c'est un terrain tourmenté dont les bosses de diverses hauteurs semblent unies quand on les voit de Clermont; mais qui, dans la vérité, offrent des inégalités nombreuses et forment une multitude de petits vallons au sein de la grande vallée. Des villages blancs, des maisons de campagnes blanches, de vieux châteaux noirs, des collines rougeâtres, des plants de vignes, des prairies bordées de saules, des noyers isolés qui s'arrondissent comme des orangers, ou portent leurs rameaux comme les branches d'un candélabre, mêlent leurs couleurs variées à la couleur des froments. Ajoutez à cela tous les jeux de la lumière.

A mesure que le soleil descendait à l'occident, l'ombre coulait à l'orient et envahissait la plaine. Bientôt le soleil a disparu; mais baissant toujours et marchant derrière les montagnes de l'ouest, il a rencontré quelque défilé débouchant sur la Limagne : précipités à travers cette ouverture, ses rayons ont soudain coupé l'uniforme obscurité de la plaine par un fleuve d'or. Les monts qui bordent la Limagne au levant retenaient encore la lumière sur leur cime; la ligne que ces monts traçaient dans l'air se brisait en arcs dont la partie convexe était tournée vers la terre. Tous ces arcs se liant les uns aux autres par les extrémités, imitaient à l'horizon la sinuosité d'une guirlande, ou les festons de ces draperies que l'on suspend aux

---

[1] Je n'ai jamais pu lire le nom à demi effacé dans l'original écrit au crayon, c'est sans doute la place de Jaude.

murs d'un palais avec des roses de bronze. Les montagnes du levant dessinées de la sorte, et peintes, comme je l'ai dit, des reflets du soleil opposé, ressemblaient à un rideau de moire bleue et pourpre ; lointaine et dernière décoration du pompeux spectacle que la Limagne étalait à mes yeux.

Les deux degrés de différence entre la latitude de Clermont et celle de Paris sont déjà sensibles dans la beauté de la lumière : cette lumière est plus fine et moins pesante que dans la vallée de la Seine ; la verdure s'aperçoit de plus loin et paraît moins noire :

> A dieu donc, *Chanonat*! adieu, frais paysages !
> Il semble qu'un autre air parfume vos rivages ;
> Il semble que leur vue ait ranimé mes sens,
> M'ait redonné la joie, et rendu mon printemps.

Il faut en croire le poète de l'Auvergne.

J'ai remarqué ici dans le style de l'architecture des souvenirs et des traditions de l'Italie : les toits sont plats, couverts en tuiles à canal, les lignes des murs longues, les fenêtres étroites et percées haut, les portiques multipliés, les fontaines fréquentes. Rien ne ressemble plus aux villes et aux villages de l'Apennin que les villes et les villages des montagnes de Thiers, de l'autre côté de la Limagne, au bord de ce Lignon où Céladon ne se noya pas, sauvé qu'il fut par les trois nymphes de Sylvie, Galatée et Léonide.

Il ne reste aucune antiquité romaine à Clermont, si ce n'est peut-être un sarcophage, un bout de voie romaine, et des ruines d'aqué-duc ; pas un fragment du colosse, pas même de traces des maisons, des bains, et des jardins de Sidoine. Nemetum et Clermont ont soutenu au moins seize siéges, ou, si l'on veut, ils ont été pris et détruits une vingtaine de fois.

Un contraste assez frappant existe entre les femmes et les hommes de cette province. Les femmes ont les traits délicats, la taille légère et déliée ; les hommes sont construits fortement, et il est impossible de ne pas reconnaître un véritable Auvergnat, à la forme de la mâchoire inférieure. Une province, pour ne parler que des morts, dont le sang a donné Turenne à l'armée, L'Hospital à la magistrature, et Pascal aux sciences et aux lettres, a prouvé qu'elle a une vertu supérieure.

Je suis allé au Puy-de-Dôme, par pure affaire de conscience. Il m'est arrivé ce à quoi je m'étais attendu : la vue du haut de cette montagne est beaucoup moins belle que celle dont on jouit de Clermont. La perspective à vol d'oiseau est plate et vague ; l'objet se rapetisse dans la même proportion que l'espace s'étend.

Il y avait autrefois sur le Puy-de-Dôme une chapelle dédiée à saint Barnabé ; on en voit encore les fondements : une pyramide de pierre de dix ou douze pieds marque aujourd'hui l'emplacement de cette chapelle. C'est là que Pascal a fait les premières expériences sur la pesanteur de l'air. Je me représentais ce puissant génie cherchant à découvrir sur ce sommet solitaire, les secrets de la nature, qui devaient le conduire à la connaissance des mystères du Créateur de cette même nature. Pascal se fraya, au moyen de la science, le chemin à l'ignorance chrétienne ; il commença par être un homme sublime, pour apprendre à devenir un simple enfant.

Le Puy-de-Dôme n'est élevé que de huit cent vingt-cinq toises au-dessus du niveau de la mer ; cependant je sentis à son sommet une difficulté de respirer que je n'ai éprouvée ni dans les Alléghany, en Amérique, ni sur les plus hautes Alpes de la Savoie. J'ai gravi le Puy-de-Dôme avec autant de peine que le Vésuve ; il faut près d'une heure pour monter de sa base au sommet par un chemin raide et glissant, mais la verdure et les fleurs vous suivent. La petite fille qui me servait de guide m'avait cueilli un bouquet des plus belles pensées ; j'ai moi-même trouvé sous mes pas des œillets rouges d'une élégance parfaite. Au sommet du mont, on voit partout de larges feuilles d'une alante bulbeuse, assez semblable au lis. J'ai rencontré, à ma grande surprise, sur ce lieu élevé, trois femmes qui se tenaient par la main et qui chantaient un cantique. Au dessous de moi, des troupeaux de vaches paissaient parmi les monticules que domine le Puy-de-Dôme. Ces troupeaux montent à la montagne avec le printemps, et en descendent avec la neige. On voit partout les *burons* ou les chalets de l'Auvergne, mauvais abris de pierres sans ciment, ou de bois gazonné. Chantez les chalets, mais ne les habitez pas.

Le patois de la montagne n'est pas exactement celui de la plaine. La *musette*, d'origine celtique, sert à accompagner quelques airs de romances, qui ne sont pas sans euphonie, et sur lesquels on a fait des paroles françaises. Les Auvergnats, comme les habitants du Rouergue, vont vendre des mules en Catalogne et en Aragon ; ils rapportent de ce pays quelque chose d'espagnol qui se marie bien avec la solitude de leurs montagnes ; ils font pour leurs longs hivers provision de soleil et d'histoires. Les voyageurs et les vieillards aiment à conter, parce qu'ils ont beaucoup vu : les uns ont cheminé sur la terre, les autres dans la vie.

Les pays de montagnes sont propres à conserver les mœurs. Une famille d'Auvergne, appelée les *Guittard-Pinon*, cultivait en commun des terres dans les environs de Thiers ; elle était gouvernée par un chef électif, et ressemblait assez à un ancien clan d'Écosse. Cette espèce de république champêtre a survécu à la révolution, mais elle est au moment de se dissoudre.

Je laisse de côté les curiosités naturelles de l'Auvergne, la grotte de Royat, charmante néanmoins par ses eaux et sa verdure, les diverses fontaines minérales, la fontaine pétrifiante de Saint-Allyre, avec le pont de pierre qu'elle a formé et que Charles IX voulut voir : le puits de la poix, les volcans éteints, etc.

Je laisse aussi à l'écart les merveilles des siècles moyens, les orgues, les horloges avec leur carillon et leurs têtes de Maure ou de More, qui ouvraient des bouches effroyables quand l'heure venait à sonner. Les processions bizarres, les jeux mêlés de superstition et d'indécence, mille autres coutumes de ces temps, n'appartiennent pas plus à l'Auvergne qu'au reste de l'Europe gothique.

J'ai voulu, avant de mourir, jeter un regard sur l'Auvergne, en souvenance des impressions de ma jeunesse. Lorsque j'étais enfant dans les bruyères de ma Bretagne, et que j'entendais parler de l'Auvergne et des petits Auvergnats, je me figurais que l'Auvergne était un pays bien loin, bien loin, où l'on voyait des choses étranges, où l'on ne pouvait aller qu'avec de grands périls, en cheminant sous la garde de la mère de Dieu. Une chose m'a frappé et charmé à la fois : j'ai retrouvé dans l'habit du paysan Auvergnat le vêtement du paysan Breton. D'où vient cela? C'est qu'il y avait autrefois pour ce royaume, et même pour l'Europe entière, un fond d'habillement commun. Les provinces reculées ont gardé les anciens usages, tandis que les départements voisins de Paris ont perdu leurs vieilles mœurs : de là cette ressemblance entre certains villageois placés aux extrémités opposées de la France, et qui ont été défendus contre les nouveautés par leur indigence et leur solitude.

Je ne vois jamais sans une sorte d'attendrissement ces petits Auvergnats qui vont chercher fortune dans ce grand monde, avec une boîte et quelques méchantes paires de ciseaux. Pauvres enfants qui *dévalent* bien tristes de leurs montagnes, et qui préféreront toujours le pain bis et la *bourrée* aux prétendues joies de la plaine. Ils n'avaient guère que l'espérance dans leur boîte en descendant de leurs rochers; heureux s'ils la rapportent à la chaumière paternelle !

LE MONT-BLANC

PASSAGES DES MONTAGNES

Rien n'est beau que le vrai, le vrai seul est aimable.

Fin d'août 1805.

J'ai vu beaucoup de montagnes en Europe et en Amérique, et il m'a toujours paru que, dans les descriptions de ces grands monuments de la nature, on allait au-delà de la vérité. Ma dernière expérience à cet égard ne m'a point fait changer de sentiment. J'ai visité la vallée de Chamouni, devenue célèbre par les travaux de M. de Saussure; mais je ne sais si le poète y trouverait le *speciosa deserti* comme le minéralogiste. Quoi qu'il en soit, j'exposerai avec simplicité les réflexions que j'ai faites dans mon voyage. Mon opinion, d'ailleurs, a trop peu d'autorité pour qu'elle puisse choquer personne.

Sorti de Genève par un temps assez nébuleux, j'arrivai à Servoz au moment où le ciel commençait à s'éclaircir. La crête du Mont-Blanc ne se découvre pas de cet endroit, mais on a une vue distincte de sa croupe *neigée*, appelée le *Dôme*. On franchit ensuite le passage des Montées, et l'on entre dans la vallée de Chamouni. On passe au dessous du glacier des Bossons; ses pyramides se montrent à travers les branches des sapins et des mélèzes. M. Bourrit a comparé ce glacier, pour sa blancheur et la coupe allongée de ses cristaux, à une flotte à la voile; j'ajouterais, au milieu d'un golfe bordé de vertes forêts.

Je m'arrêtai au village de Chamouni, et le lendemain je me rendis

46

au Montanvert. J'y montai par le plus beau jour de l'année. Parvenu
à son sommet, qui n'est qu'une croupe du Mont-Blanc, je découvris
ce qu'on nomme très improprement la *Mer de Glace.*

Qu'on se représente une vallée dont le fond est entièrement couvert
par un fleuve. Les montagnes qui forment cette vallée laissent pendre
au dessus de ce fleuve une masse de rochers, les aiguilles du Dru,
du Bochard, des Charmoz. Dans l'enfoncement, la vallée et le fleuve
se divisent en deux branches, dont l'une va aboutir à une haute
montagne, le Col du Géant, et l'autre aux rochers des Jorasses. Au
bout opposé de cette vallée se trouve une pente qui regarde la vallée
de Chamouni. Cette pente, presque verticale, est occupée par la
portion de la Mer de Glace qu'on appelle le *Glacier des Bois.*
Supposez donc un rude hiver survenu; le fleuve qui remplit la
vallée, ses inflexions et ses pentes, a été glacé jusqu'au fond de son
lit; les sommets des monts voisins se sont chargés de neige partout
où les plans du granit ont été assez horizontaux pour retenir les
eaux congelées : voilà la Mer de Glace et son site. Ce n'est point,
comme on le voit, une mer ; c'est un fleuve ; c'est, si l'on veut, le
Rhin glacé; la Mer de Glace sera son cours, et le Glacier des Bois
sa chute à Laufen.

Lorsqu'on est sur la Mer de Glace, la surface, qui vous en paraissait unie du haut du Montanvert, offre une multitude de pointes
et d'anfractuosités. Ces pointes imitent les formes et les déchirures
de la haute enceinte de rocs qui surplombent de toutes parts : c'est
comme le relief en marbre blanc des montagnes environnantes.

Parlons maintenant des montagnes en général.

Il y a deux manières de les voir : avec les nuages, ou sans les
nuages.

Avec les nuages, la scène est plus animée; mais alors elle est
obscure, et souvent d'une telle confusion, qu'on peut à peine y
distinguer quelques traits.

Les nuages drapent les rochers de mille manières. J'ai vu au
dessus de Servoz un piton chauve et ridé qu'une nue traversait

obliquement comme une toge ; on la prendait pour la statue colossale d'un vieillard romain. Dans un autre endroit, on apercevait la pente défrichée de la montagne ; une barrière de nuages arrêtait la vue à la naissance de cette pente, et au dessus de cette barrière s'élevaient de noires ramifications de rochers imitant des gueules de Chimères, des corps de Sphinx, des têtes d'Anubis, diverses formes des monstres et des dieux de l'Égypte.

Quand les nues sont chassées par le vent, les monts semblent fuir derrière ce rideau mobile : ils se cachent et se découvrent tour à tour ; tantôt un bouquet de verdure se montre subitement à l'ouverture d'un nuage, comme une île suspendue dans le ciel ; tantôt un rocher se dévoile avec lenteur, et perce peu à peu la vapeur profonde comme un fantôme. Le voyageur attristé n'entend que le bourdonnement du vent dans les pins, le bruit des torrents qui tombent dans les glaciers, par intervalle la chute de l'avalanche, et quelquefois le sifflement de la marmotte effrayée qui a vu l'épervier dans la nue.

Lorsque le ciel est sans nuages, et que l'amphithéâtre des monts se déploie tout entier à la vue, un seul accident mérite alors d'être observé : les sommets des montagnes, dans la haute région où ils se dressent, offrent une pureté de lignes, une netteté de plan et de profil que n'ont point les objets de la plaine. Ces cimes anguleuses, sous le dôme transparent du ciel, ressemblent à de superbes morceaux d'histoire naturelle, à de beaux arbres de coraux, à des girandoles de stalactite, renfermés sous un globe du cristal le plus pur. Le montagnard cherche dans ses découpures élégantes l'image des objets qui lui sont familiers : de là ces roches nommées les *Mulets*, les *Charmoz*, ou les *Chamois;* de là ces appellations empruntées de la religion, les *sommets des Croix*, le *rocher du Reposoir*, le *glacier des Pèlerins;* dénominations naïves qui prouvent que, si l'homme est sans cesse occupé de l'idée de ses besoins, il aime à placer partout le souvenir de ses consolations.

Quant aux arbres des montagnes, je ne parlerai que du pin, du sapin et du mélèze, parce qu'ils font, pour ainsi dire, l'unique décoration des Alpes.

Le pin a quelque chose de monumental; ses branches ont le port de la pyramide, et son tronc celui de la colonne. Il imite aussi la forme des rochers où il vit : souvent je l'ai confondu sur les redans et les corniches avancées des montagnes, avec des flèches et des aiguilles élancées ou échevelées comme lui. Au revers du Col de Balme, à la descente du glacier de Trient, on rencontre un bois de pins, de sapins et de mélèzes : chaque arbre, dans cette famille de géants, compte plusieurs siècles. Cette tribu alpine a un roi que les guides ont soin de montrer aux voyageurs. C'est un sapin qui pourrait servir de mât au plus grand vaisseau. Le monarque seul est sans blessure, tandis que tout son peuple autour de lui est mutilé : un arbre a perdu sa tête, un autre ses bras : celui-ci a le front sillonné par la foudre, celui-là a le pied noirci par le feu des pâtres. Je remarquai deux jumeaux sortis du même tronc, qui s'élançaient ensemble dans le ciel : ils étaient égaux en hauteur et en âge; mais l'un était plein de vie, et l'autre était desséché.

> Daucia, Laride Thymberque, simillima proles,
> Indiscreta suis, gratusque parentibus error,
> At nunc dura dedit vobis discrimina Pallas.

« Fils jumeaux de Daucus, rejetons semblables, ô Laris et Thym-
« ber ! vos parents mêmes ne pouvaient vous distinguer, et vous
« leur causiez de douces méprises! Mais la *mort* mit entre vous
« une cruelle différence. »

Ajoutons que le pin annonce la solitude et l'indigence de la montagne. Il est le compagnon du pauvre Savoyard, dont il partage la destinée : comme lui, il croît et meurt inconnu sur des sommets inaccessibles où sa postérité se perpétue également ignorée. C'est sur le mélèze que l'abeille cueille ce miel ferme et savoureux, qui se marie si bien avec la crême et les framboises du Montanvert. Les bruits du pin, quand ils sont légers, ont été loués par les poètes bucoliques; quand ils sont violents, ils ressemblent au mugissement de la mer : vous croyez quelquefois entendre gronder l'Océan au milieu des Alpes. Enfin, l'odeur du pin est aromatique et agréable; elle a surtout pour moi un charme particulier, parce que je l'ai respirée à plus de vingt lieues en mer sur les côtes de la Virginie : aussi réveille-t-elle toujours dans mon esprit l'idée de ce Nouveau-Monde qui me fut annoncé par un souffle enbaumé, de ce beau ciel, de ces mers brillantes où le parfum des forêts m'était apporté par la brise du matin; et, comme tout s'enchaîne dans nos souvenirs, elle rappelle aussi dans ma mémoire les sentiments de regrets et d'espérance qui m'occupaient, lorsque appuyé sur le bord du vaisseau je rêvais à cette patrie que j'avais perdue, et à ces déserts que j'allais trouver.

Mais, pour venir enfin à mon sentiment particulier sur les montagnes, je dirai que, comme il n'y a pas de beaux paysages sans un horizon de montagnes, il n'y a point aussi de lieux agréables à habiter ni de satisfaisants pour les yeux et pour le cœur là où on manque d'air et d'espace; or, c'est ce qui arrive dans l'intérieur des monts. Ces lourdes masses ne sont point en harmonie avec les facultés de l'homme et la faiblesse de ses organes.

On attribue aux paysages des montagnes la sublimité : celle-ci tient sans doute à la grandeur des objets. Mais, si l'on prouve que cette grandeur, très réelle en effet, n'est cependant pas sensible au regard, que devient la sublimité?

Il en est des monuments de la nature comme de ceux de l'art : pour jouir de leur beauté, il faut être au véritable point de perspective; autrement les formes, les couleurs, les proportions, tout disparaît. Dans l'intérieur des montagnes, comme on touche à l'objet même, et comme le champ de l'optique est trop resserré, les dimensions perdent nécessairement leur grandeur : chose si vraie, que l'on est continuellement trompé sur les hauteurs et sur les distances. J'en appelle aux voyageurs : le Mont-Blanc leur a-t-il paru fort élevé du fond de la vallée de Chamouni? Souvent un lac immense dans les Alpes a l'air d'un petit étang; vous croyez arriver en quelques pas au haut d'une pente que vous êtes trois heures à gravir ; une journée entière vous suffit à peine pour sortir de cette gorge, à l'extrémité de laquelle il vous semblait que vous touchiez de la main. Ainsi cette grandeur des montagnes, dont on fait tant de bruit, n'est réelle que par la fatigue qu'elle vous donne. Quant au paysage, il n'est guère plus grand à l'œil qu'un paysage ordinaire.

Mais ces monts qui perdent leur grandeur apparente quand ils sont trop rapprochés du spectateur, sont toutefois si gigantesques qu'ils écrasent ce qui pourrait leur servir d'ornement. Ainsi, par des lois contraires, tout se rapetisse à la fois dans les défilés des Alpes, et l'ensemble et les détails. Si la nature avait fait les arbres cent fois plus grands sur les montagnes que dans les plaines ; si les fleuves et les cascades y versaient des eaux cent fois plus abondantes, ces grands bois, ces grandes eaux pourraient produire des effets pleins de majesté sur les flancs élargis de la terre. Il n'en est pas de la sorte ; le cadre du tableau s'accroît démesurément, et les rivières, les forêts, les villages, les troupeaux gardent les proportions ordinaires : alors il n'y a plus de rapport entre le tout et la partie, entre le théâtre et la décoration. Le plan des montagnes étant vertical devient une échelle toujours dressée où l'œil rapporte et compare les objets qu'il embrasse ; et ces objets accusent tour à tour leur petitesse sur cette énorme mesure. Les pins les plus altiers, par exemple, se distinguent à peine dans l'escarpement des vallons, où ils paraissent collés comme des flocons de suie. La trace des eaux pluviales est marquée dans ces bois grêles et noirs par de petites rayures jaunes et parallèles ; et les torrents les plus larges, les cataractes les plus élevées, ressemblent à de maigres filets d'eau ou à des vapeurs bleuâtres.

Ceux qui ont aperçu des diamants, des topazes, des émeraudes dans les glaciers, sont plus heureux que moi : mon imagination n'a jamais pu découvrir ces trésors. Les neiges du bas Glacier des bois, mêlées à la poussière de granit, m'ont paru semblables à de la cendre ; on pourrait prendre la Mer de Glace, dans plusieurs endroits, pour des carrières de chaux et de plâtre ; ses crevasses seules offrent quelques teintes du prisme, et quand les couches de glace sont appuyées sur le roc, elles ressemblent à de gros verres de bouteille.

Ces draperies blanches des Alpes ont d'ailleurs un grand inconvénient ; elles noircissent tout ce qui les environne, et jusqu'au ciel dont elles rembrunissent l'azur. Et ne croyez pas que l'on soit dédommagé de cet effet désagréable par les beaux accidents de la lumière sur les neiges. La couleur dont se peignent les montagnes lointaines est nulle pour le spectateur placé à leur pied. La pompe dont le soleil couchant couvre la cime des Alpes de la Savoie n'a lieu que pour l'habitant de Lausanne. Quant au voyageur de la vallée de Chamouni, c'est en vain qu'il attend ce brillant spectacle. Il voit, comme du fond d'un entonnoir, au dessus de sa tête, une petite portion d'un ciel bleu et dur, sans couchant et sans aurore ; triste séjour où le soleil jette à peine un regard à midi par dessus une barrière glacée.

Qu'on me permette, pour me faire mieux entendre, d'énoncer une vérité triviale. Il faut une toile pour peindre : dans la nature le ciel est la toile des paysages ; s'il manque au fond du tableau, tout est confus et sans effet. Or, les monts, quand on en est trop voisin, obstruent la plus grande partie du ciel. Il n'y a pas assez d'air autour de leurs cimes ; ils se font ombre l'un à l'autre et se prêtent mutuellement les ténèbres qui résident dans quelque enfoncement de leurs rochers. Pour savoir si les paysages des montagnes avaient une supériorité si marquée, il suffisait de consulter les peintres : ils ont toujours jeté les monts dans les lointains, en ouvrant à l'œil un paysage sur les bois et sur les plaines.

Un seul accident laisse aux sites des montagnes leur majesté naturelle : c'est le clair de lune. Le propre de ce demi-jour sans reflets et d'une seule teinte est d'agrandir les objets en isolant les masses et en faisant disparaître cette gradation de couleurs qui lie ensemble les parties d'un tableau. Alors plus les coupes des monuments sont franches et décidées, plus leur dessin a de longueur et de hardiesse, et mieux la blancheur de la lumière profile les lignes de l'ombre. C'est pourquoi la grande architecture romaine, comme les contours des montagnes, est si belle à la clarté de la lune.

Le *grandiose,* et par conséquent l'espèce de sublime qu'il fait naître, disparaît donc dans l'intérieur des montagnes : voyons si le *gracieux* s'y trouve dans un degré plus éminent.

On s'extasie sur les vallées de la Suisse; mais il faut bien observer qu'on ne les trouve si agréables que par comparaison. Certes, l'œil fatigué d'errer sur des plateaux stériles ou des promontoires couverts d'un lichen rougeâtre, retombe avec grand plaisir sur un peu de verdure et de végétation. Mais en quoi cette verdure consiste-t-elle? en quelques saules chétifs, en quelques sillons d'orge et d'avoine qui croissent péniblement et mûrissent tard, en quelques arbres sauvageons qui portent des fruits âpres et amers. Si une vigne végète péniblement dans un petit abri tourné au midi, et garantie avec soin des vents du nord, on vous fait admirer cette fécondité extraordinaire. Vous élevez-vous sur les rochers voisins, les grands traits des monts font disparaître la miniature de la vallée. Les cabanes deviennent à peine visibles, et les compartiments cultivés ressemblent à des échantillons d'étoffe sur la carte d'un drapier.

On parle beaucoup des fleurs des montagnes, des violettes que l'on cueille au bord des glaciers, des fraises qui rougissent dans la neige, etc. Ce sont d'imperceptibles merveilles qui ne produisent aucun effet : l'ornement est trop petit pour des colosses.

Enfin, je suis bien malheureux, car je n'ai pu voir dans ces fameux chalets enchantés par l'imagination de J. J. Rousseau que de méchantes cabanes remplies du fumier des troupeaux, de l'odeur des fromages et du lait fermenté; je n'y ai trouvé pour habitants que de misérables montagnards qui se regardent comme en exil et aspirent à descendre dans la vallée.

De petits oiseaux muets, voletant de glaçons en glaçons, des couples assez rares de corbeaux et d'éperviers, animent à peine ces solitudes de neiges et de pierres, où la chute de la pluie est presque toujours le seul mouvement qui frappe vos yeux. Heureux quand le pivert, annonçant l'orage, fait retentir sa voix cassée au fond d'un vieux bois de sapins ! Et pourtant ce triste signe de vie rend plus sensible la mort qui vous environne. Les chamois, les bouquetins, les lapins blancs sont presque entièrement détruits ; les marmottes même deviennent rares, et le petit Savoyard est menacé de perdre son trésor. Les bêtes sauvages ont été remplacées sur les sommets des Alpes par des troupeaux de vaches qui regrettent la plaine aussi bien que leurs maîtres. Couchés dans les herbages du pays de Caux, ces troupeaux offriraient une scène aussi belle, et ils auraient en outre le mérite de rappeler les descriptions des poètes de l'antiquité.

Il ne reste plus qu'à parler du sentiment qu'on éprouve dans les montagnes. Eh bien ! ce sentiment, selon moi, est fort pénible. Je ne puis être heureux là où je vois partout les fatigues de l'homme et ses travaux inouïs qu'une terre ingrate refuse de payer. Le montagnard, qui sent son mal, est plus sincère que les voyageurs ; il appelle la plaine *le bon pays*, et ne prétend pas que des rochers arrosés de ses sueurs, sans en être plus fertiles, soient ce qu'il y a de meilleur dans les distributions de la Providence. S'il est très attaché à sa montagne, cela tient aux relations merveilleuses que Dieu a établies entre nos peines, l'objet qui les cause et les lieux où nous les avons éprouvées ; cela tient aux souvenirs de l'enfance, aux premiers sentiments du cœur, aux douceurs, et même aux rigueurs de la maison paternelle. Plus solitaire que les autres hommes, plus sérieux par l'habitude de souffrir, le montagnard appuie davantage sur tous les sentiments de sa vie. Il ne faut pas attribuer aux charmes des lieux qu'il habite l'amour extrême qu'il montre pour son pays ; cet amour vient de la concentration de ses pensées, et du peu d'étendue de ses besoins.

Mais les montagnes sont le séjour de la rêverie ? j'en doute ; je doute qu'on puisse rêver lorsque la promenade est une fatigue ; lorsque l'attention que vous êtes obligé de donner à vos pas occupe entièrement votre esprit. L'amateur de la solitude qui *bayerait aux chimères* [1] en gravissant le Montanvert pourrait bien tomber dans quelque puits, comme l'astrologue qui prétendait lire au dessus de sa tête et ne *pouvait voir à ses pieds.*

Je sais que les poètes ont désiré les vallées et les bois pour converser avec les muses. Mais écoutons Virgile :

> Rura mihi et rigui placeant in vallibus amnes :
> Flumina amem, sylvasque inglorius.

D'abord il se plairait aux champs, *rura mihi;* il chercherait les vallées agréables, riantes, gracieuses, *vallibus amnes;* il aimerait les fleuves, *flumina amem* (non pas les torrents), et les forêts où il vivrait sans gloire, *sylvasque inglorius.* Ces forêts sont de belles futaies de chênes, d'ormeaux, de hêtres, et non de tristes bois de sapins ; car il n'eût pas dit :

> Et *ingenti* ramorum protegat *umbra,*
> « Et d'un *feuillage épais* ombragera ma tête. »

Et où veut-il que cette vallée soit placée ? dans un lieu où il y aura de beaux souvenirs, des noms harmonieux, des traditions de la Fable et de l'Histoire :

> . . . . O ubi campi,
> Sperchiusque, et Virginibus bacchata lacænis
> Taygeta ! O qui me gelidis in vallibus Hæmi
> Sistat !

> Dieux ! que ne suis-je assis au bord du Sperchius !
> Quand pourrai-je fouler les beaux vallons d'Hémus !
> Oh ! qui me portera sur le riant Taygète !

Il se serait fort peu soucié de la vallée de Chamouni, du glacier de Taconay, de la petite et de la grande Jorasse, de l'aiguille du Dru et du rocher de la Tête-Noire.

Enfin, si nous en croyons Rousseau et ceux qui ont recueilli ses erreurs sans hériter de son éloquence, quand on arrive au sommet des montagnes on se sent transformé en un autre homme. « Sur les

[1] La Fontaine.

« hautes montagnes, dit Jean-Jacques, les méditations prennent un
« caractère grand, sublime, proportionné aux objets qui nous
« frappent; je ne sais quelle volupté tranquille qui n'a rien d'âcre
« et de sensuel. Il semble qu'en s'élevant au dessus du séjour des
« hommes, on y laisse tous les sentiments bas et terrestres... Je
« doute qu'aucune agitation violente pût tenir contre un pareil
« séjour prolongé, etc. »

Plût à Dieu qu'il en fût ainsi! Qu'il serait doux de pouvoir se
délivrer de ses maux en s'élevant à quelques toises au dessus de la
plaine! Malheureusement l'âme de l'homme est indépendante de l'air
et des sites; un cœur chargé de sa peine n'est pas moins pesant sur
les hauts lieux que dans les vallées. L'antiquité, qu'il faut toujours
citer quand il s'agit de vérité de sentiments, ne pensait pas comme
Rousseau sur les montagnes; elle les représente au contraire comme
le séjour de la désolation et de la douleur : si l'amant de Julie
oublie ses chagrins parmi les rochers du Valais, l'époux d'Eurydice
nourrit ses douleurs sur les monts de la Thrace. Malgré le talent du
philosophe genevois, je doute que la voix de Saint-Preux retentisse
aussi longtemps dans l'avenir que la lyre d'Orphée. Œdipe, ce parfait
modèle des calamités royales, cette image accomplie de tous les
maux de l'humanité, cherche aussi les sommets déserts :

Il va,

.... du Cythéron remontant vers les cieux,
Sur le malheur de l'homme interroger les dieux.

Enfin une autre antiquité plus belle encore et plus sacrée nous
offre les mêmes exemples. L'Écriture, qui connaissait mieux la
nature de l'homme que les faux sages du siècle, nous montre toujours les grands infortunés, les prophètes, et Jésus-Christ même se
retirant au jour de l'affliction sur les hauts lieux. La fille de Jephté,
avant de mourir, demande à son père la permission d'aller pleurer
sa virginité sur les montagnes de la Judée : *Super montes assumam,*
dit Jérémie, *fletum ac lamentum.* « Je m'élèverai sur les monta-
« gnes pour pleurer et gémir. » Ce fut sur le mont des Oliviers

que Jésus-Christ but le calice rempli de toutes les douleurs et de toutes les larmes des hommes.

C'est une chose digne d'être observée que dans les pages les plus raisonnables d'un écrivain qui s'était établi le défenseur de la morale, on distingue encore des traces de l'esprit de son siècle. Ce changement supposé de nos dispositions intérieures selon le séjour que nous habitons, tient secrètement au système de matérialisme que Rousseau prétendait combattre. On faisait de l'âme une espèce de plante soumise aux variations de l'air, et qui, comme un instrument, suivait et marquait le repos ou l'agitation de l'atmosphère. Eh! comment Jean-Jacques lui-même aurait-il pu croire de bonne foi à cette influence salutaire des hauts lieux? L'infortuné ne traînat-il pas sur les montagnes de la Suisse ses passions et ses misères?

Il n'y a qu'une seule circonstance où il soit vrai que les montagnes inspirent l'oubli des troubles de la terre : c'est lorsqu'on se retire loin du monde, pour se consacrer à la religion. Un anachorète qui se dévoue au service de l'humanité, un saint qui veut méditer les grandeurs de Dieu en silence, peuvent trouver la paix et la joie sur des roches désertes; mais ce n'est point alors la tranquillité des lieux qui passe dans l'âme de ces solitaires, c'est au contraire leur âme qui répand sa sérénité dans la région des orages.

L'instinct des hommes a toujours été d'adorer l'Éternel sur les lieux élevés : plus près du ciel, il semble que la prière ait moins d'espace à franchir pour arriver au trône de Dieu. Il était resté dans le christianisme des traditions de ce culte antique; nos montagnes, et, à leur défaut, nos collines étaient chargées de monastères et de vieilles abbayes. Du milieu d'une ville corrompue, l'homme qui marchait peut-être à des crimes, ou du moins à des vanités, apercevait, en levant les yeux, des autels sur les coteaux voisins. La Croix, déployant au loin l'étendard de la pauvreté aux yeux du luxe, rappelait le riche à des idées de souffrance et de commisération. Nos poëtes connaissaient bien peu leur art lorsqu'ils se moquaient de ces monts de Calvaires, de ces missions, de ces retraites qui retraçaient parmi nous les sites de l'Orient, les mœurs des solitaires de la Thébaïde, les miracles d'une religion divine, et le souvenir d'une antiquité qui n'est point effacé par celui d'Homère.

Mais ceci rentre dans un autre ordre d'idées et de sentiments, et ne tient plus à la question générale que nous venons d'examiner. Après avoir fait la critique des montagnes, il est juste de finir par leur éloge. J'ai déjà observé qu'elles étaient nécessaires à un beau paysage, et qu'elles devaient former la chaîne dans les derniers plans d'un tableau. Leurs têtes chenues, leurs flancs décharnés, leurs membres gigantesques, hideux quand on les contemple de trop près, sont admirables lorsqu'au fond d'un horizon vaporeux ils s'arrondissent et se colorent dans une lumière fluide et dorée. Ajoutons, si l'on veut, que les montagnes sont la source des fleuves, le dernier asile de la liberté dans les temps d'esclavage, une barrière utile contre les invasions et les fléaux de la guerre. Tout ce que je demande, c'est qu'on ne me force pas d'admirer les longues arêtes de rochers, les fondrières, les crevasses, les trous, les entortillements des vallées des Alpes. A cette condition, je dirai qu'il y a des montagnes que je visiterais encore avec un plaisir extrême : ce sont celles de la Grèce et de la Judée. J'aimerais à parcourir les lieux dont mes nouvelles études me forcent de m'occuper chaque jour; j'irais volontiers chercher sur le Tabor et le Taygète, d'autres couleurs et d'autres harmonies, après avoir peint les monts sans renommée et les vallées inconnues du Nouveau-Monde [1].

[1] Cette dernière phrase annonçait mon voyage en Grèce et dans la Terre-Sainte; voyage que j'exécutai en effet l'année suivante 1806. Voyez l'*Itinéraire*.

FIN DU VOYAGE AU MONT-BLANC.

NOTICE

SUR LES FOUILLES DE POMPÉI

———o•o———

Page 324. (*Dans la note*). « Je donne à la fin de ce volume des notices curieuses sur Pompéi, et qui compléteront ma courte description. »

On découvrit d'abord les deux théâtres, ensuite le temple d'Isis et celui d'Esculape, la maison de campagne d'Arrius Diomédès, et plusieurs tombeaux. Durant le temps que Naples fut gouverné par un roi sorti des rangs de l'armée française, les murailles de la ville, la rue des Tombeaux, plusieurs vues de l'intérieur de la ville, la basilique, l'amphithéâtre et le forum furent découverts. Le roi de Naples a fait continuer les travaux ; et, comme les fouilles sont conduites avec beaucoup de régularité et se font dans le louable dessein de découvrir la ville plutôt que de chercher des trésors enfouis, chaque jour ajoute aux connaissances déjà acquises sur cet objet si intéressant et presque inépuisable.

La ville de Pompéi, située à peu près à quatorze milles au sud-est de Naples, était bâtie en partie sur une éminence qui dominait une plaine fertile, et qui s'est considérablement accrue par l'immense quantité de matières volcaniques dont le Vésuve l'a recouverte. Les murailles de la ville et les murs de ces édifices ont retenu dans leur enceinte toutes les matières que le volcan y vomissait, et empêché les pluies de les emporter ; de sorte que l'étendue de ces constructions est très distinctement marquée par le monticule qu'ont formé l'amas des pierres ponces et l'accumulation graduelle de terre végétale qui le couvrent.

L'éminence sur laquelle Pompéi fut bâtie doit avoir été formée à une époque très reculée; elle est composée de produits volcaniques vomis par le Vésuve.

On a conjecturé que la mer avait autrefois baigné les murs de Pompéi, et qu'elle venait jusqu'à l'endroit où passe aujourd'hui le chemin de Salerne. Strabon dit, en effet, que cette ville servait d'arsenal maritime à plusieurs villes de la Campanie, ajoutant qu'elle est près du Sarno, fleuve sur lequel les marchandises peuvent descendre et remonter.

Plusieurs faits que l'on observe à Pompéi sembleraient incompréhensibles si l'on ne se rappelait pas que la destruction de cette ville a été l'ouvrage de deux catastrophes distinctes : l'une en l'an 63 de J.-C., par un tremblement de terre; l'autre, seize ans plus tard, par une éruption du Vésuve. Ses habitants commençaient à réparer les dommages causés par la première, lorsque les signes précurseurs de la seconde les forcèrent d'abandonner un lieu qui ne tarda pas à être enseveli sous un déluge de cendres et de matières volcaniques.

Cependant des débris d'ouvrages en briques indiquaient sa position. Il conserva, sans doute pendant longtemps, un reste de population dans son voisinage, puisque Pompéi est indiqué dans l'*Itinéraire* d'Antonin et sur la carte de Peutinger. Au treizième siècle, les comtes de Sarno firent creuser un canal dérivé du Sarno; il passait sous Pompéi, mais on ignorait sa position; enfin, en 1748, un laboureur ayant trouvé une statue en labourant son champ, cette circonstance engagea le gouvernement napolitain à ordonner des fouilles.

A l'époque des premiers travaux, on versait dans la partie que l'on venait de déblayer les décombres que l'on retirait de celle que l'on s'occupait de découvrir; et, après qu'on en avait enlevé les peintures à fresque, les mosaïques et autres objets curieux, on comblait de nouveau l'espace débarrassé; aujourd'hui, l'on suit un système différent.

Quoique les fouilles n'aient pas offert de grandes difficultés par le peu d'efforts que le terrain exige pour être creusé, il n'y a pourtant qu'une septième partie de la ville de déterrée. Quelques rues sont de niveau avec le grand chemin qui passe le long des murs, dont le circuit est d'environ seize cents toises.

En arrivant par Herculanum, le premier objet qui frappe l'attention est la maison de campagne d'Arrius Diomédès, située dans le faubourg. Elle est d'une très jolie construction, et si bien conservée, quoiqu'il y manque un étage, qu'elle peut donner une idée exacte de la manière dont les anciens distribuaient l'intérieur de leurs demeures. Il suffirait d'y ajouter des portes et des fenêtres pour la rendre habitable; plusieurs chambres sont très petites, le propriétaire était cependant un homme opulent. Dans d'autres maisons de gens moins riches, les chambres sont encore plus petites. Le plancher de la maison d'Arrius Diomédès est en mosaïques : tous les appartements n'ont pas de fenêtres, plusieurs ne reçoivent du jour que par la porte. On ignore quelle est la destination de beaucoup de petits passages et de recoins. Les amphores, qui contenaient le vin, sont encore dans la cave, le pied posé dans le sable et appuyées contre le mur.

La rue des Tombeaux offre, à droite et à gauche, les sépultures des principales familles de la ville; la plupart sont de petite dimension, mais construites avec beaucoup de goût.

Les rues de Pompéi ne sont pas larges, n'ayant que quinze pieds d'un côté à l'autre, et les trottoirs les rendent encore plus étroites; elles sont pavées en pierres de lave grise et de formes irrégulières, comme les anciennes voies romaines : on y voit encore distinctement la trace des roues. Il ne reste aux maisons qu'un rez-de-chaussée, mais les débris font voir que quelques-unes avaient plus d'un étage; presque toutes ont une cour intérieure au milieu de laquelle est un *impluvium* ou réservoir pour l'eau de pluie, qui allait ensuite se rendre dans une citerne contiguë. La plupart des maisons étaient ornées de pavés mosaïques et de parois généralement peintes en rouge, en bleu et en jaune. Sur ce fond, l'on avait peint de jolies arabesques et des tableaux de diverses grandeurs. Les maisons ont généralement une chambre de bains qui est très commode ; souvent les murs sont doubles et l'espace intermédiaire est vide : il servait à préserver la chambre de l'humidité.

Les boutiques des marchands de denrées, liquides et solides, offrent des massifs de pierres souvent revêtus de marbre, et dans lesquels les vaisseaux qui contenaient les denrées étaient maçonnés.

On a pensé que le genre de commerce qui se faisait dans quelques maisons était désigné par des figures qui sont sculptées sur le mur extérieur ; mais il paraît que ces emblêmes indiquaient plutôt le génie sous la protection duquel la famille était placée.

Les fours et les machines à moudre le grain font connaître les boutiques des boulangers. Ces machines consistent en une pierre à base ronde ; son extrémité supérieure est conique et s'adapte dans le creux d'une autre pierre qui est, de même, creusée en entonnoir dans sa partie supérieure : on faisait tourner la pierre d'en haut par le moyen de deux anses latérales que traversaient des barres de bois. Le grain, versé dans l'entonnoir supérieur, tombait par un trou entre l'entonnoir renversé et la pierre conique. Le mouvement de rotation le réduisait en farine.

Les édifices publics, tels que les temples et les théâtres, sont en général les mieux conservés, et par conséquent ce qu'il y a jusqu'à présent de plus intéressant dans Pompéi.

Le petit théâtre qui, d'après des inscriptions, servait aux représentations comiques, est en bon état ; il peut contenir quinze cents spectateurs : il y a, dans le grand, de la place pour plus de six mille personnes.

De tous les amphithéâtres anciens, celui de Pompéi est un des moins dégradés. En enlevant les décombres, on y a trouvé, dans des corridors qui font le tour de l'arène, des peintures qui brillaient des couleurs les plus vives; mais à peine frappées du contact de l'air extérieur, elles se sont altérées. On aperçoit encore des vestiges d'un lion et un joueur de trompette vêtu d'un costume bizarre. Les inscriptions qui avaient rapport aux différents spectacles sont un monument très curieux.

On peut suivre sur le plan les murailles de la ville; c'est le meilleur moyen de se faire une idée de sa forme et de son étendue.

« Ces remparts, dit M. Mazois, étaient composés d'un terre-plain terrasse et d'un contre-mur; ils avaient quatorze pieds de largeur, et l'on y montait par des escaliers assez spacieux pour laisser passage à deux soldats de front. Ils sont soutenus, du côté de la ville, ainsi que du côté de la campagne, par un mur en pierres de taille. Le mur extérieur devait avoir environ vingt-cinq pieds d'élévation; celui de l'intérieur surpassait le rempart en hauteur d'environ huit pieds. L'un et l'autre sont construits de l'espèce de lave qu'on appelle *piperino*, à l'exception de quatre ou cinq premières assises du mur extérieur qui sont en pierres de roche ou travestin grossier. Toutes les pierres en sont parfaitement bien jointes : le mortier est en effet peu nécessaire dans les constructions faites avec des matériaux d'un grand échantillon. Ce mur extérieur est partout plus ou moins incliné vers le rempart; les premières assises sont, au contraire, en retraite l'une sur l'autre.

« Quelques-unes des pierres, surtout celles de ces premières assises, sont entaillées et encastrées l'une dans l'autre de manière à se maintenir mutuellement. Comme cette façon de construire remonte à une haute antiquité, et qu'elle semble avoir suivi les constructions pélasgiques ou cyclopéennes, dont elle conserve quelques traces, on peut conjecturer que la partie des murs de Pompéi, bâtie ainsi, est un ouvrage des Osques, ou du moins des premières colonies grecques qui vinrent s'établir dans la Campanie.

« Les deux murs étaient crénelés de manière que, vus du côté de la campagne, ils présentaient l'apparence d'une double enceinte de remparts.

« Ces murailles sont dans un grand désordre que l'on ne peut pas attribuer uniquement aux tremblements de terre qui précédèrent l'éruption de 79. Je pense, ajoute M. Mazois, que Pompéi a dû être démantelé plusieurs fois, comme le prouvent les brèches et et les réparations qu'on y remarque. Il paraît même que ces fortifications n'étaient plus regardées depuis longtemps comme nécessaires, puisque, du côté où était le port, les habitations sont bâties sur les murs, que l'on a en plusieurs endroits abattus à cet effet.

« Ces murs sont surmontés de tours qui ne paraissent pas d'une si haute antiquité, leur construction indique qu'elles sont du même temps que les réparations faites aux murailles; elles sont de forme quadrangulaire, servent en même temps de poterne, et sont placées à des distances inégales les unes des autres.

« Il paraît que la ville n'avait pas de fossés, au moins du côté où l'on a fouillé; car les murs, en cet endroit, étaient assis sur un terrain escarpé. »

On voit que, par leur genre de construction, les remparts sont les monuments qui résisteront le mieux à l'action du temps. Malgré l'attention extrême avec laquelle on a cherché à conserver ceux qui ont été découverts, l'exposition à l'air, dont ils étaient préservés depuis si longtemps, les a endommagés. Les pluies d'hiver, extrêmement abondantes dans l'Europe méridionale, font pénétrer graduellement l'humidité entre les briques et leur revêtement. Il y croît des mousses ; puis des plantes qui déjoignent les briques. Pour éviter la dégradation on a couvert les murs avec des tuiles, et placé des toits au dessus des édifices.

Le plan indique cinq portes, désignées chacune par un nom qui n'a été donné que depuis la découverte de la ville, et qui n'est fondé sur aucun monument. La porte de Nola, la plus petite de toutes, est la seule dont l'arcade soit conservée. La porte la plus proche du forum, ou quartier des soldats, est celle par laquelle on entre : elle a été construite d'après l'antique.

Quelques personnes avaient pensé qu'au lieu d'enlever de Pompéi les divers objets que l'on y a trouvés, et d'en former un muséum à Portici, l'on aurait mieux fait de les laisser à leur place, ce qui aurait représenté une ville ancienne avec tout ce qu'elle contenait. Cette idée est spécieuse, et ceux qui la proposaient n'ont pas réfléchi que beaucoup de choses se seraient gâtées par le contact de l'air, et qu'indépendamment de cet inconvénient on aurait couru le risque de voir plusieurs objets dérobés par des voyageurs peu délicats ; c'est ce qui n'arrive que trop souvent. Il faudrait, pour songer même à meubler quelques maisons, que l'enceinte de la ville fût entièrement déblayée, de manière à être bien isolée, et à ne pas offrir la facilité d'y descendre de dessus les terrains environnants ; alors on fermerait les portes, et Pompéi ne serait plus exposé à être pillé par des pirates terrestres.

L'on n'a eu dessein dans cette *Notice* que de donner une idée succincte de l'état des fouilles de Pompéi en 1817. Pour bien connaître ce lieu remarquable, il faut consulter le bel ouvrage de M. Mazois[1]. L'on trouve aussi des renseignements précieux dans un livre que M. le comte de Clarac, conservateur des antiques, publia étant à Naples. Ce livre, intitulé *Pompéi*, n'a été tiré qu'à un petit nombre d'exemplaires, et n'a pas été mis en vente. M. de Clarac y rend un compte très instructif de plusieurs fouilles qu'il a dirigées.

Il est d'autant plus nécessaire de ne consulter sur cet objet intéressant que des ouvrages faits avec soin, que trop souvent des voyageurs, ou même des écrivains qui n'ont jamais vu Pompéi répètent avec confiance les contes absurdes débités par les *ciceroni*. Quelques journaux quotidiens de Paris ont dernièrement transcrit un article du *Courrier* de Londres, dans lequel M. W.... abusait étrangement du privilége de raconter des choses extraordinaires. Il était question, dans son récit, d'argent trouvé dans le tiroir d'un comptoir, d'une lance encore appuyée contre un mur, d'épigrammes

[1] *Ruines de Pompéi*, in-folio.

tracées sur les colonnes du quartier des soldats, de rues toutes bordées d'édifices publics.

Ces niaiseries ont engagé **M. M...**, qui a suivi pendant douze ans les fouilles de Pompéi, à communiquer au *Journal des Débats*, du 18 février 1821, des observations extrêmement sensées.

« Il est sans doute permis, dit **M. M....**, à ceux qui visitent Pompéi d'écouter tous les contes que font les *ciceroni* ignorants et intéressés, afin d'obtenir des étrangers qu'ils conduisent quelques pièces de monnaie ; il est même très permis d'y ajouter foi, mais il y a plus que de la simplicité à les rapporter naïvement comme des vérités, et à les insérer dans les journaux les plus répandus.

« La relation de **M. W....** me rappelle que le chevalier Coghell, ayant vu au Muséum de la reine de Naples des *Artoplas*, ou tourtières pour faire cuire le pain, les prit pour des chapeaux, et écrivit à Londres qu'on avait trouvé à Pompéi des chapeaux de bronze extrêmement légers.

« Les fouilles de Pompéi sont d'un intérêt trop général, les découvertes qu'elles procurent sont trop précieuses, sous le rapport de l'histoire de l'art et de la vie privée des anciens, pour qu'on laisse publier des relations niaises et erronées, sans avertir le public du peu de foi qu'elles méritent. »

LETTRE

DE M. TAYLOR A M. C. NODIER

SUR LES VILLES

DE POMPÉI ET D'HERCULANUM

« Herculanum et Pompéi sont des objets si importants pour l'histoire de l'antiquité, que pour bien les étudier il faut y vivre, y demeurer.

« Pour suivre une fouille très curieuse je me suis établi dans la maison de Diomède; elle est à la porte de la ville, près de la voie des Tombeaux, et si commode, que je l'ai préférée aux palais qui sont près du forum. Je demeure à côté de la maison de Salluste.

« On a beaucoup écrit sur Pompéi, et l'on s'est souvent égaré. Par exemple, un savant, nommé Matorelli, fut employé pendant deux années à faire un mémoire énorme pour prouver que les anciens n'avaient pas connu le verre de vitre, et, quinze jours après la publication de son in-folio, on découvrit une maison où il y avait des vitres à toutes les fenêtres. Il est cependant juste de dire que les anciens n'aimaient pas beaucoup les croisées; le plus communément le jour venait par la porte; mais enfin, chez les praticiens, il y avait de très belles glaces aux fenêtres; aussi transparentes que notre verre de Bohême, et les carreaux étaient joints avec des listels de bronze de bien meilleur goût que nos traverses en bois.

« Un voyageur de beaucoup d'esprit et de talent, qui a publié des lettres sur la Morée, et un grand nombre d'autres voyageurs, trouvent extraordinaire que les constructions modernes de l'Orient soient absolument semblables à celles de Pompéi. Avec un peu de réflexion, cette ressemblance paraîtrait toute naturelle. Tous les arts nous viennent de l'Orient ; c'est ce qu'on ne saurait trop répéter aux hommes qui ont le désir d'étudier et de s'éclairer.

« Les fouilles se continuent avec persévérance et avec beaucoup d'ordre et de soin : on vient de découvrir un nouveau quartier et des thermes superbes. Dans une des salles, j'ai particulièrement remarqué trois siéges en bronze, d'une forme tout à fait inconnue, et de la plus belle conservation. Sur l'un d'eux était placé le squelette d'une femme, dont les bras étaient couverts de bijoux, en outre des bracelets d'or, dont la forme était déjà connue; j'ai détaché un collier qui est vraiment d'un travail miraculeux. Je vous assure que nos bijoutiers les plus experts né pourraient rien faire de plus précieux ni d'un meilleur goût.

« Il est difficile de peindre le charme que l'on éprouve à toucher ces objets sur les lieux mêmes où ils ont reposé tant de siècles, et avant que le prestige ne soit tout à fait détruit. Une des croisées était couverte de très belles vitres, que l'on vient de faire remettre au musée de Naples.

« Tous les bijoux ont été portés chez le roi. Sous peu de jours ils seront l'objet d'une exposition publique.

« Pompéi a passé vingt siècles dans les entrailles de la terre ; les nations ont passé sur son sol; ses monuments sont restés debout, et tous ses ornements intacts. Un contemporain d'Auguste, s'il revenait, pourrait dire : « Salut, ô ma patrie ! ma demeure est la « seule sur la terre qui ait conservé sa forme, et jusqu'aux moindres « objets de mes affections. Voici ma couche, voici mes auteurs

« favoris. Mes peintures sont encore aussi fraîches qu'au jour où
« un artiste ingénieux en orna ma demeure. Parcourons la ville,
« allons au théâtre; je reconnais la place où pour la première fois
« j'applaudis aux belles scènes de *Térence* et d'*Euripide*. »

« Rome n'est qu'un vaste musée; *Pompéi est une antiquité
vivante.* »

FIN DES VOYAGES.

VOYAGES

« Autrefois, quand on avait quitté ses foyers, comme Ulysse, on
« était un objet de curiosité. Aujourd'hui, excepté une demi-douzaine
« de personnages, hors de ligne par leur mérite individuel, qui peut
« intéresser par le récit de ses courses ? » Ainsi parle M. de Chateaubriand lui-même, nous donnant ainsi, sans le vouloir, l'explication
de l'immense intérêt qui s'attache à la moindre ligne de ses souvenirs
de voyage; car le voyage a été une partie de la vie du grand poète,
la partie heureuse de sa vie : c'est dans ses voyages qu'il a trouvé
Atala, René, les Martyrs, les plus belles, les plus naïves inspi-
rations.

Nous avons vu, à propos de l'*Itinéraire de Paris à Jérusalem,*
que M. de Chateaubriand appelle modestement *ses Notes de Voyages,*
comment l'*Itinéraire* est un chef-d'œuvre, c'est-à-dire un livre
complet, une composition grande et magnifique. Les chapitres épars,
réunis sous le titre de *Voyages,* ne sont pas d'un moindre intérêt
que l'*Itinéraire.* Sans doute ce n'est pas là un corps d'ouvrage un
et indivisible, comme l'*Itinéraire*; mais en revanche, ce sont de rares
et précieux fragments d'une biographie poétique qui sera un jour la
plus glorieuse et la plus complète biographie qu'un grand poète et
un grand homme d'État ait élevée en l'honneur de son pays. Ces
Voyages de M. de Chateaubriand renferment le *Voyage en Amérique*
et le *Voyage en Italie,* le voyage d'un homme d'État et le voyage
d'un poète, l'homme qui sait prévoir et l'homme qui sait se souvenir;

49

l'historien qui, dans un pays tout neuf encore, vous dit à l'avance
l'histoire de ces villes qui s'élèvent, de ces forêts qui se défrichent,
de ces fleuves que la vapeur commence à dompter, l'histoire de ces
peuples dont la civilisation commence ; vient ensuite l'historien du
passé, ce grand coup d'œil qui découvre dans les ruines des générations qui ne sont plus, l'adorateur passionné de l'Italie chrétienne
et profane, qui les confond l'une et l'autre dans la même admiration. Quelle différence, en effet, entre ces deux mondes, — l'Italie
et l'Amérique! Rome et la Nouvelle-Orléans! tout ce qui tombe et
tout ce qui s'élève! le positif et l'idéal! le grand seigneur et le
peuple! l'art et la démocratie! Raphaël et les chemins de fer! Saint-
Pierre de Rome et les machines à vapeur! Washington et Michel-
Ange! tout le passé, tout l'avenir du monde en présence! et pourtant
avec quelle facilité merveilleuse M. de Chateaubriand se met à
comprendre, à vous expliquer toutes ces choses !

Quand M. de Chateaubriand passa en Amérique, il était parti
comme un voyageur utile; il voulait trouver je ne sais quel passage
au nord-ouest de l'Amérique. Il en revint en voyageur inspiré. Il
trouva mieux qu'un passage : il trouva *Atala, René* et *les Natchez.*
Quand il partit, l'émigration était partout, et lui, il ne voulait pas
vivre de cette vie oisive de l'émigré, et manger de ce pain qu'on ne
gagnait que par de folles espérances. Son âme le poussait au dehors.
Il voulut visiter la jeune société de l'Amérique, fatigué qu'il était
du vieux monde. Le premier homme qu'il vit en Amérique, ce fut
Washington, ce grand homme *qui a laissé les États-Unis pour
trophée de son champ de bataille;* puis bientôt il s'enfonça dans le
désert, et alors commença pour lui cette vie de hasards poétiques
que lui seul il est digne de raconter.

Il faut attendre les *Mémoires de M. de Chateaubriand* pour avoir
la suite de ces admirables pages sur Washington. Le grand homme
américain avait frappé cette jeune imagination. La gloire de Vas-
hington portera ses fruits dans la gloire de M. de Chateaubriand.
C'est, en effet, la seule plume qui soit digne de retracer cette grande

histoire. Ce fut dans le comté de Westmoreland, d'une famille originaire du nord de l'Angleterre, que naquit George Washington, le 22 février 1732. A dix ans, il avait perdu son père, et il fut son précepteur à lui-même. A dix-neuf ans, il commandait une des milices de la Virginie. A dix-neuf ans, il était déjà chargé de missions importantes. Il se battit d'abord contre les Français, rude apprentissage. Quand la France eut renoncé, en 1763, à toute possession dans l'Amérique septentrionale, la discorde éclata entre l'Angleterre et ses colonies. L'Amérique secoua le joug du parlement anglais. Washington prit part à tout ce mouvement, qui devait engendrer l'une des plus grandes révolutions des temps modernes. Bientôt il fut nommé général en chef des troupes américaines. Aussitôt il se rend devant Boston. Quatorze mille hommes composaient l'armée de l'indépendance ; mais cette armée manquait d'armes et de munitions, et elle était dans le plus grand désordre. Le nouveau général eut bientôt trouvé des munitions, des armes, des ingénieurs. Il établit les carabiniers américains, cette troupe d'élite. De légers bâtiments allèrent acheter de la poudre aux Bermudes et jusque sur les côtes de Guinée aux vaisseaux négriers. Washington porta les engagements d'un an à trois. Enfin, le 17 mars 1776, l'armée américaine chassa les Anglais de Boston, et *l'indépendance des États-Unis de l'Amérique du Nord* fut proclamée le 11 juillet.

Que de batailles longues et pénibles ! que de défaites sanglantes ! que de victoires utiles ! que de périls sur terre et sur mer ! que de dissensions intestines ! Ici, des alliés qui se révoltent ; là, des traîtres qui conspirent ; plus tard, l'argent qui manque, des fidélités chancelantes, des courages qui hésitent ; mais Washington donna à cette guerre de l'indépendance toute l'unité de son génie, et toute la volonté de son courage. Enfin, le 25 novembre 1783, New-York fut évacué par les Anglais : le 27, Washington prenait congé de son armée victorieuse, et il rendait ses comptes au congrès. Dans cet état de services, écrit en entier de sa main, chaque article était appuyé de pièces justificatives, excepté les dépenses secrètes, qui,

au bout de vingt-huit ans de guerre, ne s'élevaient qu'à 1922 livres
sterling. Le général fut reçu par le congrès, le 23 décembre, dans
une séance solennelle. Il y remit sa commission, et se retira à sa
maison des champs, sans demander aucune récompense; seulement
le congrès lui donna le droit de recevoir et d'envoyer ses lettres
par la poste sans qu'elles fussent taxées. Rentré dans la vie privée,
il s'adonna à l'agriculture. Ses nobles efforts furent suivis de grands
succès. Il s'occupa beaucoup de toutes les voies de communication,
les routes, les chemins, les canaux, la navigation des rivières. Ce
fut lui qui donna l'éveil à cette passion tout américaine qui a produit de si incroyables résultats de nos jours. Ainsi la liberté qu'il
avait conquise lui dut encore de salutaires enseignements. Mais
cette liberté était encore bien précaire. L'union, qui avait fait la
force de l'Amérique dans la guerre, se relâchait peu à peu pendant
la paix. La fédération américaine était endettée au dedans, son
pavillon était insulté par les Barbaresques au dehors, les Indiens
pillaient impunément les frontières d'un état qui n'entretenait que
six cents hommes de troupes réglées : Washington, encore une
fois, vint au secours de la patrie commune. Il fit sentir la nécessité
d'une force centrale et la nécessité d'accroître la puissance du congrès. A sa voix, une Convention, chargée de réviser les articles de
la fédération, s'assembla à Philadelphie dans le mois de mai 1787.
La nouvelle constitution y fut élaborée en silence. Elle augmentait
beaucoup le pouvoir du congrès. Il fut composé d'un sénat nommé
pour six ans, d'une chambre des représentants, et d'un président
élu par le sénat pour quatre ans, chargé du pouvoir exécutif, chef
des armées de terre et de mer et de la direction des relations avec
les puissances étrangères. Washington fut élu président à l'unanimité, et installé en cette qualité le 20 avril 1789. Alors commença
vraiment la puissance de l'Union américaine. Les Indiens révoltés
se soumirent, les Espagnols accordèrent la liberté de la navigation
dans la partie inférieure du Mississipi, qu'ils avaient contestée
depuis dix ans, l'Angleterre accrédita un ministre auprès des États-

Unis, traitant ainsi de puissance à puissance. Tels étaient les résultats de cette ferme volonté qui présidait aux destinées de l'Amérique.
Washington fut réélu président à l'unanimité en 1793. Le monde
était à la guerre; la révolution française avait soulevé toutes les
passions : Washington seul voulait la paix pour son Amérique, et
il la tint en paix aux dépens même de sa popularité. Enfin, quand
il vit que la république des États-Unis avait triomphé de tous les
obstacles, quand il la vit comme il l'avait rêvée, riche au dedans,
redoutée au dehors, marchant d'un pas sûr à l'avenir, Washington
se dit à lui-même que sa tâche était finie. Il sortit de sa seconde
présidence comme il était entré à la première, et ne consentit pas à
être élu une troisième fois.

Il était donc retourné dans sa retraite au commencement de 1797,
lorsqu'il fut arraché de nouveau à sa charrue et à ses travaux champêtres, l'année suivante, pour commander les troupes destinées à
repousser l'invasion française dont le Directoire menaçait les États-
Unis. Washington ne croyait guère à l'invasion; cependant il s'occupa avec son ardeur habituelle à organiser cette armée qui lui était
confiée, lorsque tout à coup, le 14 décembre 1799, il se sentit malade, et il se mit au lit; il comprit tout de suite qu'il allait mourir.
Il dit adieu à ses amis, puis il se ferma lui-même les yeux, de sa
propre main, et il expira sans douleur. Toute l'Amérique pleura
son grand homme; elle porta son deuil comme on porte le deuil de
son père. Le congrès décréta qu'un monument de marbre lui serait
élevé. En France, Napoléon Bonaparte, qui venait de s'élever au
souverain pouvoir, prit aussi le deuil du libérateur de l'Amérique;
comme s'il y avait eu quelque chose de commun entre Washington
et Bonaparte! Bien plus, M. de Fontanes fit l'oraison funèbre de
Washington, et entre autres choses il le loua surtout « d'avoir fui
« l'autorité quand l'exercice en pouvait être arbitraire, de n'avoir
« consenti à en porter le fardeau que lorsqu'elle fut resserrée dans
« des bornes légitimes, d'avoir refusé qu'elle lui fût continuée
« quand il vit l'Amérique heureuse n'avoir plus besoin de son

« dévouement; enfin d'avoir voulu jouir avec tranquillité, comme
« les autres citoyens, du bonheur qu'un grand peuple avait reçu
« de lui! » Washington, dit encore M. de Fontanes, possédait à un
degré supérieur *le bon sens*, *cette qualité si rare*. Son esprit avait
plus de justesse que d'éclat, et il avait plus acquis par la réflexion
et l'expérience que par la lecture. Il parlait peu ; mais lorsque les
circonstances l'exigeaient, à une grande force de raisonnement, il
savait réunir une logique entraînante qui presque toujours ramenait les esprits à son opinion. La fermeté, la persévérance, la modération, le désintéressement, forment les traits principaux de son
caractère. Ces deux principales qualités, si remarquables dans la
guerre de l'indépendance, ne brillèrent pas moins lorsque, revêtu
de la présidence, il parvint à maintenir la neutralité, malgré l'enthousiasme du plus grand nombre de ses compatriotes pour la révolution française, et les intrigues audacieuses des agents du Directoire; lorsqu'il refusa de donner à la chambre des représentants
communication des instructions qui avaient amené le traité avec
l'Angleterre; mais dans tout ce qui n'intéressait pas le bien public,
il cédait sans peine aux désirs de ses concitoyens. Il en donna la
preuve en engageant l'association des *Cincinnati* à modifier ses
premiers statuts, dans lesquels des esprits ombrageux croyaient
reconnaître les éléments d'une noblesse héréditaire. Il se montra
également disposé à faire le sacrifice de ses intérêts, lorsqu'en 1780
il réprimanda le régisseur de ses terres d'avoir obtempéré aux
réquisitions des généraux anglais pour échapper au pillage; et
cependant, dans d'autres circonstances, moins sévère pour les
autres que pour lui-même, il toléra la vente des denrées et des
bestiaux à l'armée anglaise, parce que ce commerce répandait dans
le pays l'argent qui lui manquait plus que tout autre chose. Exempt de
toute ambition personnelle, supérieur aux susceptibilités de l'amour-
propre, mettant avant tout ses devoirs et l'intérêt de son pays, il
marcha d'un pas ferme dans le chemin qu'il s'était tracé, malgré les
murmures et les plaintes du peuple, auxquels cependant il était loin

d'être insensible. C'est surtout sous ce point de vue, et comme dit encore M. de Fontanes, *que le caractère de Washington était digne des plus beaux jours de l'antiquité*, et que dans son histoire, *on croit retrouver une vie privée de quelques-uns de ces hommes illustres dont Plutarque a si bien tracé le tableau.* Président de la Convention qui donna aux États-Unis leur constitution, investi le premier de la présidence instituée par cette Constitution, ce fut lui qui établit l'usage de cette autorité toute nouvelle, et qui en posa les limites. Chef du gouvernement pendant huit années consécutives, et dans des circonstances difficiles, il fut à la fois grand législateur, politique habile, administrateur infatigable et dévoué. Il fut toujours le premier en toutes choses, même dans la culture de ses terres et le maniement de ses affaires. Comme soldat, il a toutes ses batailles; comme général, l'attaque de Boston, les batailles de Treuton et de Princetown, les batailles de New-Jersey et de la Pensylvanie, le mettent au niveau de toutes les gloires militaires. Songez donc qu'il avait à combattre une armée anglaise avec une armée nouvelle qui ne demandait qu'à déserter! Washington était d'une taille élevée; sa figure était imposante; il y avait dans toute sa personne je ne sais quelle majesté qui l'eût fait respecter même quand il n'eût pas été Washington. Honnête homme, exact à accomplir tous ses devoirs, fidèle, laborieux, économe, tel était Washington. Il ne laissa pas d'enfant, et sa femme lui survécut seulement de quelques années. Tel fut cet homme, qui, *par une destinée peu commune à ceux qui changent les empires, mourut en paix, comme un simple particulier, dans la terre natale où il avait le premier rang, et que ses mains venaient d'affranchir.*

Nous avons cru pouvoir nous arrêter devant cette grande figure de Washington, qui fut le premier étonnement de M. de Chateaubriand en Amérique; c'était là, en effet, la seule halte qui nous fût permise dans ce voyage, où le jeune poète s'abandonna, dans toute la joie de son cœur, aux mille aspects nouveaux de cette nature vierge, aux mille caprices de cette âme si jeune. Le *Voyage en*

Amérique est tout à fait un beau chapitre arraché aux *Mémoires* de M. de Chateaubriand, ce chef-d'œuvre si impatiemment attendu en Europe. Vous savez quel accident mit un terme à ce voyage, et comment notre poète fut rappelé dans cette Europe ensanglantée par les factions, qu'il oubliait au fond de l'Amérique : un vieux journal qu'il rencontra dans une ferme bâtie de troncs d'arbres, au bord d'un ruisseau ! Ce journal racontait *la fuite du roi* ! A cette lecture tronquée, notre gentilhomme sentit quelque chose qui lui parlait dans le cœur, et qui lui disait : *Il faut partir !* Il se dit à lui-même que son devoir l'appelait aux côtés de cette royauté en péril, et qu'il ne lui était plus permis d'errer ainsi, à son plaisir, au bord des fleuves et dans les hautes savanes, pendant que le roi de France n'avait pas même la permission d'aller en poste sur la route de Varennes.—*Fuite du roi* ! Hélas ! s'il eût attendu encore quelque temps, au lieu de ces mots : *Fuite du roi* ! il aurait lu sur le débris de ce journal : *Mort du roi*.

Ainsi fut interrompu, pour la plus noble cause et pour le plus saint motif, le voyage en Amérique de M. de Chateaubriand. Quant au *Voyage en Italie*, à proprement dire, ce n'est pas un *Voyage*, c'est un admirable monceau de ruines.—« Je vous envoie ce *monceau de « ruines,* » écrit le poète à son ami M. de Fontanes, comme Bossuet écrivait à l'abbé de Rancé : — *Je vous envoie deux têtes de mort assez touchantes !* Quant au reste de ce *Voyage en Italie*, vous le trouverez écrit, comme personne ne saurait l'écrire, au troisième, et au quatrième livre des *Martyrs*.

Mais quel est l'ouvrage de M. de Chateaubriand, même le plus court, qui ne soit un sujet de profondes études et de réflexions sans fin ? Ce *Voyage en Italie*, ainsi brisé, qui oserait le reconstruire ! Comme aussi, qui oserait faire une histoire avec ces précieuses indications historiques modestement intitulées : *les Quatre Stuarts ?*

FIN.

TABLE DES MATIÈRES

FIN DE LA TABLE.

LAGNY. — Imprimerie de GIROUX et VIALAT.

PLACEMENT DES GRAVURES.

ATALA

RENÉ

LE DERNIER DES ABENCERAGES, ETC.

Paris. — Imprimerie de E. De Soye et Cie,

36, rue de Seine.

ATALA

RENÉ

LE DERNIER DES ABENCERAGES

LES QUATRE STUARTS

VOYAGES, ETC.

PAR

M. LE VICOMTE DE CHATEAUBRIAND

———◦◦◦◦◦○▒◦◈▓◦◦◦◦◦◦———

PARIS

DION-LAMBERT, LIBRAIRE-ÉDITEUR

27, FAUBOURG POISSONNIÈRE

—

1852